# Les Organisations non gouvernementales et le développement participatif

## L'engagement des Volontaires du Progrès au Cameroun

Fidèle à sa volonté de maintenir vivant l'ensemble du catalogue et de continuer à rendre accessible à tous la richesse de son contenu, Les marques du groupe L'Harmattan proposent les ouvrages, même s'ils sont épuisés dans leur premier tirage, et les impriment à la demande.
Au vu de l'ancienneté de ce titre, un exemplaire original a été numérisé pour être réimprimé, ce qui pourrait altérer légèrement la qualité de certains passages.


ISBN : 2-7475-5196-2

**Basile KENMOGNE**

# Les Organisations non gouvernementales et le développement participatif

## L'engagement des Volontaires du Progrès au Cameroun

**L'Harmattan**
5-7, rue de l'École-Polytechnique
75005 Paris
FRANCE

**L'Harmattan Hongrie**
Hargita u. 3
1026 Budapest
HONGRIE

**L'Harmattan Italia**
Via Bava, 37
10214 Torino
ITALIE

Cet ouvrage a été publié avec le concours financier du *Deutsche Akademische Austauschdienst* (DAAD).

En hommage à la mémoire de ma mère Victorine et
de ma sœur Marie Philomène,
à mon épouse Maguy,
à Neil et Muriel.

# AVANT-PROPOS

Réduire la pauvreté et accroître les revenus des populations marginales constituent des défis que les marchés et les pouvoirs publics des pays en développement ne peuvent seuls surmonter. La recherche des voies et moyens pour résoudre les problèmes du sous-développement sollicite de plus en plus l'intervention des organisations volontaires et non gouvernementales (ONG). Des projets de développement grandioses, conçus et réalisés dans les pays du Sud, ont connu des résultats peu satisfaisants, très souvent parce que les populations locales n'ont pas été impliquées dans ces projets. L'alternative aujourd'hui semble être de faire adhérer les populations aux programmes d'aide. Il apparaît en effet que les objectifs d'autosuffisance et de transformation qualitative des conditions de vie ne peuvent être atteints que si les populations concernées – c'est-à-dire les femmes, les paysans des zones enclavées, les petits artisans, etc. – sont réellement impliquées dans la conception, la mise en œuvre et le suivi des programmes de développement. Les ONG, qui font du « développement participatif » leur mode spécifique d'action, semblent porteuses de cette dynamique nouvelle.

Une interrogation reste néanmoins pendante : Au-delà de la volonté de « coopérer autrement », les organisations de volontariat parviennent-elles à améliorer de façon significative le niveau de vie des couches sociales démunies ? Car les entraves sont nombreuses, qui empêchent ces associations d'entreprendre avec succès des actions incitatives auprès des plus pauvres. Sur le plan économique, les ONG constituent essentiellement des instruments pour canaliser les ressources vers les marginaux, à partir des financements des bailleurs de fonds bilatéraux et multilatéraux ou des budgets étatiques locaux. Force est cependant de souligner que leur contribution au développement des techniques nouvelles qui pousseraient le seuil de la marginalité vers un accroissement de l'emploi productif paraît limitée, même en cas d'appui à l'organisation du secteur informel, de soutien aux crédits d'investissement ou de structuration des filières de production agricole. La forme de canalisation de ce surplus n'exclut pas nécessairement de nouvelles structures élitistes dans des contextes socio-économiques où les relations hommes/femmes, chefs locaux/petit peuple, gestionnaires de projets/paysans illettrés ne sont pas exemptes de conflits d'intérêts.

Pour examiner ces questions, j'ai étudié le cas de l'Association Française des Volontaires du Progrès, à travers les programmes de développement entrepris au

Cameroun entre 1964 et 2000. Cette recherche a été menée dans le cadre d'un doctorat en sciences politiques à l'Université de Leipzig. Le présent ouvrage en est le résultat.

J'exprime ma profonde gratitude à tous ceux qui m'ont assisté dans la réalisation de ce travail :

- Prof. Dr. Hartmut Elsenhans, Université de Leipzig ; Prof. Jean-Emmanuel Pondi, directeur de l'IRIC, Université de Yaoundé II.
- Prof. Dr. Theodor Berchem, président du *Deutsche Akademische Austauschdienst* (DAAD) ; Mme Christiane Heinemann.
- Le personnel de l'AFVP, notamment M. Alain Vivien président de l'Association ; Mme Sylvette Petit, pour l'abondante littérature qu'elle a bien voulu mettre à ma disposition ; M. Louis Lhopital, pour les précieuses informations sur le développement en milieu urbain au Cameroun. Lors des enquêtes de terrain, les informations fournies par les Volontaires (Mme Guénaëlle Renevot, M. Hervé Betemburg, etc.) ont été déterminantes.
- Ma famille, pour le soutien affectif et moral.

# INTRODUCTION

L'Association Française des Volontaires du Progrès[1], association déclarée conformément à la loi du 1er juillet 1901 relative au contrat d'association, a pour objet de

> « *permettre à des jeunes de manifester leur solidarité avec les populations d'autres pays en s'associant à leur effort et en participant, à leur côté et à titre volontaire, à des actions liant développement économique et promotion humaine* »[2].

Créée en août 1963 sur l'initiative des pouvoirs publics et des mouvements associatifs[3], l'AFVP signe avec le gouvernement du Cameroun une convention d'établissement le 26 novembre 1964. Le 09 février 1966, le premier représentant de l'Association s'installe au Cameroun. Pour réaliser son objet, l'Association « *organise des opérations d'appui aux efforts locaux ou prête son concours à différentes formes de coopération* »[4]. Tant au Cameroun que dans les autres pays en développement où elle intervient (Afrique, Océan Indien et Caraïbes), l'AFVP agit en partenariat[5] avec différents acteurs du développement local : les pouvoirs publics ; l'administration qui coordonne les opérations sur le terrain ; les bailleurs de fonds sont des partenaires obligés ; plus électifs mais partenaires aussi, le groupe de base rural ou urbain, les organisations non gouvernementales[6] du Sud et du Nord, les collectivités territoriales engagées dans la coopération décentralisée.

---

[1] - Pour une présentation des objectifs, de la méthode, de l'organisation, des ressources et des partenaires de l'AFVP, lire chapitre III de la présente étude.

[2] - Article 1 des statuts de l'AFVP, sur Internet : http://afvp.org/connaitre/statuts.html.

[3] - Cette originalité perdure jusque dans les instances dirigeantes dont ils forment toujours les deux principales composantes. La question a pu être posée de savoir si cette Association de volontaires, créée par les pouvoirs publics (le gaullisme) avec le soutien du mouvement associatif, était un organisme public ou une organisation non gouvernementale. C'est au terme de la réforme de ses statuts, réforme intervenue en 1979, que l'AFVP devient « *une véritable ONG* ». Voir infra chapitre III intitulé "La coopération des ONG de développement : L'AFVP". Lire également AFVP : Etre volontaire aujourd'hui, Montlhéry cedex, Ed. AFVP, 1984, p. 3 ; Yves Hardy : L'Odyssée des volontaires. Eléments d'enquête sur l'histoire de l'AFVP, Montlhéry cedex, Ed. AFVP, 1994, pp. 81-89.

[4] - Article 2 des statuts de l'AFVP, sur Internet : http://afvp.org/connaitre/statuts.html.

[5] - Pour une évaluation critique de concept de "*partenariat*", lire Hyves Hardy : « La notion de partenariat », in Volontaires et développement : Une coopération en mouvement, Actes du colloque, Paris, Université Paris 1 – Sorbonne/AFVP, 1994, pp. 35-37.

[6] - Pour une analyse des concepts d'« organisation non gouvernementale » (ONG), de « développement participatif » et d' « autosuffisance », lire chapitre I de la présente étude.

Le principal mode d'action des Volontaires du progrès c'est le développement participatif.

La présente étude se propose d'analyser si l'AFVP a réussi – à travers la pratique du développement participatif –, à réaliser le double objectif d'autosuffisance et d'amélioration significative des conditions de vie des populations dans les régions rurales et urbaines du Cameroun où elle est intervenue entre 1964 et 2000. Cette démarche vise à confirmer ou à infirmer l'hypothèse suivant laquelle les Volontaires du progrès, à côté des pouvoirs publics, des bailleurs de fonds et des autres organismes de participation au développement, constituent des acteurs non négligeables en matière de développement local au Cameroun. Avant d'examiner cette préoccupation, il importe au préalable d'évaluer l'état de la question sur les ONG de développement.

## I. ÉTAT DE LA QUESTION SUR LES ONG DE DÉVELOPPEMENT

La littérature sur les organisations non gouvernementales est importante et variée[7], bien que ces organisations ne constituent pas un domaine particulier de la connaissance scientifique. Tantôt elles font l'objet d'une analyse politique : rôle et statut des ONG, leur structure et leur mode de fonctionnement, leur processus de prise de décisions, leur impact sur le développement, etc. ; tantôt elles font l'objet d'une étude économique : le mode de production des ONG, l'évaluation statistique des projets des ONG, etc. Lorsque le phénomène ONG fait ainsi l'objet d'une étude scientifique, la réflexion porte moins sur la définition ou les acceptions théoriques du concept d'ONG que sur la réalité effective de leur implication dans la société globale. R. B. Jain observe que le « troisième secteur » qui a émergé depuis quelques décades, sert de catalyseur de développement et de changement dans de nombreux pays du tiers monde[8]. Ce troisième secteur se conçoit d'une part par rapport à un premier secteur, celui des pouvoirs publics et des institutions gouvernementales qui définissent les priorités des populations en matière de développement, fixent les objectifs à atteindre, et coordonnent les activités des intervenants pour un développement harmonieux de la société globale ; il se conçoit d'autre part par rapport au deuxième secteur, celui des entreprises privées ou du marché, dont l'objectif est la recherche du profit et non la promotion des processus de développement.

Il importe d'examiner les approches explicatives sur les fondements des ONG, avant de situer la place de ces acteurs nouveaux sur la scène internationale.

---

[7] - Lire J.-P. Deler, Y.-A. Fauré, A. Piveteau et P.-J. Roca (éd.) : ONG et développement. Société, économie et politique, Paris, Karthala, 1998 ; Christopher Gibbs et al. : Non-governmental organization in Bank-supported projects. A review, Washington D.C., The World bank, 1998 ; Carmen Malero : Working with NGOs, Washington D.C., The World Bank, 1995.

[8] - R. B. Jain : NGOs in development perspective, Vivek, Prakashan, 1995, p. 1.

## I.1. LES APPROCHES EXPLICATIVES SUR LES FONDEMENTS DES ONG

Se situant dans les interstices des institutions gouvernementales et des entreprises privées commerciales, les ONG seraient historiquement apparues pour pallier les carences des pouvoirs publics et des marchés. Jude L. Fernando et Alan W. Heston remarquent ainsi que les ONG sont généralement définies par opposition à l'Etat et aux organisations à but lucratif[9]. De même, une abondante littérature sur le phénomène des ONG considère celles-ci avant tout comme une réponse complémentaire mais non alternative aux carences du secteur public (Etat) et du secteur privé (marché). Le lieu de déploiement des ONG serait ainsi constitué par l'espace résiduel qui ne peut être couvert ni par l'Etat – à cause de ses moyens limités –, ni par les marchés dont l'élan est motivé par l'accumulation capitaliste du profit. Les ONG seraient ainsi héritières d'un double échec : échec de l'appareil d'Etat à garantir le bien-être de tous et à satisfaire tous les desiderata des populations ; incapacité du secteur privé commercial qui échoue dans sa prétention à assurer, par les seules vertus du marché, une redistribution équitable des biens et services[10].

### I.1.1. LES APPROCHES ÉCONOMISTES

La théorie économiste distingue ainsi quelques approches explicatives de la genèse et de l'évolution des ONG :

- L'approche par subvention (*subsidy theory*) affirme que la croissance des ONG résulte de nombreuses subventions que leur octroient les pouvoirs publics – tant par des contributions directes que par des exonérations d'impôts –, les institutions de financement, les organismes bilatéraux et multilatéraux d'aide au développement ainsi que les bailleurs de fonds[11]. Des crédits et subventions sont ainsi alloués par les organismes publics de financement, les organisations de solidarité internationale (OSI) et des pourvoyeurs de fonds d'aide, pour permettre aux ONG et organismes de volontariat[12] de mieux réaliser leurs objectifs en

---

[9] - Jude L. Fernando, Alan W. Heston (éd.) : The role of NGOs : Charity and empowerment, London et New Delhi, SAGE Periodicals Press, novembre 1997, p. ii.

[10] - Cf. Jude L. Fernando, Alan W. Heston : « NGOs between States, markets, and civil society », in The role of NGOs : Charity and empowerment, op. cit., pp. 8-19.

[11] - A. B. Weisbrod : « The nonprofit economy », in Samuel Paul et Arturo Ireal : Non-governmental organizations and the World bank : Cooperation for development, Washington D.C., The World bank, 1991.

[12] - Evoquer le concept de volontariat suppose de proposer quelques définitions. Qu'est-ce qu'un volontaire ? "*Une personne bénévole qui offre ses services par simple dévouement*" (Petit Robert). La définition retenue par le Centre national (français) de volontariat est plus précise : "*Le volontaire est celui qui s'engage de son plein gré, de manière désintéressée dans une action organisée au service de*

matière de santé, d'éducation, de nutrition et de réduction de la pauvreté sous ses diverses formes. Ainsi des Fondations Rockefeller et Ford[13] qui ont, respectivement depuis 1916 et 1950, financé des projets de développement (médecine, agriculture et aide humanitaire), surtout en Amérique latine et dans le sous-continent indien. De plus, de nombreuses organisations caritatives du Nord mobilisent assez de fonds pour l'aide au développement, parce que ces organisations caritatives ne sont pas imposables[14].

La *subsidy theory* explique ainsi l'émergence des ONG par les nombreuses facilités financières dont elles bénéficient pour leurs activités, facilités financières qui les placent de facto en dehors du champ de la concurrence et de la compétition des marchés. Cette approche explique sans doute pourquoi les ONG subventionnées réussissent mieux là où de simples entreprises commerciales éprouvent de nombreuses difficultés à agir. Mais cette théorie n'explique pas pourquoi de nombreuses autres ONG, sans être des émanations des Etats ou des pourvoyeurs de fonds, interviennent également sur le terrain du développement.

- La théorie du bien public (*public good theory*)[15] affirme que les ONG existent pour offrir des prestations de service public dans des domaines résiduels où l'Etat ne peut intervenir. Les prestations de service public relèvent d'ordinaire du domaine de l'Etat qui a charge de construire des infrastructures et de pourvoir aux conditions matérielles pour une vie meilleure des populations. C'est ainsi que les besoins d'adduction d'eau dans les campagnes et les centres urbains, les besoins d'électrification rurale et urbaine, etc. incombent au domaine public, bien que les prestations de ces services puissent être fournies par des entreprises du secteur privé, à travers le mécanisme des marchés publics et des appels d'offre.

Dans les pays du tiers-monde où les besoins socio-économiques sont énormes et les capacités de l'Etat à les satisfaire fort réduites, appel est fait aux organismes de

---

*la communauté*". Le volontaire du développement, sujet de notre préoccupation, présente un certain nombre de spécificités : il travaille à temps plein, dans un pays en développement, et perçoit une indemnité de subsistance. Pour une évaluation critique de la notion de "*volontariat*", lire Philippe Marchesin, « Le concept de volontariat », in Volontaires et développement : Une coopération en mouvement, Actes du colloque, Paris, Université Paris 1 – Sorbonne/AFVP, 1994, pp. 14-17.

13 - Cf. Leonard A. Gordon : « Wealth equals wisdom ? The Rockefeller and Ford Foundations in India », in Jude L. Fernando et Alan W. Heston : The role of NGOs : Charity and empowerment, op. cit., pp. 104-116.

14 - En Allemagne, la loi sur l' "*Impôt sur le revenu*" (*Einkommensteuergesetz*) exonère d'impôts les organisations de volontariat ou à but non lucratif. De plus les fonds et crédits d'aide alloués par les sociétés et entreprises aux organismes d'aide ne sont pas imposables. Lire ESTG (*Einkommensteuergesetz*), § 34 G, 10 b.

15 - Cf. Stephen D. Hellinger et M. Fed O'Regan : Aid for just development : Report on the future of foreign assistance, Boulder, Lynne Rienner Publishers, 1988 ; Henry Hansmann : « Economic theories of nonprofit organization », in Powell (1987) ; Douglas James : « Political theories of nonprofit organization », in Powell (1987) ; M. L. Salamon : « Partners public service : The scope and theory of Government-NGO relations », in Walters Powell (éd.) : The non profit sector : A research handbook, New Haven, Yale University Press, 1987.

volontariat[16] et aux ONG pour assister l'Etat dans cette prestation des services publics. Les ONG interviennent dans ce contexte soit pour offrir des biens et services là où l'Etat et les pouvoirs publics ne peuvent intervenir, soit pour compléter les prestations là où les services de l'Etat ne peuvent répondre de façon adéquate à toutes les attentes exprimées par les populations.

De plus, dans de nombreux pays en développement où les services publics fonctionnent à l'« *Etat néopatrimonial* », les appareils d'Etat n'interviennent pour offrir des prestations de biens et services aux populations que là où ils escomptent un certain soutien politique[17]. Le choix d'investir dans des secteurs sociaux ou bien d'offrir d'autres prestations de services n'est pas le plus souvent fait en fonction des besoins prioritaires des populations, mais en fonction du soutien ou des appuis politiques que les autorités publiques et les décideurs étatiques peuvent attendre des populations. De larges couches de populations « *indociles* » – selon l'expression d'Achille Mbembe[18] – se trouvent ainsi privées de services publics, parce que les gouvernants n'ont pas cru devoir investir là où le soutien des urnes n'est pas acquis. C'est ainsi que Sylvie Brunel, analysant « *la faim dans le monde* »[19], observe que ce phénomène résulte très souvent de calculs politiques, l'enjeu étant soit de couper l'ennemi politique de sa base, soit de "*punir*" une population dont le soutien politique ou idéologique n'est pas acquis, soit encore de capter la rente de l'aide internationale d'urgence. La faim est ainsi artificiellement entretenue, et des pans entiers de populations privés de vivres et d'aliments nécessaires à leur survie. C'est ainsi également que dans de nombreux pays, surtout les pays en conflit ou en guerre, « *l'arme de la faim* » est devenue un instrument spécifique du pouvoir.

La terre abrite aujourd'hui six milliards d'êtres humains. La famine résulterait-elle de la surpopulation ? Non, répondent les experts de la FAO, l'Organisation des Nations Unies pour l'alimentation et l'agriculture[20]. Dans l'état actuel des capacités de production agricole, le monde pourrait sans problème nourrir douze milliards de personnes. L'explication est plutôt à chercher dans la distribution des biens disponibles. Les sécheresses, ouragans et autres catastrophes naturelles, anéantissant cultures et infrastructures, plongent parfois des régions dans le dénuement extrême. Il reste que la cause principale de la faim, nous dit Jean Ziegler, est l'inégale répartition des richesses à travers le monde[21]. Une inégalité

---

[16] - Dans la présente étude, nous utiliserons indistinctement les notions suivantes : "*organisme de volontariat*", "*organisation non gouvernementale*", "*organisme de participation au développement*".

[17] - Cf. Jean-François Médard, « L'Etat néopatrimonial en Afrique noire », in Jean-François Médard (éd.) : Etats d'Afrique noire : Formations, mécanismes et crises, Paris, Karthala, 1991, pp. 323-353.

[18] - Achille Mbembe : Afriques indociles. Christianisme, Etat et société en Afrique post coloniale, Paris, Karthala, 1989.

[19] - Sylvie Brunel : La faim dans le monde. Comprendre pour agir, Paris, PUF, 1999.

[20] - Cf. Dominique Mattalet, « Le scandale de la faim », Jeune Afrique, n° 2928, du 23 au 29 nov. 1999, p. 43.

[21] - Jean Ziegler : La faim dans le monde expliquée à mon fils, Paris, Seuil, 1999.

qui va en s'aggravant. Or comme le rappelle l'association française "Action contre la Faim", « *un grand nombre de pauvres ne mangent pas à leur faim dans la mesure où la production alimentaire s'ajuste à la demande solvable* »[22], confirmant ainsi la remarque formulée par Josué de Castro il y a un demi-siècle : « *Quiconque a de l'argent mange. Qui n'en a pas meurt ou devient invalide* »[23]. Conclusion de Jean Ziegler : on ne peut abandonner au libre jeu du marché la lutte contre ce fléau. Le sociologue suisse en appelle bien sûr à la création d'une structure juridique internationale appropriée pour faire respecter le « *droit à la nourriture* »[24]. Mais dans de nombreuses régions en conflit où des bandes armées utilisent « *l'arme de la faim* » contre des populations sans défense, les ONG apparaissent bien souvent comme les seules organisations crédibles qui puissent, avec l'aide des donateurs publics et privés, apporter de l'assistance à ces populations et leur offrir un minimum de services vitaux.

La théorie du « bien public » explique ainsi l'émergence des ONG par la nécessité d'offrir des services publics là où l'Etat ne peut ou ne veut intervenir[25]. Cette approche, aussi plausible soit-elle, n'en demeure pas moins limitée et sectorielle. Elle explique certes l'émergence de nombreuses ONG par la nécessité du service public. Mais elle ne rend pas suffisamment compte des motivations de multiples autres organisations de solidarité internationale qui interviennent là où des besoins de service public ne sont pas avérés.

---

[22] - Cité par Dominique Mattalet, in « Le scandale de la faim », op. cit., p. 43.

[23] - Josué de Castro : La géopolitique de la faim, Paris, Seuil, 1952.

[24] - Lors de la Conférence mondiale des droits de l'homme de Vienne, en 1993, les Etats du monde ont proclamé les droits économiques, sociaux et culturels. Ceux-ci s'ajoutent désormais de façon complémentaire, équivalente et universelle aux droits civiques contenus dans la Déclaration de 1948. Parmi ces droits nouveaux, acceptés par tous les Etats (sauf les Etats-Unis), le droit à l'alimentation figure en première ligne. Comment le définir ? Il s'agit du « *droit d'avoir un accès régulier, permanent et libre, soit directement, soit indirectement, aux moyens d'achats monétaires, à une nourriture quantitativement et qualitativement adéquate et suffisante, correspondant aux traditions culturelles du peuple dont est issu le consommateur, et qui assure une vie psychique et physique, individuelle et collective, libre d'angoisse, satisfaisante et digne* », in Observatoire général n° 12 à l'article 11 du Pacte sur les droits économiques, sociaux et culturels, doc. ONU HRI/GEN/I/Rév. 4, 7 février 2000. Cité par Jean Ziegler : « Une lutte sans moyens contre la faim », in Le Monde diplomatique, n° 572, nov. 2001, p. 4.

[25] - Les ouvrages de Sylvie Brunel, Le gaspillage de l'aide publique, Paris, Seuil, 1993, et La faim dans le monde. Comprendre pour agir, Paris, PUF, 1999, sont d'importantes contributions à cette approche explicative. Néanmoins Sylvie Brunel remarque dans son ouvrage de 1993 que de nombreux gestionnaires de l'aide au développement, pleins de bonne foi au départ mais détachés de la réalité africaine que domine une « corruption généralisée », se retrouvent englués dans une mécanique perverse où l'argent de l'aide profite surtout aux élites politiques, aux chefs locaux et aux leaders des comités de développement. Dans un sens tout aussi critique, Philippe Marchesin a pu écrire : « *Les projets de développement mis en œuvre s'éloigneraient souvent de leur objectif initial d'appui aux populations marginalisées pour renforcer les membres des élites locales* », dans l'article intitulé "Le concept de volontariat", in Volontaires et développement : Une coopération en mouvement, Actes du colloque, Paris, Université Paris 1 – Sorbonne / AFVP, 1994, p. 14.

- S'inspirant certainement des insuffisances de l'approche précédente, Hansmann et Salamon ont énoncé une approche explicative plus globale, la théorie de l'échec des contrats, « *the contract failure theory* »[26]. Cette approche emprunte au postulat économique suivant lequel le destinataire de l'action des ONG – comme tout autre consommateur en situation de choix multiple –, est doté d'un comportement rationnel[27]. L'idée maîtresse ici c'est qu'en l'absence de contrats dûment établis, les populations/consommateurs préfèrent les actions des ONG aux actions des entreprises commerciales. Lorsque les populations se trouvent incapables d'évaluer ou de suivre par elles-mêmes l'exécution de certains services, elles sollicitent pour ainsi dire rationnellement – c'est-à-dire par simple calcul des coûts –, les organisations sans but lucratif, pour l'exécution ou le suivi de ces services. Par exemple pour la gestion des fonds de pension, surtout en Amérique du nord, les groupes de populations concernés préfèrent confier la gestion de leurs fonds à des organisations sans but lucratif qui protégeront au mieux leurs intérêts, contrairement à une entreprise privée, un établissement bancaire par exemple, qui est davantage motivé par l'accumulation de ses propres profits.

De même, les organisations sans but lucratif sont considérées par les bailleurs de fonds comme étant plus aptes à faire parvenir les crédits de l'aide aux populations les plus démunies[28]. Une organisation sans but lucratif sera ainsi considérée par les donateurs et les bailleurs de fonds comme étant objectivement plus appropriée pour faire parvenir l'aide aux populations les plus en difficulté. Toutefois, seule l'observation des faits sur le terrain peut confirmer ou infirmer cette interprétation[29].

- Connexe à l'approche précédente est l'approche explicative par le contrôle du consommateur – « *the consumer control theory* ». Ben-Ner estime que le contrôle exercé par le consommateur peut le prémunir contre les produits néfastes ou

---

26 - H. Hansmann et Salamon, in Samuel Paul et Arturo Isreal : Non-governmental organizations and the World bank. Cooperation for development, Washington D.C., The World bank, 1991, p. 4.

27 - Définissant le concept de rationalité en économie, Raymond Boudon et François Bourricaud écrivent : « *Dans la tradition de la rationalité économique, du moins telle qu'elle est définie par Pareto (*Traité de Sociologie générale*), une action est dite rationnelle lorsqu'elle est objectivement bien adaptée au but poursuivi par le sujet. Rationalité signifie dans ce cas : adaptation des moyens aux fins. L'économiste moderne, pour sa part, définit le comportement rationnel comme le choix par l'individu de l'action qu'il préfère parmi celles qu'il a la possibilité d'accomplir, en bref comme un choix conforme à des préférences* », in Dictionnaire critique de la sociologie, 2e édition revue et augmentée, Paris, PUF, 1982, p. 479.

28 - C'est en 1979 que l'AFVP a pour la première fois participé à un programme financé par l'IDA (Banque mondiale) : l'Office du Développement du Nord en Haïti. Depuis, la Banque mondiale s'est ouverte aux ONG en reconnaissant leur capacité à conduire des programmes en faveur des plus pauvres et à participer à l'innovation sociale, économique et technique. Réciproquement, les ONG ont appris à travailler avec l'IDA-Banque mondiale, sans renier leurs valeurs, tout en faisant preuve du professionnalisme requis. En 1999, l'AFVP conduit 9 programmes sur financement IDA qui mobilisent 21 Volontaires dans 6 pays d'Afrique de l'ouest et en Haïti. Lire Internet : http://www.afvp.org/partenaire/nord.html.

29 - Voir supra, note 24, les réserves respectives de Sylvie Brunel et Philippe Marchesin.

impropres à la consommation[30]. Le contrôle donne également aux consommateurs la latitude de prévenir des situations de monopole où l'absence d'une saine concurrence les contraindrait peu ou prou à payer des prix prohibitifs. C'est ainsi que des organisations sans but lucratif sont créées par des consommateurs pour assurer un meilleur contrôle des biens et services, en vérifier la qualité et ainsi, éviter les monopoles des entreprises privées commerciales. Dans ce contexte, les coopératives, les associations sans but lucratif ainsi que les mouvements de consommateurs constituent autant de freins à la tentation de domination des marchands et des courtiers[31]. Ces coopératives et associations sont nécessaires pour protéger l'individu/consommateur face à l'emprise tentaculaire des entreprises commerciales.

Nombre d'ONG, surtout dans les pays à forte consommation de produits industriels, fonctionnent suivant ce modèle. Nées pour protéger les droits des consommateurs, elles veillent à ce que ces droits ne soient pas sacrifiés à la seule logique de la rentabilité marchande.

Telles sont quelques-unes des approches explicatives qui rendent compte de l'émergence et du déploiement des ONG par l'incapacité des marchés à assurer seuls le bien-être des populations. Les opérateurs économiques et autres investisseurs tentent bien de pourvoir les populations en biens de consommation multiples ; mais la logique même du marché, qui est presque exclusivement structurée autour de la recherche du profit, est génératrice de distorsions. Toute chose pouvant être convertie en valeur marchande, les populations démunies deviennent potentiellement des soutiers d'un ordre économique qui les domine et les soumet. Nombres d'analystes économiques pensent ainsi que les ONG, les organismes de volontariat et d'autres associations de solidarité sont nés pour parer à ces distorsions : elles constituent de ce fait des freins, des contre-poids contre ce que Karl Marx appelait « *la loi d'airain* » du capital[32].

De façon plus militante, les ONG visent non seulement à soustraire les populations démunies de l'emprise de l'exploitation des marchés dominants ; elles cherchent également à promouvoir la nécessité d'un ordre économique international plus juste et plus équitable, c'est-à-dire un ordre économique qui ne fonctionne pas majoritairement à l'exclusion des plus pauvres ou des moins aptes[33].

---

[30] - A. Ben-Ner : « Nonprofit organization : Why they exist in marketing economies », in Susan Rose-Ackerman (éd.) : The economics of nonprofit institutions, New York, Oxford university Press ; Paul Salamon et Isreal : Non-governmental organizations and World bank, op. cit., p. 4.

[31] - Sur le rôle des « courtiers » dans les politiques d'aide au développement, lire Thomas Bierschenk, Jean-Pierre Chauveau et Jean-Pierre Olivier de Sardan (éd.) : Courtiers en développement. Les villages africains en quête de projets, Paris, Karthala / Mayence, APAD, 2000, 328 p.

[32] - Karl Marx : Le Capital, livre I, 1867.

[33] - Jorgensen et al. estiment que du fait de l'extrême faiblesse du pouvoir d'achat des populations dans les pays en développement, les marchés y sont également très vulnérables, incapables d'offrir de manière satisfaisante des prestations de biens et services. Une telle situation justifie la nécessité de l'intervention, dans ces pays en développement, des organismes de volontariat et des organisations de

Les exemptions fiscales ainsi que les subventions et contributions diverses dont elles bénéficient les placent généralement en position de pouvoir protéger, avec quelque succès, des groupes de populations qui se trouvent soient exposés à l'exploitation marchande, soient littéralement exclus des circuits de production et de distribution des biens et services.

Si les analystes économiques ci-dessus évoqués cherchent ainsi à situer l'émergence des ONG par rapport aux faiblesses du secteur privé commercial, les analystes politiques, dont il sera fait état dans les paragraphes à suivre, articulent davantage la réflexion sur les insuffisances et les faiblesses des pouvoirs publics qui échouent à satisfaire toutes les demandes des populations. Ce qui est mis en cause par ces derniers, c'est bien sûr l'incapacité des institutions gouvernementales à assurer seules toutes les prestations de services publics ; mais aussi, dans de nombreux pays du tiers-monde où les mécanismes de représentation de l'opinion (partis politiques, syndicats, mouvements écologiques, etc.) sont très faiblement articulés, les institutions publiques gouvernementales ne peuvent seules promouvoir ce que Goran Hyden a appelé « la bonne gouvernance »[34].

## I.1.2. LES APPROCHES POLITISTES

En matière de biens publics, les desiderata des populations ne sont jamais formulés de manière uniforme et globale. C'est que les besoins et les attentes des diverses composantes sociales sont multiples et variés, et les institutions publiques échouent à les comprimer dans des canaux bureaucratiques. Si les institutions publiques affirment leur intention de répondre aux desiderata des populations, les solutions anonymes que proposent alors les bureaucraties administratives ne satisfont que faiblement les besoins spécifiques des groupes de populations. Les solutions offertes par les institutions publiques gouvernementales pour répondre aux attentes des populations ne sont pas mauvaises en soi. De fait, seul l'Etat peut élaborer des programmes globaux de développement, programmes articulés et cohérents dans lesquels viendraient s'insérer harmonieusement des actions particulières.

Toutefois, le caractère impersonnel et anonyme des décisions administratives rend ces décisions le plus souvent inefficaces et inaptes à satisfaire les besoins spécifiques des groupes de populations. Emmanuel Terray[35] a pu comparer l'Etat africain à Gulliver : c'est un géant certes mais, aux mains des Lilliputiens, ce

---

solidarité, pour contribuer à remédier aux carences des marchés. Cf. J. Jorgensen, Jan T. Hafsi et M. Kiggundu : « Towards a market imperfections theory of organization structure in developing countries », Journal of management studies, n° 23, vol. 4, pp. 417-442.

[34] - Goran Hyden et Micheal Bratton (éd.) : Gouverner l'Afrique. Vers un partage des rôles, Manilles, Nouveaux Horizons, 1992.

[35] - Emmanuel Terray (éd.) : L'Etat contemporain en Afrique, Paris, L'Harmattan, 1987.

géant entravé ne peut avancer que par ruades et soubresauts[36]. C'est dans ce contexte que certains analystes politiques situent l'émergence des ONG. Ce ne sont non pas des forces alternatives, des organismes de relais ou de substitution face au pouvoir anonyme et impersonnel de l'Etat, mais davantage des organismes qui essayent de prendre en compte les besoins particuliers des populations restées à la lisière des plans gouvernementaux. Les ONG ne cherchent donc pas à se substituer au rôle catalyseur de l'Etat ; elles se préoccupent plutôt de montrer qu'en dehors des domaines que l'Etat et les services gouvernementaux maîtrisent, des populations sont confrontées à de nombreux autres besoins, besoins qui peuvent être satisfaits par l'action des coopératives et des organismes sans but lucratif. Au demeurant, la diversité des besoins exprimés d'une part, et la multiplicité des réponses possibles d'autre part, empêchent que l'Etat puisse proposer des solutions adaptées à l'ensemble des besoins spécifiques des groupes de populations. La « *flexibilité* »[37] serait une réponse à la bureaucratie anonyme des appareils d'Etat. Ainsi, quelques tendances se dégagent nettement parmi les analystes politiques, pour expliquer l'émergence des ONG et des associations de volontariat :

- James Douglas a énoncé la théorie de la diversité sociale – « *social diversity theory* » – pour rendre compte de l'émergence des ONG et organismes à but non lucratif. Selon cet auteur, la société globale est caractérisée par une large variété d'opinion sur le bien public. La formulation de politiques conséquentes exige que les gouvernants décident parmi des choix multiples. Or les pouvoirs publics ne peuvent répondre de façon adéquate à la multiplicité et à la diversité des besoins contradictoires des populations[38]. Dès lors, le rôle des ONG et des organismes à but non lucratif devient primordial dans les systèmes politiques où le peuple est souverain, mais poursuivant des objectifs et buts différents, parfois contradictoires. Dans un tel contexte, les ONG ne se limitent pas à fournir des prestations de biens et services. Elles peuvent tout aussi faire ce que la littérature anglo-saxonne appelle « *policy advocacy* », c'est-à-dire l'« activisme politique »[39]. Dans les pays où les mouvements sociaux, les syndicats de travailleurs, les coopératives, bref les pays où les organisations de la société civile, lorsqu'elles existent, n'ont pas de réel pouvoir d'action, les ONG peuvent apparaître comme des facteurs de changement, des facteurs d'émergence de la pluralité d'opinion. C'est que les ONG et les

---

36 - Jonathan Swift : Les voyages de Gulliver, 1726.

37 - Le Petit Larousse (1998) définit la "flexibilité" comme caractère de ce qui est « *susceptible de s'adapter aux circonstances* ».

38 - « *Societies are characterised by a wide variety of views of the public goods. Formulation of consistent policies normally requires governments to make choices among these views. It is difficult for governments to respond effectively to social diversities that result in different constituencies making different or contradictory demands for services* », James Douglas, "Political theories of nonprofit organizations", in Samuel Paul et Arturo Isreal (éd.) : Non-governmental organizations and the World bank : Cooperation for development, Washington D.C., The World bank, 1991, p. 47.

39 - Mais la question reste posée de savoir si les ONG, organisations par définition apolitiques, sont statutairement fondées à promouvoir la « *bonne gouvernance* » ou à faire de l'activisme politique.

mouvements de solidarité – qui ne se présentent jamais comme forces alternatives ou comme groupes ouvertement concurrents face au pouvoir de l'Etat –, sont habituellement perçus dans ce contexte non pas comme des « ennemis politiques » ou des « concurrents politiques », mais comme des mécanismes de relais entre les populations ou groupes de populations d'une part et les pouvoirs publics d'autre part. Initier ou favoriser l'émergence de l'esprit du « bien public » dans les coopératives paysannes et les associations populaires, faire prendre conscience aux populations que le bonheur social est accessible et que la satisfaction des besoins essentiels n'est pas un leurre pourvu que tous y contribuent, tels sont autant de lieux de parole où les populations apprennent à se prendre en charge, c'est-à-dire aussi à s'assumer politiquement. Les organisations de volontariat y contribuent, à travers la stratégie du développement participatif.

- James Douglas, sans doute instruit par les insuffisances de la « *social diversity theory* », a élaboré une théorie plus globale, la théorie de l'expérimentation et de la flexibilité – « *experimentation and flexibility theory* ». Cette nouvelle approche fait le constat suivant : les lourdes bureaucraties des appareils d'Etat échouent à promouvoir le bien public, du fait même du caractère inflexible et conservateur de ces appareils bureaucratiques d'Etat. Par leur nature même, les appareils bureaucratiques de l'Etat ne sont pas aptes à introduire des changements dans le corps social, encore moins à trouver des solutions adéquates aux problèmes nouveaux qui surgissent[40].

Les analystes politiques estiment ainsi que les organismes non gouvernementaux constituent des stimulants du pluralisme démocratique, de même qu'ils sont des facteurs de changement dans de nombreux régimes autoritaires[41].

Toutefois cette approche explicative de l'émergence des ONG par le besoin de la « *policy advocacy* » n'est pas ouvertement assumée par les ONG. Non seulement elles ne participent pas à l'activité politique des pays destinataires de l'aide – ce qui est au demeurant conforme à leur principe d'apolitisme –, mais aussi elles ne peuvent s'aliéner le soutien des autorités publiques locales qui, bien que ne contrôlant pas directement les activités des ONG, peuvent cependant les bloquer ou y mettre un terme. De plus, les donateurs publics et privés ainsi que les autres pourvoyeurs de fonds bilatéraux et multilatéraux récusent l'interprétation des

---

[40]- James Douglas, "Political theories of nonprofit organizations", in Samuel Paul et Arturo Isreal (éd.) : Non-governmental organizations and the World bank : Cooperation for development, Washington D.C., The World bank, 1991, p. 48.

[41] - Lire Seamus Clearty : The role of NGOs under authoritarian political systems, London, Macmillan Press Ltd, 1997 ; Larry Diamond, J. Linz Juan et Martin Lipset Seymour : « Democracy in developing countries : Facilitating and obstructing factors », in D. Gatu Raymond (éd.) : Freedom in the world : Political rights and civil liberties, New York, Freedom House, 1987-1988 ; Michael Bratton : « The politics of Government-NGO relation in Africa », World development, n° 17, vol. 4, pp. 569-587 ; James Douglas "Political theories of nonprofit organizations", in Samuel Paul et Arturo Isreal (éd.) : Non-governmental organizations and the World bank : Cooperation for development, Washington D.C., The World bank, 1991.

politistes qui voient à travers les ONG des appuis à l'activisme politique. Ces pourvoyeurs de fonds affirment par principe leur volonté de non-ingérence dans les affaires intérieures des Etats ; de même, ils affirment ne pas influer sur les choix politiques des populations ou des groupes sociaux destinataires des programmes de l'aide au développement.

Des auteurs dont Annis Sheldon estiment néanmoins le reproche des donateurs injustifié, dans la mesure où l'action des ONG et des organismes de participation au développement est facteur de changement et d'innovation dans les sociétés dynamiques[42]. A. Sheldon pense d'ailleurs que le principal rôle des ONG sur le terrain du développement est davantage organisationnel et politique que financier et économique[43].

- Par ailleurs, bien que la plus grande majorité des ONG et organismes de participation au développement affirment ne pas avoir d'« idéologie politique » à promouvoir ou à défendre, leur engagement quotidien ne peut pas, dans l'absolu, ne pas avoir à faire au politique. Insuffler la pratique du développement participatif, faire prendre conscience aux populations locales que le sous-développement n'est pas le signe de la fatalité et qu'on peut y remédier par une action collective, c'est, d'une certaine manière, mettre sur la sellette la hiérarchie sociale, c'est remettre en cause les rapports sociaux de domination qui excluent les femmes, les paysans et les petits travailleurs urbains des principaux centres de décision. Si c'est cela faire de la politique, les ONG ne s'en privent pas. L'aide au développement ne peut continuer indéfiniment à remplir des « *trous à rat* » – suivant la formule de l'ancien sous-secrétaire américain Herman Cohen[44] –, comme si la structuration des rapports sociaux de domination n'était pas elle-même génératrice des distorsions qui préoccupent les ONG. Hartmut Elsenhans estime à juste titre que la question du développement économique pose *in fine* les problèmes de l'« *équité* » et de la « *justice sociale* »[45]. Remettre en cause la logique verticale des rapports de domination et promouvoir une logique horizontale où toutes les composantes sociales, surtout les femmes, les paysans ruraux et les petits travailleurs des centres urbains pourraient équitablement participer au processus de production et de distribution des biens et valeurs, constitue l'une des principales

---

[42] - The distinctive contributions of NGOs include « *their role as innovators and advocates ; their contribution to the balance of power between the state and civil society essentially in a dynamic economy and a participatory political system ; their ability to tap otherwise inaccessible social energy ; and another capacity to link with one another to become self organising systems responsive to a range of human needs* », Annis Sheldon : "Can small-scale development be a larg-scale policy ? The case of Latin America", World development, n° 15, pp. 129-134.

[43] - Michael M. Cernea : Non-governmental organizations and local development, World bank discussion paper 40, Washington D.C., 1988, pp. 49-51.

[44] - Cité par Sylvie Brunel, in Le gaspillage de l'aide publique, op. cit.

[45] - Hartmut Elsenhans : "Egalitarisme social comme condition du développement économique", in Les cahiers du CREAD, 7, 1987, pp. 91-128.

préoccupations des ONG que les analystes politiques essayent de mettre en exergue.

- Dans cette perspective, Hartmut Elsenhans montre que, même dans un contexte social où les pouvoirs économique et politique sont monopolisés par une classe dominante, les ONG peuvent valablement éveiller la conscience politique et mobiliser les pauvres pour la défense de leurs droits économiques et politiques[46]. Mais, remarque l'auteur qui étudie l'influence des ONG et des micro-entreprises dans la société indienne où les rapports sociaux sont fortement hiérarchisés et la mobilité sociale trop peu dynamique du fait sans doute de la rigidité des castes sociales[47], une telle entreprise de conscientisation politique engagée par les ONG ne peut avoir d'impact significatif à grande échelle que si l'on suppose résolue la question de la réforme agraire, principal point d'achoppement des organismes de participation au développement dans les pays du tiers-monde. Or, remarque judicieusement Hartmut Elsenhans, le problème de la réforme agraire pour une redistribution équitable des terres aux paysans est au-dessus des compétences des associations de volontariat et des organisations non gouvernementales[48]. Selon H. Elsenhans, dans de nombreux pays en développement où la pauvreté est exacerbée par les rapports sociaux de domination et l'absence de mobilité sociale, l'action des organismes de volontariat ne peut durablement faire l'économie d'une réflexion critique sur le politique. Toutefois, force est de reconnaître que la question des réformes agraires relève du domaine des pouvoirs publics. Les ONG peuvent tout au plus les y encourager.

- Dans une contribution à la *Deuxième rencontre des Organisations non gouvernementales pour le développement de l'Amérique latine*, Héctor Béjar affirme que « *la pauvreté fait partie du système* »[49]. Les injustices et les inégalités

---

[46] - Hartmut Elsenhans : Alternative development paths. The role of NGOs and small scale industry and their insertion in state-class dominated development strategies. Some aspects of recent development in India, New Delhi, Friedrich-Ebert-Stiftung, 1988, p. 19.

[47] - Le système de castes, très prégnant en Asie, n'existe pas dans les sociétés africaines. Néanmoins, en matière de mobilité sociale et de distribution des biens, Jean-François Médard a montré que les sociétés africaines sont dominées par un système *néo-patrimonial* dont les traits caractéristiques sont : le pouvoir personnel qui s'appuie sur un mélange d'arbitraire et de tradition, la confusion entre les biens privés et les biens publics, la personnalisation du pouvoir qui devient source de richesses. Dans un tel contexte de *« bourgeoisie patrimoniale d'Etat »*, les femmes, les petits salariés urbains, les paysans et agriculteurs ruraux et l'ensemble du « petit peuple » n'ont pas un accès équitable aux ressources. Lire Jean-François Médard : « L'Etat néopatrimonial en Afrique noire », in Jean-François Médard (éd.) : Etats d'Afrique noire. Formations, mécanismes et crises, Paris, Karthala, 1991, pp. 323-353.

[48] - Hartmut Elsenhans : Alternative development paths. The role of NGOs and small scale industry and their insertion in state-class dominated development strategies. Some aspects of recent development in India, op. cit., p. 7.

[49] - Héctor Béjar : « Déclaration de la deuxième rencontre des ONG pour le développement de l'Amérique latine », in Centre Tricontinental (collectif) : Les ONG. Instruments du néo-libéralisme ou alternatives populaires ?, Paris, L'Harmattan, 1998, pp. 175-184.

dans la distribution des biens disponibles et dans le poids de la charge fiscale sont les terreaux de la pauvreté structurelle dont souffrent les paysans et les petits salariés urbains de l'Amérique latine. Or, nous dit Héctor Béjar, il existe un phénomène que l'on prétend ignorer : les minorités qui jouissent de la concentration de la richesse disponible continuent d'opprimer et d'exclure les majorités qui ont été spoliées d'une façon ou d'une autre. Appauvris par les ajustements économiques, dépossédés encore plus par les ajustements structurels, menacés par la violence au quotidien, désarmés idéologiquement par la crise des idées socialistes, les peuples de l'Amérique latine préfèrent, aujourd'hui, survivre dans une paix précaire plutôt que de lutter, comme avant, contre l'oppresseur. Pour toutes ces raisons, conclut Héctor Béjar, le caractère chronique de la pauvreté latino-américaine est tributaire du système socio-économique en vigueur :

> « *Il ne s'agit pas d'un accident ou d'une étape conjoncturelle que l'on peut analyser ou résoudre en la séparant des autres éléments. La pauvreté explique et maintient le système économique continental, parce que ce dernier s'organise en vue de produire la surconsommation d'une partie de la population au prix de la sous-consommation des autres* »[50].

Telles sont quelques-unes des approches où les analystes politiques expliquent l'émergence des ONG et des organismes de solidarité internationale par l'« échec du politique » : échec des institutions publiques dans leur prétention à régenter, par les seuls mécanismes de la bureaucratie administrative, toutes les sphères de la vie économique des individus ; échec de l'Etat qui prétend satisfaire tous les desiderata des populations en matière de service public, alors que son « *inflexibilité* » et son « *conservatisme* » (Douglas James) le rendent incapable d'entreprendre des programmes innovants ou d'anticiper sur le devenir ; échec de l'Etat à entreprendre ou à mener de profondes réformes là où les rapports socio-économiques fonctionnent majoritairement à l'exclusion des couches sociales les plus pauvres et les plus faibles – en l'occurrence les femmes, les paysans ruraux et les petits salariés urbains ; enfin échec des pouvoirs publics dans leur prétention à initier de véritables changements politiques qui fassent droit au libre exercice de la parole et à l'application intégrale de la démocratie.

Les organismes de volontariat ne prétendent pas apporter des solutions alternatives pour répondre à ces insuffisances des pouvoirs publics ; ils n'en ont ni l'intention, ni les moyens. Tout au moins contribuent-ils à en faire prendre conscience, à « *coopérer autrement* »[51] et, à travers la méthode participative[52], à réduire par paliers les principaux goulots d'étranglement de la pauvreté.

---

[50] - Héctor Béjar, op. cit., p. 177.

[51] - Henri Rouille d'Orfeuil : Coopérer autrement. L'engagement des organisations non gouvernementales aujourd'hui, Paris, L'Harmattan, 1984.

[52] - Pour la définition de la « méthode participative » lire infra, chapitre I intitulé Présentation et définition de concepts.

De même que certains auteurs se situent en amont pour expliquer l'émergence des organismes de volontariat et des ONG, d'autres se situent en aval pour examiner leurs activités sur le terrain, dégager leurs forces et leurs faiblesses, et évaluer leur impact concret auprès des populations et des groupes sociaux destinataires des programmes de développement.

L'on crédite habituellement les ONG de certaines caractéristiques spécifiques qui les distinguent tant de la bureaucratie administrative des institutions gouvernementales que de la « rigidité » des bureaux d'études. Ces caractéristiques sont les suivantes :

- du fait de leur capacité à agir « au ras du sol » (action de proximité), les ONG atteignent les pauvres et les secteurs sociaux les plus défavorisés ;
- organisations très *flexibles*, elles adaptent leurs solutions aux réalités locales, ce qui évite la rigidité inopérante des plans préétablis ;
- les ONG ont une capacité à agir au moindre coût : les micro-projets et micro-entreprises dans lesquels elles interviennent utilisent du matériau peu onéreux, et les charges financières sont réduites ;
- les ONG ont une capacité innovante : agissant au niveau local au moindre coût et sur une échelle réduite (villages, localités, etc.), les ONG peuvent initier des programmes de développement novateurs qui, s'ils réussissent peuvent être étendus à grande échelle (régions ou pays) ;
- les ONG, organisations sans but lucratif, gèrent les crédits de l'aide au développement avec plus de rigueur et moins d'opacité. Dans de nombreux pays d'Afrique où, selon Jean-François Bayart, «*la politique du ventre* » est « *une affaire de vie ou de mort* »[53], de nombreux bailleurs de fonds estiment que les ONG sont plus compétentes quant à la gestion des crédits alloués à l'aide au développement. Ces bailleurs de fonds ont compris

> « *l'habileté avec laquelle les ONG atteignent les parties les plus déshéritées du corps social dans les pays en développement, ce que l'aide bilatérale réussit moins bien* »[54].

Ces assertions, pour plausibles qu'elles puissent paraître, n'en appellent pas moins quelques remarques contradictoires[55]. En effet, le champ d'action des ONG

---

[53] - Jean-François Bayart : L'Etat au Cameroun, Paris, Presses de la Fondation nationale des sciences politiques, 1979, p. 292.

[54] - J. Anthony Kozlowski : « Les ONG acteurs de développement », in Le rôle des ONG dans la coopération pour le développement, Bulletin OCDE, Paris, 1983, n° 10, p. 14. Dirk Hansohm : « Afrikanische Nichtregierungsorganisationen : Ein neuer Hoffnungsträger aber kein Allheilmittel », in Dirk Hansohm et Robert Kappel : Schwarzweiße Mythen. Afrika und der entwicklungspolitische Diskurs, Münster, Hamburg, LIT Verlag, Bremer Afrika Studien, Bd. 5., 1994, pp. 193-194.

[55] - Les remarques critiques contenues dans le paragraphe qui suit sont tirées de l'ouvrage collectif intitulé Les ONG : instruments du néolibéralisme ou alternatives populaires, Paris, L'Harmattan, 1998, pp. 5-33 ; lire également Dirk Hansohm : « Afrikanische Nichtregierungsorganisationen : Ein neuer Hoffnungsträger aber kein Allheilmittel », op. cit., pp. 194-195.

n'est pas exempt de conflits. Autonomes vis-à-vis des gouvernements et ayant leur origine dans la société civile[56], les ONG forment un espace d'acteurs socialement diversifiés, agissant dans le champ du développement, en dehors des appareils de l'Etat, mais en collaboration (positive ou négative) avec lui. Or la société civile est le champ d'interactions entre groupes sociaux n'ayant pas le même poids économique, social, culturel ou politique ni, nécessairement, les mêmes capacités objectives ou subjectives d'organisation, ce qui entraîne des interactions harmonieuses ou conflictuelles. Bref, la société civile est aussi le lieu des luttes sociales, et les ONG de développement sont, consciemment ou non, le reflet de cette réalité. En dépit des intentions ou du niveau de conscience sociale, les ONG ne baignent pas dans un univers socialement et donc idéologiquement aseptisé. Elles ne peuvent ignorer cette réalité conflictuelle, sinon l'aide destinée aux plus pauvres et aux secteurs sociaux les plus défavorisés pourrait bénéficier davantage aux chefs locaux, aux élites urbaines et rurales ainsi qu'aux « *courtiers en développement* », autant d'intermédiaires qui, faut-il le souligner, défendent des intérêts particuliers qui ne sont pas nécessairement les intérêts des couches sociales les plus pauvres :

> « *On a ainsi souvent oublié que le développement est lieu d'affrontement "politique" dans la mesure où les acteurs présents sur le projet (paysans, jeunes, femmes, notables, fonctionnaires, membre d'OSI* [organisation de la solidarité internationale]*...) développent des stratégies personnelles. La réalisation du projet* [projet de développement] *permet de mesurer la capacité de certains groupes sociaux à l'infléchir à leur profit* »[57].

Par ailleurs, l'affirmation suivant laquelle les organisations non gouvernementales gèrent mieux que l'Etat les crédits de l'aide au développement dans les pays du Sud, cette affirmation résulte moins d'une observation de terrain que d'un parti pris idéologique. Sans doute le libéralisme économique, qui affirme par pétition de principes que les appareils d'Etat au Sud sont incapables d'entreprendre avec succès des programmes de développement durable, a-t-il ainsi trouvé à travers les organisations de solidarité internationale un écho favorable pour sa politique – on devrait dire son « idéologie » – de l'« *Etat minimum* »[58]. D'où le risque d'instrumentalisation des agences de développement.

En effet, Yash Tandon affirme :

> « *Il n'est donc pas facile, pour nous Africains, de comprendre les ONG occidentales, non seulement à cause de leur opacité, mais aussi du fait de leur orientation idéologique et philosophique, qui est le produit des forces*

56 - Voir Alternatives Sud, vol. v, 1998, n° 1.

57 - Philippe Marchesin, "Le concept de volontariat", in Volontaires et développement : Une coopération en mouvement, Actes du colloque, jeudi 24 mars 1994, Ed. Université de Paris 1-Sorbonne et AFVP, 1994, p. 14.

58 - Guy Sorman : La révolution conservatrice américaine, Paris, Fayard, 1983. Du même auteur, lire : La nouvelle richesse des nations, Paris, Fayard, 1987.

*historiques complexes et qui, aujourd'hui encore, agissent en fonction d'objectifs obscurs, difficiles à déchiffrer pour les outsiders* »[59].

Plus loin, l'auteur précise :

« *Leur secret, leur non-transparence, la non-réciprocité des relations entre les ONG du Nord et du Sud sur les questions d'évaluation, la complexité des publics dont elles tirent leurs ressources et vis-à-vis desquels elles sont responsables, tout cela les rend difficiles à comprendre pour l'Afrique* »[60].

Yash Tandon laisse ainsi entendre que l'approche du développement participatif, présentée par les ONG occidentales comme étant leur méthode spécifique d'action, pourrait en définitive n'être que de la rhétorique. Le processus de prise de décision restant fortement hiérarchisé, les populations subiraient plus l'action des ONG du Nord qu'elles n'y participent, ce qui altère à terme la notion même de « *développement participatif* ».

Ces remarques de Yash Tandon sont corroborées par les analyses de Philippe Marchesin qui formule la réflexion suivante : chargé d'une mission de modernisation, le volontaire impose – parfois inconsciemment – sa conception du développement, justifiant par avance son action : apporter son aide à des populations considérées comme traditionnelles, aux savoirs rudimentaires ; bref, il les conduit vers le Progrès. Ce faisant, le terme de « *coopération* » est souvent vidé de son sens. Ce qui devait être « *travailler ensemble* » devient « *faire changer l'autre* » à travers une relation verticale, à sens unique, entre le Nord et le Sud. La tentative de transfert de la culture occidentale du développement peut ainsi se réaliser aussi bien sous la forme d'un paternalisme autoritaire que sous des dehors d'échanges fraternels. Dans les deux cas, la culture du développeur se caractérise par une tendance au populisme bureaucratique, prétendant concilier les vertus de l'efficacité dépersonnalisée de la bureaucratie et celles de la communauté, à travers les réseaux locaux de solidarité sociale. En réalité, il apparaît que la combinaison de l'idéal bureaucratique et de l'idéal communautaire aboutit simultanément à renforcer d'une part le formalisme bureaucratique, d'autre part la mise en place de micro-réseaux particularistes liés à l'expansion du *clientélisme* et de la *corruption*[61].

Ces remarques recoupent la préoccupation que nous avons exprimée plus haut : dans quelle mesure les Volontaires du progrès ont-ils contribué à réduire de façon

---

[59] - Yash Tandon, "Un point de vue africain sur les ONG étrangères en Afrique", in Centre Tricontinental (collectif): Les ONG: instruments du néo-libéralisme ou alternatives populaires ?, Paris, L'Harmattan, 1998, p. 69.

[60] - Yash Tandon, op. cit., pp. 70-71.

[61] - Philippe Marchesin, "Le concept de volontariat", in Volontaires et développement : Une coopération en mouvement, Actes du colloque, jeudi 24 mars 1994, Ed. Université de Paris I-Sorbonne et AFVP, 1994, p. 15 ; lire également Jean-Pierre Chauveau : "Du populisme bureaucratique comme idéal-type de la culture du développement", in Secrétariat général de la défense nationale : L'Afrique subsaharienne. Sécurité, stabilité et développement, Paris, La Documentation française, 1993, p. 448.

significative la pauvreté au Cameroun, dans un contexte social caractérisé par la grande pauvreté des masses paysannes, l'absence de véritable tissu associatif au sein des collectivités locales, l'interface des élites rurales et urbaines et des *courtiers en développement* qui, d'une certaine façon, font obstacle à l'édification d'un « *espace public* » villageois[62].

A l'Université de Yaoundé, Apollinaire Essomba a réalisé en 1988, dans le cadre d'un mémoire de maîtrise, un « *bilan de 20 années d'activité* » des Volontaires du progrès sur le terrain du développement au Cameroun. A l'avant-propos de son Mémoire, il se donne pour tâche de

« *présenter les activités de l'AFVP au Cameroun, de mettre en relief la stratégie, la politique et les moyens mis en œuvre par les Volontaires du progrès pour réaliser les programmes de développement* »[63].

Au terme de son analyse, il conclut que malgré ses convictions, l'AFVP n'a pas pu transformer les structures extraverties de l'économie camerounaise, elle n'a pas pu changer qualitativement les conditions de vie des populations, elle se contente de collaborer avec les sociétés de développement des cultures de rente[64]. Il a toutefois mis en exergue l'ouverture d'autres perspectives de coopération plus dynamiques, notamment avec le début de l'intervention des Volontaires, à la demande des pouvoirs publics, auprès des PME et PMI. Puis de nombreuses transformations ont eu lieu. L'AFVP a diversifié ses centres d'intérêt et augmenté ses sources de revenus. Le contexte international a également subi des changements, notamment avec la profonde crise qui fragilise les économies des pays en développement depuis le milieu de la décennie 1980, mais aussi le *tout-libéralisme* qui entend normaliser toutes les économies dans une structure unilinéaire de type darwinien : lutte « à mort » pour le contrôle ou la conquête des parts de marché, survie des économies les plus compétitives, dégénérescence des économies les moins aptes et les plus faibles.

Il serait intéressant aujourd'hui d'intégrer ces données nouvelles dans le schème de l'analyse afin de voir dans quelle mesure l'AFVP a pu, au cours des dernières décennies, réaliser auprès des populations locales du Cameroun, son double objectif d'autosuffisance et d'amélioration des conditions de vie des couches sociales les plus démunies.

En 1997 à l'Université de Leipzig, Berthold Kuhn a présenté une thèse de doctorat intitulée : « Participatory development and local Self-Government reform in rural India ». En Inde, les organismes de participation au développement affirment agir en priorité pour les pauvres. Or, remarque l'auteur, les actions de ces

---

62 - Lire Jean-Pierre Olivier de Sardan : "L'espace public introuvable. Chefs et projets dans les villages nigériens", in Revue Tiers Monde, n° 157, janvier-mars 1999, t. XL.

63 - Apollinaire Essomba : La contribution de l'Association Française des Volontaires du Progrès au développement du Cameroun : Un bilan de 20 années d'activité, Mémoire, Yaoundé, IRIC, 1988, p. ii.

64 - Apollinaire Essomba, op. cit., pp. 130-131.

organismes de développement ne touchent pas les couches de populations les plus pauvres qui vivent dans les campagnes reculées et difficiles d'accès. Il constate que les programmes de développement initiés par les organismes d'aide profitent surtout aux populations vivant dans les régions les moins pauvres, et pour cause. La grande pauvreté dans les campagnes empêche les ONG qui y interviennent, d'obtenir des résultats concrets à court terme. Or, vis-à-vis des bailleurs de fonds et des partenaires financiers, les ONG ont des obligations de rendement, non seulement pour justifier leurs dépenses, mais surtout pour obtenir de nouveaux crédits pour leurs actions futures. Il se trouve ainsi que les couches les plus défavorisées des populations rurales sont rarement touchées par les projets des organismes de participation au développement, parce que des actions concrètes à leur égard auraient moins d'impact et peu de résultats tangibles à court terme. Au fond, constate Berthold Kuhn, dans les campagnes indiennes, les organismes d'aide ne sont pas au service des plus pauvres ; ces organismes se cantonnent dans les milieux les moins défavorisés où ils peuvent obtenir des rendements concrets à court terme[65].

Au total, nombre de travaux de recherche sur le phénomène des ONG se sont attachés à rendre compte tant de l'émergence des ces organisations à but non lucratif, qu'à situer leur place aujourd'hui significative dans le système international.

## I.2. LES ONG COMME ACTEURS DU SYSTÈME INTERNATIONAL

L'intérêt des acteurs étatiques à l'égard des ONG s'explique par les atouts de ces dernières : leur perception des besoins essentiels de la population, leur approche directe et communautaire, leur faible coût. De plus, dans les pays industrialisés, les grandes ONG représentent des groupes sociaux, professionnels, religieux ou syndicaux dont le nombre et l'opinion constituent un facteur électoral pour les entrepreneurs politiques. Néanmoins, la situation des ONG vis-à-vis des Etats reste inconfortable. Cela provient du fait que la communauté des Etats, seule habilitée à émettre des règles de droit nouvelles, n'a jamais accepté de conférer aux ONG un statut juridique approprié à leur nature et à leurs fonctions. Malgré leur souci d'indépendance, les ONG, entités de droit national, sont obligées de se placer sous l'empire de la législation du pays où elles sont constituées et des pays où elles exercent leurs activités.

En dépit de l'absence d'un statut international approprié et malgré l'inadaptation des différents droits nationaux, les rapports entre les ONG et les

[65] - Berthold Kuhn : Participatory Development and Local Self-Government Reform in Rural India, New Delhi, Ed. Radiant, 1998.

Etats sont généralement bons. En fait, la plupart des associations bénéficient, au moins dans les pays de tradition libérale, d'une large tolérance qui compense les inconvénients de l'absence de statut. Il n'en va différemment que si les activités de telle ou telle ONG sont jugées suspectes parce qu'elles porteraient atteinte à la sécurité ou au moral de la nation. L'hypothèse ne peut être exclue, surtout lorsqu'il s'agit de l'activité des « internationales » militantes. Une ONG dont le but est de défendre et de promouvoir les droits de l'homme enquête, recoupe des témoignages, réunit une documentation et fait rapport publiquement sur les violations de ces droits par les gouvernements : son mandat implique nécessairement l'activisme politique. En exposant ces violations, elle rappelle publiquement aux gouvernements les obligations qu'ils ont contractées en signant telle ou telle convention internationale sur les droits de l'homme. Ces rapports ne manquent pas d'irriter les gouvernements en cause, qui lui reprocheront sa partialité, ses allégations sans preuve, sa collusion avec les forces ennemies de la nation ou son dessein de ternir l'image du gouvernement[66]. Finalement l'évolution de la situation politique, militaire, économique et sociale dans les pays en cause pourra faire évoluer l'attitude des ONG à l'égard des pouvoirs publics.

Tout comme ONG et Etats, ONG et organisations internationales sont complémentaires. La plupart des OI ont accordé un statut consultatif à une sélection d'ONG internationales aux fins de consultation et d'information réciproque. L'innovation a été introduite par l'article 71 de la Charte des Nations Unies qui dispose que : « *Le Conseil économique et social peut prendre toutes dispositions utiles pour consulter les organisations non gouvernementales qui s'occupent des questions relevant de sa compétence* ». Ces dispositions peuvent s'appliquer à des ONG internationales et à des ONG nationales après consultation de l'Etat membre intéressé de l'Organisation. Des dispositions similaires ont été adoptées par la plupart des institutions spécialisées (OIT, FAO, UNESCO, OMS, ONUDI, etc.) ainsi que par certains organes rattachés à l'ONU (CNUCED, UNICEF) et par des organisations régionales comme l'Union européenne. Les ONG bénéficient, sous des formes diverses, du « statut consultatif ». Marcel Merle remarque toutefois que ce terme de « statut » est utilisé de manière abusive[67] : il ne s'agit en fait que de règles établies et appliquées par chacune des OI pour organiser

[66] - En septembre 1998, l'ONG allemande Transparency International (TI) publie son rapport annuel sur l'indice de perception de la corruption, indice qui classe les pays du monde en fonction de la lutte qu'ils mènent contre le phénomène de la corruption dans les administrations et les affaires publiques. Dans ce rapport, le Cameroun est perçu comme étant le pays le plus corrompu, sur un échantillon de 85 pays de tous les continents. Cette publication irrite profondément les autorités camerounaises. Inoni Ephraim, Secrétaire général adjoint à la présidence de la République, publie un communiqué où TI est accusé de « *ternir l'image du Cameroun* » et de « *compromettre ses efforts en matière de développement* ». Lire *The Herald*, 25-27 septembre 1998, sur Internet : www.iccnet.cm/a_cam_act_a_wpsay/herald.htm.

[67] - Marcel Merle : Sociologie des relations internationales, Paris, Dalloz, 3e édition, 1982, pp. 362-377.

la consultation avec certaines organisations non gouvernementales. L'octroi ou le retrait du statut consultatif ainsi que les modalités de la consultation sont réglés unilatéralement et discrétionnairement par les OI ; par ailleurs le bénéfice du statut consultatif n'entraîne aucune reconnaissance de la personnalité morale ni aucune attribution de la capacité juridique en dehors du mécanisme de la consultation. En d'autres termes, les ONG peuvent être admises à participer aux travaux des OI ; elles ne disposent cependant pas de droit de vote.

Malgré cette restriction, le système du statut consultatif a permis d'aménager une coopération utile entre les OI, qui incarnent les intérêts étatiques, et les ONG qui incarnent des intérêts ou des idéaux spécifiques. Cette coopération repose sur un circuit de communication et d'information ; elle débouche sur une contribution souvent féconde des ONG aux travaux des OI, que ce soit sous la forme de participation aux débats ou sous la forme d'une association des ONG aux tâches concrètes qui sont entreprises sur le terrain par certaines OI. Ainsi les programmes d'assistance lancés par les institutions spécialisées comme la FAO, la Banque mondiale ou le PNUD, ou encore les projets de développement entrepris par des organisations régionales comme l'Union européenne sont-ils financés et réalisés en collaboration avec les ONG intéressées.

Néanmoins, les relations entre les ONG et les OI ne sont pas toujours aussi harmonieuses qu'il paraît au premier abord. D'une part, le « statut consultatif » a souffert de la bipolarité Est/Ouest, des ONG étant parfois accusées de communisme, d'être infiltrées par le KGB ou d'être financées par la CIA. Cette atmosphère délétère a entraîné une crise qui manifeste la perte de confiance des OI dans un certain nombre d'ONG. Pour lutter contre l'influence occulte que certains Etats tenteraient d'exercer à travers des ONG trop dociles, le Conseil économique et social des Nations Unies a adopté le 23 mai 1968 de nouvelles dispositions réglant la consultation avec les ONG. Ce texte renforce les pouvoirs de contrôle du Conseil, notamment en ce qui concerne l'origine des fonds dont disposent les ONG, et prévoit que le statut consultatif pourra être retiré, notamment dans les cas indiqués à l'article 36 :

- S'il existe des éléments établissant de façon concluante qu'un gouvernement fait secrètement pression sur une organisation par des moyens financiers pour l'inciter à se livrer à des actes contraires aux buts et aux principes de la Charte des Nations Unies ;

- si une organisation abuse manifestement de son statut consultatif pour se livrer systématiquement, contre les Etats membres de l'ONU, à des actes injustifiés ou inspirés par des motifs politiques en violation des principes de la Charte ou en contradiction avec ces principes ;

- si, au cours des trois années précédentes, une ONG n'a apporté aucune contribution positive ou effective aux travaux du Conseil ou de ses commissions ou autres organes subsidiaires.

Le moins qu'on puisse dire est que ces dispositions témoignent d'une certaine méfiance envers les ONG. Les menaces de suspension ou de retrait, en particulier pour des raisons politiques, pourraient amener les ONG à s'autocensurer : une prudence diplomatique et une réserve excessive enlèveraient tout intérêt aux rapports et prises de position des ONG : la valeur de leurs contributions est de pouvoir exprimer librement ce que les représentants gouvernementaux ne peuvent pas ou ne veulent pas dire.

Par ailleurs, en jouant la carte du « statut consultatif », les ONG sont tombées dans une sorte de piège dont il leur est de plus en plus difficile de sortir. Pour avoir cherché systématiquement l'appui des Etats et des OI, elles se sont laissé entraîner sur la voie d'une coopération qui était faussée au départ. Loin de représenter un point de vue opposé à celui des Etats, les ONG qui ont sollicité et obtenu le statut consultatif ont fini, dans la plupart des cas, par se plier au jeu imposé par les Etats à travers les OI dont ils contrôlent le fonctionnement. Ainsi, l'initiative privée en est venue, malgré elle, à consolider un système de relations et des orientations dont elle avait voulu se démarquer au départ.

Il apparaît ainsi que les ONG sont hors d'état de concurrencer sérieusement les Etats en tant qu'acteurs principaux des relations internationales. Cette faiblesse provient de la dispersion des centres d'intérêt et de l'incapacité où les organisations de volontariat se trouvent d'unifier leur action pour imposer leur vue aux acteurs étatiques ; elle résulte aussi de la grande division qui affecte l'action internationale de ces groupes ; elle résulte également de la tactique des ONG qui ont recherché la caution étatique et le soutien des OI. Certes, ce n'est pas un résultat négligeable que d'avoir associé l'initiative privée à l'action des pouvoirs publics sur la scène internationale ; et il faut sans doute se féliciter de ce que l'action des groupes privés ait aidé les Etats, dans certaines circonstances, à surmonter leurs antagonismes et à régler leurs différends.

Mais il ne s'agit en définitive que d'un rôle d'appoint. L'initiative des organisations volontaires est encore trop confuse et trop diffuse pour opposer un front commun aux initiatives des Etats et à plus forte raison, pour opposer un modèle de rechange à la société internationale.

## II. INTÉRÊT ET JUSTIFICATION DU SUJET

Avec la République centrafricaine, le Gabon et le Bénin, le Cameroun fait partie des pays de l'Afrique noire ayant accueilli les premiers détachements des Volontaires du progrès (VP) dès 1964. Depuis lors, les réalisations des VP se sont élargies et diversifiées, et le Cameroun reste l'un des pays où l'implantation des Volontaires est forte tant en termes du volume des activités, des fonds alloués que du nombre des Volontaires engagés sur le terrain[68]. L'interaction entre les autorités publiques camerounaises, les collectivités locales et l'AFVP, constitue un intéressant champ d'investigation pour examiner l'impact effectif des opérations de développement engagées par les VP sur le terrain du développement local au Cameroun. Réduire la pauvreté et accroître les revenus des populations pauvres constituent des défis majeurs que les pays en développement ne peuvent seuls relever. De nombreux rapports des Nations Unies, en l'occurrence les rapports de la Banque mondiale et du P.N.U.D., présentent les ONG comme partenaires indispensables de développement[69]. Boutros Boutros-Ghali, alors Secrétaire général des Nations Unies, a observé, lors d'une rencontre avec le *Groupe des Hauts cadres des Nations Unies sur le développement du monde entier*, que les Nations Unies ont à apprendre des ONG[70]. De même, la *Déclaration de Copenhague sur le développement social* fait de la réduction de la pauvreté une préoccupation majeure pour l'avenir.

La recherche des voies et moyens pour résoudre les problèmes de pauvreté et de sous-développement sollicite de plus en plus l'intervention des ONG[71]. Des projets de développement grandioses conçus et réalisés dans les pays en développement ont connu des résultats peu satisfaisants, très souvent parce que les populations locales ont été insérées dans lesdits projets comme un livre dans un rayon de bibliothèque, c'est-à-dire sans leur participation effective et sans la conscience d'agir ensemble pour le bien de la communauté. C'est ce qui explique certainement que de nombreux projets de développement, fort prometteurs au départ, aient eu des résultats mitigés. L'alternative aujourd'hui semble être de faire adhérer les populations concernées aux projets, de stimuler en elles la conscience de devoir coopérer pour des travaux communautaires. Les ONG, qui font du développement participatif leur principal mode d'action, semblent porteuses de cette dynamique nouvelle où les communautés locales sont appelées à s'investir, à coopérer pour leur propre développement.

Les besoins du Cameroun en matière de développement sont énormes et variés : construction des routes et désenclavement des régions les plus reculées, adduction en eau potable, électrification et téléphonie urbaine et rurale, construction des

---

[68] - En 1995, près de 350 volontaires du progrès sont présents dans 24 pays, essentiellement en Afrique noire, mais également dans l'Océan Indien et aux Caraïbes ; le Cameroun en compte 20. Au cours de la même année, la part des ressources contractuelles de l'Association affectée au financement des opérations de développement a représenté 95.415.115 FF ; les opérations de développement engagées au Cameroun en 1995 ont bénéficié de 4.254.499 FF de ces ressources contractuelles. Lire AFVP : Rapport d'activité 1995, Linas-Montlhéry, Ed. AFVP, 1995, pp. 43-44 ; voir également l'Annexe de la présente étude.

[69] - Lire Carmen Malero : Working with NGOs, Washington, D.C., The World bank, 1995.

[70] - Africa recovery, vol. 7, n° 1, juin 1993, p. 14.

[71] - Nous avons examiné plus haut les caractéristiques spécifiques qui font des ONG des acteurs déterminants en matière de développement. Toutefois, seule la réalité du terrain peut permettre de situer l'impact effectif des organismes privés d'aide dans la lutte contre la pauvreté.

écoles et des cases de santé, accès des paysans et des femmes aux micro-crédits d'investissement, autant de besoins qui tous se posent en termes de priorités. Bien sûr les Volontaires du progrès, autant que les autres partenaires étrangers du Cameroun, ne peuvent seuls résoudre la quadrature du cercle. Il serait superfétatoire de souligner que, eu égard aux besoins énormes qu'exprime le Cameroun en matière de développement, l'assistance des Volontaires du progrès ne constitue qu'un appoint. Mais il s'agit d'un appoint nécessaire tant il est vrai que, au-delà de quelques digues construites ou des périmètres irrigués, l'inculcation lente et progressive de la pratique du développement participatif constitue en soi la levure dans la pâte du développement. La méthode du développement participatif, couplée au renforcement ou à la stimulation des initiatives locales, constitue de grands atouts pour faire reculer de façon significative la pauvreté, atteindre l'autosuffisance et amorcer le développement. Nous pensons donc qu'il est important d'analyser les actions des Volontaires du progrès, afin d'évaluer le chemin par eux parcouru sur le terrain du développement au Cameroun au cours des dernières décennies.

En dehors de l'AFVP, de nombreuses autres OSI et ONG occidentales de développement sont actives au Cameroun : *CARE international*, *Peace Corps*, *Deutscher Entwicklungsdienst* (DED), les Volontaires italiens (COVIC), etc. Certaines de ces organisations ont fait l'objet d'études scientifiques. En dehors d'un « bilan de 20 années d'activité » réalisé par Apollinaire Essomba, des travaux de recherche sur l'évaluation globale de l'activité des Volontaires du progrès au Cameroun n'ont pas été réalisés. Nous pensons modestement pouvoir satisfaire cette curiosité intellectuelle et au-delà, apporter d'autres éclairages sur la compréhension du mode de fonctionnement des ONG de développement au Cameroun.

Notre travail ne se limitera pas à identifier les projets et à expliquer leur mode de fonctionnement ; d'intéressantes monographies ont été réalisées par les services internes de l'AFVP. C'est pourquoi, au-delà de l'accumulation statistique, cette étude se donne pour tâche d'évaluer l'impact de l'action des Volontaires du progrès sur le développement local au Cameroun ; ce faisant, l'analyse comparée des données des OSI et organismes de volontariat partenaires des programmes AFVP au Cameroun nous permettra de jeter des éclairages sur la dynamique du mouvement coopératif et des ONG de développement au Cameroun.

Les ONG affirment mieux utiliser les crédits de l'aide au développement pour, à travers la méthode du développement participatif, renforcer l'autonomie des initiatives populaires. Il serait dès lors intéressant de savoir si les importants flux de l'assistance extérieure qui transitent par la coopération non gouvernementale aident mieux les populations à réduire leur situation de dépendance économique et sociale et à créer les conditions d'une vie meilleure. De même, reste posée la question de savoir si, en matière d'aide au développement, les ONG et les *Private voluntary organizations* à qui l'on prête tant de vertu, gèrent toujours mieux que les institutions publiques, les flux de l'aide. Cela ne va pas sans dire et, à l'analyse des faits, cette affirmation pourrait se révéler n'être qu'un parti pris de l'idéologie néo-libérale. L'évaluation critique des réalisations concrètes semble dès lors nécessaire pour situer l'impact des organismes de volontariat par rapport aux objectifs qu'ils affirment poursuivre en matière de développement.

De façon plus personnelle, cette étude est la suite de la réflexion que nous avons engagée sur « *les nouveaux champs de la coopération non gouvernementale* »[72]. Il s'agissait d'une réflexion théorique sur les enjeux de la coopération décentralisée et non gouvernementale. Nous avons voulu poursuivre cette réflexion en étant davantage attentif à l'empirisme des faits. Pour cela nous avons voulu expliquer, examiner et évaluer l'action concrète des Volontaires du progrès afin d'établir leur impact sur le développement local au Cameroun.

Par ailleurs, la situation de pauvreté généralisée dans laquelle sont plongés les pays d'Afrique ne peut que susciter la réflexion sur les mécanismes de cette pauvreté.

> « *S'agissant de l'Afrique, l'on estime que près de 54 % de la population du continent vit dans une pauvreté absolue ; tout comme ce continent est la région au monde où selon les projections, la misère devrait s'aggraver au cours des prochaines années* »[73].

Au Cameroun, le *Rapport du PNUD (1999)* révèle que depuis le milieu des années 1980, une pauvreté de grande ampleur et de dimension multiple s'est installée dans l'ensemble du pays et dans toutes les couches socioprofessionnelles, et que 51% de la population est considérée comme pauvre. Toujours selon ce *Rapport*, dans les campagnes, les enfants sont privés d'éducation par manque d'infrastructures scolaires, des femmes accouchent au péril de leur vie par manque d'infrastructures sanitaires ; la violence et la délinquance trouvent leur terreau dans les centres urbains.

A ce délitement économique et social s'ajoutent d'autres problèmes non moins cruciaux, la mauvaise gestion des biens publics[74] et l'absence de bonne gouvernance, qui sont également des causes non négligeables de la pauvreté et du sous-développement. Lors de la 49e session de l'Assemblée générale des Nations Unies, appel a été fait aux Etats, notamment les gouvernements des pays pauvres, à faire de la lutte contre la pauvreté l'objectif premier de leur politique de développement.

Si l'on examine les plans quinquennaux ainsi que le contenu des discours officiels, il apparaît que la lutte contre la pauvreté et la promotion du

---

[72] - Basile Kenmogne : Les nouveaux champs de la coopération non gouvernementale, Mémoire DESS, IRIC, Yaoundé, 1997.

[73] - P.N.U.D. : Cameroun. Rapport sur le développement humain, Yaoundé, Ed. PNUD, 1999, p. 1.

[74] - Lire Hassan Ziady : "Corruption. Les hit-parades de Transparency", in Jeune Afrique, n° 2026, du 09 au 15 novmbre 1999, p. 14.

développement à la base ont constitué des facteurs récurrents de la politique de développement au Cameroun. Ceci s'est manifesté à travers la création par l'Etat de nombreuses unités de production agro-industrielle (CDC, SODECOTON, SEMRY, etc.) ainsi que des villages-pilotes. L'objectif est de créer des pôles de développement où les populations se sentiraient actives dans des entreprises locales, en tireraient des dividendes pour assurer leur autosuffisance et leur bien-être. L'Etat cherchait également à enrayer le flot de l'exode rural et de la délinquance dans les villes, en créant à proximité des populations des unités de production capables d'absorber la main-d'œuvre locale.

Depuis le milieu des années 1980 cependant, la crise économique a assombri les prévisions, faisant éclater les grands projets de développement. La baisse des moyens d'action des pouvoirs publics entraîne la réduction des domaines d'intervention de l'Etat. Ce mouvement de retrait de l'Etat s'accompagne d'un transfert vers les services décentralisés, les communes et les coopératives, d'un certain nombre de prérogatives en matière de développement local. Les autorités publiques invoquent ainsi la valorisation des structures de base, la promotion du développement endogène et des initiatives locales ou encore la structuration des coopératives afin de leur permettre d'entreprendre au niveau local des projets novateurs de développement.

Toutefois, transférer des moyens techniques étatiques aux communes ne résout pas nécessairement la question du développement socio-économique. Dans le cas malien, Kary Dembélé observe que la politique du développement rural proposée par le plan quinquennal qui mise sur le développement endogène, participatif et intégré serait alléchante,

> « *si elle ne camouflait pas l'incapacité congénitale de l'Etat de promouvoir une politique correcte de développement rural : on camoufle cette incapacité, on se dérobe, on se décharge sur les paysans, aucun investissement sérieux dans l'agriculture par un apport extérieur au monde rural n'est clairement envisagé ou énoncé* »[75].

De même, J. Rabès ne doute pas que

> « [...] *"l'effacement" de l'Etat ne (peut) rien si l'exploitation paysanne se trouve dans une situation de déficit structurel. La participation paysanne ne peut être un alibi au transfert sur les agriculteurs des déséquilibres financiers des Etats et des sociétés en développement* »[76].

Par ailleurs, observe Hartmut Elsenhans, l'expérience de libéralisation dans certains pays du tiers monde suscite de vives critiques contre la constitution de monopoles privés. Ceci est vrai dans l'évolution de programmes d'ajustement

---

[75] - Kary Dembélé : Politique agricole des Etats africains. Cas du Mali (non publié ), M.P.G.P., Bamako, août 1983, p. 36.

[76] - In Guy Belloncle : Participation paysanne et aménagements hydro-agricoles. Les leçons de cinq expériences africaines, Paris, Karthala, 1985, p. 11.

structurel en Afrique noire, où les monopoles étatiques ont pu être démantelés, mais où les organismes internationaux constatent que les monopoles privés continuent à exister, ce qui paraît servir tout simplement à privatiser les gains obtenus préalablement par les monopoles publics, de les légaliser ainsi et de les utiliser pour reproduire les monopoles privés. H. Elsenhans observe que

> « *le lien entre libéralisation (= absence de régulation économique) avec autonomie de la société civile par rapport à l'Etat d'une part et économie ouverte avec concurrence et démocratie d'autre part paraît être plus complexe que les partisans du retrait de l'Etat développementaliste admettent* »[77].

Ainsi dans de nombreux pays d'Afrique, le transfert aux populations de certains moyens techniques de l'administration ne fait pas pour autant des collectivités décentralisées, des administrations de développement[78]. D'où l'interrogation : que peuvent faire les ONG et les collectivités territoriales décentralisées (les communes) face à cette tragique impasse ?

Comme nous l'avons indiqué, notre étude s'articule sur la thématique ONG et développement des communautés locales. Les ONG de développement concentrent l'essentiel de leurs activités dans les communautés locales, sans doute parce que c'est ici que l'on retrouve les couches sociales les plus déshéritées. De même au Cameroun, les aspects les plus aigus de la pauvreté et du sous-développement se trouvent réunis dans ces couches sociales potentiellement marginalisées. Dès lors, les facteurs ci-dessous justifient la pertinence de notre choix :

- Les projets de l'AFVP ont un impact direct sur les communautés marginalisées des campagnes et des centres urbains en particulier, et des populations démunies en général.
- Les projets qui font l'objet de notre étude représentent l'essentiel des investissements des Volontaires du progrès au Cameroun.
- La méthode d'action des Volontaires, c'est le développement participatif. Cela suppose qu'à toutes les étapes du projet, du montage jusqu'à la réalisation et au suivi, les populations sont appelées à y participer. L'objectif n'est certainement pas d'utiliser à moindre coût leur force de travail, mais de leur inculquer progressivement la conscience de devoir agir ensemble pour la réalisation des projets communautaires et contribuer ainsi à l'amélioration de leurs conditions de

---

77 - Hartmut Elsenhans : « *Economie sous-développée et société civile : Surcharge du système politique et possibilités de pluralisme politique* », in Centre d'Etudes et de recherches économiques et sociales (éd.): Pluralisme social, pluralisme politique et démocratie, Actes du colloque, Tunis, Ed. Université de Tunis, 1991, pp. 25-26.

78 - Jean-Daniel Muller : Les ONG ambiguës. Aides aux Etats, aides aux populations, Paris, L'Harmattan, 1989, pp. 190-191.

vie. Cette approche participative rencontre l'approbation des autorités publiques camerounaises, de même qu'elle rencontre le soutien des bailleurs de fonds[79].

- Les Volontaires du progrès aident à la propagation et à la diffusion de l'idéologie du développement intégré, car leurs projets combinent divers aspects du développement : santé, éducation, agriculture, etc. Cette idéologie du développement intégré permet de penser le développement comme un tout et d'éviter de créer des distorsions au sein de la communauté, de même qu'elle vise à l'épanouissement multidimensionnel des personnes assistées.

Telles sont les raisons qui nous ont déterminé à entreprendre ce travail de recherche.

## III. PROBLÉMATIQUE

Au terme de ses statuts, l'AFVP a pour objet de

> « *permettre à des jeunes de manifester leur solidarité avec les populations d'autres pays en s'associant à leurs efforts et en participant, à leur côté et à titre volontaire, à des actions liant développement économique et promotion humaine* » (article 1)[80].

Pour réaliser son objet,

> « *l'Association organise des opérations d'appui aux efforts locaux, ou prête son concours à différentes formes de coopération, au bénéfice des pays ou régions où son intervention est sollicitée* » (article 2).

Les missions ainsi confiées aux Volontaires consistent d'une part à contribuer au développement des capacités des populations les plus démunies, afin qu'elles améliorent leurs conditions de vie et, d'autre part, à participer à la valorisation des ressources humaines pour une bonne mise en synergie des acteurs locaux[81].

Cette participation des Volontaires peut prendre des formes variées et multiples. La charte de l'AFVP définit ainsi les formes d'intervention des Volontaires : parer au plus pressé en faisant face aux pénuries des ressources ; apporter des moyens, une technique qui font défaut, pour hâter l'évolution vers des résultats nouveaux, plus importants, ou moins coûteux ; démontrer avec les intéressés que des résultats utiles peuvent être obtenus de sorte qu'ils soient encouragés à persévérer dans leur visée ; mener une action de formation et d'animation qui sensibilise le milieu à ses besoins, puis l'encourage dans son effort pour les satisfaire ; aider à la diffusion et à la maîtrise des méthodes favorisant la prise de responsabilités par la population de sa situation et de son progrès[82].

---

79 - Les principaux partenaires financiers de l'AFVP sont : le ministère (français) des Affaires étrangères, l'Agence française de développement (AFD), la Commission européenne, la Banque mondiale, sur Internet : htt://afvp.org/partenaire/nord.html.

80 - Les statuts de l'AFVP (Extraits), sur Internet : http://afvp.org/connaitre/statuts.html.

81 - « Les missions des Volontaires », sur Internet : http://afvp.org/volontaire/mission.html.

82 - La Charte de l'AFVP, paragraphe 9, sur Internet : http://afvp.org/volontaire/textes.html.

Ce programme, aussi louable soit-il, n'en appelle pas moins des remises en question. Ainsi, au terme de leur mission d'évaluation, le groupe d'experts mandaté par le ministère de la Coopération, note, acerbe :

« *L'intégration des volontaires dans les structures locales, malgré l'existence de liens institutionnels est, à quelques cas d'espèce près, très formelle. Ils sont en fait très autonomes, et exercent le plus souvent sans partage, la conduite du projet, tant à l'égard de l'encadrement administratif et technique que des bénéficiaires (...)* »[83].

De même, au terme de l'étude consacrée à "La contribution de l'AFVP au développement du Cameroun", Apollinaire Essomba concluait ainsi sa réflexion, sceptique :

« *Ne pouvant, malgré ses convictions, transformer la structure extravertie de l'économie, l'AFVP se contente - sa souplesse aidant - de collaborer avec les sociétés de développement des cultures de rente* »[84].

Dans son *Rapport d'activités 1997*, l'AFVP-Cameroun affirme que l'aide au renforcement de l'autonomie des couches populaires défavorisées et des capacités locales de développement « *ne se traduit pas encore en avancées socialement perceptibles pour la grande majorité de la population* »[85].

Ces réflexions sont corroborées par des monographies et statistiques qui montrent qu'au Cameroun la pauvreté, le sous-développement et la dépendance se sont plutôt accrus. En 1995 en effet, le *Rapport de la Banque mondiale sur la pauvreté* montre qu'au Cameroun, la pauvreté avait largement augmenté entre 1983 et 1994, atteignant « *50% de la population rurale et 30% de la population urbaine* »[86]. Le *Rapport du PNUD sur le Développement humain (1998)* montre une « *détérioration des conditions de vie des populations* ». « *La pauvreté s'est largement répandue entre 1983 et 1996, tant dans son incidence que dans sa profondeur. Ainsi, près de 51% de la population est frappée de pauvreté contre 40% en 1983* ». Toujours selon ce rapport 1998 du PNUD, « *la pauvreté est majoritairement rurale (...), 87% des ménages pauvres sont concentrés dans les campagnes* »[87].

En terme monétaire, la pauvreté s'est également répandue. En octobre 2000, le Cameroun est admis à l'initiative PPTE (*Pays pauvres très endettés*)[88], par le FMI

---

83 - "L'AFVP. Evaluations d'actions financées sur crédits FAC entre 1980 et 1990", ministère de la Coopération et du développement (1993), cité par Hyves Hardy : L'odyssée des volontaires. Eléments d'enquête sur l'histoire de l'AFVP, Montlhéry cedex, Ed. AFVP, 1994, p. 98.

84 - Apollinaire Essomba, op. cit., pp. 130-131.

85 - AFVP : Rapport annuel 1997, Yaoundé, Ed. AFVP, 1998, p. 5.

86 - Banque mondiale : Cameroun. Diversité, croissance, et réduction de la pauvreté, (Report n° 13167-CM), Publication de la Banque mondiale, avril 1995, p. i.

87 - PNUD : Cameroun. Rapport sur le développement humain, Yaoundé, Ed. PNUD, 1999, respectivement pp. 1, 2 et 28.

88 - Lancée en 1996 au Sommet du G7 à Lyon (France), l'initiative de réduction de la dette en faveur des pays pauvres très endettés, PPTE, a pour but de venir en aide à ces pays afin qu'ils retrouvent

et la Banque mondiale. Le statut du Cameroun est donc passé entre septembre 1988 et octobre 2000, de « *pays intermédiaire* » qu'il était en Afrique francophone avec le Gabon et la Côte d'Ivoire, à celui de « *pays pauvre très endetté* »[89].

En plus de cette grande pauvreté, le Cameroun ne satisfait qu'imparfaitement aux exigences de la bonne gouvernance. Les rentes pétrolières, forestière et ludique s'abstraient le plus possible du sort de la population[90]. Le classement du Cameroun à l'Indice du développement humain (IDH) le fait reculer de 11 places par rapport à celle que devrait lui valoir son revenu[91]. En 1998 et 1999, l'indice de perception de la corruption publié par l'ONG allemande *Transparency International* classe le Cameroun pays le plus corrompu. En réaction à cette publication, le gouvernement a créé un Observatoire de lutte contre la corruption. Toutefois, au regard de la gestion « néopatrimoniale » des ressources publiques qui se perpétue, il semble qu'en adoptant des mesures de lutte contre la corruption, le Cameroun tente avant tout de « soigner son image ». Ces obstacles font pièce aux opérations de développement, de même qu'elles entravent le passage des populations marginales au bien-être économique et social. Les organisations internationales de solidarité, en partenariat avec les ONG locales et les groupements paysans, peuvent entreprendre d'investir dans des projets tant sociaux qu'économiques. Mais ces initiatives privées restent marginales, si la réflexion sur la problématique du développement ne prend pas en compte les enjeux de la gouvernance et de la gestion des biens publics.

Eu égard à ces obstacles, l'objectif des Volontaires du progrès – c'est-à-dire l'autosuffisance des populations pauvres –, se trouve relativisé. Le contraste est grand entre les objectifs affirmés par l'Association et l'augmentation de la pauvreté au Cameroun. Il apparaît ainsi qu'au lieu de poursuivre l'objectif surréaliste d'autosuffisance des populations marginales, l'AFVP devrait plutôt chercher à contribuer, à côté des autres acteurs de développement, à réduire par paliers les goulots d'étranglement de la pauvreté ?

## IV. HYPOTHÈSES

Pour mener à bien ce travail, nous proposons d'organiser la réflexion autour de l'hypothèse centrale suivante :

---

certaines marges de manœuvre budgétaires pour mener à bien des programmes de lutte contre la pauvreté. Cette initiative est engagée sous réserve que le pays candidat ait accompli 3 ans de bonnes performances sous accord avec le FMI. Lire Coralie Pinchart, in « L'initiative PPTE, son application au Cameroun », sur Internet : http://www.ambafrance-cm.org/html/camero/econo/hppte.htm.

89 - Voir article de J. P. Sipa, "De pays intermédiaire à pays pauvre : quel exploit ?" in : Le Messager, sur Internet : http://wagne.net/messager/messager/edchro/edchro/160c.html.

90 - Fin 1999, le FMI en est encore à réclamer le transfert automatique des recettes pétrolières dans le budget de l'Etat.

91 - Cf. PNUD 1999.

*Les objectifs d'autosuffisance et de transformation qualitative des conditions de vie ne peuvent être atteints que si les populations locales sont réellement impliquées dans la conception, la mise en œuvre et le suivi des projets de développement*[92].

Il ne s'agit certes pas d'une implication unilinéaire du haut vers le bas ("*top-bottom*" ) où les populations locales subiraient mécaniquement des projets jugés bons pour elles ; il s'agit plutôt d'une implication synergique où la population participe activement au choix des priorités, à l'exécution des programmes ainsi qu'au suivi de leur réalisation. Le modèle ici est le "*feed back*" où les projets élaborés par les organismes d'aide recoupent les besoins effectifs des populations locales, celles-ci pouvant faire remonter à la hiérarchie des centres de décision, les priorités qu'elles jugent nécessaires pour leur propre épanouissement. Une telle synergie nous semble nécessaire pour la réussite effective des projets des Volontaires du progrès.

Pour mieux tester cette hypothèse centrale, nous adoptons les hypothèses secondaires suivantes :

- Les politiques de développement élaborées par les autorités publiques camerounaises visent à accroître l'autosuffisance des populations et à améliorer subséquemment leurs conditions de vie.
- Les stratégies de développement de l'AFVP, de même que l'engagement quotidien des Volontaires dans les campagnes et les cités urbaines du Cameroun, peuvent aider efficacement ces populations à transformer qualitativement leurs conditions socio-économiques.
- Le recours à "*la méthode du développement participatif*" comme mode d'approche *sui generis* en matière de développement peut expliquer de façon significative la réussite ou bien l'échec des objectifs essentiels que sont l'autosuffisance et l'allégement substantiel de la pauvreté.
- Les performances réalisées permettent d'évaluer le travail des Volontaires à arrimer durablement les attentes et les espoirs des populations locales sur la barque du développement.
- Les partenariats étroits que les Volontaires du progrès entretiennent avec les autres acteurs du développement que sont les pouvoirs publics, les bailleurs de fonds bilatéraux et multilatéraux, les autres ONG et les collectivités locales, ces partenariats influent sur la réussite ou bien l'échec de leurs actions de développement en faveur des populations locales.

L'enquête de terrain auprès des populations rurales et urbaines bénéficiaires des programmes de développement engagés par les VP, le recoupement des données et

[92] - Peter Oakley écrit : « *It is by and large accepted that strategies and programmes to alleviate poverty cannot succeed unless the poor themselves are able to participate directly in such efforts* » (trad. : Les programmes et stratégies de réduction de la pauvreté ne peuvent réussir que si les couches marginales peuvent y participer directement), in Peter Oakley et al. : Projects with people. The practice of participation in rural development, Geneva, International Labour Office, 1991, p. v.

l'étude comparée des monographies nous permettront de confirmer ou d'infirmer ces hypothèses.

## V. MÉTHODOLOGIES

### V.1. COLLECTE ET TRAITEMENT DES DONNÉES

Pour étayer la problématique et vérifier les hypothèses, un échantillon de projets de développement entrepris par les Volontaires du Progrès au Cameroun a été sélectionné et analysé. Cet échantillon comporte les principaux domaines d'action des Volontaires du Progrès au Cameroun, notamment les projets en agriculture, foresterie, santé et environnement, hydraulique villageoise et petite infrastructure, mais aussi soutien à la structuration du secteur informel et politique de micro-crédits en appui au monde artisanal.

Pour la collecte des données, des enquêtes ont été menées auprès des *personnes-ressources*. Ainsi, des interviews et sondages d'opinion ont été réalisés auprès des populations locales destinataires des projets, notamment à Kumba dans le sud-ouest, à Dschang dans la province de l'ouest ainsi qu'à Yaoundé et Douala en 1997, en mai-juin 1999, en décembre 2000 et janvier 2001. Des entretiens ont été menés avec les Volontaires de terrain engagés dans les projets hydrauliques, agricoles et de micro-crédits d'investissement notamment à Douala, à Dschang ainsi qu'à Yaoundé et dans la région de Makenene. Différents entretiens ont été réalisés avec le personnel d'encadrement des projets au siège régional de l'AFVP-Cameroun à Yaoundé d'abord en 1997, puis en juin 1999 et en janvier 2001. Les données ainsi collectées ont été recoupées, puis complétées avec celles recueillies en France au siège de l'Association, en février 2001. Pour les programmes de développement en milieu urbain, des interviews ont été faites avec les conseils municipaux à Dschang, Bafoussam et à Yaoundé.

Au niveau institutionnel, des interviews ont été faites au ministère de l'Agriculture ainsi qu'au ministère du Développement industriel et commercial, ce dernier ministère étant le représentant du gouvernement camerounais auprès des bailleurs de fonds lors des négociations sur le financement des programmes de développement.

En 1997 et décembre 2000, des interviews sont menées auprès des sections camerounaises de certains organismes multilatéraux, notamment la Banque mondiale parce qu'elle finance des projets de développement dans lesquels interviennent les Volontaires du progrès ; le Stabex qui est le principal organisme de financement de l'Union européenne et qui a financé de nombreux projets de développement entrepris par les Volontaires du progrès, notamment en matière de structuration des filières de production agricole ; le PNUD parce qu'il constitue un excellent observatoire des questions de développement, de par les enquêtes et rapports qu'il produit sur le développement humain au Cameroun.

Pour les projets hydrauliques notamment à Makenene ainsi que dans la localité de Yaoundé IV, des questionnaires ont été soumis aux populations ayant bénéficié de ces projets.

Toujours en matière de recueil des données, la méthode de l'enquête documentaire a également été utilisée. Ont ainsi été étudiés des monographies et les rapports d'activités annuels de l'AFVP ; des rapports d'activités et les publications des ONG locales et agences d'aide ayant travaillé en partenariat avec les Volontaires du Progrès dans l'exécution des programmes de développement ; les monographies et statistiques des ministères de l'agriculture, de la santé, du développement industriel et commercial notamment. Les données statistiques fournies par les services techniques des ministères ont été recoupées et confrontées avec les rapports de la Banque mondiale et du PNUD sur *la pauvreté et le développement humain* au Cameroun.

Sans doute faut-il préciser qu'il a été difficile de rassembler certaines informations chiffrées dans les administrations publiques, pour au moins deux raisons. D'une part, très peu de monographies et statistiques sont conservées par exemple dans des ordinateurs ; d'autre part, il y a chez certains administrateurs de projets le goût du secret, surtout lorsque les projets initiés n'ont pas été menés à terme ou bien lorsque les fonds alloués n'ont pas été entièrement consacrés au projet.

En somme hormis ces écueils, la combinaison du questionnaire, de l'étude documentaire et des interviews a permis de faire un recoupement fiable de données. Ces données ont été traitées suivant la méthode sociologique. En d'autres termes, l'approche consistait à collationner des données de différentes sources, les confronter et les examiner non pas comme des indices isolés, mais comme des éléments d'un tout social. Ainsi par exemple, dans l'étude des programmes hydrauliques réalisés par les Volontaires du Progrès, notre intérêt porte moins sur le nombre des forages réalisés ou des bornes fontaines aménagées. Par rapport à cette thématique de l'hydraulique, nous nous préoccupons davantage de l'incidence des adductions d'eau sur l'amélioration des conditions d'hygiène et de santé des populations, des retombées économiques lorsque des groupes de femmes entreprennent de petits projets maraîchers autour du nouveau point d'eau, etc. De même, dans l'étude des opérations de foresterie, notre intérêt ne se limite pas au recensement des arbres plantés, loin s'en faut. Ce qui nous préoccupe ici, c'est la préservation de l'écosystème du milieu, la valeur anthropologique des arbres sur la vie des populations, l'importance économique des périmètres reboisés sur le niveau de vie des paysans ; mais également, nous mettons en exergue le caractère marginal des opérations de reforestation entreprises par les volontaires européens, lorsque la réflexion sur la gestion de la forêt ne met pas sur la sellette les enjeux de « destruction durable » dont les forêts primaires du Cameroun méridional et oriental sont victimes de la part des entreprises forestières européennes et asiatiques.

## V.2. TECHNIQUES D'ÉVALUATION DES PROJETS

Le traitement des données ainsi recueillies devait permettre de situer le degré de participation des populations marginales dans les programmes de développement entrepris par l'AFVP, et voir dans quelle mesure ces programmes ont eu une incidence significative sur l'autonomie et l'autosuffisance desdites populations. Pour évaluer cet impact des programmes d'aide sur le niveau de vie des populations locales, nous avons recouru aux techniques d'évaluation préconisées par les Nations Unies, notamment la méthode du *People's participation programme* (PPP). Cette technique d'évaluation des programmes de développement participatif a d'abord été testée par la FAO, puis systématisée dans un ouvrage collectif[93]. Elle propose un large éventail de paramètres permettant d'observer si le programme d'aide :

- porte un intérêt particulier aux pauvres ruraux, en l'occurrence les couches sociales qui vivent en deçà du seuil de pauvreté : les journaliers, les petits paysans, les pêcheurs, etc., bref l'ensemble des couches sociales qui n'ont pas habituellement accès aux ressources ;
- favorise l'autosuffisance. Travailler avec les pauvres ruraux vise à développer ou à encourager l'émergence de structures propres à favoriser l'autosuffisance. Ces structures qui émanent des populations et gérées par elles, doivent être conduites de manière à limiter la dépendance vis-à-vis de l'extérieur ;
- développe des activités génératrices de revenus et d'emplois. L'accès à l'emploi et aux revenus augmente les ressources économiques des pauvres ruraux ;
- forme de petits groupes homogènes. Le niveau de vie des pauvres ruraux se trouve amélioré lorsque des populations sont réunies dans de petits groupes informels et homogènes, poursuivant les mêmes intérêts économiques ;
- encourage l'émergence d'un promoteur du groupe qui ne soit pas un gestionnaire qui véhicule un savoir technique, mais un membre ordinaire qui travaille au quotidien avec les pauvres ruraux ;

---

[93] - Le *People's Participation Programme* (PPP) comme stratégie de base du développement rural a été initié par la FAO en 1980. Les origines de cette approche sont doubles. D'abord, la *Conférence mondiale sur la réforme agraire et le développement rural* organisée par la FAO à Rome en 1979, conférence qui identifiait la "participation" comme élément moteur dans les stratégies futures de lutte contre le sous-développement. Le deuxième facteur, c'est la réalisation, dès la fin des années 1970, des *Small farmer development programme* (SFDP) d'abord au Népal, puis dans d'autres pays d'Asie, programme qui préconise la participation des pauvres ruraux ("*working with rural poor*") comme stratégie spécifique du développement rural. Ces deux influences ont donné lieu en 1980 à l'élaboration du *People's Participation Programme* (PPP). Cette méthode est expérimentée d'abord en Afrique (Ghana et Sierra Leone), puis est étendue à d'autres pays d'Asie et d'Amérique latine. En 1991, une étude commandée par des Organisations du système des Nations Unies (FAO, OMS, OIT...) regroupe, dans un ouvrage collectif, des évaluations critiques de cette théorie. Lire Peter Oakley et al. : Projects with people. The practice of participation in rural development, op. cit.

- implique une évaluation des opérations qui ne porte pas uniquement sur l'accumulation quantitative des réalisations ; le schème d'évaluation doit comporter l'impératif d'amélioration qualitative des conditions de vie[94].

Cette technique préconisée par les Nations Unies semble idoine pour notre recherche, car l'exigence d'autosuffisance qu'elle considère comme critère essentiel d'évaluation des projets d'aide, recoupe les besoins d'assistance exprimés par les populations locales au Cameroun[95] ; cette exigence d'autosuffisance recoupe également les objectifs poursuivis par les Volontaires du Progrès. De façon systématique, les variables qui permettent d'examiner si un projet d'aide satisfait à l'exigence d'autosuffisance des populations locales, sont la fonctionnalité du projet, sa conception, le personnel mis à contribution, l'exécution du projet, la participation populaire :

* La fonctionnalité du projet : cette variable sous-tend deux préoccupations : d'abord la formation des populations ou des leaders communautaires capables d'assumer les projets, renforce l'autosuffisance ; ensuite, les programmes de développement intégrés, qui prennent en compte la diversité des besoins et des attentes des populations, constituent un stimulant pour leur autosuffisance.

* La conception du projet : Suivant cette variable, tout programme d'aide doit être élaboré de manière à permettre à un maximum de populations marginales d'en bénéficier. De plus, le projet

- ne doit pas être ponctuel, mais être conçu de manière à profiter aux marginaux dans la durée ;
- ne doit pas créer une dépendance permanente vis-à-vis de l'assistance des experts extérieurs ;
- ne doit pas créer de besoins nouveaux que la population locale ne peut satisfaire sans recourir à l'aide externe ;
- doit promouvoir l'utilisation des matériaux locaux y compris la main d'œuvre locale ;
- doit être élaboré et appliqué, autant que possible, en partenariat avec d'autres agences de développement.

* Le personnel mis à contribution : suivant cette variable, les programmes d'aide gérés par des nationaux du pays d'accueil ou les projets impliquant une forte proportion de nationaux comme personnel technique, renforcent l'autosuffisance.

* L'exécution du projet : cette variable énonce que les projets exécutés entièrement ou en partie par des services nationaux ou des agences nationales de développement, sont plus susceptibles de promouvoir l'autosuffisance.

* La participation populaire : les opérations d'aide accroissent d'autant les capacités locales d'autosuffisance, que la participation locale est encouragée. Les

---

94 - Ellen Bortei-Doku, « People's Participation Project : Ghana », in Peter Oakley, op. cit., pp. 61-75.

95 - M. G. Chatzberg et W. Zartman (éds.) : The political economy of Cameroon, New York, Praeger Publishers, 1986, pp. 98-99.

populations marginales doivent ainsi être impliquées aussi bien dans la conception, la réalisation que dans le suivi des programmes de développement.

La méthode du « *Learning process* » (processus d'apprentissage) constitue notre second instrument d'évaluation. Suite à la faillite des modèles de développement élaborés par les bailleurs de fonds et les institutions gouvernementales, Robert Chambers et David Korten proposent une nouvelle approche où les programmes de développement local seraient élaborés non plus à partir du haut (*top-down*), mais à partir des initiatives populaires (*bottom-up*)[96].

Cette technique d'évaluation des programmes de développement semble appropriée à l'objet de notre étude, car elle encourage la participation de la société civile et des organisations non gouvernementales dans la réalisation des projets d'aide. De fait, elle considère les ONG comme proches des couches populaires, capables de les écouter, de les assister dans la réalisation de leurs priorités, d'appliquer des micro projets et, lorsque l'expérience est satisfaisante, de l'élargir à l'échelle de la région ou du pays. L'idée sous-jacente de cette approche c'est qu'en situation de rareté des ressources, les ONG peuvent mieux stimuler les populations marginales à rechercher des solutions alternatives, notamment à travers des échanges d'idées et d'expériences, des visites auprès des agriculteurs et éleveurs, etc. La notion de *learning process* est ainsi utilisée pour décrire cette approche qui fait droit aux initiatives populaires, par opposition à l'approche du *blueprint* (projet préconçu) où les marginaux sont insérés dans le programme de développement comme des livres dans un rayon de bibliothèque. Le tableau ci-dessous résume le contraste entre l'approche du *learning process* et celle du *blueprint*.

Tableau 1 : «Learning process » le «blueprint »

| Paramètres | *Blueprint* | *Learning process* |
|---|---|---|
| lieu d'initiation | capitale / grande ville | communauté de base |
| commencé par | un plan | une action |
| organisé par | techniciens spécialisés | équipes mixtes |
| leadership | limité | acteurs multiples |
| ressources de base | fonds spécifiques | ressources locales |
| conception du projet | par des experts | experts/paysans |
| technique appliquée | scientifique | endogène/scientifique |
| croissance | rapide, mécanique | graduel, organique |
| erreur | exclue | acceptée |
| initiateur | directives de la hiérarchie | initiatives populaires |
| durée du projet | limitée | illimitée |

[96] - Ouvrage collectif : Background papers. The long-term perspective study of sub-Saharan Africa, vol. 3 « Institutional and sociopolitical issues », Washington D.C., The World Bank, 1990, p. 92

| | | |
|---|---|---|
| gestion du programme | formelle | continue, ciblée |
| évaluation | externe | auto-évaluation continue |

Source : Robert Chambers et David Korten, in Background papers, op. cit., p. 92.

## VI. ORGANISATION STRUCTURELLE

Cette organisation structurelle énonce les principaux centres d'intérêt sur lesquels porte notre réflexion dans ce travail. Pour examiner les projets entrepris par l'AFVP au Cameroun, nous avons recoupé des données portant autant sur des opérations à but social (agriculture, santé et éducation) que des opérations à but économique (structuration des filières de production, micro-crédits en appui aux entreprises artisanales, etc.). L'AFVP étant intervenue dans diverses localités du Cameroun, surtout dans la partie francophone du pays, notre champ d'investigation tente de couvrir l'essentiel de ce large spectre.

Les deux principaux acteurs de notre champ d'étude sont l'AFVP et les populations locales du Cameroun, dans leurs rôles respectifs d'agence d'aide et de bénéficiaires des projets de développement. Nous intégrerons également dans notre modèle d'analyse les données d'autres ONG, des institutions publiques locales ainsi que des organismes spécialisés du système des Nations Unies, qui tous travaillent en partenariat avec l'AFVP, pour un développement harmonieux des collectivités locales au Cameroun.

Le travail est organisé en deux parties, en plus de l'introduction et de la conclusion.

La première partie, qui se veut essentiellement théorique, est divisée en trois chapitres :

- Le premier chapitre examine les concepts clefs que nous utiliserons tout au long de notre travail. Les notions d'ONG, d'Autosuffisance et de Réduction de la pauvreté, de Développement participatif, de Développement durable et d'Evaluation de projets retiennent particulièrement notre attention.
- Le deuxième chapitre tente de mettre en exergue les besoins et les attentes des populations camerounaises en matière de développement, les politiques initiées par les autorités publiques locales pour répondre à ces besoins, le rôle assigné aux ONG dans l'exécution de cette politique de développement, les contraintes structurelles qui empêchent les pouvoirs publics d'entreprendre avec succès des actions incitatives en faveur des populations marginales.
- Le troisième chapitre examine les politiques d'aide des organismes de participation au développement, avec une attention particulière sur le cas des Volontaires du progrès : les principaux domaines dans lesquels ils interviennent, les objectifs poursuivis, les moyens disponibles pour réaliser les programmes adoptés, les méthodes d'action.

La deuxième partie porte sur l'action effective des Volontaires du progrès sur le terrain du développement local au Cameroun : les principales étapes de leur intervention, les moyens dont ils disposent, leur mode d'action, les résultats auxquels ils sont parvenus.

La conclusion fait le point sur les grandes articulations du travail : le rappel synoptique des principaux centres d'intérêt de notre étude, la réponse à notre question de départ, ainsi que quelques recommandations. Au terme de cette recherche, nous utilisons la méthode d'évaluation des projets préconisée par le système des Nations Unies[97], de même que la technique du *learning process* élaborée par Robert Chambers et David Korten, pour situer l'impact des projets de l'AFVP sur le développement local au Cameroun.

97 - PNUD : Manuel des programmes et projets, Ed. PNUD, 1989 ; Peter Oakley (éd.) : Projects with people. The practice of participation in rural development, op.cit.

PREMIÈRE PARTIE

# POLITIQUES DE DÉVELOPPEMENT DES ORGANISATIONS NON GOUVERNEMENTALES

Dans cette première partie, nous nous proposons de prime abord de cerner et de comprendre l'impact et la fonction des ONG sur le terrain du développement ; nous tenterons ensuite de mettre en exergue les principaux besoins de développement du Cameroun ; nous essayerons enfin de situer le rôle d'appoint des ONG dans les projets de développement au Cameroun.

Cerner le rôle et la fonction des ONG en matière de développement, c'est d'abord tenter de comprendre leurs principales caractéristiques, saisir leurs mécanismes de fonctionnement, les principaux objectifs qu'elles poursuivent sur le terrain du développement, leurs principaux centres d'intérêt, les moyens dont elles disposent pour atteindre leurs objectifs.

Si l'un des principaux domaines d'action des ONG c'est le développement, nous examinerons également au cours de cette première partie de notre travail, les principaux besoins qu'expriment les populations camerounaises en matière de développement, qu'il s'agisse des besoins en santé primaire, en nutrition et alimentation, en éducation, bref des besoins fondamentaux qui entravent le passage de ces populations au développement.

Nous examinerons enfin au cours de cette partie, les politiques d'aide des ONG en général, et celles particulières des Volontaires du Progrès en faveur du développement local au Cameroun.

CHAPITRE I

# PRÉSENTATION ET ANALYSE DE CONCEPTS

Au stade initial de ce travail, il est sans doute nécessaire de préciser le sens ainsi que la signification des principaux concepts dont nous ferons usage tout au long de notre analyse. Il ne s'agira pas, loin s'en faut, de définir les concepts dans l'absolu, mais simplement d'en clarifier et d'en préciser les acceptions dans le contexte de notre travail, afin que le lecteur puisse nous suivre avec cohérence. Le terrain du développement connaît un foisonnement de notions et concepts plus ou moins distincts et variés ; cette évaluation des concepts s'avère par conséquent nécessaire. Entre autres, nous allons nous appesantir sur les notions suivantes : Organisations non gouvernementales (ONG), Autosuffisance, Développement participatif, Développement durable, Réduction de la pauvreté, Développement local.

## I. LES ORGANISATIONS NON GOUVERNEMENTALES

Comme nous l'avons vu, les Organisations non gouvernementales (ONG) constituent aujourd'hui, à côté de l'Etat et du secteur privé commercial, des acteurs déterminants de la scène politique tant nationale qu'internationale. Mais que sont au fait les ONG ? Que recouvre ce sigle ?

> « *Lorsqu'on aborde la question des Organisations non gouvernementales [...], on se trouve face à une diversité énorme, véritable auberge espagnole abritant tout et son contraire [...]. Leur définition elle-même, est purement négative* »[98].

Définition elle-même négative car les ONG se donnent à entendre par opposition aux structures gouvernementales ou intergouvernementales, ce qui du reste n'informe ni sur leur nature, ni sur leurs structures d'organisation et de fonctionnement, encore moins sur leurs domaines d'action. Il est par conséquent peu aisé de cerner ce que sont les ONG dans la mesure où, dans leur appellation même, les ONG ne se posent qu'en s'opposant au non-soi, que ce non-soi désigne les structures de l'Etat ou bien les structures du marché.

---

98 - Centre Tricontinental (éd.) : Les ONG. Instruments du néo-libéralisme ou alternatives populaires ?, Paris, L'Harmattan, 1998, p.5.

Yves Beigbeder remarque que malgré la nature commune « non gouvernementale » des ONG et leurs buts non lucratifs, cette appellation recouvre une grande complexité et une extrême diversité. Le président congolais avait déjà remarqué qu' « *il n'existe pas d'ONG types* »[99], laissant entendre par-là qu'on chercherait en vain à vouloir cerner l'ensemble des ONG à travers des modèles figés. Le domaine d'action des ONG est multiple et varié, d'où la variété subséquente des modèles des ONG. Toutefois, le terme ONG est admis et utilisé tant dans les documents officiels, dans les travaux de recherches en sciences sociales que par les acteurs sur le terrain du développement. Si le terme est globalement bien compris dans les sociétés occidentales où les ONG ont une tradition séculaire, il l'est moins dans de nombreuses régions des pays en développement où les populations n'ont qu'une faible expérience de l'action des ONG.

Quant à leurs domaines d'intervention, Yves Beigbeder note que les actions des ONG incluent tous les domaines de la vie économique et sociale, c'est-à-dire l'éducation, la science, la culture, l'art, l'environnement, l'aide et la protection sociale, l'action syndicale, la religion, etc. Les ONG sont généralement spécialisées dans un domaine particulier – assistance humanitaire, aide au développement ou bien protection des droits et libertés. Leurs activités peuvent s'exercer à l'échelon de la communauté immédiate, d'une ville ou d'une région, d'un pays, d'un ensemble de pays ou au niveau global. L'on parlera alors schématiquement des ONG locales ou nationales et des ONG internationales. Les modalités d'action de ces ONG sont également diverses et variées[100].

Qu'il s'agisse des Organisations non gouvernementales (ONG) dans la littérature d'expression française, des *Private voluntary organizations* (PVOs) ou *Non-governmental organizations* (NGOs) dans la littérature anglo-saxonne, ou encore des *Nicht-Regierungsorganisationen* (NRO) dans son acception allemande, ces notions renvoient toutes à des organisations d'aide et d'assistance, des organisations sans buts lucratifs dont le journal The Courrier[101] a identifié quelques éléments caractéristiques :

- Elles doivent être autonomes, ne dépendant de l'Etat ni par rapport à la totalité des fonds, ni par rapport à la définition des programmes d'action ;

- Elles doivent être à but non lucratif, les sommes réunies devant servir uniquement à la réalisation des objectifs d'assistance. Il va sans dire que les ONG, contrairement au secteur privé commercial, ne constituent pas des entreprises dont

---

99 - Voir les remarques du président du Congo dans son allocution, in « Les ONG dans le système des Nations Unies : nouvelles réalités dans un monde interdépendant », 17e Assemblée générale de la Conférence des ONG dotées du statut consultatif auprès du Conseil économique et social des Nations Unies, 6-9 septembre 1988, New York, pp3-4.

100 - Yves Beigbeder : Le rôle international des organisations non gouvernementales, Paris, L.G.D.J., 1992, p.7.

101 - The Courrier, N° 104, juillet-août 1987, p.50.

les profits réalisés seraient par exemple redistribués au prorata des contributions des membres ; l'objectif des ONG n'est pas la recherche des profits ;

- L'essentiel de leurs fonds doit émaner des contributions volontaires, que ces contributions proviennent du grand public, de certaines catégories socioprofessionnelles ou bien de milieux politiques ou religieux déterminés.

Quoi qu'il en soit, Yves Beigbeder distingue deux grandes classes d'ONG, les ONG nationales et les ONG internationales[102].

S'agissant des ONG nationales, leur définition officielle ainsi que leur champ d'activité varient en fonction des pays.

Au terme de la loi française de 1901, l'association est définie comme étant la convention par laquelle deux ou plusieurs personnes mettent en commun, d'une façon permanente, leurs connaissances ou leur activité dans un but autre que de partager les bénéfices[103].

Selon l'article 60 du code civil suisse,

*« les associations politiques, religieuses, scientifiques, artistiques, de bienfaisance, de récréation ou autres qui n'ont pas un but économique acquièrent la personnalité dès qu'elles expriment dans leurs statuts la volonté d'être organisées corporativement »*.

Les « *charities* » britanniques, pour être reconnues comme telles, doivent être des ONG, et leur but non lucratif implique qu'elles disposent de leurs propres ressources, obtenues principalement par des contributions individuelles et volontaires.

Yves Beigbeder qui fait la synthèse ci-dessus, observe que les principales caractéristiques des ONG sont les suivantes : la nature privée ; le caractère non gouvernemental de l'association ; le but non lucratif ; une certaine permanence de l'institution, ce qui implique stabilité et continuité dans les activités de l'association.

Les lois camerounaises de 1967 et 1990 sur les libertés d'association ne font pas explicitement référence aux ONG ; ces lois régissent plutôt la formation des « associations culturelles ». Les ONG présentes au Cameroun ne disposaient donc pas d'un cadre légal approprié pour l'exercice de leurs activités. Ce manque a quelquefois été un point d'achoppement non seulement entre les ONG existantes et les pouvoirs publics camerounais, mais aussi entre ces pouvoirs publics et les principaux bailleurs de fonds, notamment la Banque mondiale et le F.M.I. qui, eux, encourageaient les autorités publiques locales à créer un cadre légal approprié pour davantage séculariser l'action des ONG exerçant au Cameroun. La récente loi camerounaise de décembre 1999 répond à ces sollicitations. Au terme de cette loi n° 99/014 du 22 décembre 1999 régissant l'organisation des organisations non gouvernementales au Cameroun,

---

[102] - Yves Beigbeder, op. cit., p. 8.

[103] - Suzanne Lannerée : Les associations de la loi de 1901 : Les fondations, Ed. du Puits Fleuri, 1991, p.17.

« *Une ONG est une association déclarée ou une association étrangère autorisée conformément à la législation en vigueur, et agréée par l'administration en vue de participer à l'exécution des missions d'intérêt général* » (article 2, alinéa 1)[104].

L'article 3 précise :

« *Les missions d'intérêt général visées à l'article 2 ci-dessus sont définies en fonction des priorités fixées par les pouvoirs publics, notamment dans les domaines juridique, économique, social, culturel, sanitaire, sportif, éducatif, humanitaire, en matière de protection de l'environnement ou de promotion des droits de l'homme* ».

L'article 2 ci-dessus cité indique que les ONG nationales sont soumises au régime de la déclaration, alors que les ONG étrangères désirant exercer au Cameroun sont soumises au régime de l'autorisation.

En somme au Cameroun, les ONG se créent et exercent leurs activités dans le cadre des lois de 1967 et 1990 sur les libertés d'association et de la loi de décembre 1999 sur les ONG. Quatre classes d'ONG sont aujourd'hui présentes au Cameroun : les ONG internationales, les ONG nationales, les organisations paysannes, les regroupements entre villages.

Il existe au Cameroun un grand nombre d'ONG internationales agissant chacune dans le cadre d'une convention ou d'un protocole signé avec les pouvoirs publics. Parmi ces ONG internationales présentes au Cameroun, le *Catholic Relief Service* (Service d'aide catholique) est la plus ancienne et travaillant dans divers secteurs d'activités. Puis viennent d'autres ONG avec elles aussi une longue expérience d'aide au développement, telles que l'AFVP qui est présente au Cameroun depuis 1964.

Par ONG nationales, il faut entendre des ONG constituées surtout de nationaux, fondées au Cameroun et soumises au régime de la déclaration au terme de la loi de décembre 1999. Elles peuvent soit agir elles-mêmes et directement auprès des populations, soit agir en accord ou en partenariat avec d'autres associations locales ou d'autres ONG internationales. Sous l'effet de la loi de 1990 sur les libertés d'association, de même qu'avec l'instauration du processus démocratique, il y a eu éclosion d'un grand nombre d'ONG nationales au Cameroun, surtout dans les grandes villes de Douala et Yaoundé. Mais la question reste de savoir si un tel foisonnement des ONG répond à un réel souci de mettre des compétences au service de l'« intérêt général », ou bien s'il s'agit simplement pour quelques élites de créer hâtivement des associations dont le but serait de capter la rente extérieure des flux de l'aide qui transitent par le canal des ONG.

Les associations rurales ou paysannes sont des associations regroupant deux ou plusieurs villages ayant pour objectif de promouvoir ensemble des structures socio-économiques d'intérêt communautaire, qu'il s'agisse de micro-financement, de coopératives agropastorales ou autres. Dans le cadre de la production agricole par

---

104 - Voir le texte de cette loi n° 99/014 du 22 décembre 1999 en annexe.

exemple, de petits producteurs locaux réunis en associations coordonnent leurs activités pour négocier à la baisse les prix des intrants agricoles, assurer une certaine stabilité dans les prix de vente de leurs produits et pouvoir bénéficier en commun des subsides des donateurs. Pleines de bonne volonté, ces associations paysannes manquent généralement de structures adéquates, d'appuis financiers, de techniques modernes de gestion et d'une diversification des ressources humaines disponibles. Elles agissent néanmoins en partenariat, de même qu'elles bénéficient de l'assistance financière des ONG nationales ou internationales telles que *le Deutsche Entwicklungsdienst* (Service des volontaires allemands).

Les regroupements villageois sont des associations dont la structure est plus lâche et moins formalisée. Contrairement aux associations paysannes qui regroupent des formes plus ou moins élaborées de mouvements corporatistes, les regroupements villageois sont plus communautaires et moins militants. L'objectif ici est de réaliser des objectifs d'intérêt commun tels que l'aménagement des routes, la construction des écoles ou l'équipement des maisons de la santé.

En tout état de cause, les principaux donateurs de même que les organismes d'aide encouragent la sécularisation de ces structures communautaires, car l'absence de structures efficaces de gestion et de contrôle pourrait faire bénéficier les crédits de l'aide uniquement aux hommes ou bien aux élites locales, voire aux élites extérieures du monde rural qui, pour capter la rente de l'aide, se réclament volontiers du « pays profond ». C'est ce risque de captation de la rente de l'aide au développement qui explique les réticences des donateurs extérieurs, qui demandent la création des structures de gestion efficaces et soumises à une évaluation régulière.

Par rapport aux ONG internationales, le projet de Convention de l'Institut de Droit international de 1950 définit les associations internationales comme

> « *des groupes de personnes ou de collectivités, librement créés par l'initiative privée, qui exercent, sans esprit de lucre, une activité internationale d'intérêt général, en dehors de toute préoccupation d'ordre exclusivement national* »[105].

Le Conseil économique et social des Nations Unies a défini les ONG de manière très large, comme

> « *les organisations internationales qui n'ont pas été créées par voie d'accords intergouvernementaux, y compris des organisations qui acceptent des membres désignés par les autorités gouvernementales, à condition que les membres appartenant à cette catégorie n'entravent pas la liberté d'expression desdites organisations* ».

De plus, les ONG doivent être « si possible », représentées dans un nombre important de pays appartenant à différentes régions du monde.

---

[105] - Mario Bettati, Pierre-Marie Dupuy : Les ONG et le Droit international, Paris, Economica, 1986, p. 278.

La définition du Conseil de l'Europe est plus précise : la Convention européenne sur la reconnaissance de la personnalité juridique des ONG s'applique aux associations, fondations et autres institutions privées qui remplissent les conditions suivantes :

- avoir un but non lucratif d'utilité internationale ;
- avoir été créées par un acte relevant du droit interne d'une partie ;
- exercer une activité effective dans au moins deux Etats ;
- avoir leur siège statutaire sur le territoire d'une partie et le siège réel sur le territoire de cette partie ou d'une autre partie[106].

Dans une approche anthropologique, Michael M. Cernea estime que le concept d'ONG regroupe une diversité d'associations qui, sans but lucratif, agissent pour le développement communautaire. De plus Michael M. Cernea affirme que les ONG ne se considèrent pas elles-mêmes comme troisième secteur radicalement différent ou indépendant des deux autres secteurs que sont l'Etat et les entreprises privées commerciales ; elles se considèrent davantage comme l'émanation ou la représentation de la société ou d'une partie de celle-ci. Emanant de la communauté, les ONG peuvent le mieux exprimer les besoins et les attentes de la population.

Les domaines d'activités variés des ONG empêchent parfois de procéder à une classification univoque. Néanmoins, une classification par les domaines d'activités identifie habituellement trois grandes classes d'ONG : les ONG humanitaires, les ONG de développement et les ONG de lutte pour les droits et libertés.

- Les ONG humanitaires interviennent généralement pour protéger des vies humaines dans des situations d'urgence telles que les catastrophes naturelles, les conflits ou les guerres, la famine.
- Les ONG de développement interviennent dans le long terme, parfois en relais aux actions humanitaires. C'est principalement des ONG de développement qu'il sera question dans notre travail.
- Les ONG dites des droits de l'homme dénoncent les violations de droits perpétrées soit par les gouvernements, soit par d'autres groupes sociaux dominants. Elles agissent soit en collaboration avec les Etats concernés en les encourageant par exemple à élaborer des mécanismes juridictionnels pour protéger les droits des personnes et des groupes menacés, soit à travers la sensibilisation de l'opinion publique.

L'on constate entre ces différentes classes d'ONG l'existence non pas d'un cloisonnement, mais plutôt d'une synergie d'action. De même, certaines ONG diversifient leurs activités, et s'occupent quelquefois tant de l'humanitaire, du développement que de la protection des droits et libertés.

---

106 - Résolution 1296 (XLIV) du Conseil économique et social concernant les dispositions relatives aux consultations avec les organisations non gouvernementales, 23 Mai 1968, remplaçant la Résolution 288B (X) du 27 Février 1950, paragraphe 4 et 7, - et Convention européenne sur la reconnaissance de la personnalité juridique des organisations internationales non gouvernementales, Conseil de l'Europe, N° 124, 24 Avril 1986, article 1er, cité par Yves Beigbeder, op. cit., pp. 9-10.

Certains auteurs estiment que les ONG de développement sont plus aptes que les ONG humanitaires à initier ou bien à promouvoir des projets de développement durable, c'est-à-dire des projets capables de réduire dans la durée la pauvreté et à favoriser l'autosuffisance des populations. Les ONG de développement seraient ainsi plus idoines à gérer des économies d'échelle, à initier des actions collectives tout en favorisant l'esprit d'entraide et de solidarité au sein de la communauté. La poursuite des objectifs économiques aurait ainsi une vertu d'autosuggestion permettant à la population de se prendre elle-même en charge et d'assumer son propre devenir.

D'autres auteurs ont davantage articulé la réflexion sur les points de rencontre entre l'humanitaire et l'économique, car entre les deux existe une nécessaire continuité. Ainsi Jean-Christophe Ruffin, à travers une analyse serrée des relations entre l'humanitaire et l'économique, montre, en s'appuyant sur les exemples de la Somalie et des Balkans, la nécessaire continuité qui devrait exister entre ces deux classes d'ONG[107].

Au demeurant, nous adoptons dans notre recherche l'acception qui fait des ONG des acteurs déterminants en matière de développement. Nous ne les considérons ni comme des alternatives, ni comme des substituts du secteur public ou du secteur privé commercial, car les ONG ne peuvent ni remplacer les pouvoirs publics, ni se substituer au marché. Néanmoins à travers leur engagement à entreprendre, à initier ou à accompagner des projets de développement communautaire, elles sont devenues aujourd'hui des acteurs sui generis de développement. Nous adoptons par conséquent l'acception qui fait des ONG des promoteurs, des initiateurs ou des accompagnateurs des projets au ras du sol, c'est-à-dire des projets de développement qui rencontrent les besoins et les attentes effectifs des populations locales. Bien sûr, aucun véritable programme national de développement ne saurait prendre appui uniquement sur la solidarité internationale, aussi généreuse que celle-ci puisse être par ailleurs ; les ONG ne sont en aucune manière des panacées, et leurs promoteurs admettent volontiers que les activités des ONG constituent uniquement des appoints à ce que doit être la politique gouvernementale de développement. Néanmoins, il s'agit des appoints nécessaires qui permettent parfois aux populations locales d'échapper à la misère, de s'autodéterminer et d'entreprendre des projets viables de développement communautaire. Nous adoptons l'acception qui fait des ONG des associations d'aide qui agissent quotidiennement auprès des groupes de paysans ruraux, de femmes démunies, de jeunes désœuvrés pour entreprendre avec eux des projets communautaires porteurs d'avenir.

---

107 - Jean Christophe Ruffin : L'aventure humanitaire, Paris, Découvertes, Gallimard, 1992 ; lire également Claire Pirotte et Bernard Husson (éd.) : Entre urgence et développement : Pratiques humanitaires en questions, Paris, Karthala, 1997.

Notre préoccupation consistera à voir dans quelles mesures une ONG, en l'occurrence l'AFVP, a pu entreprendre auprès des populations locales du Cameroun, des projets susceptibles de réduire substantiellement la pauvreté et d'augmenter subséquemment le niveau de vie, et ce à travers le processus du développement participatif. Une telle préoccupation exige d'examiner au préalable le concept d'autosuffisance.

## II. L'AUTOSUFFISANCE

Le concept d'autosuffisance traduit les notions de « *self-reliance* » et « *self-sufficiency* »[108]. Le *Dictionnaire du Français Plus* définit l'autosuffisance comme « autonomie de ressources ou de moyens qui dispense d'une aide extérieure »[109]. L'idée d'autonomie suppose la capacité ou bien l'aptitude à acquérir des biens indispensables à une vie saine et équilibrée : se nourrir, avoir accès à de l'eau potable, à un logement salubre, recevoir une éducation qui fasse accéder à l'emploi, etc.

Jusqu'à une date récente, nombre de publications sur le développement du tiers monde en général et de l'Afrique en particulier partaient du postulat erroné que les populations de ces régions n'avaient pas de maîtrise de l'outil technique et des connaissances scientifiques nécessaires pouvant leur permettre de domestiquer le milieu physique et le transformer pour la satisfaction de leurs besoins. Le développement était ainsi conçu comme un apport du centre vers la périphérie, de l'élite vers la masse, de la ville vers la campagne, de ceux qui savent vers ceux qui ignorent, bref du haut vers le bas. Dans cette approche verticale et unilinéaire, il n'est pas fait cas de la capacité que peuvent avoir les populations locales à développer des techniques endogènes pour maîtriser leur propre environnement socio-économique. L'on considère volontiers ces populations comme dénuées d'esprit d'initiative et de créativité. Les logiques paysannes de développement sont tout au plus considérées comme proto-économiques, c'est-à-dire embryonnaires et non suffisamment fécondées par le savoir et le savoir-faire pour une maîtrise adéquate de l'environnement socio-économique. Ainsi de Bernard Lugan, anthropologue et « africaniste » qui considère que l'histoire de l'Afrique tant avant qu'après la « mission civilisatrice de la colonisation », se réduit à un manque : manque d'une organisation rationnelle du politique avec un pouvoir centralisé qui puisse insuffler une dynamique de développement, manque de savoir pour gérer efficacement les ressources disponibles, manque d'organisation de l'espace économique qui puisse déboucher sur une production à grande échelle des biens de

---

108 - Le Longman Dictionary donne de ces notions les définitions suivantes :
. Self-reliance : «the ability to act without dependency or help from other people» ;
. Self-sufficiency : «the ability to provide for your own needs without outside help», in Longman Active Study Dictionary of English, Longman Group UK Limited, 1991, p. 608.

109 - Dictionnaire du Français Plus, Montréal, C.E.C., 1988, p. 128.

consommation de masse ; bref Bernard Lugan, qui entend remettre l'« histoire à l'endroit », considère les peuples d'Afrique comme dépourvus de logique rationnelle qui puisse donner lieu à un développement conséquent[110].

Sans assumer les présupposés idéologiques de l'afro pessimisme, nombre de programmes d'aide pour l'Afrique ont longtemps considéré les populations locales ainsi assistées comme dépourvues de savoir et de savoir-faire autonomes pour un développement véritable. Les logiques indigènes de développement, les techniques locales de maîtrise de l'environnement et de la matière de même que les capacités d'autonomie et d'autosuffisance dont ces populations peuvent faire preuve sont considérées avec scepticisme par les « techniciens du développement ».

L'anthropologie nous indique pourtant qu'aucun développement véritable ne peut être envisagé compte non tenu des logiques endogènes, c'est-à-dire une valorisation de l'art et de la technique que les populations locales utilisent pour maîtriser leur propre environnement. Nombre des programmes d'aide dans les pays du tiers monde n'ont pas atteint les résultats escomptés bien souvent parce que ces programmes n'avaient pas suffisamment pris la mesure des logiques internes de développement des populations locales. Tout peuple possède une certaine maîtrise de la technique de production et de transformation, que cette maîtrise soit faiblement ou fortement structurée.

Le mode local d'utilisation et de transformation des matières premières et des ressources énergétiques, de gestion des ressources humaines ou d'échange des biens et services constitue un paramètre important dans la définition de l'autosuffisance. Ainsi une population sera dite autosuffisante non pas en fonction des canons élaborés par les « techniciens de développement », mais en fonction de l'aptitude dont dispose cette population pour maîtriser son environnement et acquérir une certaine autonomie dans la satisfaction des ses besoins.

Dans la perspective de l'économie libérale, des techniciens du développement ont longtemps élaboré des projets d'aide presque entièrement basés sur la productivité marchande et la croissance du produit national brut (PNB). La « dimension humaine » est absente de ces stratégies, et les projets élaborés visent uniquement à stimuler la croissance économique. Dans cette perspective, l'aide au développement est conçue comme levier devant favoriser ou accroître ce que les experts appellent les performances économiques. Or, nous dit Michael M. Cernea,

> « *On ne peut concevoir le développement uniquement sous l'angle économique ou technique : le développement implique toujours un "contenu social", des postulats sociaux, des acteurs sociaux, des conséquences sociales, et il doit profiter au plus grand nombre* »[111].

C'est pourquoi il est important, voire essentiel, de saisir dès le début les variables sociales du développement et de les prendre en considération dans les politiques et les programmes de développement menés dans tous les secteurs. Cette

---

[110] - Bernard Lugan : Afrique. L'histoire à l'endroit, Paris, Perrin, 1989.

[111] - Michael M. Cernea : La dimension humaine dans les projets de développement, op. cit., p. 11.

prise en considération est indispensable car les gens eux-mêmes sont les principaux « acteurs sociaux » de tout processus de développement. C'est à eux qu'il faut penser d'abord quand on conçoit des programmes de développement induit. Ces « *acteurs sociaux* », nous dit Michael M. Cernea, doivent être *« le point de départ, le cœur, le nerf de toute approche visant à promouvoir ou à accélérer le développement »*. La prise en compte de la dimension sociale et humaine contribue certainement à améliorer la qualité et l'efficacité des projets.

Pourtant, nombre de programmes de développement dans les pays du tiers monde ne reposent pas sur une bonne analyse sociale. Aussi M. M. Cernea plaide-t-il en faveur de l'application d'une telle analyse à tous les programmes de développement. En donnant de la notion d' « autosuffisance » une acception purement macro-économique, c'est-à-dire uniquement en termes de productivité et de croissance du PNB, et faute de pouvoir intégrer la dimension sociale et les logiques endogènes dans les projets d'aide, les experts et les techniciens de développement se condamnent à faire un travail de Sisyphe, sans jamais atteindre de résultats fiables. Or l'approche de l'autosuffisance par la croissance de la productivité s'est avérée limitée, voire erronée. Ce qui importe aux populations en détresse, ce n'est ni la productivité marchande ni la croissance du PNB, mais l'accès aux soins de santé, à l'éducation de base, c'est pouvoir se loger à l'abri des intempéries, bref c'est l'accès à ce que la littérature des Nations Unies appelle *« the basic needs »* (besoins élémentaires). A cet égard, l'essentiel ne consiste pas à pourvoir les populations démunies en « biens de consommation », mais à les aider à rendre leurs structures de production plus efficientes, à renforcer les modèles endogènes et à valoriser les méthodes locales de maîtrise et d'appropriation du milieu de vie.

E. F. Schumacher estime que le développement induit ne peut commencer par la production des marchandises et des biens de consommation. Pour lui, tout développement induit doit pouvoir commencer par des investissements sur les populations et leur éducation, leur organisation ainsi que le renforcement des capacités locales. Schumacher pense que la conviction partagée des économistes libéraux de mesurer le succès d'une entreprise de développement uniquement d'après les critères de croissance et de PNB, est vicieuse, et il soupçonne cette approche économiste de relents néo-colonialistes. En effet, mesurer la réussite ou bien l'échec des programmes de développement à l'échelle des biens de consommation disponibles permet de collationner des données statistiques, mais cette approche ne révèle rien sur les capacités des populations locales à produire et à échanger les biens qui leur sont indispensables pour leur existence quotidienne. Les modes de production que les techniciens de développement reproduisent à l'identique dans les pays demandeurs d'aide détruisent le faible tissu de l'économie locale, autant qu'ils hypothèquent les capacités des populations à utiliser les ressources de leur environnement pour réaliser l'autosuffisance[112]. Cette extraversion permet sans doute de satisfaire aux critères de la productivité et de présence sur le marché international, mais le faible tissu de l'économie locale s'en délite d'autant, et les populations se trouvent potentiellement soutiers de la "*mondialisation*" ou la "*globalisation*"[113]. Ainsi du président J. John Rawlins qui s'étonne d'être considéré à l'extérieur de son pays comme étant un « bon élève » du FMI, alors qu'à l'intérieur les populations ghanéennes sont soumises au phénomène de la paupérisation[114]. Il en est certainement ainsi, parce que le modèle de développement unilinéaire proposé par les experts et les techniciens du FMI, la productivité exclusivement marchande que ce modèle induit, de même que la prétendue croissance et le redressement du PNB ne profitent pas aux populations locales qui restent soumises à la nécessité vitale. C'est sans doute pour éviter de telles distorsions préjudiciables au bien-être des populations que Schumacher estime que les modes de développement pour une société digne de demain doivent être radicalement différents des modes d'hier, le phénomène de la pauvreté doit être examiné dans sa réalité multidimensionnelle, une attention soutenue doit être faite aux hommes – et non à la matière ou aux marchandises – car les hommes comme tels, c'est-à-dire les populations, représentent à tous égards une source inestimable de richesse[115].

De même, Alifeyo Chilivumbo estime que les nouvelles stratégies de développement, par opposition aux stratégies ultra libérales qui ont montré leur limite, doivent être orientées vers la libéralisation de l'homme. Il conçoit le développement comme processus dans lequel l'homme se libère du besoin et du manque afin de créer et consommer le fruit de sa propre production[116]. Ainsi, une politique conséquente d'assistance est celle qui permet aux populations locales, surtout aux plus démunies, de se libérer du manque permanent pour acquérir progressivement les capacités d'autonomie interne. Par autonomie interne, il faut entendre l'aptitude d'une population à transformer qualitativement et quantitativement les ressources de son environnement afin de satisfaire ses besoins et pouvoir ainsi se mettre à l'abri de la nécessité. Tout projet d'assistance efficient

---

[112] - E. M. Schumacher écrit : « poor countries sleep - and are pushed - into the adoption of production methods and consumption standards which destroy the possibilities of self-reliance and self-help. The results are unintentional neocolonialism and hopelessness for the poor»», in Small is beautiful : A study of economic as if people mattered, London, Abacus, 1978, p. 190 ; (trad. : Les pays pauvres sont amenés à adopter des méthodes de production et des niveaux de consommation qui détruisent les possibilités d'autosuffisance. L'issue en est le néo-colonialisme et le désespoir chez les pauvres).

[113] - Lire Emmanuel Glaser : Le nouvel ordre international, Paris, Hachette, 1998, pp. 202-221. Sur les effets de la "*mondialisation*" et de la "*globalisation*" sur les économies des pays africains, lire Demba Diallo : "Diagnostic d'un échec", dans L'Autre Afrique du 17 au 23 septembre 1997.

[114] - Sur les stratégies des populations rurales du Ghana face à la crise, lire N. Uphoff : Collective self-help. A strategy for rural development in Ghana, Rome, FAO, 1987.

[115] - E. F. Schumacher, op. cit., p. 165.

[116] - A. Chilivumbo : «On rural development», in Africa development, vol. III, N° 2, 1978, p. 41.

doit aider les populations locales à acquérir ou à augmenter les capacités de cette autonomie interne.

Dans sa réflexion sur les perspectives d'autonomie et d'autosuffisance des sociétés en développement, John R. Herzog articule lui aussi sur la nécessité d'un renforcement des initiatives locales. Il estime qu'en matière de développement, l'important consiste à libérer les masses paysannes et à stimuler leurs potentialités créatrices. Ainsi des modes paysans de production et d'échange des biens et services, des logiques locales de développement qui devraient être renforcés pour permettre aux populations d'accroître leurs capacités d'autonomie interne[117]. Dans le sens de ce propos, l'autonomie ou bien l'autosuffisance signifie pour une population le droit ainsi que l'aptitude à se fixer soi-même des objectifs et à les réaliser autant que possible par les ressources de son propre environnement. Pour ainsi dire, c'est une stratégie qui prend appui sur le savoir et le savoir-faire des populations locales afin d'augmenter leurs capacités à s'assumer et à se prendre elles-mêmes en charge.

Le renforcement de l'autonomie interne ne signifie pas bien entendu un repli égocentrique sur soi-même, un rejet par principe des modèles extérieurs, encore moins une valorisation narcissique des modèles ancestraux et archaïques qui n'ont plus prise sur les problèmes de la société d'aujourd'hui. Il s'agit davantage d'être à l'écoute des paysans de régions forestières, de pasteurs des régions sahéliennes, des pêcheurs de la côte, d'être à l'écoute des communautés d'artisans et de femmes pour comprendre les logiques internes que ces populations déploient dans l'organisation et la maîtrise de leur environnement socio-économique. Comprendre ces logiques, les renforcer, augmenter les capacités d'autonomie des populations, tels semblent être aujourd'hui quelques axes majeurs de la politique d'aide au développement. L'AFVP affirme du reste son intention de « briser le cercle vicieux » de l'assistanat en aidant les populations à s'assumer elles-mêmes, et ce à travers des stratégies de développement qui renforcent la participation, l'autonomie, l'autosuffisance et la dignité des populations.

Le tanzanien Kighoma Malima estime que l'aide extérieure au développement peut accroître l'autosuffisance des populations, si cette aide est utilisée pour renforcer les capacités locales des pays bénéficiaires[118]. Goran Hyden ajoute que cela pourrait être possible si un « *environnement favorable* » est garanti[119]. Par environnement favorable, il faut entendre la bonne gouvernance, la diffusion des pouvoirs de la hiérarchie vers la base et la possibilité offerte aux populations de

[117] - John R. Herzog : «Towards a theory of rural development», in Africa development, vol. III, N° 2, 1978, p.79.

[118] - Kighoma Malima : « Planning for self-reliance in Tanzania », in Africa development, vol. IV, 1979, p. 40.

[119] - Goran Hyden, Michael Bratton (éd.) : Gouverner l'Afrique. Vers un partage des rôles, Manilles, Nouveaux Horizons, 1992.

participer effectivement aux processus de prise de décisions. Faute pour les autorités publiques locales de garantir un tel environnement favorable à une utilisation optimale des ressources de l'aide extérieure, cette aide sera dépensée en pure perte, et le renforcement tant prôné des capacités d'autonomie locale passera à la trappe. Ainsi, la question de savoir si un pays en développement utilise efficacement la rente de l'aide extérieure pour accroître les capacités d'autosuffisance de la population, cette question ne se réduit pas à une simple évaluation statistique du volume de l'aide reçue ; il s'agira plutôt de savoir comment les flux de l'aide sont gérés et quels en sont les principaux bénéficiaires. Si cette aide même massive est un substitut au mode local de production et de consommation, alors cette aide créera davantage de nouveaux besoins. Des études sur les politiques d'aide au développement montrent que dans certaines régions du tiers monde où l'aide s'est substituée aux habitudes locales de production et de consommation, le faible tissu économique existant se déstructure et, à terme, le phénomène de paupérisation s'accélère lorsque les flux de l'aide tarissent[120]. De telles formes d'aide accroissent plutôt la dépendance. D'où la nécessité pour les Etats bénéficiaires d'élaborer des programmes efficients de développement et de pouvoir déterminer quel type d'aide peut effectivement permettre aux populations locales d'augmenter leurs capacités d'autosuffisance sans renier leur manière d'être et de vivre.

D'autres études ont montré que l'aide financière, généralement consentie par les bailleurs de fonds ou par les organismes d'aide pour permettre à l'Etat qui connaît des « tensions de trésorerie » de maintenir la tête « hors de l'eau », sert parfois non à aider les populations démunies à accroître leurs capacités d'autonomie et d'autosuffisance, mais à alimenter les réseaux de la prébende[121]. L'assistance technique, lorsque les projets proviennent de la population elle-même et non de la hiérarchie politique ou bien des bureaux d'aide, semble plus appropriée pour un développement véritable, car elle permet de réaliser à la base des projets directement utiles aux populations, ce qui permet progressivement de réduire leur dépendance vis-à-vis de l'extérieur. De même, aider à diffuser les progrès de la technique semble plus rentable aux populations. Une jeunesse éduquée et bien formée, des femmes organisées en coopératives de développement et ayant accès au micro-crédit d'investissement, des paysans organisés en communautés de pêcheurs, d'agriculteurs, de pasteurs ou d'artisans constitueraient de la levure pour la pâte de développement. Et investir les flux de l'aide dans ces pôles peut favoriser le développement induit ainsi qu'une économie d'échelle.

---

[120] - Jean-Jacques Gabas : L'aide contre le développement ? L'exemple du Sahel, Paris, Ed. Economica et Libertés sans Frontières, 1988.

[121] - Sur l'argent de l'aide et la corruption, lire Sylvie Brunel : Le gaspillage de l'aide publique, Paris, Seuil, 1993 ; lire également Pierre Pean : L'argent noir : Corruption et sous-développement, Paris, Fayard, 1988.

Nous pensons que l'assistance au développement, c'est-à-dire l'aide publique et l'aide non gouvernementale pourrait effectivement permettre aux populations d'accroître leur autosuffisance, si cette aide est destinée à renforcer les structures locales de production, surtout dans le monde rural et parmi le « petit peuple » des centres urbains. L'AFVP ayant fait sienne l'approche qui consiste à investir d'abord sur les populations - et non sur la marchandise - et à enrayer par paliers les principales contraintes qui entravent leur passage au développement, nous estimons que les Volontaires du Progrès peuvent de ce fait aider les populations locales des régions où ils interviennent au Cameroun à augmenter leurs capacités d'autonomie et d'autosuffisance. Mais cela suppose résolue la question de la participation de ces populations aux diverses phases des projets.

## III. LE DÉVELOPPEMENT PARTICIPATIF

Dans les années 1950 et 1960, nombre d'économistes et de décideurs ont vu à travers la politique de la croissance le moyen de réduire la pauvreté dans les pays en développement. Dans les années 1970, l'attention n'est plus exclusivement focalisée sur les ratios économiques, mais davantage sur la nécessité d'améliorer le niveau et les conditions de vie des populations pauvres. La santé, l'éducation, l'alimentation et la nutrition deviennent des priorités. Les années 1980 connaissent un fléchissement drastique des investissements sur le social. L'on commence à remettre en cause la méthode verticale de développement, méthode qui a consisté à appliquer invariablement des programmes standards de développement à tous groupes de populations. Il devient dès lors de plus en plus évident que la réduction de la pauvreté n'est possible qu'avec l'appui des populations et leur participation effective aux projets, tant il est vrai qu'on ne saurait faire le bien d'autrui malgré lui. Dans les agences d'aide, auprès des bailleurs de fonds et au sein des ONG, l'on pense que la méthode participative est plus idoine pour aider les populations à réaliser leur autonomie. Mais que recouvre en fait le vocable de « méthodes participatives » au développement ?

Dans de nombreux documents récents sur l'aide au développement, l'on mentionne invariablement l'expression « méthode participative », sans doute pour indiquer que l'on entend appliquer ce type de méthode. Lorsque l'on demande pourtant à une équipe de moniteurs, vulgarisateurs ou encadreurs sur le terrain, ou aux autorités publiques chargées de la planification, quelles sont ces méthodes dites participatives, ils demeurent fort embarrassés.

Participer au développement communautaire signifie d'abord se mettre à l'écoute des logiques endogènes à l'œuvre dans la communauté, c'est traiter les populations avec respect et dignité, c'est les considérer non pas comme d'éternels souffreteux en quête de subsides, mais comme des personnes dotées d'un savoir et d'un savoir-faire sui generis, des personnes avec qui l'on peut engager des relations de partenariat et non de soumission. La participation est moins une doctrine qu'une attitude. C'est une attitude qui consiste à écouter les populations, à se laisser enseigner, à penser avec elles et ne jamais penser « à leur place », c'est éviter la posture du « connaisseur » face à l'« ignorant ». Cette attitude permet ensuite de définir ensemble des priorités, de chercher ensemble des solutions – car elles n'existent pas toutes faites –, et d'accepter que l'évaluation des projets soit faite par les populations et non par les bureaux d'aide.

Dans un ouvrage sur les méthodes participatives, Anne-Marie Hochet et N'gar Aliba[122] donnent de ces méthodes quelques caractéristiques suivantes :

- Le développement ne peut à la fois être conçu au sommet et réalisé à la base. C'est une erreur fréquente, à l'origine de beaucoup d'échecs, quand une étude spécifique, souvent tardivement demandée, vient mettre en lumière les causes de dysfonctionnement d'un projet. Les populations à qui le projet à été proposé, ou plus exactement imposé du haut, s'en détournent, le projet ayant été élaboré compte non tenu des spécificités de chaque communauté. Ainsi d'un projet d'adduction d'eau dont l'importance ne sera pas pareillement appréciée selon qu'il s'agit d'une communauté de pêcheurs, d'agriculteurs, d'éleveurs ou d'une communauté de femmes soucieuses de la santé de leurs enfants. L'approche participative entend opérer la rupture et redonner la parole aux communautés elles-mêmes pour qu'elles expriment à la base leurs priorités de développement.
- La reconnaissance a priori des communautés de base comme aptes à prendre elles-mêmes des initiatives de développement. Ce principe implique des exigences : identification des communautés de base ; reconnaissance de leur savoir ; respect de leurs aspirations.
- Une décolonisation des outils conceptuels du développement est nécessaire. Ainsi des notions de « sensibilisation », de « participation » ou de « développement » qui sont toutes marquées par leur origine historique et un a priori infériorisant à l'égard des communautés villageoises.

Le mot « sensibilisation » a été si diversement employé qu'on a totalement oublié son sens originel qui était de faciliter à un individu ou une communauté la prise de conscience de l'une ou l'autre réalité de la vie courante.

Les programmes d'aide désignent sous le vocable de « participation », la part active que les populations devront prendre au projet qui leur est proposé. Or, nous dit Anne-Marie Hochet, il importe de considérer la question plutôt dans l'optique d'un organisme d'aide participant à la résolution des problèmes d'un village ou d'un groupe de villages, aux côtés des paysans acteurs.

La « participation » est participation de la structure d'appui aux réalisations décidées par la communauté de base, et non l'inverse. Le respect de ce principe révolutionne totalement le comportement habituel des structures d'appui, voire d'encadrement intervenant en milieu rural. Ce ne sont pas les populations qui

[122] - Anne-Marie Hochet, N'gar Aliba : Développement rural et méthodes participatives en Afrique, Paris, L'Harmattan, 1995, pp. 12-21.

s'ajustent aux projets ; ce sont les organismes d'aide et les pourvoyeurs de fonds qui participent, par l'assistance technique et l'apport financier, à la réalisation des projets que les populations auraient elles-mêmes définis.

La notion de « développement » a elle-même été longtemps définie dans la perspective linéaire d'un W. W. Rostow en termes de vide à combler, de retard à rattraper, de méthodes de production rudimentaires qui devraient être « rationalisées ». Or l'anthropologie nous enseigne qu'en matière d'organisation sociale, il n'existe ni de sociétés supérieures ni de sociétés inférieures, mais simplement des sociétés différentes les unes des autres[123]. L'approche participative définit ainsi le développement non pas en termes de vide ou de retard, mais en termes d'utilisation optimale des ressources disponibles pour augmenter l'autosuffisance des populations.

- Le projet de développement n'est plus qu'un programme prévisionnel d'action, budgétisé, mais dont la réalisation reste toujours conditionnée aux décisions des communautés de base. Le fait que l'initiative parte de la base et se concrétise au rythme de l'engagement de la communauté ne peut être qualifié de développement anarchique, car deux types de contrôle sont à l'œuvre : le contrôle de la communauté elle-même ; le suivi de l'équipe de projet.

- L'« auto-promotion » n'est pas un but lointain mais une pratique sociale, un processus amorcé dès la première action entreprise. Ce principe a pour corollaire une exigence de comportement : valorisation des techniques endogènes et des potentialités locales avant tout recours à l'extérieur. Ainsi de l'agriculture où la méthode participative encourage le recours aux pratiques locales de fertilisation des sols car un recours intensif aux intrants chimiques risque non seulement d'appauvrir trop vite les sols, mais un tel recours risquerait également de rendre les petits agriculteurs dépendants de produits importés parfois à des prix prohibitifs.

- L'appui implique la fourniture à la demande de moyens matériels ou financiers, de formations en techniques appropriées, en gestion, etc. Sylvie Brunel[124] a montré dans l'ouvrage déjà cité sur le gaspillage de l'aide publique, qu'environ 70% des fonds d'aide retourne en fait dans les pays pourvoyeurs sous forme d'achats de matériels, de salaires et de confortables commissions. L'auteur se demandait non sans ironie si cette forme d'assistance n'était pas simplement une opportunité aux entreprises du pays donateur de se « sucrer » sur l'argent de l'aide et de réaliser de « juteuses affaires » dans les pays du tiers monde.

La méthode participative prétend éviter de tels écueils. Les agences d'aide sont invitées à participer aux projets en fournissant uniquement du matériel nécessaire et facile d'entretien. Les entreprises et les compétences locales sont également invitées à participer à la réalisation de projets, ce qui permet de les ouvrir au mécanisme de la concurrence.

---

[123] - Lire Ruth Benedict : Patterns of culture, Houghton Mifflin, 1989.

[124] - Sylvie Brunel : Le Gaspillage de l'aide publique, Paris, Seuil, 1993.

En cas de fourniture de formation par la structure d'appui, le formateur doit être quelqu'un dont les membres de la communauté ont fait l'éducation ; il doit les comprendre, les respecter et chercher avec eux des solutions à leurs problèmes ; il doit être apte à la formation réciproque, effectuer des suivis avec honnêteté et entraîner les bénéficiaires à l'autonomie.

- La réponse à la priorité exprimée par une communauté est la condition sine qua non de la réalisation de toute autre action de développement que cette communauté pourra entreprendre avec un appui extérieur. C'est une étape importante car une réponse positive à la priorité première devient très productive et, outre le fait qu'elle atteint son but, elle rend possible bien d'autres actions futures.

Les bénéficiaires de projets sont ceux qui peuvent réaliser quelque chose dans leur intérêt, avec l'aide reçue, négocier un contrat, gérer une exploitation, etc. Ce sont ceux qui ont la parole dans l'élaboration de projet, qui est participation à leurs actions de développement et ne les « visent pas »...comme on tire sur une cible sans se soucier de l'endommager. Ce sont des personnes qui connaissent le prix des facteurs de production qu'on leur prête ou leur donne. Ce sont ceux qui gardent le pouvoir de décision quant à leurs options culturales.

Les bénéficiaires de projet ce ne sont pas des groupes cibles, encore moins des collectivités qui, au contact de l'aide, perdent la responsabilité de leurs exploitations et de leur terroir, mais ont à payer seuls les erreurs d'un projet mal conçu. De même, ce ne sont pas des gens sans parole, ceux que l'on met en demeure d'accepter un contrat à l'élaboration duquel ils n'ont pas participé, des gens qui ne connaissent pas le coût de ce qu'on leur fait produire, ceux qui obéissent à des consignes de production, ceux qui, grâce à l'intervention extérieure, se retrouvent avec des charges trop lourdes et ont dû changer de mode de travail et de vie sans en avoir les moyens, et qui dépendent tellement de l'aide qu'on ne peut mettre fin au projet.

En somme, la stratégie participative suppose que les techniciens et les bailleurs de fonds participent aux actions paysannes de développement, que l'innovation est sollicitée par les populations qui peuvent et veulent l'expérimenter, que ces populations cherchent et sollicitent l'information, qu'elles tentent d'intéresser les intervenants à leurs urgences et que, en situation d'auto-développement, elles précisent à l'équipe de projet ce qu'elles veulent faire, jusqu'où va leur force, et les deux parties négocient un contrat d'aide où le document de projet est rédigé avec les populations, à partir des priorités qu'elles ont exprimées, et en respectant l'ordre chronologique de réalisation sur lequel il y a eu consensus. Au cours des diverses phases du projet, les techniciens sont à l'écoute de la communauté. Evoquant le devoir d'écoute qui est au cœur de la méthode participative, Anne-Marie Hochet précise :

« *Rien ne remplacera le devoir d'écoute à tout moment et en toute circonstance ; les informations les plus importantes parviennent souvent sans avoir été sollicitées, à celui qui sait écouter en ayant à l'esprit le souci de comprendre* »[125].

Marc P. Lammerink et Ivan Wolffers apportent d'autres éclaircissements non moins intéressants à la compréhension de la notion de « participation de la communauté » aux actions de développement. Ils la définissent ainsi :

« *La participation désigne l'engagement, sur le plan collectif, de personnes dans diverses activités ayant un intérêt pour la communauté* »[126].

La communauté peut être la société globale, ce peut être également un groupe d'éleveurs, d'artisans, etc. Les membres de la communauté ont des liens multiples : famille, compétence, hiérarchie traditionnelle, relation d'autorité ou d'entraide, liens religieux ou politiques ; c'est une cellule sociale existant bien avant toute intervention de ce que Anne-Marie Hochet appelle des « développeurs professionnels »[127].

Marc P. Lammerink remarque fort judicieusement qu'une communauté est formée de gens qui ne partagent pas nécessairement les mêmes intérêts et les mêmes valeurs et la plupart du temps il existe des conflits d'intérêts à la fois au sein de la communauté et à l'extérieur. Dans le domaine de l'exploitation des ressources naturelles par exemple, l'exploitant d'une concession forestière ne s'intéressera pour ainsi dire qu'à la rentabilité économique à court terme, tandis que les utilisateurs traditionnels de la forêt (les autochtones de la forêt dense équatoriale du sud Cameroun ou les *Seringeros* de la forêt amazonienne au Brésil par exemple) prendront en compte des critères tels que la minimalisation des risques et l'acceptation sociale. S'il y a conflit d'intérêts, ce sera probablement entre la population locale et les utilisateurs temporaires ou externes des ressources naturelles, par exemple entre agriculteurs et pasteurs nomades, entre utilisateurs locaux de la forêt et exploitants de concessions forestières. A quels intérêts la priorité est-elle donnée – et de quelle manière – afin de mobiliser les gens autour des activités communautaires ? Sont-ce les priorités des autorités locales ou celles des « *sans-pouvoir* » ? Les priorités des hommes ou celles des femmes ? Les priorités des propriétaires terriens ou celles de journaliers agricoles ? S'agit-il de priorités définies par des professionnels et techniciens du développement (personnel médical, hommes politiques à l'échelon national ou local, économistes, écologistes) ou par des paysans locaux ?

La communauté est loin d'être un milieu totalement homogène, aseptisé, dépourvu de conflits et de luttes d'influence. Il s'agit par conséquent pour les promoteurs d'aide et les organisateurs de projets, de ne pas être dupes et de prendre la mesure des enjeux en présence.

---

125 - Anne-Marie Hochet, N'gar Aliba : Développement rural et méthodes participatives en Afrique, Paris, L'Harmattan, 1995, p. 27.

126 - Marc P. Lammerink, Ivan Wolffers (éd.) : Approches participatives pour un développement durable, Paris, Karthala, 1998, p. 15.

127 - Anne-Marie Hochet, N'gar Aliba, op. cit., p. 20.

Marc P. Lammerink a pu écrire :

« *En amenant, sur le plan local, les gens à exécuter des activités prédéfinies, les prestations de toutes sortes de services peuvent être étendues et mieux acceptées. Du point de vue des militants sociaux, la participation de la communauté est considérée comme un processus dans lequel les populations pauvres travaillent ensemble pour surmonter leurs problèmes et mieux contrôler leur vie* »[128].

La première conception de la participation de la communauté est axée sur des valeurs partagées et sur la coopération entre les gens à tous les niveaux de la société, et part du principe de la communauté des intérêts. La seconde conception reconnaît les conflits d'intérêts. Le dialogue et l'action commune sont utilisés afin de sensibiliser les gens, d'augmenter leur confiance en soi et de stimuler une prise en charge autonome. Cette conception doit beaucoup aux travaux de Paola Freire[129] dans le mouvement pour la formation des adultes et à d'autres spécialistes des sciences humaines en Amérique latine, comme Fals-Borda[130]. L'expérience tirée de ces activités est précieuse, y compris pour ceux qui ne sont pas intéressés par l'action sociale, mais pour qui le développement est un processus de changement.

Oakley cite des exemples d'interprétation de l'expression « participation de la communauté », illustrant ainsi la variété des ces interprétations et, dans certains cas, la confusion qui règne à cet égard :

1 - La participation signifie, dans le sens le plus large, sensibiliser les populations en milieu rural et donc accroître leur réceptivité ainsi que leur aptitude à répondre à des programmes de développement, et aussi encourager les initiatives locales ;

2 - En ce qui concerne le développement, la participation inclut l'engagement des populations dans des processus de décision et dans la mise en place des programmes, le partage des bénéfices des programmes de développement et l'implication des populations dans les tentatives d'évaluation de tels programmes ;

3 - La participation implique des efforts organisés en vue de permettre un meilleur contrôle des ressources et des institutions régulatrices de la part de groupes ou de mouvements regroupant ceux qui jusqu'alors étaient exclus de ce contrôle[131].

Susan Rifkin affirme que le concept de participation de la communauté n'est pas univoque. On ne peut déterminer le contenu de ce concept qu'en se posant les

128 - Marc P. Lammerink, Ivan Wolffers (éd.) : Approches participatives pour un développement durable, op. cit., p. 16.

129 - Paola Freire : Pédagogie de l'opprimé, 1968.

130 - Fals-Borda O. : « Science and the common people », in Dubell F.A.O., Research for the people, research by the people, Linköpling, Suède, 1981.

131 - Oakey P. : Community involvement in health development : an examination of the critical issues, Genève, Organisation mondiale de la santé, 1989.

trois questions suivantes : Pourquoi participer ? Qui participe ? Comment les populations participent-elles ?[132]

McCall distingue trois niveaux de participation :
- comme instrument facilitant la mise en place d'interventions externes ;
- comme instrument permettant d'intervenir dans le processus de décision et dans l'élaboration de politiques d'interventions externes ;
- comme fin en soi, elle constitue la prise en charge autonome des groupes sociaux pour accéder aux ressources et aux processus de décision et de contrôle.

Dans le dernier cas la participation est un objectif et non un instrument, elle sous-entend que les populations peuvent en grande partie identifier et modifier leurs propres solutions en fonction de leurs besoins[133].

On observe une évolution comparable en ce qui concerne l'expression « soins de santé primaires », et Ivan Wolffers en donne une illustration fort intéressante. Il affirme que la campagne contre la diarrhée réalisée par l'UNICEF offre un exemple concret de divergences dans les approches[134]. Les femmes sont informées des objectifs du programme (le traitement de la déshydratation constatée chez les enfants souffrants de diarrhée, afin de réduire les taux de la mortalité infantile) et motivées en vue de coopérer. Il s'agit d'un programme de thérapie de réhydratation orale, conçu au siège de l'UNICEF à New York, introduit auprès des populations rurales concernées par ventes subventionnées et qui vise à former les mères afin qu'elles s'encouragent mutuellement et préparent la thérapie de réhydratation orale. Ce programme absorbe des fonds et des effectifs qui ne peuvent plus être consacrés à d'autres activités. Certains affirment qu'il s'agit là d'un programme vertical qui n'est pas fondé sur les priorités des populations. Ils préfèrent un programme participatif horizontal dans lequel les gens analysent leur propre situation, définissent leurs priorités et collaborent avec une ONG ou une organisation gouvernementale afin de changer la situation. Au lieu de n'être que des collaborateurs, les gens sont, dans ce cas, des protagonistes. D'autres affirment que le genre de programme auquel les populations participent importe peu, car le fait qu'elles apprennent à participer et qu'elles ne soient pas totalement impuissantes ne peut avoir qu'une incidence positive.

Les partisans de ces différentes approches utilisent le même mot, participation, sans en donner la même signification. La première interprétation va dans le sens d'une collaboration, tandis que, dans la seconde, la participation est considérée sur un plan plus égalitaire. Certains préconisent de faire la distinction entre

---

132 - Susan Rifkin : Community participation in maternal and child health / family planning programmes, Genève, O.M.S., 1990.

133 - McCall M. : Indigeneous knowledge systems as the basic for participation : East african potentials, Mémoire n° 36, Université d'Enschede, Enschede, 1987.

134 - Cette illustration est tirée de Marc P. Lammerink et Ivan Wolffers (éd.), op. cit. pp. 18-19.

« participation de la communauté » et « engagement de la communauté »[135], cette dernière notion impliquant une démarche plus active de la communauté qui coopère avec les techniciens et les professionnels, prend des initiatives et assume des responsabilités.

Ces différents niveaux de participation sont influencés par divers facteurs : le rôle de l'Etat et des institutions publiques, les rapports de force au sein de la société globale, le degré de formation et d'engagement des professionnels, le poids et l'influence que peuvent avoir les ONG et les bailleurs de fonds, l'expérience de la démocratie, « encore faut-il que les responsables régionaux et nationaux n'aient pas d'appréhension contre cette évolution »[136].

Le malentendu au sujet de la « participation » résulte du fait que certains professionnels des programmes d'aide considèrent la participation de manière stéréotypée et idéalisée. Un projet ou un programme donne de meilleurs résultats lorsque l'ensemble de la communauté y participe activement. D'où cette réserve de Marc P. Lammerink :

> « *Penser que la pleine participation de tous les membres de la communauté à tous les stades du processus est possible n'est pas réaliste... Une communauté n'est pas homogène* »[137].

Les différentes formes de participation vont de la participation en tant que premier pas vers un changement politique à la participation afin d'obtenir des données fiables, de sensibilisation des populations afin de les amener à coopérer dans le cadre d'un programme jusqu'à un plus grand contrôle de leurs ressources. La participation connaît de nombreuses modalités : elle peut être orientée vers l'action et mise en place par la communauté (ou par une ONG ou une organisation gouvernementale qui agit comme catalyseur), la communauté définissant les priorités et restant engagée durant l'ensemble du processus, y compris lors de l'analyse des données et de la formulation d'un plan d'action. La participation peut également être plus verticale, les populations étant ici davantage des auxiliaires que des initiateurs.

De même, dans le domaine de la recherche en développement impliquant la participation des populations, certains projets de recherche peuvent être très différents de ce qui est le plus nécessaire en matière de développement et susciter des discussions controversées.

Au sujet de la participation agricole, Ashby distingue les quatre formes suivantes :

- contractuelle : les chercheurs passent des contrats avec des agriculteurs afin de pouvoir utiliser leur terre ou avoir recours à leurs services ;

- consultative : les chercheurs consultent les agriculteurs au sujet de leurs problèmes puis élaborent des solutions ;

---

135 - Oakey P. : Community..., op. cit.

136 - Anne-Marie Hochet, N'gar Aliba, op. cit. p. 31.

137 - Marc P. Lammerink, Ivan Wolffers (éd.), op. cit., p. 20.

- coopérative : chercheurs et agriculteurs collaborent au processus de recherche en tant que partenaires ;

- collégiale : les chercheurs renforcent le système de recherche et de développement informel et indépendant qui existe dans les zones rurales.

Les hommes politiques à l'échelon local, les représentants de la communauté et le personnel des projets, qui ont un rôle vital dans les possibilités de participation, ont une influence décisive sur les résultats[138]. La "*participation*" est avant tout la participation des populations, en fonction des besoins et priorités qu'elles auront exprimés. Ainsi, les membres de la communauté de base et leurs représentants, les organismes d'aide ainsi que les pouvoirs publics responsables des programmes de développement devraient travailler en partenariat pour la conception, la réalisation et le suivi des projets, condition indispensable pour un rendement optimal des opérations de développement.

Dans les pays où les ONG n'existent pas (Chine) ou bien là où elles sont étroitement contrôlées (Indonésie), l'utilisation des méthodes participatives n'est pas aisée. D'où la nécessité de prendre en considération les réalités politiques locales et les formes d'organisation et de manifestation du pouvoir car, dans son essence, le concept de participation appartient à l'idéologie démocratique.

Au niveau panafricain, la Déclaration d'Arusha de 1990 reconnaît la « participation communautaire » comme méthode appropriée pouvant permettre aux populations de réaliser les objectifs d'autonomie et d'autosuffisance. La Déclaration entendait par participation, un encouragement des populations à s'impliquer elles-mêmes dans la création des structures et l'adoption des politiques et programmes qui servent les intérêts de tous autant qu'ils contribuent au processus de développement et à un partage équitable de ces retombées[139]. L'idée sous-jacente à de telles prises de position est que la participation des populations aux décisions concernant leur vie économique et sociale constitue un préalable à la réduction de la pauvreté, que la possibilité effective de travailler en collaboration avec les pouvoirs publics, les ONG et d'autres organismes de la société civile pour obtenir davantage de biens et services, que cette approche est somme toute plus efficace que la méthode conventionnelle verticale qui a eu cours jusqu'alors.

La Banque mondiale, qui entend désormais faire impliquer activement les communautés locales, les ONG ainsi que d'autres représentants de la société civile, dans la réalisation des projets qu'elle finance, définit la participation comme un processus par lequel les populations, et principalement les couches défavorisées, influencent les décisions qui les concernent[140]. Dans le langage de la Banque

---

138 - Ashby J. A., Quiros C. A., Rivera Y. M., Farmer participation in on-farm varietal trials, Agricultural administration (Research and Extension), Network discussion paper, n° 22, O.D.I., Londres, 1987.

139 - African charter of popular participation in development and transformation, Arusha, 1990, p. 19.

140 - B. Bhatnager et A. C. Williams (éd.) : Participatory development and the World bank : Potential directions for change, Washington D.C., The World bank, 1992, p. 177.

mondiale, le terme « populations » ne désigne pas uniquement les plus couches sociales les plus démunies ; cette notion a ici une acception plus large et recouvre toutes les catégories sociales défavorisées en termes de santé, d'éducation, de groupes ethniques désavantagés ou de femmes marginalisées. La notion de « populations pauvres » désigne les populations défavorisées et vulnérables : vulnérables sur le plan alimentaire et nutritif, n'ayant pas accès aux soins de santé ou à l'éducation de base, vulnérables à la faim, aux épidémies, aux maladies endémiques et à l'ignorance.

La Banque mondiale estime également que la participation communautaire dans les décisions économiques ne signifie pas simplement une présence des populations au niveau de l'exécution des projets ou du partage des bénéfices induits. Les objectifs d'une telle participation sont plus larges :

- Le renforcement de l'autonomie. Cela suppose une plus grande équité dans le partage du pouvoir, un degré plus élevé de conscience politique et un soutien accru aux populations défavorisées.
- La valorisation des capacités des bénéficiaires. Les populations bénéficiaires coopèrent à la gestion des projets et assument elles-mêmes des responsabilités. Le but est qu'une telle cogestion pourrait amener les populations à assurer le suivi des projets quand bien même l'assistance externe se serait estompée.
- Efficacité des projets : L'efficacité doit être distinguée de l'efficience qui elle se réfère au degré d'exécution d'un projet. La participation tend à relever l'efficacité des projets car l'implication des bénéficiaires permet de mieux définir ou de mieux ajuster les projets, de mieux les exécuter et ainsi, de parvenir aux objectifs d'autosuffisance.
- Partage des coûts. L'argument ici est que la participation facilitera l'adhésion collective à la nécessité du partage des coûts, c'est-à-dire la nécessité pour la population elle-même de contribuer aux frais de projets. Leur main d'œuvre et leur soutien pécuniaire les rendre d'autant plus alertes quant à l'exécution et au suivi des projets.
- Le rendement des projets. L'argument est que la participation des populations a une incidence positive sur le temps de travail. Une telle participation entraînera la fluidité dans l'exécution des projets, une meilleure synergie entre les partenaires, d'où une réduction de coûts et de délais et une possible affectation des surplus dégagés sur d'autres projets communautaires.

En somme, l'analyse ci-dessus situe les populations au centre du développement participatif et de la réduction de la pauvreté. Ces populations ne constituent pas toujours un groupe homogène. Il s'agit des populations entre lesquelles peuvent exister des relations harmonieuses ou conflictuelles, des rapports d'égalité ou de hiérarchie, des intérêts divergents ou convergents, car la société n'est pas exempte de ce que Darwin a appelé dans un autre contexte la « lutte pour la subsistance » et la survie des plus aptes[141]. Il est dès lors intéressant pour nous de savoir comment les Volontaires du Progrès organisent la participation communautaire autour des projets de développement durable. Il importe également de savoir comment l'AFVP, en collaboration avec différents autres partenaires, participe effectivement à l'amélioration des conditions de vie des plus démunis car, en dépit de la rhétorique sur les vertus des ONG, des données de terrain montrent que ce ne sont pas toujours les populations les plus pauvres des campagnes qui bénéficient en priorité des projets ainsi initiés. Mais une telle analyse suppose clarifié le concept de développement durable.

## IV. LE DÉVELOPPEMENT DURABLE

C'est en 1987, avec le Rapport de la Commission Mondiale sur l'Environnement et le Développement, ou rapport Brundtland – du nom de la norvégienne Mme Brundtland qui présidait cette commission – que le concept de « *développement durable* » apparaît. En 1989, à la suite de ce rapport, l'Assemblée générale des Nations Unies a décidé de préparer la Conférence de Rio de Janeiro en lui fixant l'objectif

> « *d'élaborer des stratégies et de prendre des mesures pour stopper et inverser les conséquences de la dégradation de l'environnement (...) pour promouvoir dans tous les pays un développement durable et respectueux de l'environnement* »[142].

La Conférence des Nations Unies sur l'environnement et le développement (CNUCED) qui s'est tenue à Rio de Janeiro du 03 au 14 juin 1992, a ainsi adopté plusieurs textes dont la Charte de la terre, plus connue sous le terme de "Déclaration de Rio", et de l'Agenda 21 qui prévoit les actions à entreprendre au cours des prochaines décennies dans le cadre des objectifs du développement durable[143].

Signé avant Rio par les Etats membres le 07 février 1992, l'article 2 du traité sur l'Union européenne évoquait déjà l'importance

> « *d'un développement harmonieux et équilibré des activités économiques (...), d'une croissance durable et non inflationniste respectant l'environnement* ».

Les expériences antérieures et postérieures à Rio ont souligné le rôle moteur des impulsions données par les ONG dans la mise en œuvre d'une action allant vers une maîtrise du développement des activités socio-économiques dans le respect des

---

141 - Darwin : L'origine des espèces, Paris, Ed. Marabout Université, 1973.

142 - Commission européenne : Indicateurs de développement durable : Une étude pilote selon la méthodologie de la commission de développement durable des Nations Unies, Luxembourg, Ed. Communautés européennes, 1997, p. 1.

143 - Sur les objectifs de l'Agenda 21, voir Internet : http://www.wto.org et http://www.forumue.de.

ressources naturelles et du milieu de vie. L'ampleur des problèmes touchant à l'environnement et aux ressources naturelles que connaissent les sociétés modernes est liée aux importants progrès économiques réalisés au cours du xxe siècle, notamment depuis la fin de la seconde guerre mondiale. Au cours des 50 prochaines années, selon les prévisions des Nations Unies, la population mondiale devrait doubler et l'activité économique devrait au moins être multipliée par cinq sinon dix dans des secteurs principaux susceptibles d'avoir une incidence sur l'environnement, tels que l'énergie, les transports, l'industrie, la construction et l'agriculture. De telles évolutions constituent une véritable menace pour les équilibres environnementaux planétaires ou régionaux.

Dans les pays du tiers monde caractérisés par l'absence de législation contraignante sur la protection des ressources, l'exploitation non rationnelle des ressources du sol et du sous-sol entraîne des destructions en termes de désertification, de déforestation ou de pollution des cours d'eau et des nappes phréatiques. Le rapport de la Commission mondiale sur l'environnement et le développement définit le « développement durable » comme étant ce nouvel équilibre apte à « *répondre aux besoins du présent sans compromettre la possibilité de répondre aux besoins des générations à venir* »[144]. Olivier Meuwly ajoute :

> « *Garantir les besoins des générations actuelles tout en préservant ceux des générations futures et en plaçant sur pieds d'égalité les aspects écologiques, économiques et sociaux* »[145].

Durant les quatre années qui ont suivi la conférence de Rio, de nombreuses initiatives en faveur du développement durable ont été développées par la commission des Nations Unies sur le développement durable (CDD). Elles ont abouti, en avril 1995, à l'adoption d'un programme de travail sur les indicateurs du développement durable (IDD). Nous examinerons ci-dessous quatre indicateurs – l'économique, le social, l'environnemental et l'institutionnel[146] – qui nous semblent pertinents dans la compréhension des enjeux du développement durable dans les pays en développement.

---

144 - Commission européenne : Indicateurs de développement durable. Une étude pilote selon la méthodologie de la Commission de développement durable des Nations Unies, Luxembourg, Office des publications officielles des Communautés européennes, 1997, p. 1.

145 - Olivier Meuwly : Le développement durable : Critique d'une théorie politique, Lausanne, Ed. L'Age d'homme, 1999, p. 13.

146 - L'essentiel des développements qui suivent est emprunté à l'ouvrage édité par la Commission européenne, Indicateurs du développement durable..., op. cit.

## IV.1. INDICATEURS ÉCONOMIQUES DU DÉVELOPPEMENT DURABLE

* PIB par habitant : Le produit intérieur brut (PIB) par habitant est obtenu pour une année ou pour une période donnée en divisant le PIB aux prix courants du marché par la population. Cet indicateur mesure simultanément la production de l'économie dans une période donnée, les revenus générés par la production ainsi que les biens et services produits et disponibles pour la consommation, l'investissement et l'exportation. Il est considéré comme étant une mesure du résultat des politiques économiques d'un gouvernement. Cependant il est important de remarquer que le PIB n'indique pas nécessairement si le développement enregistré durant une période est durable ou non. En outre, cet instrument de quantification de la vie économique est un composant important de la qualité de la vie mais il ne tient pas compte d'importants aspects tels que les conditions sociales, la qualité de l'environnement ou les transports.

Le Cameroun est un pays classé à revenus intermédiaires[147], mais son PIB par habitant reste relativement faible. Il s'agit pour nous au cours de cette étude, d'évaluer si possible l'impact de l'aide non gouvernementale sur le relèvement de ce PIB par habitant.

* Investissement dans le PIB : Selon l'ONU, la part de l'investissement dans le PIB est obtenue en divisant la formation brute du capital par le produit intérieur brut. La part de l'investissement dans le PIB indique le pourcentage des biens et services produits dans l'économie qui ne sont pas consommés ou exportés mais qui sont utilisés par une société pour remplacer son stock existant de capitaux ou pour développer ou pour améliorer à l'avenir son potentiel productif. L'investissement comprend les usines et l'équipement de production, les magasins et les bureaux, les bâtiments administratifs, les hôpitaux et les écoles ainsi que les habitations. Le taux d'investissement net dans le PIB des pays de l'UE oscille entre 24% et 18% (en 1997). Ce taux est extrêmement faible dans les pays en développement. Nous verrons néanmoins que les investissements dans les infrastructures médico-sanitaires, dans l'hydraulique villageoise, dans la construction des écoles et des centres de formation, autant de secteurs dans lesquels interviennent les Volontaires du Progrès, constituent des appoints nécessaires.

* Part de la valeur ajoutée de l'industrie dans le PIB : elle mesure la contribution de l'industrie à l'économie. Cet indicateur est obtenu par le rapport de la valeur ajoutée de l'industrie manufacturière (industrie, énergie et construction) par la valeur ajoutée brute totale de l'ensemble de l'économie. L'industrie

---

147 - En octobre 2000, le Cameroun est admis à l'initiative PPTE (Pays pauvres très endettés), par le FMI et la Banque mondiale. Le statut du Cameroun est donc passé, entre septembre 1988 et octobre 2000, de pays intermédiaire qu'il était en Afrique francophone avec le Gabon et la Côte d'Ivoire, à celui de pays pauvre très endetté. Voir note 90, supra.

manufacturière est un élément clé du développement. Le passage de l'agriculture à l'industrie est caractéristique des premiers stades de développement. Les pays occidentaux sont parfois considérés comme ayant atteint un stade "post-industriel", car l'agriculture ne représente plus dans ces pays que 2% du PIB et de la valeur ajoutée, l'industrie et la construction 35%, alors que la production des services s'est développée et compte pour environ 63% du PIB. Il s'ensuit que la valeur ajoutée de l'industrie manufacturière dans le PIB des pays occidentaux est en diminution.

Dans les pays en développement où la quête de l'autosuffisance et la satisfaction des besoins essentiels des populations se posent en termes de lutte pour la survie, le tissu industriel est très faiblement constitué. Il faut toutefois préciser que dans ces pays, les statistiques, lorsqu'elles existent, informent peu sur les activités informelles de « *l'économie souterraine* ». L'on pense que l'assistance des organismes d'aide et des ONG en faveur des PME et PMI et en faveur de la structuration et de l'émergence de l'économie informelle pourrait avoir un effet positif sur l'économie des pays bénéficiaires. Nous examinerons l'apport de l'AFVP dans ce domaine.

* Consommation d'énergies renouvelables : l'ONU définit cet indicateur par le rapport de la consommation des ressources énergétiques renouvelables sur la consommation d'énergie totale. Les ressources renouvelables comprennent les combustibles organiques (bois de chauffage, charbon, bagasse, tourbe, déchets industriels et déchets municipaux) et l'électricité dérivée de l'énergie solaire, de l'énergie éolienne, de l'énergie des vagues, de l'énergie hydraulique et des couches aquifères géothermiques. Les ressources non renouvelables font référence aux combustibles fossiles : solides, liquides et gazeux. La dépendance à l'égard des ressources non renouvelables peut être considérée comme un facteur de développement non durable à long terme. Bien que de nouvelles réserves d'énergie fossile puissent être découvertes, l'économie peut exclure leur utilisation. Aussi les organismes d'aide au développement de même que les ONG encouragent-ils l'utilisation des ressources renouvelables pouvant garantir un développement durable. Les projets de l'hydraulique rurale, de même que les projets entrepris par l'AFVP pour le recyclage des ordures ménagères en intrants agricoles participent de cet encouragement à la consommation des ressources renouvelables.

* Dépenses de protection de l'environnement en pourcentage du PIB : les dépenses de protection de l'environnement sont des dépenses réelles supportées pour empêcher, réduire et éliminer la pollution ainsi que toute autre dégradation de l'environnement. L'indicateur fournit également une indication de réponse du gouvernement et du secteur privé pour protéger l'environnement. Relevons toutefois qu'un faible niveau des dépenses ne signifie pas nécessairement qu'un pays dégrade son environnement.

Dans les pays en développement, le faible niveau de l'activité industrielle ne nécessite pas de grandes dépenses de protection de l'environnement, bien que ces pays puissent être un « dépotoir » des industries polluantes des pays du Nord. Toutefois dans certains secteurs de l'industrie, notamment dans les zones franches industrielles où les industries ne sont soumises à presque aucune loi sinon celles de la productivité et de la rentabilité, les ONG sont actives pour sensibiliser et prévenir les pollutions et les dégradations du milieu de vie. Notre attention portera sur l'engagement des Volontaires du Progrès dans ce secteur.

* L'aide publique au développement en pourcentage du PNB : selon l'ONU, la part de l'aide publique au développement (APD), donnée par un pays ou reçue par un pays bénéficiaire, dans le Produit national brut (PNB) comprend les subventions et les prêts aux pays en voie de développement qui sont entrepris officiellement en vue de la promotion du développement économique et du bien-être. On entend par subventions, les dépenses, en liquidité ou en nature, pour lesquelles aucun remboursement n'est exigé. Alors que l'objectif premier fixé par les Nations Unies était de verser 1% du PIB pour l'aide publique au développement, cet objectif a ultérieurement été réduit à 0,7% du PIB. Toutefois, cet objectif de 0,7% n'a pu être réalisé ces dernières années, et la part de l'aide publique au développement a eu tendance à décroître.

Tableau 2 : Aide publique au développement

| Pays | En millions de dollars | En % du PNB |
|---|---|---|
| Allemagne | 5 515 | 0,26 |
| Australie | 982 | 0,26 |
| Autriche | 527 | 0,26 |
| Belgique | 760 | 0,30 |
| Canada | 1 699 | 0,28 |
| Danemark | 1 733 | 1,01 |
| Espagne | 1 363 | 0,23 |
| Etats-Unis | 9 145 | 0,10 |
| Finlande | 416 | 0,33 |
| France | 5 637 | 0,39 |
| Grèce | 194 | 0,15 |
| Irlande | 245 | 0,31 |
| Italie | 1 806 | 0,15 |
| Japon | 15 323 | 0,35 |
| Luxembourg | 119 | 0,66 |
| Norvège | 1 370 | 0,91 |
| Nouvelle-Zélande | 134 | 0,27 |
| Pays-Bas | 3 134 | 0,79 |
| Portugal | 276 | 0,26 |
| Royaume-Uni | 3 401 | 0,23 |

| | | |
|---|---|---|
| Suède | 1 630 | 0,70 |
| Suisse | 969 | 0,35 |

Source : Jeune Afrique du 27 février au 05 mars 2001, n° 2094, p. 07.

Les programmes d'aide auxquels participent les ONG visent à favoriser l'émergence d'un environnement socio-économique stable où les populations locales puissent produire les biens nécessaires à leur vie quotidienne, acquérir leur autonomie et ne plus dépendre de l'assistance extérieure.

## IV.2. INDICATEURS SOCIAUX DU DÉVELOPPEMENT DURABLE

* Taux d'accroissement de la population : l'ONU le définit comme étant la moyenne annuelle d'évolution de la taille d'une population durant une période définie. L'Agenda 21 définit ce taux comme l'un des éléments qui affectent à long terme le développement durable. En effet, certains démographes et experts en questions de populations affirment qu'une croissance rapide de la population peut limiter les capacités d'un pays à poursuivre certaines actions tant sur le plan économique, social qu'environnemental, notamment lorsqu'une croissance rapide de la population est observée conjointement avec la pauvreté, un manque d'accès aux ressources, des modes de production ou de consommation non durables. Ces experts en arrivent à préconiser invariablement la planification familiale pour faire face à ce qu'on appelle pudiquement « explosion démographique » dans les pays en développement. Mais cela ne va pas sans dire, comme nous allons le voir avec l'indice de fécondité.

* Indice conjoncturel de fécondité : selon l'ONU, cet indice correspond au nombre moyen d'enfants naissant durant la vie d'une femme à une époque donnée et dans un pays donné. Pour Eurostat[148], cet indice correspond au nombre moyen d'enfants nés vivants d'une femme qui traverse ses années de procréation, en se conformant au taux de fécondité de l'année donnée. Cet indice conjoncturel de fécondité est en baisse progressive dans les pays développés[149]. Par contre ce taux est en croissance dans les pays en développement. Le programme d'action de la Conférence Internationale sur la Population et le Développement (CIPD) de l'ONU encourage les pays à entreprendre une « transition démographique ». En effet l'absence d'équilibre entre les taux démographiques et les buts économiques peut avoir des conséquences néfastes.

148 - Eurostat : Office de statistique des Communautés européennes.

149 - Dans les pays de l'UE, ce taux a connu une évolution decrescendo : 2,61 en 1960, 1,82 en 1980, 1,56 en 1990, 1,43 en 1994. Source : Eurostat. Lire également Commission européenne, in Indicateurs de développement durable..., op. cit., p. 34.

Ici également les experts, de même que la Conférence des Nations Unies au Caire en septembre 1994 sur "Population et Développement", préconisent la planification des naissances.

« *Tout donne à penser que l'objectif à atteindre par les Nations Unies est un abaissement de la fécondité pour favoriser une stabilisation de la population* »[150].

Cette solution semble pourtant un pis-aller, car à l'état actuel des connaissances, il n'existe aucune relation de cause à effet entre l'indice de fécondité et la pauvreté. C'est pourquoi les ONG et d'autres institutions indépendantes recommandent plutôt une amélioration des services de santé, d'éducation et d'emploi. Il ne s'agit pas de réduire aux forceps le taux de fécondité, mais de

« *mettre à la disposition des femmes les informations et les services dont elles ont besoin pour mettre au monde et élever leurs enfants en bonne santé et en toute sécurité* »[151].

Nous étudierons dans quelle mesure les programmes d'assistance des Volontaires du Progrès contribuent à sensibiliser les femmes camerounaises dans cette perspective.

* Taux de mortalité infantile : ce taux est défini par l'ONU comme le nombre d'enfants morts avant l'âge d'un an pendant une période donnée pour un millier de naissances vivantes durant la même période. En plus de sa pertinence sur l'évaluation de la santé des enfants, le taux de mortalité infantile permet d'évaluer la qualité des soins médicaux, particulièrement périnataux. Considéré avec le PIB par habitant, le revenu familial, l'éducation de la mère et la nutrition, il est l'un des meilleurs indicateurs du développement socio-économique d'une communauté.

Ce taux de mortalité est en constante diminution dans les pays développés. Par contre il stagne, voire augmente dans beaucoup de régions en développement où les conditions économiques et sociales restent précaires. Nous examinerons si les projets AFVP ont eu une incidence sur le taux de mortalité infantile au Cameroun.

* Espérance de vie à la naissance : c'est le nombre moyen d'années de vie d'une personne qui serait soumise depuis sa naissance au taux de mortalité d'une période donnée. Cet indicateur permet d'estimer le nombre d'années qu'un nouveau-né est en moyenne susceptible de vivre, étant donné le taux de mortalité à la naissance. Il contribue à déterminer la taille des populations humaines et leur composition par sexe, âge, groupe ethnique et leur potentiel de naissance. L'espérance de vie est donc un indicateur de base du développement durable.

---

[150] - Jean-Marc Ela : « Développement et "diversion" démographique », in Le Monde diplomatique, sept. 1994, p.8

[151] - Nafis Sadik dans son rapport intitulé « Les femmes, la population et le développement », in Population et Sociétés, Ed. FNUAP.

L'espérance de vie est croissante dans les pays développés. Elle stagne ou diminue dans les pays en développement, et la précarité des conditions de santé assombrit les possibilités d'amélioration de l'espérance de vie. Dans les années 1990, l'espérance de vie à la naissance dans les pays de l'UE est de 74,0 pour les hommes et 80,5 pour les femmes[152]. Au cours de la même décennie, cet indice est 56 au Cameroun, comme dans la plupart des pays pauvres. D'où la question : est-ce que l'action des ONG internationales de développement peut véritablement avoir un impact significatif sur l'amélioration de l'espérance de vie à la naissance dans les pays du Sud ? Question dubitative, car le Rapport du PNUD sur le développement humain montre qu'en 2002, l'espérance de vie a chuté à 52 au Cameroun.

* Part des dépenses nationales de santé dans le PIB : elle est définie par l'ONU comme étant la part du PIB consacrée aux dépenses de santé. Cet indicateur permet de comparer la priorité donnée aux dépenses de santé entre les pays, et par rapport aux autres secteurs de dépenses d'un même pays. En raison d'un certain nombre de difficultés dont l'absence de données fiables sur les dépenses de santé, la prolifération des réseaux informels de vente des produits pharmaceutiques, cet indicateur ne peut être statistiquement évalué dans de nombreux pays en développement. Il reste que les organismes d'aide encouragent les pays bénéficiaires à davantage investir dans les soins de santé. Nous essayerons de mettre en exergue l'impact des projets AFVP dans ce secteur.

* Taux de chômage : l'ONU définit le taux de chômage par le rapport entre les chômeurs et la force de travail du pays[153]. L'Agenda 21 souligne la pertinence du taux de chômage en tant qu'indicateur du développement durable, spécialement quand il est uniformément mesuré dans le temps et considéré avec d'autres indicateurs socio-économiques tels que la pauvreté et l'alphabétisation. Dans les pays en développement où la multiplication des activités informelles et l'absence de données statistiques empêchent de procéder à des comparaisons fiables, le taux de chômage reste élevé et atteint parfois 40 ou 50% de la population active, selon les estimations. Nous étudierons dans quelles mesures les programmes d'aide des VP en particulier et des organismes privés d'aide en général ont une incidence sur l'emploi dans les régions où ils interviennent.

Dans l'étude du développement durable, l'ONU utilise beaucoup d'autres indicateurs sociaux tels que le nombre de femmes dans les forces de travail, les

---

152 - Lire Commission européenne : Indicateurs de développement durable..., op. cit., pp. 38-39.

153 - Cette définition a été établie par la Trentième Conférence internationale du Bureau international du travail (BIT, Genève). On entend par force de travail la population active qui comprend les personnes qui ont un emploi et celles qui sont au chômage. Cette définition se base sur l'enquête sur la population, les limites d'âge (minimal et maximal), la contribution à l'activité économique durant la période de l'enquête, une référence de temps courte (un jour ou une semaine).

salaires moyens des femmes par rapport à ceux des hommes, la croissance de la population urbaine, etc. Ces indicateurs sociaux de développement durable sont tous pertinents, mais dans le cadre de notre travail, nous utiliserons comme critères d'analyse, les indicateurs sociaux ci-dessus exposés.

## IV.3. INDICATEURS ENVIRONNEMENTAUX DU DÉVELOPPEMENT DURABLE

* Consommation d'eau par habitant : pour l'ONU la consommation d'eau par habitant exprimée en litres/habitant/jour, correspond au volume d'eau consommé par personne à des fins d'ingestion, de cuisine, de nettoyages et autres buts ménagers. En effet des quantités adéquates d'eau sont indispensables pour assurer les besoins primaires des hommes pour leur existence, leur santé et leur développement. La consommation d'eau par habitant permet d'estimer si les besoins primaires sont satisfaits.

Dans les pays en développement, d'importantes couches de la population, aussi bien à la campagne que dans les villes, n'ont pas accès à de l'eau potable. Les programmes d'aide tentent de répondre à cette carence par des actions multiples : adduction d'eau, forages, aménagement des points d'eau, sensibilisation des populations sur les méthodes de traitement de l'eau de consommation, etc. Nous examinerons si les investissements de l'AFVP sont significatifs dans ce secteur d'activité.

* Utilisation de l'énergie pour l'agriculture : pour l'ONU la consommation totale d'énergie en agriculture est calculée à partir des entrées d'énergie à tous les niveaux de la production et des processus agricoles tels que la préparation des sols, la mécanisation, la fertilisation, l'irrigation, les récoltes, les transports, le conditionnement et le stockage. Les types d'énergie dont il est fait état sont l'énergie mécanique, électrique et thermique.

Dans les pays en développement, les autorités publiques et les organismes d'aide préconisent un recours intensif aux énergies locales disponibles (traction animale, petite mécanisation, etc.) et des engrais moins onéreux et peu polluants (engrais domestiques provenant du recyclage des ordures ménagères, etc.). Nous verrons que l'appui des Volontaires du Progrès en faveur de l'utilisation des ressources disponibles s'inscrit dans cette préoccupation.

* Intensité d'exploitation forestière : selon la définition de l'ONU cet indicateur compare le pourcentage des abattages forestiers, ou encore le nombre annuel des coupes forestières, à la croissance nette annuelle. Le but de cet indicateur est d'estimer dans quelles limites les forêts sont utilisées par rapport à leur productivité.

Les statistiques disponibles montrent que les pays en développement font l'objet d'une exploitation massive de leurs ressources forestières. Lorsqu'une législation sur la limitation de l'exploitation des forêts existe, elle ne sert très souvent que d'oripeaux face aux exigences des bailleurs de fonds. Cette exploitation illimitée des forêts entraîne la destruction de l'écosystème, la déforestation, l'accroissement de l'effet de serre, la paupérisation des populations vivant des ressources de la forêt ; c'est le cas des Pygmées dont l'exploitation accrue de la forêt de l'Est Cameroun rend les conditions de vie de plus en plus précaires.

Les ONG, les bailleurs de fonds de même que des organismes indépendants encouragent les Etats à soumettre l'exploitation de leurs forêts à des législations restrictives. D'autres ONG participent aux projets de reboisement ou de reforestation dans certains Etats qui en font la demande. CARE International intervient ainsi depuis la fin de la décennie 1980 dans des opérations de reforestation dans les provinces de l'Est et du Nord Cameroun[154]. Nous étudierons si les actions de l'AFVP dans ce secteur ont une incidence significative sur l'environnement ou la qualité de vie des populations.

## IV.4. INDICATEURS INSTITUTIONNELS DU DÉVELOPPEMENT DURABLE

* Dépenses de recherche et développement en pourcentage du PIB : la recommandation de l'ONU concernant la normalisation internationale des statistiques sur la science et la technologie, définit les dépenses domestiques totales pour les activités scientifiques de la recherche et le développement en pourcentage du Produit intérieur brut. En effet les évolutions enregistrées par les centres et instituts de recherche et par l'ensemble de la communauté scientifique doivent être prises en compte dans la conception de stratégies à long terme pour un développement durable. Ainsi les fonds adéquats attribués à la recherche et au développement proportionnellement à la croissance et au revenu national, sont nécessaires pour un développement durable.

Nous étudierons dans quelles mesures l'appui des Volontaires du Progrès à la recherche appliquée à l'agroalimentaire et à l'élevage, participe de cette démarche.

Au total dans le cadre de notre travail, nous entendons par « développement durable » l'ensemble des actions entreprises non pas pour répondre à des impératifs productivistes ou de rentabilité simplement marchande, mais des actions de développement qui visent à satisfaire pleinement les besoins des populations dans leur milieu de vie. Produire uniquement dans le but de conquérir des parts de marché peut être un objectif de politique économique, mais un tel objectif ne

---

[154] - Lire Shiminyi Edmond Yenkong : Non-governmental organizations and rural development : A case study of CARE International Cameroon from 1984-1994, Chap. 6 : «The environmental project of CARE in Northern Cameroon : reafforestation and agroforestory », op. cit., pp. 214- 242.

servirait pas le développement durable, si le bien-être des populations et leur milieu de vie sont sacrifiés à l'autel de la productivité. Analysant l'approche du développement durable comme mode spécifique de politique de développement, Annie Chéneau-Loquay a pu écrire :

> « *Dans cette approche le milieu physique est considéré comme un écosystème auquel appartient l'homme (...) et il est étudié non pour lui-même mais par rapport à l'action anthropique, c'est-à-dire un potentiel de ressources mobilisables pour les hommes qui en vivent, en fonction des techniques dont ils disposent et de leur organisation sociale à un moment donné de leur histoire* »[155].

Dans notre étude, nous analyserons dans quelles mesures les Volontaires du Progrès placent le développement durable au centre de leur politique d'aide au Cameroun. La politique de l'AFVP étant l'appui au développement de la communauté à l'échelle locale, il importe également d'examiner la notion de développement local.

## V. LE DÉVELOPPEMENT LOCAL

Si les ONG investissent de préférence dans le développement local c'est, affirment-elles, pour répondre aux attentes des couches de populations dont les besoins sont rarement au centre des politiques publiques de développement. Dans les sociétés pré-industrielles où la production agricole est un enjeu considérable, il faut retrouver la contradiction Etat/paysannerie au cœur des dynamiques sociales en cours. On ne peut faire abstraction du rôle central de l'Etat interventionniste pour comprendre ce qui se passe dans les villages où, en dépit d'une idéologie « paysanne » ou « ruraliste », les producteurs du monde rural et les gens de « petits métiers » n'ont jamais été au cœur des préoccupations politiques et économiques des élites au pouvoir. Compte tenu de l'emprise de l'Etat au village, tout se passe comme si les pratiques de développement ne visaient que la reproduction d'une classe sociale grâce à une véritable exploitation des masses rurales[156].

On mesure l'ampleur des conflits dans les villages où « l'étude de milieu » se borne trop souvent à inventorier les « traditions » considérées comme un obstacle au projet « moderniste » des « développeurs ». L'on risque de « fétichiser » les sociétés paysannes d'Afrique en détournant l'attention des clivages internes, des conflits d'intérêts et des mutations qui résultent, précisément, de l'impact des interventions et des programmes tendant vers une exclusion des paysanneries et un blocage du développement rural. Pour mesurer l'ampleur des déséquilibres qui

---

155 - Annie Chéneau-Loquay et Pierre Matarasso : Approche du développement durable en milieu rural africain, Paris, L'Harmattan, 1998, p. 14.

156 - Jean-Marc Ela : Afrique. L'irruption des pauvres, op. cit., p. 29.

affectent les sociétés paysannes et les salariés urbains d'Afrique, il convient d'appréhender sous tous ces aspects la mise en place d'une force de travail progressivement et définitivement insérée dans le système du marché unique, à partir de la pénétration de l'Etat au village en vue d'un contrôle systématique de la paysannerie. C'est pourquoi, estime Jean-Marc Ela, si l'on veut en finir avec la fiction d'un développement indifférencié qui profiterait de la même manière à tout le monde, il faut ressaisir derrière les « opérations gouvernementales de développement » le jeu des rapports de force, les phénomènes de pouvoir et l'ampleur des prélèvements opérés sur le monde rural par les élites dirigeantes

Il ne suffit donc pas de mettre en lumière les logiques paysannes face aux opérations de développement pour comprendre dans leur totalité les sociétés rurales que les « techniciens du développement » n'abordent plus souvent que d'un point de vue technocratique. Il faut encore se demander si les opérations engagées visent à réduire les inégalités sociales et économiques dans un système de rapport où les groupes privilégiés ont tendance à capturer l'Etat pour détourner et récupérer à leur profit les interventions destinées à la promotion du monde rural.

Avec le désengagement de l'Etat en milieu rural, l'on assiste à l'organisation des associations et des groupements paysans. Dans la majorité des pays africains, les paysans ont compris qu'il ne suffit pas d'être nombreux pour être écoutés. Il faut être organisé. A partir des expériences que nous livre une approche « par le bas » de la promotion du paysannat et des « petits métiers »[157], il appert que la sortie de crise se trouve sans doute dans les réponses que les groupes d'entraide inventent pour relever les défis actuels.

A partir des acteurs divers qui sont à l'origine des dynamismes paysans, ce qui émerge, c'est l'apparition des « contre-pouvoirs » dans les pays qui prennent le chemin de la démocratie. Il faut donc mettre en exergue la dimension politique des stratégies paysannes : faut-il se contenter de susciter une responsabilité paysanne qui transfère sur les plus démunis les déséquilibres structurels des institutionnels publiques en même temps qu'elle soulage l'Etat de certaines charges trop coûteuses ? Ou bien doit-on considérer les associations paysannes comme de véritables groupes de pression soucieux des intérêts des agriculteurs, des éleveurs et des femmes ? L'Etat en Afrique est-il engagé à partager le pouvoir avec les communautés de base ? Autrement dit, que signifie donner la parole aux populations locales quand la capitale reste le lieu de toutes les décisions concernant les communautés locales ? A la limite, quel statut accorder aux groupes locaux qui s'organisent dans les pays où les nouvelles générations récusent la gestion autocratique du parti unique et revendiquent ce que Goran Hyden a appelé la « bonne gouvernance »[158]? Tel est le problème majeur qui, à partir des formes de

[157] - Le Graap : Nouvelles paroles de brousse. Expériences villageoises au Burkina Faso, Paris, Karthala, 1988.

[158] - Goran Hyden, Micheal Bratton (éd.) : Gouverner l'Afrique : Vers un partage des rôles, Manilles (Philippines), Ed. Nouveaux Horizons, 1992, pp. 1-37.

créativités paysannes, impose une nouvelle articulation de l'Etat et des pouvoirs locaux.

Avec l'appui des ONG, les producteurs ruraux de même que les salariés urbains organisés en structure de promotion et de défense de leurs intérêts, refusent toute situation de tête-à-tête avec les pouvoirs publics. Les organisations populaires ne se présentent donc pas comme des forces alternatives aux carences de l'Etat, mais davantage comme des associations de base qui refusent de séparer l'économique du social, du culturel et du milieu de vie, et qui entendent participer pleinement aux choix sur le devenir de leur société. Il importe dès lors aux sciences humaines d'expliquer, d'analyser et d'évaluer dans quelles mesures les organismes d'aide en général et les ONG en particulier interviennent dans ce processus pour encourager et soutenir les initiatives locales.

Toutefois, pour prendre la dimension effective de cet appui au développement local, il convient de relever que les ONG elles-mêmes butent sur un certain nombre de contraintes, tant structurelles que de relations publiques :

- Contraintes structurelles d'abord : les ONG déploient leurs activités dans un environnement institutionnel et structurel qu'elles peuvent approuver ou désapprouver, mais qu'elles ne peuvent changer. Au niveau international, le cadre dans lequel s'exercent les activités des ONG est caractérisé par le libéralisme économique, la globalisation et la mondialisation, la force tutélaire et supranationale du marché, la frilosité des pays donateurs qui se traduit par la baisse des flux de l'aide au développement. Au niveau interne, le cadre légal régissant les activités des associations peut être ou non favorable aux ONG, le partenariat avec les autorités publiques nationales peut être harmonieux ou bien conflictuel, le tissu associatif local peut être trop embryonnaire ou inexistant, ce qui déteindra sur les actions des ONG.

- Contraintes de relations publiques ensuite : les ONG affirment orienter l'essentiel de leurs activités vers les couches les plus défavorisées de la population. Mais certaines monographies montrent que leurs actions ne touchent pas les plus pauvres qui vivent dans les campagnes et les régions reculées. Dans le Rajasthan au nord-ouest de l'Inde par exemple, des données indiquent que les plus démunis de la population ne constituent pas les principaux bénéficiaires des projets des organismes de participation au développement[159]. Il en est ainsi parce que dans le dispositif de captation des flux de l'aide, la grande pauvreté des paysans du Rajasthan rendrait toute action à leur égard peu significative à court terme. La situation de dénuement et d'extrême pauvreté de ces paysans condamnerait les organismes d'aide qui se mettraient à leur service, à ne pas obtenir à court terme des « *résultats tangibles* ». Or ces organismes de participation au développement ont besoin de résultats concrets et immédiats, afin d'obtenir auprès des donateurs et des bailleurs de fonds de nouveaux crédits pour leurs investissements futurs. Il se

---

159 - Lire Berthold Kuhn : Participatory development and local self-government reform in rural India, op. cit.

trouve ainsi que les populations les plus pauvres, par la ruse même de leur extrême dénuement, ne pourraient bénéficier en priorité des projets d'assistance des ONG ; des actions plus ciblées à leur égard auraient moins d'impact et trop peu de résultats probants à brève échéance, alors que les ONG ont besoin de ces résultats à court terme comme gage de leur dynamisme et de leur efficacité auprès des pourvoyeurs de fonds d'aide. Les agences d'aide au développement ne constituent donc pas un milieu aseptisé et totalement dépourvu de relations « clientélistes », et certains auteurs ont remis en cause le « *charity business* » et les « opérations de relation publique »[160] menées par certaines ONG au détriment des couches les plus défavorisées de la population[161].

Dans les pays en développement où interviennent les organismes de participation au développement, ces contraintes mettent une sorte de bémol à leur prétention à agir au ras du sol et à prendre à bras-le-corps les attentes et les besoins des couches les plus défavorisées de la population. Ainsi pour les ONG, l'essentiel ne se limite pas à mobiliser davantage de fonds pour les projets d'assistance, à initier des projets qui rencontrent l'adhésion des populations et à susciter leur participation pour la réalisation de ces projets ; encore faut-il que les ONG prennent la mesure des contraintes ci-dessus évoquées, les surmonter afin d'atteindre les populations marginales. Sans ce travail de remise en question et d'autocritique, les ONG se condamnent elles-mêmes à un jeu de dupes, et le label d' « assistance aux plus pauvres » pourrait, de ce fait, se réduire à un simple outil de marketing ou de rhétorique.

Dans quelles mesures les Volontaires du Progrès parviennent-ils à surmonter ces contraintes ? Leurs actions en faveur du développement local atteignent-elles effectivement les couches les plus pauvres de la population, et dans quelles proportions ? Telles sont quelques-unes des pistes de lecture qui orienteront notre recherche.

## CONCLUSION DU CHAPITRE

Nous avons examiné dans ce chapitre les notions essentielles auxquelles nous aurons recours dans cette étude. Toutefois si la conception théorique de ces notions est aisée, leur application pour saisir les corrélations de la réalité empirique l'est moins. Ainsi, s'il est facile d'établir le lien entre développement participatif et réduction de la pauvreté, l'évaluation concrète de ce lien reste complexe car il faudrait faire intervenir d'autres variables explicatives telles que le degré de participation. Avant d'analyser les projets AFVP, il importe au préalable

---

160 - Lire Myriam Tsikounas (éd.) : Les ambiguïtés de l'humanitaire : De saint Vincent aux french doctors, Paris, Le Seuil, Panoramiques Arléa, 1996.

161 - Aujourd'hui en Inde, là où des réformes, surtout agraires, ont été entreprises avec succès, les populations pauvres se détournent des ONG et sont de plus en plus actives dans les partis politiques, car elles peuvent influencer les choix et décisions des partis.

d'examiner les priorités du Cameroun en matière de développement d'une part, et de montrer la contribution que les ONG peuvent apporter à l'accomplissement de ces objectifs de développement, d'autre part.

CHAPITRE II

# L'URGENCE DU DÉVELOPPEMENT AU CAMEROUN ET L'IMPLICATION DES ONG

A l'indépendance en 1960, le Cameroun hérite d'un passé colonial caractérisé par l'instabilité politique et l'absence d'infrastructures pour un développement économique harmonieux. A cette absence d'infrastructures s'ajoute le déséquilibre entre les villes et les campagnes d'une part, et entre les régions dotées de quelques moyens de production et les régions très pauvres et défavorisées d'autre part. Il s'agira pour le nouvel Etat indépendant de se doter d'infrastructures de production propres à favoriser un développement économique harmonieux ; de réduire par paliers les déséquilibres entre villes et campagnes sans compromettre le développement des infrastructures urbaines ou la satisfaction des besoins des populations urbaines ; enfin de doter les régions pauvres et démunies d'infrastructures nécessaires pour amorcer et stimuler le processus de croissance et de développement, sans sacrifier les besoins d'infrastructures des autres régions du pays.

Dès la fin des années 1940, de nombreux pays dont l'Inde et le Pakistan, confrontés aux semblables difficultés économiques, ont adopté des plans nationaux leur permettant de réaliser leur politique de développement, d'allouer de façon harmonieuse et équitable les ressources disponibles. A la suite de ces pays du sous-continent indien, d'autres pays dont le Ghana, le Kenya, le Sri Lanka, le Nigeria et plus tard le Cameroun ont également adopté des plans nationaux de développement.

Ces plans sont élaborés sur le modèle des programmes d'action incluant les priorités de développement des divers secteurs de la vie nationale. Il s'agit de doter différentes régions du pays en infrastructures essentielles : routes, écoles, hôpitaux, adduction d'eau, électrification, etc. Il s'agit également de créer ou d'appuyer les micro réalisations en agro-industrie, de soutenir les PME et PMI. Dans un contexte économique de manque et de pénurie, tous les besoins primaires des populations se posent en termes de priorités. D'où la nécessité pour les autorités publiques, d'adopter des plans de développement pour une allocation juste et équitable des ressources disponibles ; le plan permet également d'évaluer les actions entreprises et d'estimer l'urgence des besoins à satisfaire.

De plus, les pays en développement qui font face à la carence des ressources élaborent des plans de développement pour répondre à une demande des principaux pourvoyeurs de fonds. En effet les pays occidentaux et les institutions financières internationales exigent des pays qui formulent des demandes d'aide, de fournir des justificatifs pour leurs demandes et d'apporter un minimum de garanties nécessaires attestant du bon usage qui sera fait des fonds ou de l'assistance reçus. Ces justificatifs et garanties comprennent les programmes détaillés d'actions sur une période limitée, les grandes priorités des populations en fonction des régions ou des secteurs, la politique de lutte contre la pauvreté adoptée par les autorités publiques nationales. L'influence des donateurs et des principaux organismes pourvoyeurs de fonds est devenue de plus en plus prépondérante.

> « *Notre objectif, a déclaré Mc Namara, n'est pas de chercher à faire de bons investissements dans des économies malades. Il est d'essayer, dans un premier temps, de comprendre ce qui rend certaines économies malades, et de prendre, ensuite, les mesures curatives qui aideront à leur rétablissement et leur rendront la santé* »[162].

En 1975, Nimrot Raphaëli, alors administrateur à la Banque mondiale, formulait cette réflexion :

> « *Bien que la Banque mondiale et le FMI puissent faire au pays emprunteur des suggestions sur les modifications à apporter à sa politique économique, leur assistance ne contient pas de clauses politiques* »[163].

En 1989 pourtant, au terme d'une enquête serrée sur la Banque mondiale, Zaki Laïdi résumait ainsi son étude : « *La Banque mondiale bouscule la souveraineté des Etats* »[164] ; elle a acquis le droit de « *siéger au conseil des Ministres* »[165]. Ceci confirme l'influence de plus en plus grande des bailleurs internationaux dans les politiques de développement.

L'adoption de stratégies efficientes de lutte contre la pauvreté, de même que le suivi rigoureux de plans de développement permettent aux pays nécessiteux de faire face aux besoins prioritaires de leurs populations, et d'atteindre progressivement des objectifs réalistes de développement. Le plan permet également d'harmoniser et de coordonner des actions sectorielles autour des objectifs communs du développement national. Dans cette perspective, le plan de développement peut être perçu comme expression de la volonté des autorités publiques d'allouer équitablement les ressources. L'incapacité des pouvoirs publics des pays en développement à satisfaire les besoins de base de leurs populations a nécessité une collaboration de plus en plus importante des institutions non étatiques dont les ONG, pour la réalisation des objectifs de développement.

---

[162] -Cité par Nimrot Raphaëli, „Le FMI, la Banque mondiale et les pays en voie de développement", in Robert S. Jordan : La coopération multilatérale, Paris, Les Editions Inter-Nationales, 1975, p. 180.

[163] - Nimrot Raphaëli, op. cit., p. 180.

[164] - Zaki Laïdi : Enquête sur la Banque mondiale, Paris, Fayard, 1989, p. 12.

[165] - Zaki Laïdi, op. cit., p. 149.

Dans la loi de 1990 sur les associations, de même que dans la loi de 1999 sur les ONG, les autorités publiques camerounaises reconnaissent l'importante contribution des ONG dans la réalisation des objectifs de développement. Avant de mettre en lumière les principaux objectifs de développement et le rôle des ONG de développement en milieu rural et dans les communautés défavorisées au Cameroun, il convient de cerner ce que sont le « monde rural » et les « communautés défavorisées » au Cameroun.

## I. MILIEU RURAL ET COMMUNAUTÉS DÉFAVORISÉES AU CAMEROUN

Nous ne pouvons aborder cette étude sans avoir une vue synoptique sur la position géographique et la répartition de la population du Cameroun.

Le Cameroun est un pays de forme triangulaire. Il est situé au-dessus de l'Equateur, entre le deuxième et le treizième degré de latitude nord. Il constitue le point de rencontre entre deux plaques géographiques, l'Afrique occidentale et l'Afrique centrale. Il est limité à l'ouest par le Nigeria, au nord par le Tchad, à l'est par la République centrafricaine, au sud par la République populaire du Congo, le Gabon et la Guinée Equatoriale et au sud-ouest par l'océan Atlantique. Il s'étend du sud au nord sur 1200 km, et sa superficie est de 475 442 km², soit environ 1,6% des terres émergées en Afrique.

Du fait d'un certain nombre de facteurs que sont la diversité climatique (du climat chaud et humide au sud et dans la région côtière, au climat chaud et sec dans la région septentrionale), la variété des reliefs (des chaînes montagneuses de l'ouest aux monts Mandara au nord en passant par les plaines du centre et le plateau de l'Adamaoua), la richesse de sa flore (de la forêt dense équatoriale au sud et à l'est à la savane herbeuse au nord) et la diversité de sa faune, le Cameroun possède d'importants atouts touristiques qui le font généralement présenter comme l'« *Afrique en miniature* ». Les traditions et cultures sont tout aussi diverses et variées. Le Cameroun est un creuset rassemblant plusieurs groupes ethniques et ayant 216 langues différentes. Le français et l'anglais sont les deux langues officielles.

En terme de peuplement, la population camerounaise s'est constituée par une lente sédimentation de deux principaux courants migratoires : les Bantu (ou Bantoïdes) dans le sud et les Soudanais dans le nord[166]. Au centre et au sud se trouvent le groupe Beti (Eton, Ewondo), les Boulou, les Fang, les Bassa, les Bakoko et les Douala dans la région littorale et côtière et d'autres groupes minoritaires dont les Pygmées à l'est et dans la forêt équatoriale. Les Bamiléké sont présents à l'ouest, au nord-ouest et dans le Mungo.

---

166 - Pour une étude approfondie de l'histoire du peuplement au Cameroun, lire Engelbert Mveng : Histoire du Cameroun, Paris, Présence africaine, 1963, 533 p.

Les Tikars que l'on retrouve au nord-ouest et qui s'étirent du nord du pays Bamoun vers l'Adamaoua constituent une sorte de transition, et l'on retrouve au nord les Foulbe, les Haoussa et les Arab Choa. Parmi ceux qui parlent l'une et/ou l'autre des deux langues officielles (la grande majorité des Camerounais), environ 80% sont francophones et 20% sont anglophones. On estime que 60% de la population est animiste, 35% chrétienne (20% catholique) et 5% musulmane[167].

Cette diversité de peuples et de cultures au Cameroun représente à la fois un atout et un défi. Un atout, car

« *au fond, la vérité des zones culturelles est fondée sur la vérité bien plus humaine de la parenté totale qui est celle de l'esprit. A l'intérieur de la lignée du sang et par-delà ses frontières, cette parenté est incontestablement la plus durable, la plus constante, la plus humaine, et à notre sens, la plus historique qui soit* »[168].

Cette diversité représente également pour le Cameroun un redoutable défi car,

« *En dépit de ses richesses naturelles et de son capital humain, au cours des dernières années, le pays a sombré dans une crise profonde, marquée par un effondrement économique, une transition politique et sociale, et une crise silencieuse d'une pauvreté grandissante* »[169].

Sa population est estimée à environ 15,5 millions d'habitants, et cette population croît à un taux annuel de près de 3%. Si les indicateurs démographiques restent les mêmes, la population camerounaise atteindra 21 millions d'ici l'an 2010. Cette population est inégalement répartie sur le territoire. En général, la population est plus concentrée en ville qu'à la campagne (Douala compte plus de deux millions d'habitants, Yaoundé en compte plus d'un million)[170] ; la région côtière, le sud et l'extrême nord sont plus densément peuplés que l'est et le reste du pays. La majorité de la population vit en milieu rural (54,7% en 1998), et la pauvreté est plus prégnante dans les campagnes que dans les villes.

Tableau 3 : Indice de pauvreté urbaine et rurale par province

| Province | Indice de pauvreté (population totale) | Indice de pauvreté (population urbaine) | Indice de pauvreté (population rurale) |
|---|---|---|---|
| Extrême-nord | 49% | 35% | 53% |
| Nord | 44% | 28% | 49% |
| Adamaoua | 37% | 26% | 43% |
| Est | 30% | 21% | 33% |
| Centre | 16% | 11% | 21% |

167 - Les données ci-dessus sont contenues dans le rapport de la Banque mondiale : Cameroun: Diversité, croissance et réduction de la pauvreté, Washington D.C., Ed. Banque mondiale, 1995, p. 1.

168 - Engelbert Mveng, op. cit., p. 218.

169 - Banque mondiale, op. cit., p. 1.

170 - De l'avis même des autorités municipales, ces chiffres sont approximatifs.

| | | | |
|---|---|---|---|
| Sud | 18% | 12% | 20% |
| Sud-ouest | 21% | 13% | 24% |
| Nord-ouest | 26% | 16% | 29% |
| Ouest | 21% | 14% | 24% |
| Littoral | 13% | 11% | 21% |
| Total | 28% | 16% | 35% |

Source : Banque mondiale : Cameroun. Diversité, croissance et réduction de la pauvreté, Washington D.C., Publications Banque mondiale, 1995, p. 33 (Report N° 13167-CM).

Plus de 30% des habitants ont moins de 10 ans, et près de 60% ont moins de 20 ans. La pression démographique résultant de la jeunesse de la population camerounaise pose des problèmes considérables pour tous les services économiques et sociaux, notamment dans les domaines de l'éducation, de la santé et de la création d'emplois. Les indicateurs de santé de la population ressemblent à ceux des pays à faible revenu de l'Afrique sub-saharienne. Les enfants de moins de 5 ans courent de gros risques de santé. La mortalité infantile est de 65 pour 1000 naissances vivantes, et la mortalité pour les moins de 5 ans est de 120 pour 1000 naissances vivantes. Le sida menace le Cameroun tout entier, y compris les zones rurales.

Les données de 1991 montrent que 25% des enfants camerounais de moins de cinq ans souffrent d'un retard statural ; ceci indique une prévalence élevée de malnutrition et d'infections chroniques. L'analyse de l'évolution des budgets de consommation alimentaire de 1983 à 1993 montre que les dépenses d'alimentation *per capita* ont diminué de 30% en 10 ans. Les modifications des dépenses d'alimentation suggèrent un changement dans la composition du panier de la ménagère, avec une détérioration du régime.

En 1995, le taux de chômage urbain au Cameroun est l'un des plus élevés d'Afrique, et très largement supérieur à ceux enregistrés en Amérique latine ou en Asie. Les jeunes sont les plus vulnérables, avec un taux de chômage des 20-24 ans supérieur à 40%. Le chômage a fortement augmenté ces dernières années et, contrairement à la décennie 1980, il frappe en premier lieu les diplômés de l'enseignement supérieur.

Tableau 4 : Taux de chômage en fonction du niveau d'études

| Année | Pas d'études | Primaire | Secondaire | Supérieur |
|---|---|---|---|---|
| 1983 | 8% | 7% | 4% | 2% |
| 1987 | 8% | 14% | 17% | 8% |
| 1993 | 6% | 23% | 27% | 32% |

Source : Banque mondiale : Cameroun. Diversité, croissance et réduction de la pauvreté, op. cit., p. iii.

L'effondrement des revenus et des possibilités de gains a soumis le marché du travail à de graves tensions, les individus et les ménages de Yaoundé et Douala ayant intensifié et diversifié leur travail pour accroître leurs revenus. Le marché de l'emploi au Cameroun est débordé et le secteur informel lui-même arrive à saturation. Les tensions auxquelles est soumis le marché du travail ont entraîné une nette diminution des salaires réels. Les gains dans le secteur informel, d'où les pauvres urbains tirent l'essentiel de leurs moyens d'existence, sont particulièrement sensibles. Même avant la réduction drastique des salaires des fonctionnaires et agents de l'Etat en 1993 et la dévaluation du Franc CFA en début 1994, les gains moyens dans ce secteur se situaient bien en dessous du seuil de pauvreté. Le secteur informel n'a pas permis de sortir de la pauvreté, au contraire, il y a davantage plongé les individus.

Pour faire face à la crise économique et à la pénurie des capitaux, la stratégie d'ajustement budgétaire adoptée dès 1987 (date de la reconnaissance officielle de la crise économique et de la signature des premiers programmes d'ajustement avec les institutions financières de Brettons Woods, la Banque mondiale et le FMI) s'est avérée très douloureuse pour les pauvres et les catégories sociales vulnérables. En partie sous l'effet conjugué du ralentissement de l'activité économique et de la baisse des recouvrements fiscaux, les recettes de l'Etat ont diminué. De ce fait, des pressions répétées ont été exercées sur les dépenses. Les coupes visaient en général les matériaux, les fournitures et les fonds de contrepartie pour les projets de développement financés sur des ressources extérieures. Il est désormais rare de trouver des installations du secteur public (écoles, hôpitaux, etc.) disposant de fournitures adéquates pour remplir leurs missions normales de service public, à moins qu'elles n'aient été fournies par un bailleur de fonds extérieur.

Des pressions croissantes s'exercent sur les budgets publics. Les dépenses non salariales continuent d'être comprimées pour couvrir les coûts des salaires. Les données indiquent également que la part déjà insuffisante des dépenses non salariales empêche l'acquisition de biens essentiels dont les médicaments, les livres et les équipements. Les dépenses effectuées en 1992-93 ne représentent que 5% de toutes les dépenses dans le secteur de l'éducation, et 13% dans le secteur agricole et sanitaire.

L'analyse des données budgétaires ne permet pas d'évaluer directement les différences régionales dans les affectations budgétaires et les dépenses effectuées. Cependant, diverses valeurs approchées font apparaître une forte centralisation et des disparités régionales importantes dans les affectations des ressources. De même, les tendances récentes dans les allocations budgétaires n'indiquent pas de changement dans la répartition des dépenses au profit des secteurs de développement prioritaires. Bien au contraire, les allocations budgétaires pour les dépenses récurrentes ont diminué pour l'agriculture, les secteurs sociaux et les autres secteurs de développement, alors que les allocations pour l'environnement et les ministères de souveraineté ont augmenté. Il apparaît ainsi que les affectations budgétaires continuent à favoriser les secteurs et activités qui ne sont pas centrés en priorité sur la lutte contre la pauvreté.

A partir de la deuxième moitié de la décennie 1980, d'importantes couches de populations connaissent un appauvrissement rapide, de même que se manifeste un déclin marqué de la consommation *per capita*. Le PNUD définit la pauvreté comme

> « *un phénomène complexe qui désigne généralement une insuffisance de ressources et une privation de possibilités de choix et d'opportunités qui offriraient aux individus des conditions de vie décentes* »[171].

Les données provenant des enquêtes auprès des ménages montrent que la pauvreté urbaine a fortement augmenté. Moins de 1% des ménages de Yaoundé et Douala vivaient au-dessous du seuil de pauvreté en 1983 ; ils sont passés à 20% pour Yaoundé et 30% pour Douala en 1993. Les données de Yaoundé semblent indiquer que la consommation moyenne par habitant est tombée, en valeur nominale, de 454 500 Francs CFA ($ EU 1.196) en 1983 à 305 000 Francs CFA ($ EU 1.051) en 1993. Si l'on tient compte des prix relatifs entre ces deux dates, la consommation annuelle par habitant se chiffre à 231 000 Francs CFA ($ EU 680) (prix 1983), soit une réduction en valeur de 50%.

La baisse de la consommation n'a pas été la même pour tous. Si tous les groupes de ménages ont vu leur consommation sensiblement diminuer, ce sont les plus pauvres qui se sont révélés les plus vulnérables[172]. En effet, les ménages qui demeuraient dans le secteur « moderne » ont été comparativement protégés, tout en subissant toutefois une réduction de 20% à 30% de leur consommation par habitant. Les ménages du secteur « informel » ont pâti d'une contraction de la demande et d'une baisse des prix des biens et services qu'ils vendaient, et leur consommation a reculé de quelque 40%. Enfin, les ménages dans la catégorie « inactifs/chômeurs » ont été plus touchés : leurs revenus se sont effondrés et leur consommation est tombée de plus de 60%.

Par ailleurs, il ressort des rapports du PNUD que la pauvreté est un phénomène massivement rural au Cameroun, un ménage sur deux vivant, selon les estimations

---

[171] - PNUD : Cameroun : Rapport sur le développement humain 1998, Yaoundé, Ed. PNUD, 1999, p. 3.

[172] - Le Rapport de la Banque mondiale sur le Développement Humain au Cameroun (1995) fait une classification des ménages en trois groupes, selon deux axes :
Premièrement, en fonction de leur consommation par habitant : i) les ménages « pauvres », dont la consommation est en deçà du seuil de pauvreté (20% des ménages à Yaoundé) ; ii) les ménages « intermédiaires », dont la consommation est entre une et deux fois le seuil de pauvreté (30%) ; et iii) les ménages « non pauvres » dont la consommation est plus de deux fois supérieure au seuil de pauvreté (50%).
Deuxièmement, en fonction de leur statut du point de vue de l'emploi : i) « secteur moderne » (privé/public), où le chef de famille touche un salaire ou une rémunération ; ii) « secteur informel », où le chef de famille n'est pas salarié ; et iii) « inactif/chômeur », où le chef de famille n'a pas d'emploi, ce qui le place, a priori, dans un groupe désavantagé et vulnérable, in Banque mondiale, Rapport N° 13167-CM, op. cit., p. vii.

(1993), au-dessous du seuil de pauvreté. Les zones rurales n'ont pas été épargnées par la crise économique et la pauvreté s'y est considérablement aggravée ces dernières années. L'érosion du revenu réel provenant de l'exploitation des cultures à l'exportation a atteint, selon les estimations, quelque 60%, et les prix des cultures vivrières ont chuté presque autant. Si l'on tient compte de la croissance démographique (estimée à 2% par an dans les zones rurales), le revenu national par habitant a été réduit de 25% entre 1983 et 1993 et, depuis lors, cette diminution est devenue plus importante. En partant de l'hypothèse que la diminution de la consommation par habitant a été la même pour tous les ménages ruraux et que les prix à la consommation se sont accrus de 10% seulement (contre 30% à Yaoundé) en 1993, le nombre des ménages ruraux vivant au-dessous du seuil de pauvreté serait passé de 49% à 71% pendant la période 1983-1993. Ces estimations indiquent une expansion considérable de la pauvreté au Cameroun au cours des dernières années.

Le rapport du PNUD sur le *Développement humain (1998)* montre également une aggravation du phénomène de la pauvreté au Cameroun. Par ailleurs, le Cameroun offre l'exemple de pays où la pauvreté féminine serait spécifique, tant les écarts hommes/femmes sont importants par rapport aux normes de santé, de nutrition, d'instruction, d'emploi et de participation à la vie économique et politique[173].

Tableau 5 : Répartition des ménages selon le niveau de vie (en %)

| Année | Pauvres | Intermédiaires | Riches |
|---|---|---|---|
| 1983-84 | 40,0 | 40 | 20,0 |
| 1996 | 50,5 | 31,4 | 18,1 |

Source : PNUD : Cameroun. Rapport sur le développement humain 1998, Yaoundé, Publications PNUD, 1999, p.16.

Au demeurant, plus de la moitié de la population camerounaise (51%) est considérée en 1998 comme vivant dans la pauvreté, contre 40% en 1983[174].

Sous l'effet de la crise économique et de la détérioration des conditions de vie, les populations rurales et d'importantes couches défavorisées des milieux urbains sont tombées dans la pauvreté absolue ; le PNUD définit la pauvreté absolue comme l'état dans lequel les besoins essentiels ne sont pas satisfaits :

173 - Selon le Rapport du PNUD sur le développement humain (1998), le Cameroun occupe le 87ème rang mondial sur l'indice de participation des femmes à la vie économique et politique.

174 - La pauvreté monétaire est généralement appréhendée à partir d'un seuil de pauvreté qui varie d'une région à une autre, d'un pays à l'autre. Ainsi, pour les pays en développement, le seuil de pauvreté est fixé à 1 dollar par jour et par personne, alors que pour les pays de l'Europe de l'est et de la Communauté des Etats Indépendants (CEI), le seuil est établi à 4 dollars par jour et par personne.

*« C'est donc l'impossibilité d'un ménage ou d'un individu de satisfaire à la fois tous les besoins au minimum qui permettent une vie décente »*[175].

D'autres encore sont tombées dans la pauvreté extrême qui est définie comme *« état absolu de dénuement, de gêne, d'indigence, de besoin et de privation. Dans ce cas, les victimes risquent leur vie à court terme si elles ne sont pas traitées comme des personnes en danger »*[176].

Cette pauvreté absolue se traduit par la précarité et par l'exclusion. La précarité peut se comprendre comme un état de risque, de fragilité, de vulnérabilité. Les ménages ou les individus en situation de précarité sont en état de risque permanent tant pour la nutrition, les soins de santé que pour le logement. L'exclusion est à la fois synonyme de vulnérabilité quasi irréversible, d'élimination, de retranchement, d'interdiction et de marginalisation. L'exclusion est à la fois l'affaiblissement des liens sociaux et la pauvreté. Elle traduit la non-participation à la vie sociale. Sous son aspect objectif, l'exclusion peut être une exclusion des circuits de l'emploi, des circuits scolaires, de l'habitat décent, des soins de santé adéquats, de la vie politique, une exclusion au droit et à la justice.

Dans le Rapport mondial du PNUD sur le développement humain (1997 et 1998), les évaluations de la pauvreté humaine ont été faites pour 78 pays en développement dont le Cameroun. Le Cameroun avait un indice de pauvreté humaine de 31,4% en 1997 ; cet indice est de 30,9% en 1998. Cela veut dire que près d'un tiers de la population camerounaise souffre des trois formes fondamentales de dénuement sur les aspects de la vie que sont la longévité, le savoir et les conditions de vie.

S'agissant de l'indice de développement humain, le Cameroun occupe le 132ème rang (sur 175 pays en 1998) après avoir été 133ème en 1997 et 124ème en 1994 (sur 173 pays), ce qui corrobore l'aggravation de la pauvreté relevée ci-dessus. Pour lutter contre la pauvreté et offrir des services de base aux populations, le PNUD recommande le « programme 20-20 » qui consiste à affecter 20% du budget national à ces services et 20% des budgets de l'aide à la satisfaction des besoins élémentaires pour tous[177].

Tableau 6 : Principaux indicateurs de développement humain

| Statistiques démographiques | |
|---|---|
| Population (1997)<br>Zones urbaines<br>Zones rurales | 14.1000.000 hab.<br>45,3%<br>54,7% |

[175] - PNUD : Cameroun : Rapport sur le développement humain 1998, op. cit., p. 3.

[176] - PNUD : Cameroun : Rapport sur le développement humain 1998, op. cit., p. 4.

[177] - Dans son Rapport 2000 sur la pauvreté le PNUD indique qu'au Cameroun, on leur consacre tout juste 4%. Lire Internet : http://www.wagne.net/devdur/ddh/dddh007.htm.

| | |
|---|---|
| Densité ( hab. par km²) | 27,8% |
| Taux de croissance démographique | 2,83% |

| Santé | 1976 | 1987 | 1996 |
|---|---|---|---|
| Espérance de vie à la naissance | 47,2 ans | 55,2 ans | 56,2 ans |

| Taux de mortalité infantile (1997), pour mille | 1986-87 | 1987-91 |
|---|---|---|
| | 97,3 | 65 |

| | |
|---|---|
| Population ayant accès à l'eau potable (1996) | |
| Urbain | 76,9% |
| Rural | 27,4% |
| Ensemble | 44,2% |
| Nombre d'habitants par médecin | 7400 |

| Education | 1976 | 1987 | 1996 |
|---|---|---|---|
| taux d'analphabétisme | 52,6 | 40,5 | 35,4 |
| Taux net de scolarisation | 67,5 | 73,1 | 76,3 |

| Taux net de scolarisation (1996) | Urbain | Rural |
|---|---|---|
| Ensemble | 81,0 | 74,5 |
| Garçons | 80,2 | 79,0 |
| Filles | 81,8 | 69,6 |

| PIB par hab. (dollars, 1987) | | | | | | |
|---|---|---|---|---|---|---|
| Année | 1960 | 1970 | 1980 | 1987 | 1990 | 1993 |
| Dollars EU | 601 | 652 | 890 | 1381 | 903 | 661 |

Source : PNUD : Cameroun. Rapport sur le développement humain 1998, op. cit., p. 13.

La Banque mondiale estime que dans les pays en développement, pour établir des programmes efficients de lutte contre la pauvreté, les gouvernants doivent clairement poser les questions suivantes : Comment se traduit la pauvreté ? Qui sont les pauvres ? Comment gagnent-ils leur vie ? Comment est-ce possible de les atteindre ? Comment peut-on contribuer à les sortir de leur état de pauvreté ? Pour faire face à ces préoccupations, le Cameroun devrait examiner à nouveaux frais le phénomène de la corruption, cette pieuvre qui entrave son passage au développement.

## II. LE DÉFI DE LA CORRUPTION

Sur le site Internet de l'ambassade d'Allemagne au Cameroun, figure un encadré destiné aux hommes d'affaires et entrepreneurs occidentaux désireux d'investir dans ce pays : « *Prévoir 10% en sus du montant de l'investissement, pour le pourboire* »[178]. C'est qu'au Cameroun, la corruption est devenue un « sport national ». « Magouiller », « pistonner le dossier », « bien parler », « tchoko », « gombo » sont des termes par lesquels les Camerounais désignent la réalité de la corruption.

On offre des cadeaux de diverses natures. On offre aussi le sexe : les femmes se font courtiser pour obtenir ce qu'elles désirent ; pour les mêmes raisons, les parents envoient leurs filles, les hommes leurs épouses ou leur concubine auprès de qui possède le pouvoir de faire gagner un marché, d'accorder une promotion. Au lycée, les filles savent se montrer « gentilles » envers l'enseignant, pour obtenir de bons bulletins en fin d'année scolaire. A l'université, les notes, ce sésame dont les étudiants ont besoin pour valider les matières et passer les examens, sont « sexuellement transmissibles ». A Bonamoussadi, cité dortoir qui jouxte le campus de l'université de Yaoundé, des étudiantes affirment :

> « *Les conditions de vie sont devenues difficiles sur le campus. Il faut obtenir le diplôme par tous les moyens ; il faut avoir la Licence en trois ans, réussir à un concours et accéder à la fonction publique. Si l'on n'a pas les moyens de tchoko, pourquoi ne pas se servir de notre charme naturel pour parvenir à nos fins ?* »[179]

Mais le moyen le plus utilisé est l'argent, selon les témoignages d'une enquête réalisée par Gerdes[180] : « *L'argent ouvre toutes les portes* », « *l'argent c'est la clé de la vie* », dit-on. En conséquence, tous les secteurs de la vie nationale sont touchés par la corruption, à commencer par la haute hiérarchie de l'Etat où l'on corrompt les consciences pendant les joutes électorales avec du vin, de la nourriture ou des pagnes. Les Camerounais savent qu'on peut « magouiller » pour obtenir un emploi. Ils savent aussi et le déclarent à 84,93% que les personnes qui ont acheté des diplômes ou des postes qu'ils occupent dans leur fonction accusent de réelles insuffisances[181]. Néanmoins, la corruption est pour 50,59% de l'ensemble des personnes rencontrées par le Gerdes le seul moyen dont dispose un individu pour atteindre ses objectifs.

---

178 - « *Normalerweise ist ein Trinkgeld in Hoehe von zehn Prozent des Rechnungsvertrages ueblich* », in htt://www.service.rp-online.de/reise-freizeit/laenderinfos/kamerun/.

179 - Propos recueillis par l'auteur à Bonamoussadi, cité-dortoir de l'Université de Yaoundé, janvier 2001.

180 - Gerdes est une ONG des droits de l'homme au Cameroun.

181 - Les chiffres contenus dans ce paragraphe proviennent de Friedrich Ebert Stiftung (FES), Gerdes : De la corruption au Cameroun, Yaoundé, Ed. FES, 1999.

Transparency International (TI), c'est une ONG allemande créée en 1993. Elle se propose de lutter contre la corruption en publiant annuellement des rapports sur les indices de perception de la corruption où les Etats du monde sont classés en fonction des efforts qu'ils fournissent pour combattre ce phénomène dans leur administration et les affaires publiques. Septembre 1998, paraît le rapport de TI où le Cameroun est classé pays le plus corrompu, sur un échantillon de 85 Etats. En exprimant son triple sentiment « d'étonnement et de surprise », « d'injustice » et malgré tout de « sérénité » à la télévision nationale le 27 octobre 1999, suite au rapport annuel de TI publié la veille, et qui faisait du Cameroun, pour la deuxième année consécutive, le pays le plus corrompu[182], le Premier ministre camerounais Peter Mafany Musonge renouvelait l'engagement de son gouvernement à poursuivre l'effort en matière de lutte contre la corruption. De fait en 1998, le gouvernement avait lancé une campagne officielle dans ce sens, relayée par des médias privés et officiels. Encarts publicitaires dans les journaux, sous le slogan « *la corruption tue la nation* », et une série d'enquêtes dans les journaux télévisés et radiodiffusés, avaient constitué l'essentiel de cette croisade, laquelle fut du reste brutalement interrompue, sans raisons officielles. En septembre 1999, deux décrets présidentiels limogeaient Mounchipou Seidou et Pierre Désiré Engo, jusque-là respectivement ministre des Postes et télécommunication et directeur général de la Caisse nationale de prévoyance sociale. Quelques jours après, la justice ouvrait des procédures sur les deux personnalités déchues, pour « détournements de fonds publics ». Ce qui s'annonçait comme une tempête dans les milieux publics de la corruption n'a pourtant pas été suivi par d'autres actions.

Décidé néanmoins à donner des gages à une opinion sceptique sur la sincérité de l'ambition du pouvoir à combattre le fléau, le Premier ministre avait créé en 1998 un comité ad hoc de lutte contre la corruption, comprenant notamment plusieurs ministres. L'idée d'un observatoire, calqué sur le modèle français, capable d'enquêter, de recevoir des plaintes, de déclencher des actions publiques (saisine de la justice) a été finalement abandonnée, au profit de la mise sur pied d'une structure moins ambitieuse, « l'observatoire de lutte contre la corruption ». Trois ans après sa création, l'observatoire attend toujours de voir codifier ses missions par des textes de loi. A son actif, deux médecins mis aux arrêts à Douala, pris en flagrant délit de corruption. En même temps, le Premier ministre a donné des instructions pour que les membres du gouvernement mettent en place des observatoires de corruption au niveau de leurs départements ministériels. Mais comme l'ironise Maître Akéré Muna, bâtonnier de l'ordre des avocats, membre du comité ad hoc et représentant de la section nationale de TI, *« les poissons ne peuvent pas voter un budget pour l'achat des hameçons »*[183]. Métaphore expressive s'il en est. Il apparaît ainsi qu'en adoptant des mesures de lutte contre la corruption, le Cameroun tente avant tout de lutter contre sa mauvaise réputation.

---

[182] - Voir rapport 1999 de TI sur Internet : www.transparency.de/documents/cpi/index.htm.

[183] - Cité par RFI, sur Internet : www.rfi.fr/fichiers/MFI/PolitiqueDiplomatie/353.asp.

Août 2002, paraît le rapport de TI où le Cameroun est classé 13e pays le plus corrompu, sur un échantillon de 102 Etats. La relative amélioration de la position du Cameroun ne signifie pas qu'il y a eu amélioration de la lutte contre ce phénomène, au niveau national. Bien au contraire. Les élections législatives de juin 2002 qui ont vu l'entrée de *feymen* (truands quasi légaux)[184] au parlement, ont démontré que le potentiel de corruption de l'administration camerounaise reste entier. Le pittoresque Ferdinand Koungou Edima, administrateur civil deux fois admis à faire valoir ses droits à la retraite, puis rappelé aux affaires pour diriger le ministère de l'Administration territoriale, avait du reste annoncé à la télévision nationale qu'on ne peut organiser des élections et les perdre. L'amélioration de la position du Cameroun pourrait donc s'expliquer par l'augmentation du nombre de pays classés, une opération qui a sans doute ouvert les listes à des pays encore plus corrompus.

Pourtant le président de TI Peter Eigen, lors de la présentation de l'indice de perception de la corruption 1999 à Berlin, avait affirmé que « *la corruption engloutit des sommes qu'on aurait dût allouer à l'éducation et à la santé* » et que « *le tiers de la dette du tiers monde est imputable à la corruption* »[185]. La corruption remplit quelques poches ; elle laisse l'économie nationale appauvrie, et le petit peuple en paye un lourd tribut. D'importantes sommes qui auraient pu financer des programmes de développement sont soustraites du trésor public, des financements des bailleurs de fonds ne profitent pas en priorité aux plus nécessiteux, des crédits de l'aide au développement sont détournés.

> « *Sur une dotation financière donnée comme aide, 30% vont aux coopérants, 20% dans le projet et 50% hors projet. Cette aide manipulée fausse le nécessaire équilibre entre les besoins que nous exprimons et l'effort financier que les donateurs consentissent [...]. Il faudrait réajuster les rapports entre donateurs et bénéficiaires, organiser l'aide autrement* ».

Cette réaction d'un agriculteur-maraîcher du département de la Lékié, province du Centre, recueillie en 1998 lors d'une enquête de l'Observatoire du changement et de l'innovation sociale au Cameroun (Ocisca), montre que seulement 20% des sommes allouées sont consacrées à la réalisation ainsi qu'au suivi des projets. D'où la frustration des populations, incapables de maîtriser les rouages d'un processus maffieux dont les véritables bénéficiaires sont les intermédiaires se situant entre le bas peuple et les donateurs. On s'interroge aujourd'hui encore sur les effets multiplicateurs des 2 milliards de francs CFA alloués en 1997 par le gouvernement allemand pour l'aménagement de cinq cent mille puits d'eau potable à travers toute l'étendue du territoire camerounais. Très peu a été réalisé, bien que des relais

---

184 - Lire Dominique Malaquais : Anatomie d'une arnaque. Feymen et feymania au Cameroun, Paris, Les études du CERI, n° 77, juin 2001, sur Internet : www.ceri-sciencepo.com/publica/etude/etude77.pdf.

185 - Cité par l'hebdomadaire *La Nouvelle Expression*, 29 oct. 1999, sur Internet : www.iccnet.cm/nouvexp/19991029/dossier/des.htm.

coercitifs dont les organisations de volontariat, les églises et le *Deutsche Entwicklungsdienst* aient contribué à superviser ce projet somme toute juteux.

Il appert ainsi qu'au Cameroun, la corruption constitue non pas un épiphénomène, mais un obstacle majeur qui fait pièce aux programmes de développement. Les donateurs publics et l'initiative privée tentent de réduire par paliers les principaux goulots d'étranglement de la pauvreté. Mais du fait de la corruption rampante, d'importants fonds alloués disparaissent dans des « *trous à rats* ». En janvier 2001 lorsque nous avons effectué l'enquête sur le projet « *pomme de terre* » entrepris par les Volontaires du Progrès à Dschang, ce projet est censé être déjà réalisé, suivant le cahier des charges établi avec les bailleurs de fonds. Sur le terrain pourtant, l'on est encore au stade expérimental, et les Volontaires expliquent que les fonds sont pourtant débloqués. A Yaoundé M. Hoyaux, représentant du Stabex, principal bailleur de fonds, confirme l'information sur le déblocage des fonds, de même qu'il laisse entendre que des fonctionnaires véreux du ministère de l'Agriculture ont détourné une partie substantielle des fonds versés par la Commission de Bruxelles. A la délégation du ministère de l'Agriculture à Bafoussam où nous sommes allé pour recouper ces indices, aucune information n'a été fournie. Exemple parmi plusieurs qui montre que malgré les discours officiels, les fonctionnaires ici se « sucrent » sur toutes les ressources, y compris les crédits d'aide au développement. Les bailleurs de fonds bilatéraux et multilatéraux de même que les organisations internationales de volontariat doivent intégrer ce paramètre dans leur modélisation des opérations de développement sinon ils se condamnent, comme les Danaïdes, à remplir des tonneaux sans fond.

## III. LES POLITIQUES DE DÉVELOPPEMENT AU CAMEROUN

Depuis son accession à la souveraineté nationale, le Cameroun a régulièrement articulé sa politique de développement autour de programmes d'action planifiés sur cinq ans, appelés « plans quinquennaux de développement ». Ces plans quinquennaux, dont la réalisation était tributaire de certains facteurs dont l'environnement international (par exemple le cours de matières premières qui constituent la principale source de devises ), exprimaient les priorités et les grands axes de la politique de développement des autorités camerounaises. Pour réaliser les objectifs du plan, les autorités publiques ont adopté des politiques économiques fortement dirigistes et centralisées dont on trouve la formulation à travers les notions de « *libéralisme planifié* », d' « *équilibre régional* », de « *justice sociale* » ou de « *libéralisme communautaire* ». Depuis lors, six plans quinquennaux ont été adoptés successivement, avec des résultats que l'on peut apprécier diversement. Tous les objectifs de développement n'ont pas été atteints, loin s'en faut. La crise économique et financière des années 1980 a assombri les prévisions, bien avant que les plans s'estompent à la fin de la décennie. Avant la crise, les plans quinquennaux ont permis au Cameroun de formuler avec cohérence sa politique de développement, de fixer des objectifs réalistes en matière de lutte contre la pauvreté, et d'utiliser les ressources disponibles pour les réaliser, au moins en partie.

Si ces plans de développement ont connu des résultats mitigés, cela est largement tributaire d'un choix de politique économique qui a montré ses limites. Le tissu économique encore embryonnaire repose presque exclusivement sur l'exportation des matières premières et sur la prévalence de l'investissement des capitaux étrangers, autant de facteurs qui ne peuvent soutenir la croissance. Puis l'Etat a créé la Société nationale d'investissement (SNI) comme instrument d'appui de sa politique en faveur du développement industriel. Mais du fait d'un certain nombre de pesanteurs dont le déficit de capitaux, cette politique industrielle ne s'est pas concrétisée à travers ce qui aurait pu être un encouragement de l'investissement dans des activités industrielles à forte intensité de main-d'œuvre.

La tranche des quatre premiers plans quinquennaux (1960-1980) est élaborée sur le modèle du « libéralisme planifié ». Par libéralisme planifié, il faut entendre un modèle de développement plus ou moins calqué sur celui de l'ancienne métropole (France) et qui, au niveau local, vise les objectifs d'industrialisation, d'augmentation de la production et de la productivité des entreprises, de réduction de la dépendance économique vis-à-vis de l'extérieur. Mais dès 1980, force était de reconnaître que ces objectifs étaient à peine réalisés. Quelques entreprises avaient été créées, des sociétés d'Etat avaient été mises sur pied (SEMRY, SODECOTON, etc.) pour encourager et soutenir les producteurs nationaux. Mais la pénurie des capitaux, la détérioration des termes de l'échange, une gestion approximative des entreprises existantes et la crise de la dette qui devait sonner le tocsin en Amérique latine dès 1982, toutes ces circonstances cumulées ont davantage renforcé la dépendance économique du Cameroun vis-à-vis des donateurs et des bailleurs de fonds extérieurs.

La deuxième tranche des plans quinquennaux, qui devait en principe s'étaler de 1980 à l'an 2000, s'était également donné des objectifs somme toute raisonnables, avec une articulation sur les axes prioritaires suivants :

- autosuffisance alimentaire ;
- santé pour tous en l'an 2000 ;
- réalisation des adductions d'eau potable et extension des programmes d'électrification, y compris l'électrification rurale ;
- scolarité obligatoire jusqu'à l'âge de 16 ans ;
- développement des projets d'éducation pour personnes adultes ;
- réduction des déséquilibres entre villes et campagnes et poursuite de la politique de désenclavement à travers des projets routiers ;
- diversification de la production agricole et industrielle ;

- croissance annuelle des revenus d'au moins 4%[186].

En 2000, l'on est loin du compte. Samir Amin eût voulu que le devenir des économies africaines fût autrement, mais le constat d'échec qu'il formulait en 1989 sur l'ensemble des économies du tiers monde en général et de l'Afrique en particulier, s'applique avec plus d'acuité à l'économie camerounaise :

« *Si les années 60 avaient été marquées par un grand espoir de voir amorcer un processus irréversible de développement à travers l'ensemble de ce que l'on appelait le tiers-monde et singulièrement l'Afrique, notre époque est celle de la désillusion. Le développement est en panne, sa théorie est en crise, son idéologie l'objet de doute. L'accord pour constater la faillite du développement en Afrique est hélas général* »[187].

Ce constat d'échec est du reste reconnu par les pouvoirs publics. Dans son discours du 31 décembre 1999 à la nation, Paul Biya affirme que « *la crise économique et l'exode rural ont amplifié le déficit social au cours des dernières années* »[188].

Pourtant, la politique du Cameroun en matière de développement économique et social a été élaborée autour d'un certain nombre de principes et priorités dont on peut déceler les principales articulations à travers les points suivants :

– La sauvegarde et le maintien de la souveraineté nationale. Dans cette perspective, les politiques de développement adoptées sont comme du ciment qui vise à maintenir la cohésion et l'unité nationale et à garantir l'indépendance économique du pays. Volonté de maintenir la souveraineté nationale vis-à-vis des pourvoyeurs de fonds, des donateurs et des puissances extérieures ; mais aussi volonté d'assurer la cohésion nationale vis-à-vis de ce qui est apparu dans l'histoire récente du Cameroun comme des forces hostiles à la « *volonté hégémonique* »[189] de l'Etat unificateur et centralisateur. Nous pouvons citer la fronde UPC (Union des populations du Cameroun) en pays Bamiléké et Bassa dans les années 1960 et au début des années 1970[190] ; la révolte des populations Arab choa dans la région septentrionale du pays ; des velléités sécessionnistes quasi récurrentes dans les

---

186 - Ministère du plan, Résumé du « cinquième plan quinquennal du développement économique, social et culturel », Yaoundé, non publié.

187 - Samir Amin : La faillite du développement en Afrique et dans le tiers-monde, Paris, L'Harmattan, 1989, p.5.

188 - Paul Biya, „Message de nouvel an", Yaoundé, 31 déc. 1999 ; disponible sur Internet : http://www.camnet.cm/message/sommaire.htm.

189 - La notion de "*volonté hégémonique*" de l'Etat centralisateur est utilisée par Jean-François Bayart, in : L'Etat en Afrique. La politique du ventre, Paris, Fayard, 1989.

190 - Sur l'histoire récente de l'économie politique au Cameroun, lire P. Geschiere et P. Konings (éd.) : Colloque sur l'économie politique du Cameroun – Perspectives historiques (Leyde, juin 1988), Leyde, Centre d'études africaines, Research Reports, 1989, n° 35.

provinces anglophones du Nord-ouest et du Sud-ouest ; autant d'épisodes conflictuels qui constituent des lieux de résistance où des forces centrifuges tentent de faire échec à la volonté hégémonique de l'Etat ou tout au moins de la contourner. D'où le choix des autorités publiques d'articuler la politique de développement autour du principe de la souveraineté et de l'unité nationale. Ce choix ne compromet pas (en principe) les libertés publiques et les droits des personnes reconnus par la Constitution, bien qu'il affirme la prédominance de l'Etat dans la régulation de l'activité économique.

– La reconnaissance des déséquilibres entre villes et campagnes, et l'adoption subséquente de mesures appropriées en faveur du développement des populations rurales. Par développement rural, la banque mondiale entend l'ensemble de stratégies adoptées en vue d'améliorer les conditions économiques et sociales d'un groupe spécifique de population – en l'occurrence la population pauvre des zones rurales. Ces stratégies devraient permettre, selon la Banque mondiale, d'améliorer également les conditions de vie d'autres personnes moins pauvres du monde rural, c'est-à-dire les petits producteurs, les agriculteurs et d'autres groupes de femmes. Evidemment, cette action en faveur de groupes cibles des zones rurales ne doit pas désavantager les autres groupes de la population. Ce choix a été adopté par les autorités publiques camerounaises dans l'optique d'augmenter les revenus des plus démunis, d'améliorer le niveau de vie des plus pauvres, sans hypothéquer les conditions de vie des autres catégories sociales.

– L'adoption des mesures d'appui et des structures d'encadrement en faveur de l'agriculture, celle-ci restant le principal produit d'exportation. Cette politique de valorisation du secteur agricole se traduit par la création de sociétés publiques d'encadrement des planteurs et agriculteurs (SODECOTON, SODECAO, etc.), par la création d'une caisse de stabilisation des prix aux planteurs et par d'autres mesures financières d'incitation. Il s'en est suivi une multiplication des exploitations de café, de cacao et d'autres produits agricoles de rente. La politique gouvernementale d'appui au secteur agricole se traduit également, dans une moindre mesure, par des actions d'encouragement en faveur des cultures vivrières, telle qu'on l'a connu dans la décennie 1970 à travers l'opération « révolution verte ».

– L'adoption de mesures visant à adapter l'économie nationale à l'économie internationale. Dans cette perspective, la planification vise à diversifier les secteurs d'investissement afin de prévenir ou d'amortir des chocs brusques qui pourraient résulter par exemple des variations des cours de produits sur le marché.

Tableau 7 : Soutien financier au secteur rural dans les plans quinquennaux de développement.

| Plan quinquennal | Somme totale investie (en million de francs CFA) | Appui du secteur rural | % total des investissements |
|---|---|---|---|
| 1960 - 1965 | 53 182 | 16 670 | 31,35 |
| 1966 - 1971 | 165 176 | 32 341 | 19,2 |
| 1971 - 1976 | 280 000 | 23 545 | 9,2 |
| 1976 - 1981 | 685 000 | 106 200 | 15,5 |
| 1981 - 1986 | 23 000 000 | 545 200 | 23,7 |
| 1986 - 1991 | 4 148 000 | 1 082 600 | 26,1 |

Source : Recoupement des données de divers plans quinquennaux.

Les données du tableau ci-dessus sont très contrastées ; elles traduisent une insuffisance des ressources allouées au secteur rural. Si l'on considère que plus de la moitié de la population camerounaise vit en milieu rural et que, au cours de la période considérée, l'essentiel des recettes d'exportation est généré par les produits du secteur rural (cacao, café, etc.), il apparaît que ce secteur n'est pas le principal bénéficiaire des investissements de développement. Le plan quinquennal de 1971-76 prévoit par exemple des allocations de moins de 10% des dépenses totales en faveur du secteur rural, alors même que ce sont des ponctions sur ce secteur qui permettent à l'Etat de se faire une « santé financière ». Les quatre premiers plans (1960-1981) visaient à allouer en priorité des ressources au développement des infrastructures de production. Cette stratégie ayant abouti à une impasse, l'on remarque que le plan de 1981-86 opère un redéploiement considérable de ressources financières en faveur du secteur rural, c'est-à-dire en faveur des plus pauvres. L'attention est désormais portée non seulement sur l'agriculture (café et cacao) comme source de revenus, mais aussi sur la santé, l'éducation, l'habitat, le désenclavement des localités et le bien-être social. La réalisation de ces objectifs sociaux dépend bien entendu d'un soutien financier accru de la coopération bilatérale et multilatérale, mais aussi de la participation effective de la population aux projets adoptés.

Les principaux objectifs de développement du secteur rural contenus dans le plan de 1981-86 peuvent ainsi être formulés :

- L'établissement d'un nouveau type de rapport entre l'administration et les paysans, rapport basé sur le renforcement de la production agricole et sur un appui significatif des pouvoirs publics au monde rural. Dans cette perspective, des soutiens sont attendus dans les domaines suivants :

. la formation de groupes paysans et des associations avec un renforcement de leur pouvoir économique et politique ;

. la formation des unions coopératives qui serviraient de cadres d'appui aux producteurs ruraux ;

. le lancement des programmes d'aide et de soutien aux jeunes agriculteurs ;

. l'adoption de mesures en faveur du développement communautaire.

- Le deuxième objectif était la mise sur pied des coopératives de développement rural avec une autonomie administrative et financière accrue. Ces coopératives auront la charge de veiller à la réalisation des projets communautaires.

- Le plan adopte également comme objectif majeur l'amélioration des conditions de vie dans le milieu rural : le désenclavement des zones difficiles d'accès, l'électrification rurale, les soins de santé primaires, les adductions d'eau potable et d'autres projets en faveur de l'habitat constituent les principales priorités.

- Les prix des produits agricoles sont fixés après consultation entre les autorités publiques et les producteurs, ce qui permet aux agriculteurs d'avoir des recettes incitatives.

- Un renforcement et une intensification de la formation des formateurs du monde paysan. Cette formation continue des leaders villageois permettrait aux paysans d'être constamment au fait des techniques modernes de production, bien que l'insuffisance des moyens financiers limite l'accès à celles-ci.

- Le renforcement de la production et de la productivité agricole[191].

A l'observation pourtant, il apparaît comme une faille entre les objectifs annoncés dans le plan et les réalisations effectives. Pour les paysans en désarroi, pour les femmes qui ne peuvent plus nourrir ou soigner leurs enfants et pour les jeunes non scolarisés et sans emploi, l'on est loin du compte. L'essentiel n'est pas tant d'élaborer des plans alléchants de développement que d'en réaliser les objectifs. Au Cameroun, la réalisation des plans de développement est rendue difficile en raison principalement des déséquilibres financiers, de l'insuffisance des ressources allouées et d'une gestion non rigoureuse des ressources disponibles. Si les ressources humaines existent (au demeurant peu qualifiées et mal formées), les ressources matérielles et financières font gravement défaut au Cameroun. A ce défaut de ressources s'ajoute ce que Jean-François Médard a appelé « *gestion néopatrimoniale de l'Etat* » - c'est-à-dire une confusion entre biens publics et biens privés et une allocation prébendière des ressources[192] ; Jean-François Bayart a stigmatisé cette spécificité africaine sous le concept de « *politique du ventre* » - c'est-à-dire une corruption rampante et une gestion clientéliste des ressources de l'Etat[193], autant d'obstacles qui font frein à la réalisation des politiques nationales de développement. Dans l'affaire, les magnifiques projets en faveur des populations défavorisées, des petits paysans ruraux et des chômeurs/inactifs des centres urbains, passent à la trappe. Comment en est-on arrivé à ce point de non-retour ?

---

191 - Ministère de l'économie et du plan : « Plan quinquennal de développement économique, social et culturel 1981-1986 » (non publié).

192 - Jean-François Médard, « L'Etat néopatrimonial en Afrique noire », in Jean-François Médard (éd): Etats d'Afrique noire : Formations, mécanismes et crises, Paris, Karthala, 1991, pp. 323 - 353.

193 - Jean-François Bayart : L'Etat en Afrique : La politique du ventre, Paris, Fayard, 1989.

## IV. DES RESSOURCES ÉNERGÉTIQUES ET DE LA CROISSANCE DE LA PAUVRETÉ

Le Cameroun est doté d'un grand potentiel de ressources naturelles (pétrole, gaz, forêt, etc.) dont l'exploitation judicieuse pourrait résoudre, au moins en partie, les difficultés socio-économiques auxquelles sa population est confrontée. S'agissant de l'impact des ressources énergétiques sur le développement des nations, l'écrivain Mongo Beti observe :

« *Partout où il a jailli, l'or noir a été une providence, une vraie bénédiction divine pour les peuples autochtones, auxquels il a procuré des hôpitaux, des routes, des écoles, des universités, un progrès enviable, dont ces populations n'auraient même pas rêvé sans lui : c'est le cas de l'Arabie saoudite, de la Libye... En Afrique francophone, au contraire, il n'en pas été ainsi* »[194].

Selon lui, si le pétrole n'a pas enclenché le processus de développement au Congo-Brazzaville, au Gabon et au Cameroun, cela est dû à l'opacité de l'exploitation du pétrole dans la région. Les populations n'ont aucune information officielle à ce sujet ; elles apprennent indirectement par la presse étrangère ou la Banque mondiale que le Cameroun produit entre 8 millions et 10 millions de tonnes de pétrole chaque année, pour un revenu annuel de 1 milliard de dollars. Les populations ne savent rien sur le montant de la rente pétrolière. S'agissant de la gestion du pétrole du Cameroun par les compagnies françaises, Le Figaro du 1er juin 1988 écrit :

« *Il fallait à tout prix éviter le mal "hollandais" qui avait, par exemple, disloqué l'économie mexicaine. C'est un "virus" qui entraîne dans une hausse galopante les salaires de l'industrie et de l'administration, puis accélère l'inflation si la manne pétrolière se déverse trop brutalement dans le pays en écrasant les autres secteurs d'activités. Ainsi, conscients de la faible capacité d'absorption de la rente pétrolière dans leur pays, les dirigeants camerounais eurent, comme d'autres producteurs aux capacités voisines, une idée lumineuse : retirer du circuit intérieur des dollars du pétrole afin qu'ils ne contaminent pas le reste de l'économie, et les placer sur un compte hors budget à la discrétion du président de la République. Loin du contrôle parlementaire. Depuis, un brouillard opaque recouvre ce secteur stratégique [...] Les exportations inscrites à la balance commerciale officielle n'ont aucune signification. Elles ne servent qu'à lui assurer un solde positif. Il a suffi, ensuite, chaque année, de réinjecter ces dollars, pour des projets soigneusement sélectionnés, dans le budget de l'Etat au moyen d'une loi de finances restrictive. La somme ainsi prélevée représentait, jusqu'au début de 1986, entre 300 milliards et 500 milliards de francs CFA*

---

194 - Mongo Beti : La France contre l'Afrique. Retour au Cameroun, Paris, La Découverte, 1993, p. 114.

*par an. Certains observateurs évaluent à 1500 milliards de francs CFA son montant cumulé entre 1982 et 1985. L'Etat, via la Société nationale des hydrocarbures (SNH), l'a placé sur les marchés financiers internationaux, dans l'intention – louable – de la faire fructifier* ».

Cependant, le pays manquait cruellement de maternités, d'hôpitaux, d'écoles, de routes, de logements sociaux, de tout en somme ; étrange paradoxe, la dette extérieure s'alourdissait sans cesse. Cela a pour conséquence la paupérisation vertigineuse de la population, la déscolarisation des enfants, car les écoles sont devenues payantes, contrairement à ce que prévoit la constitution camerounaise. C'est ainsi qu'un tiers des enfants du Cameroun ne sont pas scolarisés, que, faute de crédits, les hôpitaux ne disposent plus de médicaments et que les médecins se sont installés dans le privé. On ne compte que sept médecins pour cent mille habitants. Seulement la moitié des enfants sont vaccinés contre la tuberculose, qui fait pourtant des ravages aussi bien à la campagne qu'en ville. Les revenus du pétrole auraient pu combler, au moins en partie, ces déficits. Mais sa gestion, jusqu'à la fin des années 1990 – date au cours de laquelle la Banque mondiale et le Fonds monétaire international demandent aux autorités gouvernementales d'inclure le revenu de l'or noir dans le budget de l'Etat –, est faite dans la discrétion. Jean Assoumou, ancien directeur de la SNH, répondant à une question de journaliste de la télévision nationale sur l'opacité qui entoure le pétrole camerounais, répond qu'il rend compte uniquement au chef de l'Etat. Les compagnies françaises, TotalFina et Elf-Aquitaine[195], assurent la prospection, l'extraction et l'exportation de ce précieux minerai. La compagnie Elf est le plus grand producteur de pétrole du golfe de Guinée, où elle exploite 75% du brut[196].

Dans une interview donnée en décembre 1996 au journal L'Express, Le Floch-Prigent a rappelé que c'était Elf qui avait fait accéder le Président Biya au pouvoir. Pour les opposants camerounais, il est clair que le développement des populations et leur bien-être ne constituent pas un souci majeur pour Elf, compte tenu des conditions de création de cette compagnie, sorte de bras séculier de la France en Afrique francophone. Le Figaro suggère fort bien dans la citation qu'on vient de lire, que les revenus du pétrole sont soustraits du budget national, en raison de « la faible capacité d'absorption de la rente pétrolière » par le pays. Comment la détermine-t-on, cette faible capacité d'absorption de la rente pétrolière ? Pendant que les dollars du pétrole ainsi soustraits des comptes publics pour ne pas contaminer le reste de l'économie, dorment quelque part, l'Etat camerounais n'a pas interrompu sa politique d'emprunts auprès des établissements bancaires étrangers ; il n'a cessé non plus de solliciter le concours de l'aide publique au développement ou des initiatives privées, pour fournir de l'assistance élémentaire à

[195] - En 1999, TotalFina et Elf Aquitaine sont devenues un joint-venture, TotalFina-Elf.

[196] - Audition de Mongo Beti le 24 mars 1999, par l'Assemblée nationale française : http://www.assemblee-nationale.fr.

sa population marginale. A quoi ont servi les revenus du pétrole ? Rappelons que, selon le discours de la Banque mondiale et du Fonds monétaire international, l'insolvabilité actuelle de l'Etat camerounais, entraînant une faillite de tous les secteurs de l'économie, résulte en partie de l'asphyxie du pays par une dette publique colossale. Pourquoi, malgré l'argent de son pétrole, le Cameroun ne peut-il pas rembourser cette dette[197] ? On est tenté de chercher dans le phénomène de la gestion du pétrole, la raison explicative de l'histoire de l'Afrique des quarante dernières années. Mongo Beti n'y voit rien moins qu'un « sabotage »[198].

En 1989, l'Orstom, le Centre universitaire de Dschang et le Mesires[199] ont mis en place un Observatoire du changement et de l'innovation sociale au Cameroun (Ocisca). Cet observatoire visait à étudier les incidences de la crise économique et des politiques d'ajustement structurel sur les populations rurales, les comportements de petits producteurs face à l'incertitude des marchés et au désengagement progressif des pouvoirs publics, et leur aptitude à s'adapter aux nouvelles normes macro-économiques – moins d'Etat et plus de marché – tout en restant compétitifs. En 1994, les travaux de cet observatoire montrent que le village camerounais ne fait pas bon vivre, en raison notamment de l'aggravation de la pauvreté, de la faillite ou tout au moins du non-succès des politiques de développement menées par les autorités publiques, de la dégradation continue des services de santé et de l'éducation, etc.[200]

En 1999, Pierre Janin estimait que l'avenir des planteurs camerounais reste incertain[201]. Non organisés à travers des structures efficientes, ne bénéficiant d'aucun appui financier ou structurel des autorités publiques, les planteurs camerounais de même que les autres petits producteurs ruraux, ne sont pas préparés à résister à la bourrasque des marchés. « *Peut-on espérer que les planteurs trouvent en eux-mêmes, en dehors de toute médiation, la force de s'adapter, de trouver des parades, de se trouver de nouveaux repères* ? », s'interroge Pierre Janin. Dans le contexte de la crise économique, du démantèlement des structures d'appui et d'encadrement jadis au service des producteurs ruraux,

> « *les petits planteurs sauront-ils tout à la fois jouer de la concurrence, saisir les opportunités marchandes, profiter des variations instantanées de prix tout en redynamisant la production, modernisant leur exploitation et en assurant les besoins de base du groupe familial* ? »

---

197 - En 2001, la dette extérieure du Cameroun est estimée à 9 milliards et demi de dollars, soit 95% du Produit national brut.

198 - Mongo Beti, op. cit., p. 123.

199 - Ces institutions sont devenues respectivement l'Institut de recherche pour le développement, l'Université de Dschang et le ministère de l'Enseignement supérieur.

200 - Georges Courage (éd.) : Le village camerounais à l'heure de l'ajustement, Paris, Karthala, 1994, 410 p.

201 - Pierre Janin : L'avenir des planteurs camerounais. Résister ou se soumettre au marché, Paris, Karthala, 1999, 246 p.

Questions auxquelles Pierre Janin répond par « *Rien n'est moins sûr* »[202]. Les politiques d'ajustement et la détérioration consécutive des conditions de vie des couches défavorisées de la population ont eu pour effet d'accroître les tensions sociales catégorielles (privé/public, rural/urbain, jeunes/vieux) traditionnellement traitées par un système complexe de redistribution patrimoniale, au point de marquer un coup d'arrêt au processus national d'intégration territoriale[203]. C'est que les politiques d'ajustement se sont traduites par « *un repli accéléré de l'Etat* », une répercussion quasi mécanique de la baisse des prix et du risque financier sur les petits producteurs du monde rural.

> « *L'Etat, pour sa part, a conservé une simple fonction de contrôle et d'arbitrage qu'il peine à remplir étant donné son manque cruel de moyens* »[204].

En 2000, les chercheurs de l'Ocisca concluent au « *désarroi camerounais* »[205]. Ce désarroi se traduit essentiellement par une pauvreté accrue et systématique touchant l'ensemble des couches de la population ainsi que la totalité des activités et des régions du pays. L'Etat reste « *englué dans la gestion centralisée des prébendes et ne suscite aucune adhésion à des normes transcendantes d'intérêt général* », le « *manque de confiance* »[206], « *l'inaction et l'incohérence étatiques en matière de santé sont devenus synonymes de non-assistance systématique à population en danger* » (Pierre Janin), la « *privatisation de l'Etat* » et la « *privatisation de la violence* » suivant la formule de Achille Mbembe[207], l'incapacité des aînés à faciliter l'insertion des jeunes, bref un sentiment quasi général d'impuissance et de pauvreté rampante. Les seuls modèles dominants dans l'opinion publique camerounaise sont le *feymen* type Donatien Koagne[208] ou le footballeur célèbre, vedettes d'un théâtre politique dominé par l'argent.

Au total, estime Georges Courade, le « *régime-Etat* »[209] au Cameroun n'a pas été en mesure d'élaborer et d'exécuter des programmes cohérents et efficaces de développement en faveur des populations rurales et des secteurs urbains défavorisés, et la fragilité de ce petit peuple face à l'âpreté du marché a assombri les prévisions.

---

202 - Pierre Janin, op. cit., p. 10.

203 - Georges Courade (éd.) « Le Cameroun dans l'entre-deux », in Politique africaine, n° 62, Paris, Karthala, Juin 1996.

204 - Pierre Janin, op. cit., p. 19.

205 - Georges Courade (éd.) : Le désarroi camerounais. L'épreuve de l'économie-monde, Paris, Karthala, 2000.

206 - Thunderos (C.), Mangematin (V.), Harrison (D.) : La confiance. Approches économiques et sociologiques, Paris, Ed. G. Martin, 1999.

207 - Achille Mbembe : « Pouvoir, violence et accumulation », Politique africaine, n° 39, septembre 1990,
pp. 4-24.

208 - Lire Dominique Malaquais : Anatomie d'une arnaque. Feymen et feymania au Cameroun, op. cit.

209 - Georges Courade (éd.) : Le désarroi camerounais. L'épreuve de l'économie-monde, Paris, Karthala, 2000, p. 43.

Pour les institutions financières de Bretton Woods, seules les forces du marché peuvent en dernier ressort favoriser les conséquences positives pour la croissance, la régulation automatique de l'offre et de la demande ainsi que la consolidation des parts de marché devant à terme réduire les déséquilibres dus à l'ajustement[210]. C'est oublier que, contrairement à l'Asie et à l'Amérique latine qui possèdent un tissu économique plus ou moins structuré et où la « *thérapie de choc* » des créanciers internationaux peut avoir des effets positifs sur la croissance, les budgets des familles en Afrique se gèrent à l'horizon de la journée. Dans beaucoup de pays d'Afrique noire, « *l'aide au développement constitue au début des années quatre-vingt-dix, au moins près de 10% du PNB* »[211]. Dans ce contexte de désarroi, il est impossible pour l'Etat de maintenir en état de marche le système scolaire et hospitalier, d'entretenir les infrastructures indispensables dans les villes et sur le territoire, d'assurer l'autosuffisance alimentaire pour tous.

## V. PARTICIPATION COLLECTIVE ET DÉVELOPPEMENT COMMUNAUTAIRE AU CAMEROUN

L'idée que l'on ne saurait faire le progrès d'une collectivité malgré elle, est sans doute au cœur de la dynamique du développement communautaire. Par participation collective et développement communautaire, il faut entendre la nécessité pour une communauté, les jeunes et les moins jeunes, les hommes et les femmes et différents groupes sociaux de mettre en commun les ressources financières, matérielles, intellectuelles et organisationnelles dont ils disposent, pour la réalisation de projets d'utilité commune. Il en est ainsi, car la mise en commun des ressources semble offrir les conditions d'un réel développement. De plus, de nombreux travaux de recherches sur la théorie du développement tendent à montrer que la participation effective des membres de la communauté est une condition indispensable pour la réussite des projets.

Au Cameroun dès l'indépendance (1960), appel a été fait par les autorités publiques aux diverses couches de populations, pour qu'elles participent aux « efforts de développement et de construction nationale ». La formulation de cette politique peut être repérée tant à travers les plans quinquennaux ci-dessus évoqués, qu'à travers les rapports du congrès national du parti, l'UNC d'abord et le RDPC ensuite. L'appel à la participation collective pour le développement communautaire vise, dans les années 1970-80, à consolider la doctrine officielle du « libéralisme planifié », sorte de libéralisme économique qui, dans la pratique, attribue

---

210 - World Bank : A continent in transition. Sub-saharan Africa in the mid 1990s, (draft), Africa region, 1995.

211 - Hartmut Elsenhans (sous la direction de), Joachim Dreves, Elmar Kleiner : Développement, équité et extension du marché des masses. Une autre alternative. Le cas algérien. L'enjeu des PME industrielles, Paris, Publisud, 2000, 34.

d'importantes concessions à la France ancienne métropole tout en exerçant un contrôle politique étroit sur divers secteurs de l'activité économique. Cette doctrine affirme qu'un développement véritable ne peut s'opérer que s'il prend appui sur les « forces vives » de la nation. Il s'agissait, du moins en principe, d'une prise en compte du savoir et du savoir-faire des paysans, des femmes, des ruraux et de petits producteurs dans l'élaboration et l'exécution des projets de développement. L'objectif est d'augmenter les capacités d'autonomie de la population, de préserver l'indépendance économique et la souveraineté nationale, de diversifier les partenaires extérieurs sans en être dépendant, de recueillir diverses formes d'aide et d'assistance sans aliéner l'indépendance nationale. En matière de développement, chaque pays doit d'abord s'appuyer sur les ressources dont il dispose, en priorité sur les ressources humaines.

Paul Biya qui succède à Ahmadou Ahidjo en 1982 engage quelques réformes dans la politique de développement, tout en réaffirmant la nécessité d'une participation collective aux efforts de construction nationale. Au concept de « *développement autocentré* » présent dans tous les discours officiels et les rapports du parti, s'ajoute désormais une doctrine politique plus raffinée, le « *libéralisme communautaire* ». Dans son acception théorique tout au moins, le « développement autocentré » affirme le rôle prépondérant des collectivités locales dans les initiatives de développement. Paul Biya estime que tout développement durable implique des efforts de productivité et de créativité de la population elle-même, autant qu'il implique également une redistribution équitable des fruits de la croissance aux individus ainsi qu'aux différentes catégories sociales[212]. Cette affirmation se traduit au début de la décennie 1980 par un accroissement du budget alloué au développement du monde rural, aux programmes de formation et recherche ainsi qu'aux programmes d'appui pour la protection de l'environnement. En plus de l'augmentation substantielle des budgets en faveur des projets de développement, il s'est également dessiné un schéma cohérent de réalisation de ces projets, sous la tutelle administrative du ministère du Plan et du développement régional.

Les programmes de développement adoptés sont financés majoritairement par le ministère des Finances (MINEFI), puis réalisés en collaboration avec les services techniques des différents ministères, les services des gouverneurs de province et les autorités locales chargées du développement rural, la coopération technique et financière internationale et les organismes privés d'aide au développement. Sur le terrain, l'exécution et le suivi des projets sont coordonnés par le ministère de l'Agriculture, principalement son département du Développement communautaire. Selon les rapports du MINEFI, plus de la moitié des projets en faveur du monde rural ont été exécutés à travers ce canal.

---

[212] - Paul Biya : Le message du renouveau, Yaoundé, Sopecam, 1988, p. 97.

L'approche du développement communautaire s'est étendue au Cameroun à partir de l'expérience de la zone anglophone. En effet dans cette ancienne possession britannique, le système de l'administration indirecte (*indirect rule*) favorise la prise des initiatives par les autorités locales. C'est ainsi que ces autorités locales, en accord avec les administrés, ont fait d'importantes réalisations dans les domaines de la santé, des écoles, des adductions d'eau, etc.

Après l'unification du *southern Cameroon* et du Cameroun occidental en octobre 1961, puis à la faveur de la création de l'Etat unitaire en mai 1972, l'expérience du *community development* se répand dans diverses régions du pays. En 1972, le département du Développement communautaire échoit au ministère de l'Administration territoriale. En 1976, ce département est affecté au ministère de l'Agriculture, et les principales missions à lui allouer sont les suivantes : élaborer et diffuser la politique nationale d'investissement humain et d'animation rurale ; organiser les communautés villageoises et mettre en œuvre les projets socio-économiques ; veiller à la bonne exécution des programmes de développement communautaire et encourager la formation professionnelle des agents de développement ; utiliser l'aide de la coopération pour renforcer le développement communautaire[213].

Au ministère de l'Agriculture, trois départements sont chargés de l'exécution des programmes du développement rural. Ce sont les départements de l'Agriculture, du Génie rural et du Développement communautaire. Aujourd'hui, les délégations de ce ministère sont présentes dans toutes les provinces du pays. Dans l'ensemble, alors que les deux autres départements de l'Agriculture et du Génie rural s'occupent respectivement de la production agricole et du développement des techniques liées à l'agriculture, le département du Développement communautaire s'occupe davantage de l'exécution des projets sociaux, de la mobilisation et de la conscientisation des masses autour des projets d'intérêt communautaire. Depuis les années 1990, il existe au ministère des Investissements publics et de l'Aménagement du territoire (MINPAT) comme au sein du ministère de l'Economie et des Finances (MINEFI) une direction de la planification et du développement, le développement communautaire relevant du Ministère de l'Agriculture. Mais toutes les questions relatives à la coopération internationale en matière de développement relèvent du MINPAT.

Depuis l'instauration des premiers programmes d'ajustement structurel (PAS) à la fin des années 1980 et l'achèvement cahin-caha du plan quinquennal 1986-91, il n'existe plus de plan national de développement au Cameroun. « *Dans le secteur agricole, la politique d'ajustement structurel s'est traduite par un repli accéléré de l'Etat* »[214]. En fait, la doctrine de l'« *Etat minimum* »[215] et de la privatisation de

---

[213] - Rapports du MINEFI (non publiés).

[214] - Pierre Janin : L'avenir des planteurs camerounais. Résister ou se soumettre au marché, op. cit., p. 19.

tous les services de l'Etat, doctrine préconisée par les institutions financières de Bretton Woods, a signifié, dès la fin de la décennie 1980, le désengagement de l'Etat des services sociaux, y compris le secteur du développement communautaire. Depuis lors, les pouvoirs publics camerounais sont bien en peine de coordonner la politique de lutte contre la pauvreté, 25% du budget de l'Etat sont consacrés au traitement de la dette[216]. Face à l'ampleur de la pauvreté, les autorités publiques sont obligées de réagir par à-coups. Le ministère du Plan et de l'Aménagement du territoire qui servait d'organe d'impulsion et de supervision de la politique gouvernementale en matière de développement a été supprimé. En matière de développement, il n'existe plus désormais de réelle coordination entre les services techniques des Ministères. Le MINEFI, argentier de l'Etat qui finance les programmes de développement communautaire, se trouve par conséquent dépourvu de réel *feed back* qui aurait pu donner lieu à des réajustements conséquents.

Cette absence de planification de la politique gouvernementale en matière de lutte contre la pauvreté se traduit sur le terrain par l'absence de suivi et de coordination auprès des populations. Les agents de terrain (vulgarisateurs des techniques agricoles, animateurs des programmes de santé, éducateurs des adultes, agents forestiers ou protecteurs de l'environnement, etc.) ne peuvent coordonner leurs activités, et les populations doivent parfois suivre des instructions contradictoires. De plus, les populations estiment que ces agents ont été délégués en milieu rural non pour engager des dialogues constructifs sur le vécu quotidien des paysans et recueillir leurs doléances, mais pour imposer au petit peuple les instructions des pouvoirs publics, ou pour servir de bras séculier de l'Etat dans les zones rurales. Shiminyi Edmond[217] cite une étude du SNV (Organisation néerlandaise de développement) au Cameroun où des agents forestiers ont été formés non pas pour aider les populations locales à gérer les ressources forestières dans le sens d'un développement durable ; ces agents se limitent plutôt à recenser les violations de la loi sur la forêt et à distribuer des sanctions[218] – alors que des concessions avantageuses permettent aux firmes européennes et asiatiques d'exporter presque gratuitement des essences rares de la forêt du sud et de l'est Cameroun[219].

---

215 - Guy Sorman : La révolution conservatrice américaine, Paris, Fayard, 1983.

216 - P. Geschiere, P. Konings (éds) : Itinéraires d'accumulation au Cameroun, Paris, Karthala, 1993, pp. 161-185.

217 - Shiminyi Edmond Yenkong, op. cit., p. 93.

218 - Sur les difficultés à appliquer la loi camerounaise de 1994 en matière de protection de la forêt, lire François Ekoko, « Balancing politics, economics and conservation : The case of the Cameroon forestry law reform », in Development and change, vol. 31, numéro 1, janvier 2000, pp. 131-154.

219 -« *Le sort de la forêt tropicale [camerounaise] n'incite pas à l'optimisme. Selon un prêtre camerounais, "ce n'est plus de la coupe, c'est du massacre". La surexploitation profite massivement à des sociétés françaises* », affirme François-Xavier Verschave, in : Noir silence. Qui arrêtera la Françafrique ? Paris, Les Arènes, 2000, p. 182 ; lire également infra, chapitre 6, section II.2. : La destruction durable des forêts tropicales.

En matière de santé reproductive, des agents du ministère de la Santé sont formés aux techniques de la planification familiale, puis répartis dans divers centres de santé ou de planning familial à travers le pays. Le discours invariable que ces agents de santé tiennent aux populations est celui de la limitation ou de l'espacement des naissances pour, dit-on, donner la chance aux enfants nés vivants de grandir dans de bonnes conditions matérielles et financières. Or cette doctrine malthusienne ne rencontre que trop peu d'écho favorable auprès de la population. Non seulement les naissances apportent le capital humain et une considération sociale à la famille, mais surtout, le taux élevé de mortalité infantile amène les ménages à multiplier les naissances pour se donner quelque chance d'avoir des enfants qui « survivent ». Il se trouve ainsi que les recommandations des agents de la planification familiale ne sont pas suivies d'effets, bien que la formation de ces agents et la construction des centres de planning familial aient nécessité l'investissement d'importants crédits. Il s'ensuit de nombreuses frustrations au sein des populations.

En plus de coopératives agricoles qui sont surtout l'émanation des pouvoirs publics, il existe d'autres organisations populaires constituées par des familles, des ressortissants d'un village, des groupes d'amis ; ces associations sont autant de lieux où se prennent des initiatives de développement communautaire. Des mutuelles fonctionnent sur le modèle de caisse maladie, de caisse rentrée scolaire. Certaines de ces mutuelles ont une existence légale, sous le régime des associations.

Les tontines sont également très actives, surtout dans les provinces méridionales du pays. Dans les groupes de tontines, tout ne se réduit pas à l'épargne créée par des sociétés d'amis. A travers l'obligation de cotiser à intervalles réguliers, se mettent en place en même temps un système de crédit, un club de rencontres, d'influence sociale et de contrôle mutuel, un réseau d'appartenance, de négociation et de communication, un lieu de partage des joies familiales, un groupe de soutien et d'entraide pour les moments difficiles, le deuil surtout. La tontine est tout cela à la fois. Bref,

> « *La tontine ne se réduit pas à ses aspects purement économiques. On y échange de l'argent ou du travail, mais aussi des repas, des rites, notamment les deuils, des obligations d'amitié et des conseils. Le contrat qui lie les adhérents dépasse également l'ordre juridique ; il est aussi de nature religieuse et mythologique. Enfin, par ses fonctions pédagogiques, la tontine touche à la morphologie sociale en permettant le dépassement des obstacles de la méfiance* »[220].

En épargnant de l'argent, on capitalise des amis. Tel est l'enjeu des tontines qui illustrent une dimension de l'économie informelle profondément « *enchâssée dans*

[220] - Lire Cultures et développement, 5/6, 1991, p. 21.

*le social* »[221]. Le déclin des banques commerciales et l'émergence consécutive des tontines dans l'économie informelle rappellent que c'est avec leurs systèmes symboliques que les sociétés indigènes affrontent la modernité dans la vie quotidienne[222].

Les fédérations des églises, de même que des mouvements d'émanation religieuse sont également des associations très actives en matière d'organisation sociale au Cameroun. Ce sont des groupes de réflexion où le partage de la foi domine ; mais ce sont également des groupes d'entraide et de solidarité qui organisent ou mettent en œuvre de nombreux projets de développement : imprimeries, équipements des écoles et des hôpitaux, sensibilisation des femmes sur les problèmes de santé, etc.

D'autres associations très dynamiques sont celles réunissant dans les grandes villes les ressortissants d'un même village ou d'une même localité. Les personnes ainsi réunies sur la base de la phratrie discutent sur le devenir de leur communauté, définissent des priorités de développement et réunissent les moyens financiers et techniques nécessaires à leur réalisation. C'est ainsi que des lycées et écoles sont construits, des ponts érigés et des centres de santé équipés en matériel de première nécessité et de soins d'urgence. D'autres associations bien structurées et ayant une existence légale peuvent demander et obtenir l'assistance technique et financière des associations de solidarité internationale, pour réaliser des projets de développement communautaire.

Toutefois ces associations ne sont pas des milieux aseptisés ; elles ne sont pas exemptes de conflits d'intérêts et de luttes d'influence entre riches et pauvres, entre hommes et femmes, entre paysans pourvoyeurs de main-d'œuvre et élites urbaines détentrices de moyens financiers. De plus, il existe des interactions de groupes qui sont fortes, et les tentatives hégémoniques pour le contrôle politique des associations sont parfois présentes.

Lorsque l'Etat ne peut adopter des plans pour orienter et soutenir l'activité économique, et que le développement communautaire ne bénéficie plus de fonds publics, les mutuelles et les regroupements villageois deviennent très souvent les seuls lieux où l'exigence du développement participatif trouve écho. Mais ici aussi, la bonne volonté seule ne suffit pas. Les populations buttent sur le manque de moyens financiers.

> « *Pour que les organisations paysannes constituent une solution durable à la crise, ces associations doivent conquérir leur autonomie. On en est encore loin. Prise de conscience va de pair avec prise en charge* »[223].

---

[221] - Ph. Hugon : L'économie de l'Afrique, Paris, La Découverte, 1993, pp. 54-61.

[222] - Jean-Marc Ela : L'irruption des pauvres, op. cit., pp. 146-156.

[223] - Marcel Motaze Akam, « Crise, ajustement et organisations paysannes », in Georges Courade (éd.) : Le village camerounais à l'heure de l'ajustement, op. cit., pp. 284 - 292.

L'assistance technique ou financière que ces associations peuvent recueillir auprès des ONG est précieuse, et l'efficacité de cet appoint extérieur est largement tributaire de la politique gouvernementale en matière des ONG et des organismes privés de participation au développement.

## VI. LA POLITIQUE CAMEROUNAISE EN MATIÈRE D'ONG[224]

Selon leur origine et leur influence sociale, les ONG présentes au Cameroun peuvent être regroupées en quatre classes :

- les ONG internationales d'origine laïque ; elles ont une expérience de terrain relativement longue ;
- les ONG nationales qui ont pu s'implanter ou perdurer malgré des lois restrictives et le système de parti unique ;
- les ONG religieuses, surtout catholiques et protestantes, qui sont relativement bien implantées dans le sud du pays et qui ont une influence déterminante dans l'éveil de la conscience civique des populations ;
- enfin un foisonnement d'ONG nationales qui se sont constituées à la faveur du processus démocratique dès le début de la décennie 1990.

Cette dernière classe est généralement composée d'ONG peu expérimentées, en butte à des problèmes d'organisation et de structuration, de financement et de professionnalisme, autant de points d'achoppement qui font parfois porter un regard sceptique sur l'ensemble du secteur des ONG au Cameroun. Avant d'analyser la législation qui régit le fonctionnement des ONG au Cameroun, il importe d'examiner davantage les différentes classes d'ONG que nous avons identifiées.

Nombre d'ONG internationales aujourd'hui présentes au Cameroun s'y sont installées au cours des premières décennies de l'indépendance (1960-1980). Les plus importantes de ces organisations dont les ressources financières proviennent essentiellement des fonds privés sont les suivantes : *CARE International* dont les ressources financières proviennent majoritairement de fonds américains et canadiens, *Save the Children Fund*, l'Organisation canadienne pour la solidarité et le développement (OCSD), *World Wide Fund for Nature* spécialisé dans la protection de la nature et de l'environnement. Il existe également des agences d'aide au développement qui sont des émanations des pouvoirs publics, et dont certaines recueillent aujourd'hui une partie importante de leurs fonds des sources privées. Ce sont l'AFVP, l'Organisation néerlandaise pour le développement (SNV), le Corps américain de la paix (*US Peace Corps*), le Service des volontaires allemands (*Deutscher Entwicklungsdienst* – DED). *CARE International*, l'AFVP ou le DED exécutent des programmes de développement en partenariat avec des

---

224 - Cette section a paru sous forme d'article dans Développement et Coopération, DES, n° 4, juillet/août 2002, pp. 22-25 ; également sur Internet : www.dse.de/zeitschr/df402-8.htm.

ONG locales. L'OCSD est très active dans la consolidation des ONG locales et dans la mise sur pied des organisations paysannes. En plus des ONG internationales de développement, il existe d'autres ONG dont l'action est davantage orientée vers la protection des droits et libertés. Ce sont la *Friedrich Ebert Stiftung* et d'autres associations qui, dans le sillage du processus démocratique, cherchent à sensibiliser l'opinion sur les enjeux des droits de l'homme et des libertés publiques.

Les ONG d'origine religieuse sont restées très actives sur le terrain laïc au Cameroun, surtout en matière de santé et d'éducation. Aujourd'hui encore, nombre de structures sanitaires performantes (hôpitaux, cliniques, centres de santé) sont l'œuvre des missionnaires, de même que l'élite politique du pays a été formée dans des écoles et collèges missionnaires. Depuis l'indépendance et même bien avant les années 1960, les ONG et les mouvements missionnaires ont profité de la relative tolérance des pouvoirs publics pour multiplier leurs activités à caractère social à l'intérieur du pays. Avec l'expérience acquise, les ONG missionnaires agissent aujourd'hui avec plus de professionnalisme que la multitude des ONG nationales ou locales créées hâtivement dès le début des années 1990, et leur influence auprès de la population est grande. Les coûts de leurs prestations sociales sont comparativement plus élevés que ceux des prestations fournies par les services publics, mais la qualité des services est meilleure et les populations les préfèrent. Ceci tient sans doute à la bonne formation du personnel, au bon accueil qui est fait aux usagers et à la qualité des équipements.

A côté des ONG qui agissent au contact direct des populations, l'on retrouve également d'autres organismes sans emprise directe sur la population, mais qui œuvrent pour la formation des ONG locales et du mouvement paysan. C'est le cas de l'Institut panafricain de développement, de l'INADES- Formation dont les activités ont connu un certain fléchissement au cours de la décennie 1990, du fait des difficultés financières. En 1990, dans le sillage de la loi sur les libertés d'associations, s'est créé au Cameroun un pool des ONG, le « Collectif des Organismes de Participation au Développement au Cameroun » (COPAD). Il ne s'agit pas d'un collectif à caractère corporatiste. Il s'agit davantage d'une association dont le but est de recenser les différentes ONG de développement, de coordonner les diverses interventions de terrain afin d'éviter des chevauchements, de recouper et de mettre des données fiables à la disposition des bailleurs de fonds, de contribuer par des actions de formation/conseils à l'encadrement des ONG non expérimentées, de servir d'intermédiaire des ONG face aux pouvoirs publics et, éventuellement, de représenter et défendre les ONG en tant que personne juridique, lorsqu'un conflit les oppose aux pouvoirs publics. Dans une enquête de la Banque mondiale publiée en 1993, Leslie Fox estime toutefois que le COPAD n'a pas été en mesure de fournir les moindres services à ses membres, de même qu'il n'est pas en mesure de donner à l'ensemble de ses activités une vision cohérente et articulée sur des projets concrets[225]. Ce collectif a par la suite été plus actif. C'est ainsi qu'il a contribué par exemple à la rédaction de propositions qui ont donné lieu à l'adoption par l'Assemblé Nationale de la loi de 1999 sur les ONG.

Au Cameroun, de nombreuses ONG ont proliféré à la faveur de la loi de 1990 sur les libertés d'associations. Leslie Fox remarque également que ces ONG manquent de structures efficientes, de personnel qualifié, de fonds adéquats et de systèmes d'évaluation performants. Dans une étude sur le mouvement associatif au Cameroun, Marc-François Ngwambe écrit :

> « *Il semble en effet que la création d'une association est souvent plus liée à la recherche de financement qu'aux activités à entreprendre. Ces organisations sollicitent auprès des structures qu'elles jugent capables de les soutenir, aide, assistance, appui, partenariat, collaboration et financement, parfois même avant d'être opérationnelles* »[226].

Ces difficultés constituent un handicap majeur au bon fonctionnement de leurs activités. Ces ONG agissent généralement sur la base du bénévolat, les ressources financières provenant des contributions volontaires des membres. La solidarité ne peut seule faire le développement, loin s'en faut. Toutefois le contact quotidien avec les populations locales, l'expérience acquise dans le travail en partenariat avec les ONG mieux expérimentées, constituent autant d'atouts qu'elles peuvent capitaliser pour mieux se structurer.

Tant dans les services publics qu'auprès du collectif des ONG, il existe très peu de données statistiques permettant de mesurer avec précision l'impact du travail des ONG auprès des populations pauvres. D'abord parce que la « pauvreté » inclut plusieurs domaines dont l'éducation, la santé, l'alimentation, l'habitat, les infrastructures - ces domaines se recoupant généralement ; ensuite parce que la pauvreté sociale est si rampante au Cameroun que les organismes d'aide renoncent par avance au calcul statistique et préfèrent concentrer leurs efforts à résorber ce que la littérature des Nations Unies appelle les « *basic needs* », c'est-à-dire les principaux goulots d'étranglement dans les domaines de l'agriculture, de la santé et de l'éducation. De plus, certaines ONG naissantes se consacrent à de nouvelles priorités dont la micro entreprise, les petits crédits d'investissement aux femmes ou aux groupes d'artisans, ou encore la prévention contre les MST-SIDA. Ces types d'ONG fleurissent surtout dans les villes. Elles bénéficient de l'encadrement technique et, parfois, du soutien financier d'autres ONG dont l'Organisation Canadienne pour la Solidarité et le Développement (OCSD).

---

[225] - Leslie Fox : A study of non-governmental organizations in the Republic of Cameroon and Côte d'Ivoire, Washington D.C., World Bank occidental and central Africa Department, Population and Human Resource, 1993, p. 90.

[226] - Marc-François Ngwambe (éd.) : Etude préliminaire sur le mouvement associatif au Cameroun, Yaoundé, Ed. AFVP, 1997, p. 6.

Il existe une multitude d'autres petites ONG dont l'action peut s'étendre sur une province, une localité ou une ville et qui se spécialisent dans des domaines comme la protection de l'environnement, la protection des enfants (Enfance Joyeuse au Cameroun) ou d'autres catégories sociales marginalisées dont les détenus de droit commun. Certaines de ces petites ONG se constituent et se développent pour répondre à un besoin réel d'assistance des populations. D'autres sont créées ad hoc pour capter la rente de l'aide externe au développement. Toutefois leur affiliation au collectif des ONG, le contrôle interne dont elles peuvent se prévaloir ainsi que le contrôle des services techniques du ministère de l'Administration territoriale les encouragent à assumer leur mission de service public avec davantage de responsabilité et de professionnalisme.

Néanmoins, le rôle des ONG dans la promotion du développement communautaire et la lutte contre la pauvreté reste important. La modicité des moyens et ressources dont elles disposent par rapport à l'immensité des besoins à satisfaire rend leurs efforts parfois « peu visibles », car ayant peu d'impact significatif. Leur action n'est pas suffisamment prégnante pour entraîner à grande échelle des changements importants sur la qualité de vie des populations. En dehors des ONG internationales qui disposent d'assez de ressources financières et d'un personnel qualifié, et des ONG missionnaires dont l'expérience est établie par exemple en santé et éducation, les autres ONG locales cherchent encore leur voie, quelquefois avec le soutien des ONG occidentales avec qui elles travaillent en partenariat.

Le cadre légal qui permet aujourd'hui aux ONG d'exercer leurs activités au Cameroun résulte d'une lente évolution, l'Etat autoritaire ayant par le passé limité de manière drastique le champ d'action des ONG et exercé un contrôle politique étroit sur l'ensemble de leurs activités.

Avant l'indépendance, les organismes d'aide au développement et les organisations paysannes présentes au Cameroun ont une activité très peu structurée. Ces organismes, d'origine laïque ou chrétienne, sont régis, selon leur nature – locale ou étrangère –, par la loi des colonies ou la législation en vigueur dans la métropole, par exemple la loi française de 1901 sur les associations.

En 1960, les autorités de la jeune république sont davantage occupées à consolider leur pouvoir et à « pacifier » le pays, ces pouvoirs publics ayant la hantise des forces centrifuges réelles ou imaginaires susceptibles de résister à la volonté hégémonique de l'Etat centralisateur. Dans cette reprise autoritaire, toutes les associations qui n'émanent pas du pouvoir de l'Etat ou qui manifestent des velléités d'autonomie sont frappées d'anathème, qu'il s'agisse d'associations de dimension importante ou de simples organisations paysannes. Le cachet autoritaire du régime n'était pas seulement dérivé des débuts coloniaux de l'Etat. Les péripéties de la décolonisation – la rébellion du mouvement nationaliste UPC, surtout autour de 1960, une « menace mortelle » pour le régime du président Ahidjo – avaient renforcé l'autoritarisme de l'Etat. L'idéologie nationale d'Ahidjo, en se référant constamment au spectre de l'UPC et de la division, mettait un accent pesant sur la nécessité préalable de conserver l'unité et préconisait une vigilance constante contre la subversion qui menaçait de partout. Une conséquence pratique en était que toute forme d'organisation en dehors du « parti unifié » du régime était interdite[227].

Le cadre légal d'exercice des organisations non étatiques est régi par la loi numéro 67-LF-19 du 12 juin 1967 portant organisation des libertés d'associations. Cette loi stipule que toute organisation désireuse d'avoir un statut légal au Cameroun doit être déclarée par ses membres ; elle doit également être reconnue et approuvée par les autorités publiques. Dans la pratique, cette procédure est tatillonne. La bureaucratie a en fait empêché nombre de mouvements sociaux ou d'organisations paysannes de se constituer en associations et d'obtenir l'agrément nécessaire des autorités publiques pour exercer leurs activités. Le centralisme autoritaire du régime constituait un handicap, l'expression de quelque forme de liberté en dehors du cadre du « parti unifié » étant toujours suspecte de menée subversive. Ainsi les ONG occidentales disposant de ressources financières conséquentes, d'un personnel qualifié et surtout jouissant de la caution morale de leur pays d'origine ont pu obtenir assez facilement des autorisations d'exercer, alors que les organisations paysannes et les autres ONG locales sont restées sous l'éteignoir. Cette restriction a de fait empêché des associations de se constituer, et celles qui ont eu une existence légale jouissaient d'une liberté toute relative dans l'exercice de leurs activités. Ainsi en dehors de la région sud du pays (les provinces du centre, du sud et du littoral) où l'influence de l'église a été prépondérante, et en dehors des localités du nord-ouest et du sud-ouest qui ont très tôt connu l'expérience du « *self rule* » de l'administration britannique, le mouvement associatif de même que les organisations paysannes sont très faiblement structurés au Cameroun. Les actions de développement sont ainsi restées majoritairement l'œuvre des pouvoirs publics qui en conçoivent l'initiative et en assurent l'exécution.

---

227 - Peter Geschiere, qui a effectué au début des années 1970 une étude sur la relation Etat-Paysans chez les Maka au Cameroun, évoque la répression des autorités locales contre toute forme d'organisation alternative. La fondation d'un simple club de dames par les garçons d'un village fut ainsi l'occasion d'une véritable rafle par les gendarmes qui menèrent même une perquisition rigoureuse dans des maisons et arrêtèrent (pour quelques jours) les jeunes fonctionnaires. Peut-être cette opération fut-elle partiellement causée par le nom assez provocant (pourtant en principe fidèle au régime) de ce club de dames : Koutaba ; c'est le nom d'une compagnie de l'armée camerounaise qui se serait distinguée dans la suppression de la guérilla de l'UPC. Toujours est-il qu'un fonctionnaire explique ainsi à Peter Geschiere la raison de cette opération : « *Il faut à tout prix éviter que des individus s'organisent à leur propre compte, pour rompre l'unité de tous les Camerounais autour de notre Président et de son Parti* ». Lire Peter Geschiere et Jos Van Der Klei, « La relation Etat-paysans et ses ambivalences : Modes populaires d'action politique chez les Maka (Cameroun) et les Diola (Casamance) », in Emmanuel Terray (sous la direction de) : L'Etat contemporain en Afrique, Paris, L'Harmattan, 1987, pp. 297-340.

De plus, la loi de 1967 recouvre toutes les organisations non étatiques sous le vocable anonyme d'«associations », sans en préciser la nature ou la classification. Le résultat en est la difficulté pour les services administratifs de coordonner l'activité des associations, car leurs domaines d'activités se chevauchent.

Face à ces carences, des demandes sont formulées tant par les coopératives paysannes, les ONG occidentales que les bailleurs de fonds, pour que l'Etat adopte un cadre légal approprié pour l'activité des ONG. Finalement, confronté à la crise économique et financière qui est officiellement survenue en 1987, encouragé par une société civile certes très embryonnaire mais très active en matière de défense des droits économiques et sociaux, et sous l'effet des revendications politiques, le gouvernement adopte en 1990 la loi sur les libertés d'associations qui complète celle de 1967.

L'article 2 de la loi n° 90/053 du 19 décembre 1990 sur les « libertés d'associations » définit l'association comme « *la convention par laquelle des personnes mettent en commun leurs connaissances ou leurs activités dans un but autre que de partager les bénéfices* ». Les autorités publiques considèrent cette loi de 1990 comme une « victoire de la démocratie », car elle supprime la clause contenue dans la loi de 1967 qui soumettait la formation des associations à l'approbation préalable des pouvoirs publics. Cependant, les ONG dénoncent cette loi de 1990, car elle ne comporte pas suffisamment de garanties légales pour l'exercice de leurs activités.

Toutefois, bien que la loi de 1990 soumette les ONG aux régimes de la déclaration ou de l'approbation, cette loi peut être considérée comme plus libérale ; les ONG déclarées peuvent entamer leurs activités sur le terrain, en attendant l'approbation des autorités publiques.

> « *Elles (les associations) acquièrent la personnalité juridique si elles ont fait l'objet d'une déclaration accompagnée de deux exemplaires de leurs statuts* » (article 6).

L'alinéa 2 de l'article 7 précise :

> « *La déclaration indique le titre, l'objet, le siège de l'association ainsi que les noms, professions et domiciles de ceux qui, à un titre quelconque, sont chargés de son administration ou de sa direction* ».

Sur la forme, cette loi de 1990 apporte quelques aménagements par rapport à la loi de 1967. Mais sur le fond, le « régime-Etat » – selon la formule de Georges Courade – ne cède pas ses prérogatives à la société civile. Réagissant sans doute aux mouvements de revendications politiques et sociales de la fin des années 1980, le gouvernement a fait voter la loi sur les « libertés d'associations », loi censée codifier l'exercice de l'ensemble des associations. Dans cette compréhension extensive, les « associations » désignent à la fois les organisations paysannes, les cercles d'amis, les mouvements sportifs, les ONG internationales, bref l'ensemble des associations, à l'exception des « *partis politiques et des syndicats (qui) sont régis par des textes particuliers* » (article 5). Les ONG remettent en question cette

« loi fourre-tout » qui, selon elles, n'offre pas de cadre adéquat pour l'exercice de leurs activités.

Les lois de 1967 et de 1990 évoquent respectivement les « droits d'associations » et les « libertés d'associations ». Mais dans aucun de ces textes n'apparaît la notion d'« ONG ». De plus, les ONG estiment que placer les « *associations* » sous la tutelle du Ministère de l'Administration territoriale revient à les coiffer du contrôle gouvernemental.

Ces nombreux points d'achoppement ont amené les ONG à demander l'aménagement d'un espace juridique plus adéquat pour l'exercice de leurs activités. Plus discrets, mais tout aussi actifs, les bailleurs de fonds multilatéraux, en l'occurrence la représentation de la Banque mondiale à Yaoundé[228], ont encouragé les autorités publiques camerounaises dans le sens de l'adoption d'une loi qui offre un cadre légal plus approprié pour les activités des ONG. C'est pour répondre à ces exigences et sollicitations qu'une nouvelle loi a été adoptée en 1999.

La loi n° 99/014 du 22 décembre 1999 régit expressément les « organisations non gouvernementales » (ONG)[229]. Cette loi complète celle de 1990. Elle régit la création des ONG et l'exercice de leurs activités (article 1). Au terme de cette loi de 1999, « *les ONG participent à l'exécution des missions d'intérêt général* » dont les pouvoirs publics délimitent le domaine. Cette loi répond en principe aux exigences des ONG nationales et internationales présentes au Cameroun. Il reste que la promulgation d'une loi est une chose, son application effective en est une autre, Gilbert Antse Tchoungui, ancien ministre de l'Administration territoriale ayant déclaré à la télévision nationale lors des élections présidentielles de 1992, que « *la loi n'est qu'un cadre de référence* ». Jusqu'en mars 2001, les ONG attendent le décret d'application de la loi de décembre 1999. Plus précisément, la loi dispose qu'il n'y a pas d'ONG dans le pays tant que la "*Commission*" à créer ne confère pas ce titre à une structure de développement agissant légitimement dans le cadre de la loi 90/053 du 16 décembre 1990. C'est ce qui fait dire à Pierre Chekem :

> « *En dehors de quelques structures unipersonnelles et ONG internationales ayant des facilités d'accès aux fonds, les ONG locales attendent le décret d'application, la "commission" puis l'agrément et alors seulement suivront les projets et programmes en quête de financements éventuels* »[230].

Le 03 mai 2001, est signé le décret n° 2001/150/PM, portant organisation et fonctionnement de la commission technique chargée des activités des ONG.

---

228 - L'auteur exprime sa reconnaissance pour les précieuses informations recueillies lors d'entretiens avec M. Minang, responsable des ONG à la Représentation résidente de la Banque mondiale à Yaoundé.

229 - Voir annexe, le texte de la loi n° 99/014 du 22 décembre 1999 sur les ONG.

230 - Pierre Chekem : « Note relative au plan de mise en œuvre du programme national de gouvernance et de la loi 99/014 sur les ONG », sur Internet : http://www.wagne.net/devdur/ddh/ddh008.htm.

L'article 2 de ce décret dispose que « l*a "commission" examine les demandes d'agrément et assure le suivi et le contrôle des activités des organisations non gouvernementales* ».

Ces dispositions légales permettent, du moins en principe, de séculariser et de soustraire de l'arbitraire, les relations entre l'Etat et les ONG. Dès lors que les ONG disposent d'un cadre légal adéquat pour l'exercice de leurs activités, elles peuvent consacrer leurs efforts aux missions de développement.

## CONCLUSION DU CHAPITRE

Le chapitre 2 nous a permis de mettre en exergue les besoins des populations locales au Cameroun, les principaux obstacles qui les maintiennent dans la dépendance économique et entravent leur passage au développement, le rôle que les ONG peuvent jouer dans la mise en œuvre des politiques de développement. L'analyse a également montré la réticence des autorités contre toute forme d'organisation alternative. La volonté hégémonique de l'« Etat-régime » (Georges Courage) a contraint les ONG, les organisations paysannes et les coopératives indépendantes à prendre une part toute relative dans le développement communautaire, autant qu'elle a fait frein à l'émergence d'un secteur associatif autonome. La loi de 1999 offre un cadre juridique plus adéquat à l'exercice des activités des ONG, si du moins dans la pratique, la bureaucratie administrative ne les prive pas des prérogatives que leur accorde la loi. Cette loi doit permettre aux ONG locales de mieux déployer leurs activités, et aux ONG internationales de mieux s'engager dans la lutte contre la pauvreté.

CHAPITRE III

# LA COOPÉRATION DES ONG DE DÉVELOPPEMENT : L'AFVP

Les ONG prennent une part active aux programmes nationaux et aux projets des organismes multilatéraux de développement soit individuellement, soit en partenariat avec d'autres ONG, avec les gouvernements des pays bénéficiaires, des pays donateurs et avec les organisations intergouvernementales. La détérioration des conditions de vie dans les pays du tiers monde, l'augmentation sans cesse croissante de l'écart entre pays riches et pays pauvres, les « faillites » de l'aide publique au développement (APD)[231], les mauvaises décisions politiques, économiques et sociales des gouvernements des pays du tiers monde qui accroissent la misère et entretiennent leurs populations dans la dépendance, les idéologies, les guerres et les conflits internes ou externes, les catastrophes naturelles, la fuite des cerveaux et des capitaux, tout ceci a conduit à une réévaluation des causes du sous-développement et à une remise en cause des formes habituelles de l'assistance technique internationale et de la coopération au développement.

Le rôle fondamental et décisif des Etats, et donc de leurs gouvernements, à l'égard du développement de leur pays et de leur population, leur rôle dans la préservation ou la consolidation du droit à l'éducation, à la santé et au logement est remis en première place. En même temps, les valeurs démocratiques de participation de la population à la vie politique, économique, sociale et culturelle font l'objet d'une exigence légitime.

En deuxième lieu, l'aide bilatérale financière, économique et technique des Etats donateurs et l'assistance multilatérale représentent une contribution significative à l'action en faveur du développement, même si les pays en développement jugent cette aide trop insuffisante par rapport à leurs besoins[232]. Alors qu'au cours de la décennie 1970, le pourcentage de l'aide publique au développement (APD) par rapport au PNB avait régulièrement augmenté, on a observé une tendance inverse à partir de la décennie 1980. Alors que l'objectif

---

[231] - sur les faillites de l'APD, lire Sylvie Brunel : Le gaspillage de l'aide publique, Paris, Seuil, 1993.

[232] - « *L'élargissement du fossé qui sépare les pays riches et les pays pauvres montre bien que les politiques d'aide au développement, aussi généreuses soient-elles, n'ont pas atteint leur objectif* », affirme Paul Biya dans son "Discours à la natlon" du 31 décembre 1999 à la télévision nationale.

premier des Nations Unies était de verser 1% du PIB pour l'APD, cet objectif a ultérieurement été réduit à 0,7% du PIB. Or ceci n'a pu être réalisé ces dernières années et la part de l'aide publique dans le PIB a eu tendance à décliner[233].

L'aide privée des organisations de solidarité internationales vient en troisième lieu. Toutefois, la capacité d'action des OSI au niveau macro-économique est limitée d'une part, par leur manque de pouvoirs réels de pression et d'autre part, par la faiblesse de leurs ressources humaines et financières. Malgré la compassion devant la misère et la pauvreté, les OSI ne peuvent que faire la politique de leurs moyens : elles ne peuvent changer les institutions ou des idéologies politiques en place ; elles ne peuvent entreprendre des réformes agraires ; elles se trouvent parfois engluées dans une mécanique perverse où l'argent de l'aide sert à entretenir la « *bourgeoisie patrimoniale d'Etat* » (Jean-François Médard).

En dépit de ces obstacles, l'aide des organismes de participation au développement reste nécessaire. En effet depuis plusieurs années, l'aide publique est sujette à caution : opacité, bureaucratisation, intermédiaires trop nombreux, coûts élevés des experts internationaux, financements détournés, inefficacité, incapacité d'atteindre les couches les plus défavorisées de la population, etc.[234] L'aide publique serait ainsi dépensée en pure perte et, malgré la rhétorique des politiques et des professionnels de la diplomatie, les statistiques du Comité d'Aide au Développement (CAD) - organe de l'OCDE en matière de développement - montrent qu'à peine 5% des sommes allouées au titre de l'APD, notamment en Afrique, servent effectivement au développement. Les ONG par contre, affirme-t-on, réalisent un développement de proximité et à peu de frais.

## I. LES ONG DE DÉVELOPPEMENT EN AFRIQUE

Bien que l'implication des ONG sur le terrain du développement soit relativement récente en Afrique, le phénomène associatif l'est moins. Goran Hyden remarque que les mouvements coopératifs et associatifs ont une longue histoire en Afrique, bien que les jeunes Etats indépendants aient ralenti leur croissance. Ces mouvements coopératifs et associatifs ont pris une part importante dans les guerres d'indépendance et les luttes de libération. Par la suite, certains mouvements associatifs ont été inféodés aux régimes en place, et d'autres ont été muselés ou réduits à l'inactivité[235]. A la faveur du « vent d'Est » qui a emporté le Mur de Berlin et entraîné l'effondrement des régimes communistes à la fin des années 1980, et à la faveur des revendications démocratiques internes, beaucoup

[233] - Voir Commission européenne: Indicateurs de développement durable, Luxembourg, Ed. Communautés européennes, 1997, p. 25.
[234] - Lire Sylvie Brunel, op. cit.
[235] - Goran Hyden : No shortcuts to progress : African development management in perspective, Berkeley, University of California Press, 1983, p. 17.

d'organisations paysannes, de mouvements coopératifs et d'ONG se sont créé dans les pays d'Afrique.

Yves Beigbeder montre que les ONG locales et nationales représentent d'importants secteurs de la société civile. Elles expriment des préoccupations et des doléances, présentent des demandes aux pouvoirs publics, sensibilisent l'opinion publique nationale et internationale sur les besoins de développement, de même qu'elles essayent d'influencer la législation et la réglementation dans un sens favorable à leurs thèses. L'on s'accorde à reconnaître à ces ONG nationales et internationales, les atouts suivants : des compétences techniques de base appréciables, un personnel très motivé et engagé pour le développement, la proximité avec les couches sociales défavorisées, et beaucoup de souplesse dans l'approche des problèmes sociaux et la recherche des solutions.

De nombreuses ONG locales et nationales en Afrique sont encore dépendantes de l'aide méthodologique et du soutien financier des organismes du Nord. Parfois aussi, elles n'ont pas un encrage effectif dans la population qu'elles prétendent représenter. Leur faiblesse ne serait pas simplement conjoncturelle, mais également structurelle, comme le révèle une publication du DES[236] sur les ONG de développement en Afrique de l'ouest. Les résultats de cette enquête peuvent s'étendre à l'ensemble du secteur des ONG locales et nationales en Afrique. Selon ce rapport, les ONG de l'Afrique de l'ouest présentent les faiblesses suivantes :

- Manque d'un profil spécialisé : Les domaines et les zones d'intervention restent généraux. Des enquêtes confirment par exemple que, sur un échantillon de trente ONG maliennes de Bamako et de l'intérieur, 79% interviennent sur toute l'étendue du territoire malien. Tout en annonçant un objet social clair, leurs statuts leur laissent la possibilité d'embrasser tous les secteurs d'activités imaginables, et cet éclectisme nuit à leur efficacité.
- Activités ne correspondant pas aux objectifs institutionnels : Ceci pourrait être révélateur d'une certaine insuffisance de cohérence dans la démarche de ces ONG. En effet, il a été observé que l'allocation des ressources financières par les bailleurs de fonds détermine les priorités d'actions de nombreuses ONG.
- Montage institutionnel insuffisant : Bon nombre d'ONG mettent du temps à parfaire leur dispositif institutionnel. Souvent, les organes de contrôle comme le conseil d'administration ou le bureau exécutif n'existent que sur du papier ou ne jouent pas pleinement leur rôle. Il peut y avoir collusion d'intérêts lorsqu'on retrouve les mêmes personnages aux différents postes clés, ce qui peut entamer la crédibilité de l'ONG auprès de l'opinion publique et des bailleurs de fonds.
- Manque d'investissement dans le suivi des indicateurs de développement au niveau de la « population cible » de l'ONG : Un tel suivi peut être important à la fin d'un projet pour mesurer la durabilité de ses effets.

[236] - Ouvrage collectif : Les puissantes organisations non gouvernementales d'Afrique occidentale, Berlin, Ed. DES, 1996.

- Insuffisance de communication et d'appui mutuel entre les ONG : en effet, en règle générale, les ONG ne se portent guère mutuellement assistance afin d'apprendre les unes des autres[237].

Yves Beigbeder estime que les ONG internationales sont amenées

- à sensibiliser les opinions publiques des pays donateurs aux véritables problèmes du tiers monde, aux causes de ces problèmes et aux remèdes proposés ;
- à soutenir techniquement et financièrement les initiatives de développement des populations du tiers monde ;
- à aider à la formation et au développement d'ONG véritablement indépendantes dans les pays en développement ;
- à mettre en œuvre des micro-projets expérimentaux, en coopération ou par l'entremise d'ONG locales, micro-projets qui pourront ensuite être utilisés comme modèles ;
- à aider à la création d'institutions locales, régionales ou nationales dans les pays en développement, destinées à soutenir l'action de développement à moyen et à long terme ;
- à représenter les ONG nationales et locales auprès des instances de développement des Nations unies et des autres organisations internationales gouvernementales[238].

En dépit de ces dispositions fort généreuses au demeurant, les relations entre les ONG du Nord et celles du Sud apparaissent à bien des égards comme des relations de dépendance, reflétant en cela même la hiérarchie des relations Nord/Sud. C'est que les relations Nord/Sud dans le domaine de la coopération au développement ont généralement été caractérisées, dans le passé, par des transferts financiers, des missions d'experts et de volontaires du Nord vers le Sud. Dans ce sillage, les ONG du Nord sont devenues l'un des véhicules de ces transferts de finances, de techniques et de connaissances et ont, consciemment ou non, assumé une position de domination. Cette relation verticale provoque parfois des méfiances, voire des conflits entre ONG du Nord et ONG du Sud. Mettant en relief cette relation de dépendance, Yash Tandon formule ainsi sa réflexion :

« *Deux interrogations font l'objet de préoccupations concernant l'action des ONG occidentales : qui sont-elles et que font-elles en Afrique ? (...) Sont-elles des missionnaires d'une nouvelle époque et donc les avant-gardes d'un nouvel impérialisme ou sont-elles les alliées des peuples d'Afrique, dans leur incessant combat contre la domination et l'exploitation par l'impérialisme.*

« *La question est donc de savoir si les activités (des ONG occidentales) n'ont pas intensifié la dépendance des peuples africains vis-à-vis de l'Europe plutôt que de les rendre autonomes. En d'autres mots, comment le*

---

[237] - Ibidem, pp. 25-26

[238] - Yves Beigbeder : Le rôle international des organisations non gouvernementales, op. cit., p. 134.

*financement européen des ONG, en Afrique, s'inscrit-il dans la stratégie économique générale de l'Union européenne qui continue à la piller ?* »[239].

Cette difficulté à comprendre les ONG occidentales est due à un certain nombre de raisons : le secret dont elles entourent leurs mécanismes de prise de décisions ; les relations qu'elles entretiennent avec leur gouvernement dont elles reçoivent un pourcentage élevé de leur financement ; la complexité de leurs bases, auxquelles elles doivent rendre des comptes ; les relations historiques de domination entre leurs pays et les pays du Sud et leur refus d'être évaluées par leurs partenaires du Sud.

Pour sortir de l'impasse, le Conseil international des agences bénévoles (ICVA) a défini en 1990 des « *principes directeurs* » visant à promouvoir un véritable « *partenariat* » entre ONG du Nord et du Sud. Suivant ces principes :

- Le partenariat implique une égalité en matière d'engagement et de participation. Le financement dans la mesure où les ONG du Sud, les coopératives paysannes et les mouvements communautaires investissent beaucoup plus que les ONG du Nord en terme d'engagement, de temps, de travail, de matériels et de risques ;
- En règle générale, la responsabilité et la compétence du développement incombe au premier chef, aux ONG du Sud ;
- Le rôle principal des ONG du Nord dans les pays du Sud est de soutenir les ONG nationales et locales, les organisations paysannes, les mouvements associatifs et les initiatives communautaires, principalement en assurant un appui moral, un transfert des techniques, ainsi qu'une aide financière aux programmes de développement. Cette stratégie consiste, pour les ONG du Nord, à passer d'un rôle opérationnel de prestation de services, à un rôle catalyseur. Ce rôle implique une collaboration plus accrue avec les pouvoirs publics et les institutions privées, afin de mettre en œuvre de nouvelles politiques et des changements de structures basés sur des initiatives privées locales ;
- Dans leur propre pays, les ONG du Nord doivent centrer davantage leurs efforts et leurs activités financières sur la collecte des fonds, l'éducation pour le développement et l'action militante concernant les politiques gouvernementales à adopter dans les pays du Nord. Ce travail est nécessaire pour susciter une prise de conscience de la vraie nature du développement et pour préconiser des changements fondamentaux propres à instaurer des relations économiques plus équitables et un développement plus durable ;
- Il est essentiel que dans ses campagnes de collecte des fonds, le Nord ne présente pas le Sud sous une forme paternaliste et négative et, notamment, ne dépeigne pas les populations du Sud comme des personnes indolentes et passives. Les médias véhiculent en effet trop souvent l'image de populations faméliques,

---

[239] - Yash Tandon, « Un point de vue africain sur les ONG étrangères en Afrique : leurres et succès », in Ouvrage collectif : Les ONG. Instruments de néolibéralisme ou alternatives populaires ?, Paris, L'Harmattan, 1998, pp.63 - 67.

souffreteuses, incapables de se nourrir ou de régler leurs conflits autrement que par des guerres tribales. La réalité que les ONG du Nord sont appelées à mettre en évidence est celle de populations qui s'organisent pour affronter les problèmes qui se posent à elles, de populations qui revendiquent leur identité culturelle et refusent une charité condescendante ;

- Les ONG du Nord devraient recruter plus de gens du Sud pour doter en personnel leur siège et leurs bureaux extérieurs, et comme consultants ;

- Les bureaux extérieurs des ONG du Nord ne devraient pas faire concurrence aux activités des ONG nationales et locales, leurs effectifs en personnels étrangers devraient être aussi faibles que possible, leur niveau de vie devrait s'adapter au contexte local ;

- La formule des « projets de développement » se révèle stérile dans la plupart des cas. Par conséquent, les donateurs devraient établir avec les organisations paysannes et les ONG du Sud des relations à long terme, fondées sur des objectifs communs et sur un financement souple portant sur plusieurs années ;

- Il est indispensable que pour toutes les ONG, la planification, le suivi des opérations, l'auto-évaluation deviennent des activités permanentes[240].

- Enfin, lorsque les ONG du Nord ou du Sud ont des activités dans des pays où les ONG locales sont interdites par la loi, elles doivent s'attacher à augmenter la capacité des institutions gouvernementales, des groupes non officiels ou des particuliers avec lesquels elles collaborent. S'il y a lieu, et quand la situation le permet, les ONG extérieures faciliteront l'apparition et le développement institutionnel des ONG locales ainsi que l'interaction entre les ONG naissantes et leurs homologues du Sud.

Le rapport du Conseil international des agences bénévoles (ICVA) affirme que cette évolution des rapports entre ONG du Nord et du Sud ne pourra se faire que progressivement : Certaines ONG occidentales n'abandonneront pas facilement les activités opérationnelles et d'assistance directe qui ont justifié leur fondation, symbolisent leur « image » auprès de l'opinion publique et attirent les dons. Néanmoins, une certaine évolution sera inévitable dans la mesure où gouvernements donateurs et Organisations internationales gouvernementales seront amenés à financer directement les ONG du Sud, quand celles-ci auront fait preuve d'assez de crédibilité. Cette perte d'un certain monopole de financement pourra être compensée, pour les ONG du Nord, par des rapports plus égaux avec les ONG du Sud, qui continueront à leur demander du soutien technique et moral.

Avant d'envisager l'effet de telles prospectives sur les politiques d'aide des Volontaires du progrès, il importe d'examiner les repères historiques de l'AFVP.

[240] - Lire Yves Beigbeder, op. cit. pp. 139 - 141.

## II. LES REPÈRES HISTORIQUES DE L'AFVP

Au lendemain des indépendances, les pays africains s'engagent, par des mécanismes divers, dans ce qu'on appelait alors la construction nationale : édification de l'économie, lutte contre la pauvreté, promotion du développement. Mais du fait de l'étendue des déséquilibres et du déficit des ressources disponibles, les jeunes nations ne peuvent seules satisfaire aux besoins essentiels de leurs populations. La coopération bilatérale et l'aide multilatérale des ONG constituent certes des appoints nécessaires. Le volontariat, d'abord exercé par des organisations d'origine chrétienne, offre l'exemple d'actions où, à travers des micro-réalisations en santé, en éducation ou en agriculture, l'on pourrait aider au « développement à la base ». Certes, la coopération bilatérale ou multilatérale, technique ou financière, contribue à réaliser des programmes de développement ; mais il s'agit en général d'une forme d'aide qui vise avant tout à réduire les grands déséquilibres macro-économiques. Par contre les mouvements associatifs, du fait de leur flexibilité, de leur aptitude à entreprendre des initiatives au niveau de base avec des ressources limitées et à atteindre les populations dans leur vécu quotidien, du fait également qu'ils conçoivent le développement non en terme d'équilibres macro-économiques mais en terme d'accompagnement des initiatives populaires et de soutien aux plus pauvres, les mouvements associatifs s'engagent ainsi à coopérer autrement, en aidant des groupes de populations à entreprendre des micro-projets au niveau local.

En France, De Gaulle veut formaliser les liens d'amitié et d'entraide entre la jeunesse française et les pays africains nouvellement indépendants. C'est ainsi que le 06 août 1963 est constituée l'Association Française des Volontaires du Progrès, dont le but est de « *promouvoir le rapprochement de la jeunesse française et la jeunesse des Etats d'outre-mer, en organisant leur participation commune à diverses formes d'action en vue du développement* »[241]. L'AFVP est ainsi une initiative de l'Etat qui intègre les mouvements associatifs.

Si l'on discerne mieux les protagonistes (les pouvoirs publics et les mouvements de jeunesse), l'objectif associatif – "*rapprocher la jeunesse française de la jeunesse des Etats d'outre-mer*" – n'est pas facile à discerner. Certes Raymond Triboulet, alors ministre de la Coopération, avait dressé une feuille de route :

- la nécessité d'atténuer la disparité entre les conditions de vie des citadins et celles des populations rurales ;
- le devoir de fixer dans les campagnes une jeunesse attirée par les villes et d'animer les masses paysannes, afin de les faire progresser au même rythme que les couches urbanisées de la population ;

---

[241] - Journal Officiel (France) du 17 août 1963, cité par Jean-Dominique Boucher : L'aventure solidaire. Volontaires pour le tiers-monde, Paris, Karthala, 1990, p. 49 ; lire également Yves Hardy : L'Odyssée des volontaires. Eléments d'enquête sur l'histoire de l'AFVP, Montlhéry, 1994, p. 9.

- faire participer plus activement la jeunesse africaine au développement de leurs jeunes nations[242].

Il s'agit ainsi pour les autorités françaises de renforcer, à travers le volontariat et le mouvement associatif, les efforts de coopération dans les anciens territoires. Les mauvais souvenirs coloniaux à effacer, la volonté de contribuer au développement des anciennes possessions, bref de bonnes œuvres qui n'étaient pas des « sanglots de l'homme blanc » que décrira plus tard Pascal Bruckner, en choisissant lui aussi le bon titre[243]. Les mots « aide », « assistance », traduisent certes la volonté d'améliorer les conditions de vie dans les pays en développement. Mais dans le contexte géostratégique de l'Afrique post-indépendante où les grandes puissances cherchaient à établir ou à consolider leur influence sur les jeunes Etats qui viennent d'accéder à la souveraineté internationale, les notions d'« aide » ou d'« assistance » au développement pouvaient masquer des intentions officieuses et servir des intérêts inconnus du volontaire penché sur le sillon, plongeant dans le puits ou soignant des infections dans un dispensaire de brousse.

L'aide aux « Etats d'outre-mer » répondait-elle uniquement à l'objectif associatif officiel ? Jean-Dominique Boucher et Yves Hardy sont circonspects. L'un et l'autre affirment qu'à l'origine de l'AFVP, les pouvoirs publics français avaient également des mobiles politiques et stratégiques. En 1961 en effet, le Président Démocrate John Fitzgerald Kennedy a lancé le Corps de la Paix : des volontaires américains aux activités multiformes sont envoyés dans les pays du tiers monde. L'entreprise monte en puissance et, dès le milieu de l'année 1963, 4100 *Peace corps* sont en service en Afrique, Amérique latine et Asie. En 1967, l'on dénombre 500 de ces volontaires dans le seul Nigeria, soit plus que les Volontaires du progrès dans l'ensemble de l'Afrique francophone. Ainsi, la création de l'AFVP répondait également à la volonté de réduire l'influence des *Peace corps* dans le pré-carré francophone en Afrique, d'éviter que les Etats-Unis monopolisent la novation en matière de coopération sur les terres d'influence française traditionnelle[244]. La légende veut qu'au lendemain de l'initiative de Kennedy, le Général De Gaulle ait interpellé son Ministre de la coopération : « *Alors Triboulet. On se fait tailler la croupière en Afrique, et nous ne faisons rien...* ». L'intéressé, à qui l'on rapporte l'anecdote, dément, tout en reconnaissant que « *la menace* » était sérieuse. « *Notamment, le danger linguistique. Certains Peace corps se muaient, ici ou là, en professeurs d'anglais* »[245].

---

242 - Lire en annexe, la note du Ministre Triboulet aux Ambassadeurs de France.

243 - Pascal Bruckner : Le sanglot de l'homme blanc, Paris, Seuil, 1996.

244 - Lire Jean-Dominique Boucher, op. cit., pp. 55-59 ; lire également Yves Hardy, op. cit., pp. 16-19. Bien que l'AFVP soit devenue une « *véritable ONG* », l'article 3 de ses statuts dispose que : « *Dans l'élaboration de ses programmes, l'Association s'attache à prendre en compte les orientations à moyen terme de la politique de la coopération de la France, s'agissant notamment des zones de solidarité prioritaire.* » Disponible sur Internet : http://afvp.org/connaître/statuts.html.

245 - Propos cités par Yves Hardy : L'Odyssée des volontaires. Eléments d'enquête sur l'histoire de l'AFVP, Montlhéry cedex, Ed. AFVP, 1994, p. 18.

La « menace » provient également d'outre-Rhin. En 1962 en effet, des observateurs de l'Allemagne Fédérale partent aux Etats-Unis étudier le fonctionnement des *Peace corps*. Un programme - « enseigner et aider outre-mer » - est bientôt mis sur pied. Le 24 juin 1963 est fondé le Service allemand pour le développement (*Deutscher Entwicklungsdient - DED*) en présence du chancelier Konrad Adenauer et de John Fitzgerald Kennedy.

Le 19 janvier 1964, les premiers Volontaires du Progrès (VP) partent en République centrafricaine. L'implantation réussie en Centrafrique permet de poursuivre l'expérience au Gabon, au Tchad, puis dans une dizaine de pays de l'Afrique noire francophone. L'initiative rencontre un succès croissant auprès des jeunes, comme l'atteste la montée régulière des effectifs de volontaires : environ de 100 VP à la fin de l'année 1964, 200 un an plus tard, 500 en 1968. L'AFVP s'est certes constituée alors que les rivalités franco-américaines s'aiguisaient en Afrique, et que la jeunesse française souhaitait tourner la page algérienne. Mais le projet a perduré bien au-delà des raisons conjoncturelles qui ont accompagné sa naissance.

Sur le terrain, les Volontaires du progrès travaillent en collaboration avec d'autres mouvements associatifs, la Délégation catholique à la coopération (DCC) ou la Jeunesse agricole chrétienne (JAC) entre autres. Au début, les actions de développement auxquelles participent les VP sont conçues sous le modèle de « plate-forme » ou de « directives générales » ; elles manquent parfois de cohérence et de suivi. Evidemment, ce modèle d'action au coup par coup ne peut faciliter la reproduction à grande échelle des expériences isolées. «*Les consignes que nous recevions étaient vagues : améliorer les conditions de vie des paysans* »[246]. D'où la multiplication effrénée d'actions ponctuelles dans divers domaines, des actions ponctuelles qui ne s'intègrent pas dans des programmes globaux de développement et qui ne visent pas des objectifs cohérents à long terme. « Vaincre la pauvreté » semble le seul leitmotiv. D'où quelquefois l'absence de directives dans les interventions, et une dispersion des énergies. « *La croisade volontaire manque surtout à cette période de points d'appui* »[247].

Faute d'une doctrine globale d'intervention, l'Association rassemble ses membres sous le même « esprit VP » : « *la valeur de l'exemple, la puissance de l'entraînement, l'efficacité du travail en commun* ». Il existe bien à cette phase initiale des erreurs d'orientation, des échecs des actions, parfois également le sentiment d'impuissance face à l'ampleur des difficultés. De plus, la réputation de « francs tireurs de la coopération » de jeunes volontaires sympathiques mais absorbés par leurs micro-réalisations, constituait un handicap à l'action des « pionniers aux mains nues ». Les dirigeants de l'AFVP ont ainsi tenté de dynamiser l'Association, en insistant sur la notion d'efficacité et sur l'implication

---

246 - Propos d'un VP cités par Yves Hardy, op. cit., p. 32.
247 - Yves Hardy, op. cit., p. 32.

croissante des volontaires dans les structures nationales des pays où ils interviennent.

En dehors de la mission traditionnelle d'aide au développement, les VP participent également à des opérations d'urgence ou opérations d'aide humanitaire.

Entre 1967 et 1970, une sanglante guerre civile se déroule au Nigeria. La province côtière, voisine du Cameroun, le Biafra, en quête d'indépendance, affronte la pouvoir central de Lagos. A l'origine du conflit se mêlent un antagonisme ethnique - les Ibos de l'Est de la Fédération nigériane s'opposent aux populations Haoussa et Fulani - et des intérêts économiques, l'exploitation des gisements pétroliers orientaux. La population souffre de la guerre et de la famine. Des Volontaires du progrès, basés au Gabon, se reconvertissent dans l'urgence humanitaire. Avec des volontaires allemands aidés par la Caritas, ils travaillent à sauver plus de 2000 enfants biafrais qui ont ainsi été recueillis, soignés et nourris.

En 1974, le Soudan fait face lui aussi à la guerre civile, vieux conflit qui a éclaté même avant l'indépendance (1er janvier 1956). La ligne de fracture entre l'Afrique blanche et l'Afrique noire traverse le pays. La politique d'arabisation et d'islamisation à outrance des autorités politiques et religieuses est refusée par les populations des trois provinces méridionales, animistes ou chrétiennes. Les opérations de représailles contre les rebelles Anya-Nya sont si violentes que les populations fuient en masse le Sud-Soudan en direction des pays limitrophes (Centrafrique, Zaïre, Ouganda, etc.). Un accord de paix signé à Addis-Abeba entre les protagonistes (27 février 1972), autorise enfin le retour progressif des réfugiés. C'est un immense défi, car ils sont environ 400000, hébergés dans des camps de fortune, à souhaiter la réinstallation. Les autorités locales ne peuvent seules faire face à l'ampleur de la tâche. C'est ainsi que l'AFVP participe à l'action solidaire. Entre 1974 et 1975, les VP contribuent, aux côtés des volontaires allemands, à la remise en état d'hôpitaux et de dispensaires, mais aussi à la réalisation d'aménagements d'hydraulique rurale, pour inciter les villageois à la reprise des activités agricoles et pastorales. Malheureusement aujourd'hui encore, les mêmes causes produisant les mêmes effets, le conflit séculaire entre le nord et le sud du Soudan aggravé par la famine, génère toujours de nombreuses victimes.

En 1973 et 1984, le Sahel connaît de graves sécheresses. Au nord du Niger, l'exode des populations est massif. L'AFVP se mobilise et décide de convertir les projets. Elle opte pour des actions agricoles capables de freiner la grande migration. Notamment, des parcelles maraîchères équipées de petits puits artisanaux, où les fûts en tôle remplacent les buses en béton, les puits "tonneaux" déjà expérimentés ailleurs dans le Sahel. Les souhaits des mouvements associatifs coïncident avec les plans gouvernementaux. Face à la dégradation de la situation alimentaire, le Gouvernement du Niger décide de procéder à l'exploitation optimale de toutes les superficies aménagées et à l'établissement d'un programme intensif de culture de contre-saison. Le projet peut prendre une dimension nationale. Le collectif des ONG du Niger adopte la démarche. Les parcelles de carottes, salades, tomates et autres légumes à croissance rapide essaiment bientôt jusqu'aux confins du désert comme dans les recoins de la capitale, Niamey. Des vivres qui aident à réduire la disette en attendant la prochaine récolte. Dans un bilan publié quelques mois plus tard, l'on peut lire :

« *Ce que la pluie n'avait pas permis, le Nigérien l'a réussi. Il a fait reverdir des milliers d'hectares. Le découragement a cédé la place à la volonté de se battre contre les éléments. Cette fois, le paysan n'a pas eu à tendre la main, sinon pour saisir l'outil de jardinage* »[248].

Guy Marty, président de l'Association, admet que l'opération « Urgence Niger » de l'AFVP a contribué à enrayer la famine et à réduire l'exode dans cette région du Sahel. Il est néanmoins circonspect :

« *Rien n'est jamais acquis, affirme-t-il. Dans le besoin d'agir vite, on n'avait pas toujours pris en compte les statuts fonciers. J'ai ouï dire que deux ou trois ans plus tard, les propriétaires des bouts de sable transformés en jardins productifs sont venus réclamer leurs lopins. Et beaucoup les ont obtenus* »[249].

Cette réflexion souligne les limites du volontariat et des mouvements associatifs. Des actions ponctuelles et la bonne volonté ne peuvent suffire à faire le développement. Les mouvements associatifs et les volontaires ne peuvent surmonter les déséquilibres macro-économiques ou les difficultés structurelles liées par exemple au droit foncier ou à la réforme agraire.

Si, sur le terrain, la « bonne action » des VP ne peut surmonter les déséquilibres structurels des économies des pays assistés, au sein même de l'Association, le nécessaire débat fait défaut. Sans doute parce que l'AFVP reste adossée aux pouvoirs publics qui lui fournissent l'essentiel de ses ressources - et lui dictent peut-être aussi sa politique. Une Amicale des Anciens Volontaires est créée en 1968. En novembre 1978, cette Amicale publie un dossier sur la sécheresse au Sahel, dossier qui recèle des critiques de la politique extérieure de la France vis-à-vis des pays en développement : « *Le Niger en est à quémander une aide internationale pendant que l'uranium de l'Aïr part quasi gratuitement vers la France* ». L'enquête publiée en 1975 sur l'initiative de l'Amicale, "100 anciens Volontaires parlent", est également critique. Ces anciens Volontaires regrettaient que l'aide au développement dans laquelle on les avait engagés fût si souvent mal

---

248 - Editorial de la revue Volontaires, n° 41, spécial « Opération Urgence Niger 1985 ». Dans L'Aventure solidaire, J.-D. Boucher évoque « *la dignité retrouvée des jardiniers du Sahel* ».

249 - Cité par Yves Hardy : L'Odyssée des volontaires. Eléments d'enquête sur l'histoire de l'AFVP, op. cit., p.68.

définie. « *Et d'abord qu'est-ce que le développement ?* », s'interrogeaient-ils à nouveau, avant de répondre :

« *L'objectif final du développement est la possibilité pour une population de se prendre en main, de s'autogérer, d'exercer son pouvoir (...). Les Volontaires définissent le développement comme une action qui tend à supprimer les dominations sur un groupe humain (...). Ils souhaitent donc travailler hors des structures néocoloniales et envisagent même, logiquement, d'être expulsés* ».

Cette remise en question était objective, mais dépassait sans doute ce que pouvait supporter l'institution. La rupture est définitive entre l'Association, adossée aux pouvoirs publics, et ses anciens volontaires, au cours de cette même année 1975.

Les contestataires stigmatisaient également les faiblesses de l'Association, certes dotée d'un « esprit VP », mais dépourvue d'une doctrine cohérente d'intervention. Ici également, la critique est précise : « *Compter encore sur l'improvisation, le grand bain dans l'Afrique profonde, et la bonne volonté, ne peut tenir lieu de politique* ». Ou encore :

« *Le développement est une chose trop sérieuse pour qu'on s'en occupe en amateur. Faire du développement c'est faire la synthèse des aspirations d'une collectivité, définir des projets prioritaires et réaliser des projets élaborés en prenant les moyens de le faire correctement* »[250].

Ces remises en cause annoncent de profonds changements que subira l'Association à la fin de la décennie 1970. En juin 1977 en effet, le nouveau Délégué général de l'Association rédige un texte d'orientation, qui dresse l'état des lieux et introduit davantage de volontarisme : « *Après avoir mené la politique de ses moyens, écrit-il, l'AFVP doit maintenant, pour assurer son développement, rechercher les moyens de sa nouvelle politique* ». Il insiste sur la qualité opérationnelle de l'appui à fournir aux VP, car « *une entreprise qui renouvelle tous les deux ans la quasi-totalité de ses effectifs n'est pas a priori crédible* »[251]. Il réorganise en ce sens les structures de l'Association. A la Délégation générale, une cellule technique est créée. Les implantations de l'AFVP dans les pays africains se multiplient. Elles prennent le titre de Délégation régionale (DR) - appellation valorisante mais impropre, car le Délégué n'est le plus souvent responsable de l'Association que dans un seul Etat[252].

Vis-à-vis des pouvoirs publics, la situation de dépendance financière absolue du ministère de la Coopération n'est pas satisfaisante. Autrement dit, l'Association veut éviter le tête-à-tête exclusif avec le ministère de tutelle. De même, on

---

250 - Jean-Dominique Boucher : L'Aventure solidaire, op. cit., pp. 72-74.

251 - « Perspectives et conditions de développement des activités de l'AFVP », 7 juin 1977, document interne de l'Association .

252 - Depuis fin 1996, la compétence de la Délégation régionale de l'AFVP au Cameroun comprend également la nouvelle implantation de l'Association en Guinée Equatoriale, avec siège à Yaoundé.

commence à parler plus de « projets de développement » que de « rencontres des jeunesses ».

Toutefois, ce qui apparaît rétrospectivement comme une grande innovation au sein de l'Association avait été simplement, en cette fin de la décennie 1970, une réforme de l'équipe dirigeante visant d'abord à formaliser une évolution à l'épreuve sur le terrain, pour permettre aux petites opérations déjà entreprises, de prospérer.

Après une quinzaine d'années cette approche stratégique, qui avait pourtant marqué une certaine évolution dans la politique d'intervention des Volontaires du progrès, parut ne plus répondre adéquatement ni aux attentes de la jeunesse française désireuse de coopérer autrement, ni aux attentes des pays africains dont les besoins de plus en plus urgents en matière de développement exigeaient de nouvelles méthodes d'action. A l'AFVP, le changement est ainsi entrepris dans trois directions :

- Les objectifs : le but de l'Association est désormais la participation, mieux l'accompagnement. L'AFVP ne renonce pas à l'idée de « volontariat », mais elle introduit une exigence prioritaire, qui est de jouer un rôle effectif en faveur du développement ;
- Les statuts : le président de l'Association n'est plus statutairement le ministre de la Coopération. Il est désormais élu par le comité directeur, pour un mandat de deux ans renouvelable. Outre l'argument démocratique, une autre raison pécuniaire militait en faveur d'un tel changement. Rêvant d'expansion, l'AFVP souhaitait également bénéficier des crédits de la Commission des communautés européennes, en l'occurrence des crédits du Fonds européen de développement, au titre d'ONG. Or avec son ministre-président, l'AFVP dérogeait aux règlements de Bruxelles et ne pouvait prétendre au label associatif. A travers la réforme des statuts, l'AFVP est devenue, juridiquement, une « organisation non gouvernementale »[253]. Mais elle reste une association de co-gestion. L'objectif associatif est modifié, la ressource financière budgétisée. L'AFVP peut désormais prétendre aux crédits FAC. Les anciens Volontaires et les salariés jouent un rôle plus important dans les choix de l'Association. Dans la même perspective, le contrat qui lie le Volontaire à l'Association est rénové. Une nouvelle « charte des Volontaires du progrès » précise bientôt les droits et les devoirs des Volontaires vis-à-vis de l'Association. Autre innovation, l'AFVP peut signer des accords de siège avec les gouvernements des pays étrangers - prérogative autrefois réservée au ministre de la Coopération et exercée par délégation de pouvoir, par les Ambassadeurs de France.
- Les financements : la subvention du ministère reste importante, mais les sources de financement se sont diversifiées, notamment grâce aux concours extérieurs : les financements de la Commission européenne pour le développement des pays d'Afrique, de la Caraïbe et du Pacifique (ACP), et qui s'inscrivent dans le

[253] - Lire l'opuscule intitulé : Etre volontaire aujourd'hui, Montlhéry, Ed. AFVP, 1984, p. 14.

cadre d'un accord multilatéral dénommé la Convention de Lomé ; les financements de l'Association internationale pour le développement (IDA-Banque mondiale), etc.[254] Dans cette diversification des partenaires financiers, l'objectif était de rendre l'Association moins dépendante de la subvention de fonctionnement du ministère de la Coopération. La part de ces financements extérieurs, partie de 0% en 1979, dépasse aujourd'hui 50% du budget de l'AFVP[255].

De même pendant quinze ans, l'AFVP s'était officiellement contentée de gérer la mise à disposition des Volontaires. Elle se mue désormais en opérateur de développement. Ce changement est fondamental. La politique de présence, la religion du nombre cèdent à la logique des projets. Au-delà du vocabulaire, c'est toute une méthodologie qui est repensée : élaboration d'objectifs précis avant le début de l'intervention, identification des couches de populations visées, identification également des partenaires locaux ou extérieurs. Concrètement, l'AFVP a renoncé à pourvoir des postes ; désormais, elle réalise des opérations. Si les Volontaires ne renoncent pas à l'«esprit VP » pour une approche plus technicienne, ils adoptent des démarches d'intervention centrées sur le développement global.

Ainsi des équipes de médecins-volontaires qui, dès 1977 au Sénégal, aident les populations rurales, à base d'éducation sanitaire et de prévention, à prendre en charge elles-mêmes leurs problèmes de santé. Bientôt l'OMS catalyse le mouvement, sous le concept de « politique de soins de santé primaires ». C'est le tournant d'Alma Ata (septembre 1978), avec son slogan irréaliste : « La santé pour tous en l'an 2000 ». Les VP au Sénégal forment des agents de santé communautaire, construisent des cases de santé, accroissent la couverture vaccinale. L'important fut la reconnaissance par les autorités sénégalaises, au début des années 1980, du caractère de l'opération. Le projet associatif est plébiscité par le gouvernement sénégalais et devient partie intégrante d'une stratégie nationale de santé. Les soins de santé primaires sont ainsi intégrés comme dernier échelon du district sanitaire. Néanmoins, le succès de l'opération tient moins à une volonté délibérée de l'Association, alors en restructuration, qu'à d'audacieuses initiatives des Volontaires sur le terrain[256].

Une expérience similaire de projet de développement qui intègre les structures nationales a lieu au Rwanda en 1983, sous la forme des PPIDC (Programmes de participation intégrée au développement communal). Les communes rwandaises, simples entités administratives au départ, sont devenues au fil des années et par la volonté des autorités, de véritables cellules de base de développement. Les VP impliqués dans ce programme travaillent en partenariat avec les communes. Les priorités sont définies en accord avec les orientations du IVe Plan national. Les objectifs retenus sont inscrits dans un PPIDC, véritable programme de travail, où

254 - Disponible sur Internet : http://afvp.org/partenaire/nord.html.
255 - Lire AFVP : Rapport d'activité 1995, Linas, Ed. AFVP, 1996, p. 43.
256 - Lire Yves Hardy : L'Odyssée des volontaires, op. cit., pp. 95-97.

les rôles et devoirs de chacun sont précisés pour cinq ans[257]. Ce schéma d'appui à l'organisation communale fonctionnait toujours, jusqu'à ce que le long martyre du peuple rwandais, entamé en avril 1994, enterre aussi les espoirs de développement.

En somme, les restructurations entreprises dès 1978 visent à
« *redéfinir les actions volontaires en prenant mieux en compte les logiques paysannes ou citadines africaines, infléchir en conséquence l'outil associatif* »[258].

La réforme des statuts, de même que la diversification des partenaires financiers ont permis à l'Association d'acquérir, du moins en principe, une « totale autonomie ». Autonomie vis-à-vis des pouvoirs publics avec qui l'Association n'est plus en situation de tête-à-tête, mais aussi autonomie vis-à-vis des bailleurs de fonds qui, diversifiés, ne peuvent pas « imposer leur politique » aux Volontaires sur le terrain. La réalité montre pourtant que l'Association n'est pas totalement à l'abri des jeux et enjeux du politique. En 1981, au lendemain de la victoire des socialistes aux élections présidentielles françaises, le gaulliste Robert Galley, Président élu de l'AFVP depuis 1979, « démissionne », car dit-il, « l'Association devait rester en parfaite adéquation avec le Ministère de la coopération ». Les élections législatives de 1986 donnent la victoire à la coalition RPR/UDF[259]. Michel Aurillac, alors Ministre de la coopération sous le régime de la cohabitation, prenant position sur le statut du Président de l'AFVP, a eu ces propos : « Il m'est difficile de laisser un adversaire politique à la tête d'une association qui gère près de 200 millions de Francs de budget ». Autant d'imbrications politiques qui ne sont pas le reflet exact d'une association « totalement indépendante ».

A l'AFVP, les années 1983-86 furent également celles du démarrage d'actions concertées avec les collectivités locales ; du lancement du programme VED (Volontaires européens de développement) en liaison avec les partenaires allemands ; d'une active politique de relations publiques destinée à diversifier et à accroître le nombre de donateurs ; de l'expérimentation de la démarche « gestion de terroir », etc.[260] Ainsi au fil des ans, les savoir-faire de l'AFVP s'affirment, et autorisent de nouvelles ambitions. En Afrique sub-saharienne par exemple, la dégradation des sols et de la végétation oblige à repenser les interventions. En 1988, les Délégués régionaux de l'Association remarquent :
« *Depuis plus de dix ans, l'AFVP a acquis une solide expérience en matière d'hydraulique de surface et d'aménagement des bas-fonds. Force est de constater que dans ces domaines, notre approche a longtemps été ponctuelle, dans le temps et dans l'espace. Plusieurs délégations régionales sont maintenant convaincues que seule une meilleure connaissance de*

---

257 - Editorial de la revue de l'AFVP n° 42, « Spécial Rwanda » (juillet 1985).

258 - Yves Hardy, op. cit., p. 108.

259 - Rassemblement pour la République / Union pour la Démocratie Française, coalition de droite dirigée par le RPR Jacques Chirac.

260 - La revue Volontaires a publié entre 1990 et 1992 des dossiers sur chacun de ces thèmes.

*l'organisation humaine et naturelle du terroir, de son évolution, peut aider le Volontaire à définir avec les paysans une démarche globale d'aménagement de terroir »*[261].

De fait, dans les zones rurales, les programmes de gestion des terroirs villageois deviennent de nouvelles priorités que soutient l'Association. Il en est de même dans les programmes de santé. En effet, la politique des soins de santé primaires avait privilégié la construction des cases-santé dans les villages de brousse. Des opérations de reconversion sont menées sur le même mode qu'au Sénégal. Les Volontaires sont désormais présents aux trois niveaux des districts, l'hôpital régional, les centres de santé et les postes communautaires. Cela n'empêche pas les systèmes sanitaires des pays africains de se détériorer. Des avancées ont été marquées grâce aux vaccinations des nourrissons, aux procédés de réhydratation par voie orale des enfants diarrhéiques, mais des reculs enregistrés en raison notamment de la progression du paludisme résistant à la chloroquine et de l'extension de la pandémie du sida. Pour assurer vaille que vaille la pérennité des dispositifs, les Ministres africains de la santé ratifient en 1987, l' « Initiative de Bamako ». Elle met en avant, en particulier, le principe de recouvrement partiel des coûts, ce qui met un terme à la gratuité des soins. La ponction sur les faibles budgets familiaux est certes tempérée par la diffusion accrue des médicaments dits « génériques », commercialisés à faible prix.

En fin de compte, les interventions de l'AFVP gagnent en cohérence. Au début, elles pouvaient apparaître comme une somme d'actions ponctuelles, sans lien entre elles. Dès la décennie 1980, la plupart des opérations sont insérées dans des programmes et relèvent de la thématique du développement local, suivant trois axes : aménagement rural et urbain, projets économiques (PME, secteur informel) et à caractère social (santé, formation). Ces trois axes d'intervention sont élaborés sous le mode de soutien aux opérateurs locaux africains. Les groupes paysans, les ONG nationales et locales, les groupements d'intérêt économique ainsi que les bureaux d'études sont appréhendés comme les indispensables relais de la société civile. Le développement local constitue certes le leitmotiv de l'AFVP, mais agir localement ne dispense pas de penser globalement. La restructuration d'un quartier n'est qu'une composante d'un projet de ville, lui-même partie d'un schéma d'aménagement régional. Cette vision globale de l'aménagement pose à terme la question de la décentralisation.

Au début des années 1990, avec l'amorce du processus démocratique et l'émergence de nombreuses ONG nationales et locales dans les pays africains, certains critiques ont estimé que la présence des volontaires occidentaux, perçue comme une simple béquille des temps difficiles, était devenue obsolète. Une vision

[261] - Cité par Yves Hardy, op. cit., p. 120.

que récusent les dirigeants de l'AFVP. Ils préfèrent célébrer les vertus du partenariat :

« *Plutôt que de poser les problèmes en termes de concurrence, de rivalités entre ONG du Sud et du Nord, initiatives villageoises et projets portés par des intervenants extérieurs, définissons plutôt les complémentarités entre les unes et les autres. Il y a suffisamment à faire* »[262].

Plus de 8000 Volontaires du progrès ont accompagné, entre 1964 et 2000, des populations d'Afrique, des îles de l'océan indien et de la Caraïbe, sur les chemins du développement. Il semble pourtant que dans cette Afrique, marginalisée au plan économique et social, et qui cumule des handicaps sociaux (démographie galopante, analphabétisme, urbanisation chaotique, situation sanitaire dégradée), tout reste à faire. Décourageante perspective ? Pas vraiment. L'AFVP ne cherche pas à relever des défis au-dessus de ses forces. Les Volontaires du progrès espèrent avant tout administrer la preuve de leur utilité. Réaliser cette ambition suppose l'existence, au sein de l'Association, d'une structure organisationnelle dynamique.

## III. ORGANISATION STRUCTURELLE DE L'ASSOCIATION

L'AFVP est une Association d'associations. Elle reste irriguée par des associations de Jeunesse et d'Education populaire qui la dirigent, en parité avec les pouvoirs publics. Parmi ces mouvements associatifs, on retrouve bien sûr des organisations de Jeunesse, mais aussi des organismes à vocation sociale et culturelle s'intéressant aux relations avec le tiers monde, ainsi que quelques personnalités. En tout, une vingtaine de membres ayant en commun la participation volontaire aux opérations de développement.

Tableau 8 : Les membres de l'AFVP

| |
|---|
| L'AFVP, association de droit français, dirigée selon un mode paritaire par les organisations de solidarité internationale, les principaux mouvements de jeunesse et d'éducation populaire et les pouvoirs publics français, est constituée des membres suivants :<br><br>. AFDI : Agriculteurs Français et Développement International ;<br>. AGIR abcd : Association Générale des Intervenants Retraités ;<br>. BIOFORCE : Bioforce Développement Rhône – Alpes ;<br>. CEMEA : Centre d'Entraînement aux Méthodes d'Education Actives ;<br>. CLA : Clair Logis Afrique ; |

[262] - Cité par Yves Hardy, op. it., p. 130.

| |
|---|
| . CNJA : Centre National des Jeunes Agriculteurs ;<br>. EEDF : Eclaireuses et Eclaireurs de France ;<br>. FEEUF : Fédération des Eclaireuses et Eclaireurs Unionistes de France ;<br>. FNLL : Fédération Nationale Léo Lagrange ;<br>. FRANCAS : Francs et Franches Camarades ;<br>. LFEEP : Ligue Française de l'Enseignement et de l'Education Permanente ;<br>. SDF : Scouts de France ;<br>. SCD : Service de Coopération au Développement ;<br>. UCEI : Union des Centres d'Echanges Internationaux ;<br>. UCJG : Alliance des Unions Chrétiennes de Jeunes Gens de France ;<br>. VD : Volontaires et Développement. |
| . Ministère des Affaires Etrangères ;<br>. Ministère de la Coopération ;<br>. Ministère de la Jeunesse et des Sports ;<br>. Ministère de l'Economie et des Finances ;<br>. Ministère de l'Education Nationale. |

Source : AFVP : Panorama des activités 1998, Linas-Montlhéry, Ed. AFVP, 1999, p. 4.

Il importe sans doute de mettre en exergue cette composition de l'AFVP, car les Volontaires ne sont pas statutairement membres de l'Association. Ils prêtent leurs services à l'AFVP, on pourrait dire qu'ils en sont les « usagers ». Les membres de l'AFVP sont des associations et des ministères. C'est ce qui fait dire que l'AFVP est une « Association d'associations ».

L'Association est dirigée par un comité directeur. Celui-ci est l'émanation de son Assemblée générale et est composé à parité par des représentants élus du secteur associatif et par les représentants de droit des pouvoirs publics.

Tableau 9 : Structure associative de l'AFVP

| | |
|---|---|
| **AGI** (Assemblée Générale Information)<br>Près de 400 adhérents : anciens volontaires, salariés et anciens salariés | |
| **AGD** (Assemblée Générale Délibérative) | |
| **MEMBRES DE DROIT** | **MEMBRES ADHÉRENTS** |
| Représentants des<br>ministères des Affaires étrangères,<br>de la Coopération,<br>de la Jeunesse et des sports, | Représentants du secteur associatif,<br>des anciens volontaires,<br>des salariés et anciens salariés,<br>des personnalités |

de l'Economie et des finances,
de l'Education nationale

**COMITÉ DIRECTEUR**

Il est composé de six membres de droit désignés par les pouvoirs publics et de six membres élus par les membres adhérents de l'AGD

**BUREAU**

- Président
- Vice-Président
- Trésorier
- Trésorier adjoint

Source : AFVP : Rapport d'activités 1995, Linas-Montlhéry, Ed. AFVP, 1996.

Tableau 10 : Structure exécutive au siège

| Délégué général |
|---|

| Chargé de mission auprès du Délégué général | Chargé de relations extérieures | Contrôleur de gestion | Responsable Afrique de l'ouest côtière | Responsable Afrique centrale et océan indien | Responsable Afrique sahélienne |
|---|---|---|---|---|---|

| Service des opérations de développement (SOD) | Direction administrative et financière (DAF) | Service des Volontaires (SDV) | Service information et promotion (SIP) | Volontaires européens de développement (VED) |
|---|---|---|---|---|
| Programmes de développement soutien technique finances | Comptabilité gestion des délégations générales service du personnel | Programmation sélection recrutement suivi sur le terrain réinsertion | Documentation publications | Service des Volontaires de l'Union européenne |

Source : AFVP : Rapport d'activité 1995, op. cit.

Sous l'autorité du président, le délégué général assure l'exécution des décisions du comité directeur et veille à la mise en œuvre des programmes adoptés. A la délégation générale, le Service des opérations de développement est la cheville ouvrière en matière d'organisation et d'exécution des programmes, cependant que les Volontaires constituent la principale force d'exécution sur le terrain.

Les Volontaires du progrès sont aujourd'hui présents dans environ vingt-cinq pays du tiers monde, principalement en Afrique. Sur le terrain, les actions des VP sont coordonnées et suivies par des délégations régionales. Celles-ci ont d'abord été ouvertes dans les anciens territoires français d'outre-mer, c'est-à-dire les nouveaux pays indépendants avec qui le Ministère de la coopération avait affaire lors de sa création : Centrafrique, Sénégal, Mali, Côte d'Ivoire, Niger, Togo, Bénin, Cameroun, Gabon, Djibouti, Congo, Comores, Burkina Faso, Guinée, Haïti. S'y sont ajoutés d'autres pays dits francophones, mais qui n'ont pas été colonies françaises : Rwanda, Burundi, etc. Enfin d'autres pays où la langue officielle n'est pas le français, mais l'anglais, le portugais ou l'espagnol : Seychelles, Maurice, Somalie, Mozambique, Guinée Bissau, Guinée Equatoriale, Sierra Leone, Cap-Vert, São Tomé, etc.

Tableau 11 : Structure exécutive de terrain

| |
|---|
| Délégations régionales |
| Les équipes de volontaires |

| Pays avec Délégations régionales : |
|---|
| - Bénin<br>- Burkina Faso<br>- Burundi<br>- Cameroun<br>- Centrafrique<br>- Côte d'Ivoire<br>- Guinée<br>- Madagascar<br>- Mali<br>- Mauritanie<br>- Niger<br>- Rwanda |

| |
|---|
| - Sénégal (Pays rattachés à la DG/Sénégal : Cap-Vert, Gambie, Guinée Bissau)<br>- Tchad |

| Pays rattachés au siège |
|---|
| - Congo (République populaire du)<br>- Comores<br>- Djibouti<br>- Haïti<br>- Maurice<br>- São Tomé |

Source : AFVP : Rapport d'activités 1995, op. cit.

Dans tous les pays où son action prend une certaine importance, l'Association établit une délégation régionale. Cette structure d'appui, implantée dans les capitales des pays d'accueil, est placée sous la responsabilité d'un représentant de l'Association, le délégué régional, assisté de collaborateurs salariés chargés de l'encadrement des Volontaires.

La délégation régionale organise les opérations en fonction des besoins des populations locales, des fonds alloués par les partenaires financiers et des accords conclus avec les autorités locales. Elle est par définition un service décentralisé de gestion des hommes et des moyens. En somme, une délégation régionale est une structure aux attributions multiples. C'est un foyer d'initiatives qui favorise la réflexion plurielle et qui, par le mécanisme du *feed back*, permet à l'Association de mieux cibler ou de réajuster ses interventions en fonction des besoins exprimés et des moyens disponibles.

Sur le terrain, le degré de responsabilité de l'AFVP dans le fonctionnement des opérations peut varier notamment en fonction du souhait des Etats, du niveau d'organisation des communautés de base et/ou des moyens humains et financiers que peut mobiliser directement ou indirectement l'Association. La responsabilité peut aller de la simple prestation de services auprès d'autres ONG ou des organismes internationaux (UNHRC, Banque mondiale, etc.) à une véritable prise en main des opérations dans lesquelles interviennent les Volontaires. L'AFVP doit cependant, dans tous les cas de figure, s'assurer des conditions de leur réussite. Elle doit en particulier vérifier que d'une part, les finalités de l'action engagée répondent bien à des préoccupations essentielles des populations, et que d'autre part, les Volontaires engagés puissent exprimer les motivations qui les animent, dans les tâches qui leur sont confiées. Quoi qu'il en soit, la politique d'intervention de l'AFVP dans un pays doit être lue à travers les priorités de développement qu'exprime ce pays, mais aussi dans son application concrète, être en conformité avec les attentes de ses partenaires sur le terrain. Pour mener à bien ces opérations de développement, l'Association dispose d'un certain nombre de ressources.

## IV. LES RESSOURCES DE L'AFVP

### IV.1. LES RESSOURCES FINANCIÈRES

De la création jusqu'à la fin des années 1970, les ressources financières de l'AFVP proviennent entièrement des subventions du ministère de la Coopération. Les réformes statutaires de 1978-79[263] ont permis à l'Association de diversifier et de multiplier ses sources de revenus. Elle bénéficie aujourd'hui tant des fonds privés que des fonds institutionnels.

Les financements privés proviennent essentiellement des cotisations des membres (les membres de l'AFVP étant des associations et non les Volontaires), des dons et legs, des contributions d'autres ONG. Ici, une évolution considérable s'est opérée ; l'Association est passée de la collecte traditionnelle à une sorte d'« industrialisation » de la charité publique, faisant parfois appel aux médias et aux méthodes modernes de publicité pour accroître le nombre des donateurs potentiels. Ainsi lors des situations de catastrophes ou d'urgence (lors de la grande famine au Sahel en 1984 par exemple), l'AFVP, à l'image d'autres organismes de solidarité, a quelquefois fait de grandes campagnes médiatiques, dans des situations de concurrence, en pratiquant, malgré elle, ce que Bernard Kouchner a qualifié de « *charité business* ».

Toujours est-il que la multiplication des partenaires financiers entraîne, de la part de l'Association, une exigence accrue de rigueur dans la gestion des ressources allouées. Par ailleurs, les bailleurs de fonds institutionnels participent pour une part essentielle aux ressources financières de l'Association. En 1987, la subvention de la « coopération » contribue à environ 50% du budget de l'Association. Dans l'opuscule déjà cité, la direction de l'AFVP, évoquant cette contribution des pouvoirs publics, explique :

> « *Cette participation et ce soutien, qui ne remettent pas en cause l'évolution accomplie par l'Association pour devenir une "ONG" s'expliquent par la conscience, de plus en plus répandue dans les pouvoirs publics du rôle original et positif, différent et complémentaire de celui des Administrations, que peuvent jouer dans l'amélioration des relations Nord-Sud, et dans le développement du tiers monde, des organismes inspirés par l'initiative et la capacité de mobilisation des particuliers* »[264].

Le soutien financier des pouvoirs publics implique des contraintes en matière de gestion des fonds. Ces contraintes s'expliquent dès lors qu'il s'agit des ressources provenant du contribuable. Ce soutien assure également aux activités des

---

[263] - Sur les réformes des statuts de l'Association, lire AFVP : Etre volontaire aujourd'hui, Montlhéry, Ed. AFVP, 1984.

[264] - AFVP : Etre volontaire aujourd'hui, Montlhéry, Ed. AFVP, 1984, p. 17.

Volontaires une certaine stabilité, en termes de prévision et de suivi des opérations de terrain.

Evoquant le risque de dépendance que peuvent entraîner les subventions publiques à son budget, l'AFVP reconnaît elle-même :

«*Quand un organisme dépend encore pour une si forte proportion d'un seul financeur, il ne peut pas s'en dire totalement indépendant, même si les ressources extérieures s'accroissent progressivement, et s'il n'a plus de lien juridique et statutaire de subordination* »[265].

Depuis 1978, les sources de financements institutionnels se sont considérablement diversifiées. L'AFVP a ainsi eu accès aux crédits du Fonds d'Aide et de Coopération. Mais surtout, elle a bénéficié des apports financiers des institutions internationales dont la commission des communautés européennes, le Haut commissariat aux réfugiés ainsi que des organismes du système des Nations Unies (IDA-Banque mondiale en l'occurrence). En même temps, elle recherche d'autres financements auprès des organisations non gouvernementales occidentales ou auprès d'autres organismes d'aide au développement dont l'USAID (Service américain d'aide au développement international). « *Au total, plus de deux cents bailleurs de fonds qui soutiennent les activités de l'AFVP dans le tiers monde* »[266].

Environ 85% du budget de l'Association proviennent des bailleurs institutionnels (Aide publique française au développement, Fonds européen de développement, Banque mondiale, etc.), tandis que les apports privés français (concours d'autres ONG, des mouvements de jeunesse, etc.) en constituent environ 10%.

Depuis 1990 cependant, les subventions du ministère de la Coopération ont connu d'importantes réductions : 92,2 millions de FF en 1990, 90 millions en 1991 et en 1992, 80 millions en 1993, 74 millions en 1994. Cette hémorragie financière est certes compensée par les crédits ouverts à d'autres guichets ou mis à disposition par d'autres bailleurs (associations caritatives, dons, legs, etc.) pour la réalisation des opérations de développement. En 1995, la part de subventions représente environ 45% du total des ressources de l'Association. Principal effet de cette réduction de la contribution des pouvoirs publics, la logique contractuelle l'emporte sur certaines missions d'occupation de terrain. La subvention ne finançant plus que la filière volontaire stricto sensu, l'amortissement du dispositif d'accompagnement est progressivement imputé sur les projets.

L'Association dispose également de ressources humaines qui lui permettent, en dépit des contraintes financières, d'assurer la réalisation de nombreuses opérations de développement.

---

[265] - Ibidem.

[266] - Volontaires, n°1, 1987, p. 19.

## IV.2. LES RESSOURCES HUMAINES

Pour l'accomplissement de ses missions de développement, l'AFVP recourt aux services des salariés et des volontaires, soit environ sept cents personnes en 2000. Tant au siège de l'Association[267] que dans les Délégations régionales, permanents et salariés, qui sont surtout des gestionnaires et des logisticiens, assurent l'encadrement des Volontaires et des opérations.

L'Association définit ainsi le « Volontaire » :

« *Un volontaire est celui, ou celle, qui s'engage, de son plein gré, à mettre les ressources de ses capacités intellectuelles et physiques, à la disposition d'une cause d'intérêt général, sans en tirer de rémunération, de salaire* »[268].

Dans le milieu associatif, les notions de « volontariat » et de « bénévolat » sont largement répandues, mais il convient de distinguer les deux concepts. En effet le « bénévole » pour son action ne perçoit aucun salaire ou indemnité de quelque nature que ce soit. De plus son intervention se situe dans le cadre de son temps disponible : pendant les fins de semaine ou pendant les congés, des bénévoles peuvent participer aux travaux d'assainissement de la voirie municipale de leur localité, ou assister des personnes âgées dans une pension de retraite. Pour le « volontaire », l'action qu'il entreprend représente son activité principale. Depuis 1986, il possède un statut, reconnu en France par les pouvoirs publics, et qui évolue. Il perçoit une indemnité. A l'AFVP, cette indemnité - appelée « allocation de subsistance » par les volontaires - est la même pour tous, quel que soit le niveau de formation ou d'expérience professionnelle de chacun. Cette indemnité de base permet au Volontaire de vivre sans être à la charge ni de sa famille, ni des populations avec qui il travaille. Cette indemnité de base identique est adaptée au niveau de vie du pays dans lequel travaille le volontaire[269].

L'AFVP recrute des Volontaires qui présentent les caractéristiques suivantes :

- âgés de 21 à 30 ans ;

---

[267] - Depuis juillet 1968, le siège de l'AFVP se trouve à Linas-Montlhéry
BP 207 - Linas - 91311 Montlhéry cedex (France)
Tel. : 0033-1 69 80 58 58
Fax : 0033- 1 69 80 58 00
E-mail : afvp.dg@wanadoo.fr

[268] - AFVP, Etre volontaire aujourd'hui, op. cit., p. 4. La "Charte des Volontaires du Progrès" propose une définition extensive de la notion de "volontaire" : « *Les Volontaires du Progrès sont des jeunes femmes et des jeunes hommes qui ont manifesté de leur plein gré la volonté de participer, sans profit matériel, à des actions de développement dans les pays qui demandent l'intervention de l'Association* », sur Internet : http://afvp.org/volontaire/textes.html.

[269] - A l'AFVP-Cameroun, l'indemnité de base du Volontaire est d'environ 200000 francs CFA ( 300 euros), plus des indemnités de logement, l'assurance et un pécule dit de « réinsertion professionnelle du VP » lors du retour en France. (Source : entretien avec Philippe Amirault, Délégué régional de l'AFVP à Yaoundé, 1996).

- célibataire, sauf exception pour poste double, et dans tous les cas, sans charge de famille ;

- profession ou formation professionnelle en rapport avec les activités de l'Association ;

- s'engageant à participer pendant deux ans à une action de développement dans un pays du tiers monde ;

- dans un esprit non lucratif[270].

Les Volontaires proviennent de différents milieux socioprofessionnels. Au départ, des équipes composées d'un maçon, d'un technicien agricole et d'un mécanicien, sortes de « boy-scouts » de la coopération, pleines de « dévouement » et de « bonne volonté », étaient affectées sur le terrain pour faire de l'« animation à la base » - suivant la formule généreuse mais fort évasive. L'AFVP n'était alors qu'une association de mise à disposition des Volontaires. Progressivement, elle est devenue une association de participation au développement. D'où davantage d'exigence dans le choix des Volontaires. Les qualifications augmentent, le recrutement de candidats ayant une formation académique dans l'enseignement supérieur se généralise[271].

L'AFVP n'est pas un mouvement de masse, le nombre de Volontaires étant limité (347 Volontaires sur le terrain en 1995, 305 en 1998) par les ressources financières de l'Association et par les possibilités restreintes de leur proposer des conditions optimales d'encadrement pour les opérations de terrain. L'AFVP n'est pas non plus, malgré l'indispensable rigueur de la sélection et de la préparation, un mouvement d'élites, puisqu'on y retrouve des spécialités professionnelles très variées, ainsi que différentes catégories sociales.

Depuis 1984, avec la signature des accords pour l'envoi de Volontaires Européens de Développement (VED), l'AFVP fait également appel aux services de Volontaires d'autres pays de l'Union européenne, notamment des volontaires allemands, dans le cadre des accords avec le *Deutsche Entwicklungsdienst*. Ainsi en 1995, 26 des 347 Volontaires engagés par l'AFVP proviennent d'autres pays de l'Union européenne, dans le cadre du VED. En 1998, l'AFVP comptait 26 VED sur les 305 Volontaires en mission de développement dans les pays du tiers monde.

Nombre de Volontaires engagés sont simplement motivés par la « bonne volonté », c'est-à-dire une conscience et une intention claires et actives de participer pendant deux années, à la solution des problèmes de développement économique et social dans les pays du tiers monde. D'autres sont des Volontaires du service national (VSN) ; ceux-ci effectuent volontairement leur service national

---

270 - Voir "Engagement du volontariat", sur Internet : http://afvp.ogr/volontaire/textes.html.

271 - Propos généralisable au monde du volontariat dans les pays occidentaux. En France par exemple, une photographie prise le 31 décembre 1993 à la demande du collectif CLONG-Volontariat (Comité de liaison des ONG de volontariat), signale que sur 2 174 jeunes, 64% possède un niveau d'études égal ou supérieur à bac+3. Par ailleurs, 60% des volontaires ont eu une expérience continue de travail d'au moins six mois avant leur départ.

sous une forme autre que militaire. L'AFVP est habilitée à en recruter, à la condition bien sûr qu'ils acceptent les conditions de recrutement et d'action de l'Association. En 1987, « *60% des Volontaires possèdent le statut du service national* »[272]. Enfin les fonctionnaires de tous les corps de l'Etat (français), de par leur statut, peuvent envisager un « détachement comme volontaire » auprès de l'AFVP.

Depuis 1986, l'AFVP utilise également les services de Volontaires expérimentés en mission (VEM). Cette catégorie de Volontaires a une formation académique et des aptitudes professionnelles plus élevées, et elle perçoit également une indemnité plus consistante. L'intention initiale, lors du recrutement des VEM, était de renforcer l'encadrement technique des projets sur le terrain. Dès la fin des années 1980, les VEM sont progressivement substitués par des expatriés salariés et des professionnels africains ; l'Association parle d'une « *africanisation* » des cadres[273].

Au demeurant, l'AFVP dispose pour ses missions de développement, d'un corps de Volontaires diversifiés, soutenu par une structure de professionnels. Cette équipe de Volontaires et professionnels permet à l'Association de poursuivre ses objectifs avec quelque efficacité.

## V. LES OBJECTIFS DE L'AFVP

La lecture des missions assignées aux Volontaires permet de mieux cerner les objectifs de l'AFVP. Dans le pays d'accueil, les volontaires du progrès sont tout à la fois :

- agents de développement répondant, dans le cadre d'une coopération de proximité, aux besoins des populations, pour améliorer leur cadre de vie ;
- agents de communication et de relation valorisant les ressources humaines locales et menant des actions de formation pour optimiser la capacité de développement des partenaires locaux[274].

Au retour dans leur pays d'origine, les anciens Volontaires demeurent des acteurs de solidarité dont l'expérience de terrain doit être capitalisée pour stimuler les recherches de solution aux problèmes de développement[275].

Les opérations entreprises par l'AFVP allient développement économique et promotion humaine. Les prestations de l'AFVP visent à répondre, d'une façon durable et globale, aux problèmes des collectivités rurales et urbaines des pays en

272 - Volontaires, n°1, 1987, p. 17.
273 - En 1999, sur l'initiative de Alain Vivien, nouveau Président de l'Association (depuis 1997), le statut de VEM (Volontaire expérimenté en mission) est supprimé. Lire Alain Vivien, in Plan stratégique 2000-2002, p. 9 (document non publié).
274 - AFVP : Panorama des activités 1998, Linas-Montlhéry, Ed. AFVP, 1999, p. 3.
275 - Ibid.

développement, mais s'efforcent aussi de prendre en considération les besoins de consolidation ou de renforcement de la *société civile*[276] et des mouvements de jeunesse.

Au cours de la décennie 1990, les principaux domaines d'intervention des Volontaires du progrès sont les suivants :

- développement de systèmes de financement locaux ;
- programmes de santé publique, d'éducation et d'actions sociales ;
- développement local et ingénierie sociale urbaine ;
- appui aux opérateurs économiques (micro et petites entreprises, bureaux d'études, associations, etc.) ;
- soutien aux producteurs et aux organisations paysannes et rurales ;
- maîtrise de l'aménagement et de la gestion des espaces ruraux et des ressources naturelles[277].

Si l'approche de l'AFVP consiste aujourd'hui à soutenir, à travers un appui financier, technique et logistique, les initiatives des collectivités qui en formulent la demande, il n'en a pas toujours été ainsi. Nous l'avons vu, l'acte fondateur de l'Association lui assignait comme but de

> *« promouvoir le rapprochement de la jeunesse française et de la jeunesse des Etats d'outre-mer en organisant leur participation commune à diverses formes d'action en vue du développement »*[278].

L'objectif assigné au VP consistait grosso modo à faire de « l'animation à la base », sorte de leitmotiv que l'on peut ainsi expliciter : commencer à la base, aménager pour cultiver, cultiver pour nourrir, nourrir avant de soigner[279]. En somme de la « bonne action », mais des actions disparates et isolées. Certes à l'époque des pionniers déjà, les actions étaient définies en accord avec les pouvoirs publics qui fixaient leurs priorités de développement. Mais ces actions manquaient de cohérence. Des équipes de Volontaires étaient dispersées sur le terrain avec pour seule recommandation d'« améliorer les conditions de vie des populations pauvres ». Elles initiaient ici et là des actions certes salutaires aux populations, mais des actions non harmonisées et sans suivi. Si ces opérations isolées ont connu des destinées mitigées, cela tient au moins en partie au fait qu'elles n'étaient pas inscrites dans un projet de développement global, l'AFVP se contentant d'être une Association de « substitution » ou de mise à disposition des Volontaires. Du reste au début, en Afrique francophone, l'« aide » des Volontaires était proposée, sinon gentiment imposée, mais rarement refusée. Le pittoresque Léon Mba, premier

---

276 - André Gorz définit la *société civile* comme étant le « *tissu social que les individus établissent entre eux, au sein de groupes ou de communautés qui ne doivent leur existence ni à la médiation, ni à l'acte institutionnel de l'Etat* ». Cité par Alain Vivien, op. cit., p. 12.

277 - AFVP : Panorama des activités 1998, op. cit., p. 3.

278 - Journal Officiel, op. cit.

279 - Jean Dominique Boucher : L'Aventure solidaire. Volontaires pour le tiers-monde, Paris, Karthala, 1990, p. 46.

Président du Gabon, ne s'y était pas trompé. Accueillant le détachement précurseur de Volontaires à Libreville, il avait eu cette formule laconique : «*Je ne sais pas au juste ce que vous venez faire, mais soyez les bienvenus quand même*»[280].

Cette même année 1964, les intempéries obligent le bimoteur transportant une équipe de VP de Libreville à Oyem, à proximité de la frontière camerounaise, à un atterrissage d'urgence à Médouneu. L'escale forcée est mise à profit pour s'informer des besoins locaux. Un projet de cultures légumières verra peu après le jour à Médouneu[281]. Toutes les opérations, bien entendu, ne sont pas ainsi décidées au gré des circonstances.

Au temps des pionniers, l'on intervenait « à la demande des pays concernés » : c'était le langage officiel, celui des brochures et des plaquettes d'information. Mais qui demandait vraiment ? Les gouvernements des pays africains, le chef de la Mission française d'aide et de coopération ? l'ambassadeur ? ou l'évêque ?[282] l'homme politique soucieux de voir sa commune d'origine se dynamiser ? la conquérante bonne sœur d'un village de lépreux ? Générosité ici, électoralisme là, conclut Jean-Dominique Boucher dans sa synthèse des mobiles d'action des premiers volontaires[283]. On l'aura compris, la croisade volontaire manque surtout en cette période d'initiation, de points d'appui. « *Ces jeunes parachutés au cœur de l'Afrique...* », disait-on pour souligner l'ambiguïté, ou le manque d'objectifs précis assignés aux Volontaires. Si l'action volontaire n'était pas toujours comprise des dirigeants africains, elle l'était encore moins de leur administration. Quant au citoyen ordinaire... « *Des gens qui viennent travailler pour nous* », disaient les Africains gentils. « *Des gens qui viennent se faire la main chez nous* », disaient les Africains moins gentils. D'ailleurs, les actions étaient tellement diversifiées qu'elles avaient du mal à se trouver des définitions.

Puis, dans la formulation, la « *demande des pays* » se mua en « *demande des populations* », alors que la doctrine du « *développement autocentré* » devenait la panacée dans les pays du tiers monde. « *Les populations de base* », « *les communautés villageoises* », bien sûr. Mais sauf cas précis comme ceux qu'on vient de voir, il faut sans cesse se poser la question : qui sont les vrais demandeurs

---

280 - Propos cité par Yves Hardy, op. cit., p. 47.

281 - Cf. Bulletin de liaison de l'AFVP, n° 10, Spécial Gabon, février 1970.

282 - L'équipe de volontaires basée dans la zone d'Oyem, au nord du Gabon, fin 1965, met ses compétences au service de la mission évangélique de M'Foul. Elle en profite pour promouvoir des jardins scolaires, un atelier de vannerie, et même, mentionnent les rapports d'activités, « une exploitation osiéricole » (extrait du Bulletin de liaison de l'AFVP, n° 10, Spécial Gabon, février 1970). On vit également, marque extrême de l'apostolat d'alors, une Volontaire détachée près du secrétariat de l'archevêque de Yaoundé, lequel, il est vrai, se préoccupait concrètement du sort de ses paroissiens. Plus surprenant encore, quelques curés engagés ou en rupture de presbytère ont servi sous la bannière volontaire.

283 - Jean-Dominique Boucher : L'Aventure solidaire. Volontaires pour le tiers-monde, op. cit., pp. 108 - 110.

et les vrais initiateurs de projet fût-il baptisé d'« *auto-promotion* » ? et dans quel programme précis de développement global l'opération s'inscrit-elle ?

La « *bonne action* » des pionniers, le « *dévouement à la cause du tiers monde* », de même que l'exotisme de certains Volontaires - sans doute convaincus d'être entrés dans la brousse africaine en « *sauveurs de l'humanité* »[284] - n'ont pas permis de réduire la pauvreté ou d'apporter la solution à l'« *immense drame de l'humanité* »[285].

Au contact des réalités quotidiennes du sous-développement, l'AFVP a progressivement abandonné des actions isolées pour davantage concentrer son intervention sur des « opérations de développement ». Ces opérations intégrées aux plans gouvernementaux de développement ont certes des dimensions réduites, mais il s'agit d'opérations « qui laissent des traces ». Désormais, les volontaires exercent leurs activités en vue d'atteindre un objectif, défini aussi clairement que possible, et par rapport à un ensemble de partenaires et de moyens qui concourent à la réalisation de cet objectif. Cette réorientation est clairement exprimée à travers les réformes de 1979. Autrement dit, dès le début des années 1980, les actions volontaires déclinent sur la riche thématique du développement planifié.

Ainsi compris, l'objectif d'une « opération de développement » est double. Son aspect le plus apparent est une réalisation matérielle tangible, répondant aux besoins immédiats des populations : adduction d'eau, pharmacie villageoise, assainissement, etc. Pour ces réalisations concrètes, la seule bonne volonté ne suffit pas ; c'est pourquoi le Volontaire doit être un technicien et un gestionnaire compétent. L'aspect le plus important de la réalisation est moins visible : c'est l'accroissement des capacités d'organisation des groupes sociaux de base (village, commune, coopérative, etc.) qui tirent de l'opération une plus grande maîtrise sur leur environnement et sur les moyens d'améliorer leur condition de vie. Dit autrement, c'est un effort pour accroître les capacités d'autonomie des groupes sociaux par rapport aux conditions économiques, sociales, voire politiques qui les enferment dans la dépendance.

C'est pourquoi le Volontaire du progrès se veut un agent de communication et de relation. Son rôle est, en principe, de faciliter la prise en charge par la population elle-même des problèmes qu'elle rencontre. Il l'aide à analyser sa situation de dépendance et à élaborer un plan d'action réaliste, compte tenu des moyens limités. Pour cela, il coopère aussi avec les intermédiaires locaux que sont les structures privées ou administratives. Tel est le fil conducteur des interventions des Volontaires.

En somme l'AFVP vise, en participant à des opérations de développement, à réduire quelques-uns des principaux facteurs économiques et sociaux qui entretiennent la pauvreté, et à augmenter les capacités d'organisation et

---

284 - Volontaires, n°1, 1987, p. 18.

285 - AFVP : Etre volontaire aujourd'hui, op. cit., p. 7.

d'autonomie des couches défavorisées de populations dans les pays où elle intervient. Elle reconnaît volontiers que la solidarité, même la plus ambitieuse, ne peut seule résoudre les problèmes de développement dans les pays du Sud. C'est pourquoi, au lieu de poursuivre la « *grande cause du développement* » - sorte d'hydre de mer des théories de développement -, l'AFVP s'engage modestement, avec les ressources humaines et financières qui sont les siennes, à réduire par paliers les principaux goulots d'étranglement qui entravent le passage des peuples du Sud au développement. Ces objectifs ne peuvent être poursuivis avec efficacité que dans la mesure où les Volontaires adoptent des méthodes d'action spécifiques.

## VI. LES MÉTHODES

Les types d'intervention des Volontaires du progrès ont évolué au fil du temps, les méthodes d'action également. On peut distinguer cinq étapes qui marquent cette progression : l'« époque héroïque », l'époque des « postes », l'époque des projets, le stade du développement régional et le stade des partenariats.

### VI.1. L'ÉPOQUE « HÉROÏQUE »

Ce fut celle des pionniers, dans les années 1960. Les volontaires, groupés par équipe de trois (un infirmier, un maçon, un technicien agricole), recevaient pour tout viatique une presse à parpaings, et débutaient leur action par la construction de leur propre maison d'habitation. Insérés au cœur de la population dont ils partageaient la vie, ils s'efforçaient de répondre au mieux aux besoins et aux demandes qui se présentaient. Leur objectif était, par la vertu de l'exemple, et avec des moyens très simples, d'amener les paysans africains à adopter des procédés et des techniques susceptibles de leur assurer une meilleure maîtrise de leurs conditions de vie. Le profil du Volontaire était celui d'un technicien rural polyvalent, capable de se « débrouiller » en toutes circonstances. Il lui est avant tout exigé d'avoir des qualités personnelles : capacités d'adaptation, acceptation de conditions de vie et de travail difficiles.

### VI.2. L'ÉPOQUE DES « POSTES »

L'exclusion est à la fois synonyme de vulnérabilité quasi irréversible, d'élimination, de retranchement, d'interdiction et de marginalisation. L'exclusion est à la fois l'affaiblissement des liens sociaux et la pauvreté. Elle traduit la non-participation à la vie sociale. Sous son aspect objectif, l'exclusion peut être une exclusion des circuits de l'emploi et des circuits scolaires.

On découvrit assez vite les limites de la stratégie précédente : Les Volontaires isolés, sans appui, avaient des résultats trop incertains. Il fallait insérer leur action au sein de structures de développement du pays d'accueil afin qu'ils puissent bénéficier de moyens d'action plus efficaces. Ce fut la deuxième époque : celle des volontaires mis à la disposition des services techniques, des sociétés d'intervention, des missions, des écoles et des centres de formation. Ils apportaient les compétences de niveau intermédiaire qui manquaient cruellement aux structures locales. Avant tout, on attendait d'eux qu'ils soient de bons techniciens dans un secteur donné.

Soucis de sécurité et d'efficacité aidant, la collaboration avec les experts est vite entérinée. En 1968, Jacques Laboureau, alors Délégué général de l'AFVP, se félicite :

> « *Si les volontaires qui ont la confiance des villageois démultiplient l'action des techniciens, on constate également que les techniciens qui ont la responsabilité de l'opération accroissent très sensiblement les possibilités des volontaires. N'est-ce pas la définition même de la coopération* »[286].

Vu de l'extérieur pourtant, la complémentarité semble moins harmonieuse qu'annoncée. Certes, en 1968, l'équipe volontaire de la plaine de Ndop, près de Bamenda (Nord-ouest Cameroun), assume sans trop d'états d'âme les tâches d'expérimentation et de vulgarisation pour le compte du BDPA (Bureau pour le développement de la production agricole)[287]. Mais au Mali et au Niger, les VP au service de la CFDT (Compagnie française du développement des textiles) ne veulent plus être les « petites mains » des experts.

> « *Dans le meilleur des cas, les VP étaient chargés de répandre la bonne parole - le coton, avenir de l'Afrique - et de fournir l'arsenal technique aux paysans (nouvelles méthodes culturales, introduction de pesticide, etc.)* »[288].

---

[286] - « Les volontaires du progrès », article de Jacques Laboureau dans la revue « Coopération et développement », n° 19, février 1968.

[287] - En 1968, le BDPA siège au Comité directeur de l'AFVP. Dans la plaine de Ndop, l'« aide » supposée répondre aux « besoins des populations locales » consiste en fait, pour les Volontaires engagés dans le projet, à introduire « librement », mais avec un certain encouragement tout de même, les cultures de rente dans les pratiques agricoles rurales, pour le compte de la société BDPA. Ces cultures de rente se pratiquent au détriment des cultures vivrières dont les populations ont besoin pour leur alimentation. En clair, une société française d'agro-industrie – le BDPA– s'installe au Cameroun, dans le secteur du coton. Les paysans locaux sont « *encouragés* » à abandonner les cultures vivrières dont ils ont pourtant besoin pour leur alimentation quotidienne, et à réserver les meilleures terres arables à la « culture qui se vend ». Les volontaires du progrès, disséminés dans les régions cotonnières comme techniciens et conseillers agricoles, utilisent les crédits de l'aide au développement, pour « *aider* » le BDPA à réaliser de substantiels profits. Dans un sens analogue, le sociologue Jean Ziegler affirme qu'au cours des années 1970 dans les pays de l'Amérique latine, le groupe laitier suisse Nestlé envoyait des commerciales en blouse blanche pour persuader les femmes des favelas afin que celles-ci substituent, pour l'allaitement de leurs enfants, les produits Nestlé au lait maternel. Lire Jean Ziegler : Contre l'ordre du monde. Les rebelles, Paris, Seuil, 1983.

[288] - Propos d'un permanent de l'Association, cité par Yves Hardy, op. cit., p. 39.

Le dialogue entre VP et experts s'estompa car il fut mal engagé ; l'expérience avortée peut ainsi se lire comme une occasion manquée de partenariat.

Par ailleurs, en l'absence d'objectifs clairement définis pour une échéance donnée, le risque de substituer des Volontaires à la main-d'œuvre locale ne fut pas toujours évité. Dans certains postes, reconnaît l'Association elle-même, des Volontaires se sont succédé pendant dix ou quinze ans, sans qu'il y ait une réelle évolution de leur apport[289].

## VI.3. L'ÉPOQUE DES PROJETS

A partir des années 1970, un troisième type d'intervention commença à se généraliser : c'est le temps de la coopération par projets. La stratégie consistait à ne plus affecter de volontaires, sauf sur un projet, c'est-à-dire une opération de développement visant des objectifs précis et limités dans le temps. La mise en place de cette approche exige une forte préparation (identification des besoins réels, délimitation des populations supposées bénéficiaires de l'opération envisagée, montage du dossier avec les différents partenaires) et des financements opérationnels beaucoup plus importants. On attend du volontaire qu'il soit, pour une action précise, à la fois un technicien compétent et un gestionnaire capable de planifier, de gérer et d'évaluer. Comment s'effectuent concrètement ces opérations sur le terrain ?

Il n'y a certes pas d'« archétype » d'opération de développement. Il n'y a que des cas d'espèces qu'il faut pourtant regrouper et caractériser. Cas d'espèces ne signifient pas absence de politique ; les opérations ne sont pas des « coups » réussis par l'appareil technique de l'AFVP ; elles s'inscrivent dans une approche que l'AFVP s'efforce de mettre en oeuvre, approche qui se caractérise ainsi :

- L'AFVP n'engage que des opérations appropriées au personnel qui participera à leur mise en oeuvre : les volontaires sont de jeunes techniciens en début de vie professionnelle. L'opération doit leur permettre d'y donner leur mesure en exerçant de réelles responsabilités. Elle ne doit pas exiger plus d'expérience qu'ils ne peuvent avoir.
- L'AFVP n'engage une opération que si elle est en harmonie avec la politique de développement de l'Etat qui l'accueille. L'accord avec les autorités nationales sur les objectifs à réaliser est nécessaire, et l'AFVP ne travaille pas dans les pays où cet accord n'est pas établi.
- L'opération doit être « participative », définie avec des partenaires, les populations auxquelles elle est destinée, d'autres ONG ou organismes de financement qui fournissent des moyens d'action. L'opération doit également comporter une dimension pédagogique, utiliser des techniques localement renouvelables par les populations elles-mêmes ; c'est là une exigence d'efficacité.

289 - Volontaires, n° 1, 1987, p. 13.

En principe, la décision de monter une opération ne peut être prise que par des acteurs de base. Ils sont les premiers intéressés. Ils apporteront à l'opération l'essentiel des moyens matériels, la main-d'œuvre, des contributions financières. Après le départ des volontaires, ils devront en assurer le suivi, l'entretien, voire la reproduction. C'est le « *développement autocentré* », c'est-à-dire que les objectifs de l'opération, ses initiateurs et ses destinataires, sont les populations elles-mêmes.

- L'opération doit viser à accroître non seulement le revenu ou le bien-être du groupe concerné, mais aussi diminuer sa dépendance.
- L'opération doit relever des domaines où l'AFVP a acquis des compétences lui permettant d'encadrer ladite opération. Cela n'exclut pas toutefois la recherche de nouveaux domaines d'action, parfois en mobilisant à l'extérieur des compétences nécessaires. C'est à ce stade que l'Association a commencé le recrutement des VEM (Volontaires expérimentés en mission).

Dans ce cadre à la fois souple et exigeant, l'AFVP va inscrire des opérations, en essayant sur le plan quantitatif d'ajuster le flux des opérations et le flux des volontaires. Différentes situations peuvent alors se présenter :

* L'AFVP peut être maître d'œuvre, co-responsable de l'opération ou simple opérateur. Dans ce dernier cas, les ordonnateurs peuvent être publics (Coopération française, l'Union européenne ou un organisme du système des Nations Unies) ou privés (Sociétés d'intervention, ONG françaises ou étrangères, Missions, organisme local). Ce n'est pas la situation la plus idoine car l'AFVP est sollicitée lorsque le montage technique de l'opération est achevé, pour se voir confier un aspect de sa réalisation.

* L'AFVP préfère la maîtrise d'ouvrage directe, seule ou en partenariat avec d'autres ONG. Dans ce cas, c'est elle-même et ses partenaires éventuels qui vont monter le dossier et réaliser l'opération. L'initiative pourra émaner d'une de ses Délégations régionales, du Délégué, d'un appui technique ou même d'un volontaire qui va identifier une opération possible. Il s'agira parfois de transposer et d'adapter dans le pays un savoir-faire de l'AFVP qui a été expérimenté avec succès dans un pays voisin. Dans d'autres cas, la demande viendra du pays lui-même, des autorités publiques nationales ou locales, d'une organisation privée, ou d'une organisation internationale présente dans le pays. Enfin, il est quelques domaines où l'Association élabore elle-même, au niveau du siège, des types d'intervention qu'elle propose ensuite à ses Délégations et aux autorités des pays d'accueil.

Ces différentes modalités d'identification aboutissent toujours à une phase d'étude de l'opération, précisant les objectifs, retenant les actions, organisant et évaluant les moyens, mettant en place les indicateurs. Si l'étude est concluante, s'ouvre une troisième phase de recherche de financements et de négociations pour les modalités de mise en œuvre, effectuée parfois par le siège, mais plus fréquemment par les délégations dans les pays d'accueil. L'ultime approbation est donnée par la commission de programmation présidée par le délégué général.

Parallèlement, le Service des Volontaires (SDV) entreprend la recherche des compétences nécessaires à la mise en œuvre de l'opération.

Cette procédure de montage d'opérations est parfois longue et comporte des difficultés : déficience de partenaires, retard dans le déblocage des financements, difficultés pour trouver les compétences requises, etc. Le montage d'opérations devient un véritable « métier » et le professionnalisme doit, là aussi, compléter l'engagement du volontariat.

## VI.4. LE STADE DU DÉVELOPPEMENT RÉGIONAL

La stratégie des projets n'est pas exempte de défauts. Bien souvent ce sont les intervenants extérieurs – bailleurs de fonds, coopérants, volontaires – qui, possédant l'argent, les techniques et le savoir-faire, gardent le contrôle de la programmation, de la gestion et de l'évaluation. Ils empêchent ainsi, parfois inconsciemment, la prise en charge de l'opération par les groupes locaux, et découvrent avec effarement que tout s'effondre à leur retrait.

Par ailleurs, les micro-réalisations, se développant dans des espaces réduits et presque en vase clos, sont exposées au risque d'être « absorbées » par leur environnement. Une action qui ne se multiplie pas pour atteindre une taille critique, du niveau d'un village à celui d'une petite région, cette action risque d'être éphémère et sans suite. Pour éviter ce risque, l'accent est mis sur l'appui à des organisations capables de se prendre en main elles-mêmes. Dans ce contexte, la détermination des objectifs, la programmation de l'action et la gestion des moyens visent à assurer la planification à l'échelle d'une région.

Dès lors, on attend du volontaire un transfert de compétences techniques et organisationnelles. C'est pourquoi le recrutement s'oriente vers des jeunes qui ont acquis, au sein du mouvement associatif ou syndical, une certaine expérience de l'animation d'une organisation dans une perspective de développement régional.

## VI.5. LE STADE DES PARTENARIATS

Dès le début de la décennie 1990, sous le double effet du « vent d'Est » et des revendications internes en faveur de la démocratisation de la vie publique, la plupart des gouvernements des pays africains procèdent à un certain relâchement de l'étreinte politique. Sous la chape de plomb qui s'ouvre, se constituent bien sûr des mouvements politiques et syndicaux, mais aussi des mouvements associatifs, des coopératives, des organisations paysannes, des ONG nationales ou locales. Ces mouvements et organismes de la société civile naissante n'ont pas de réelle connaissance, encore moins d'expérience en matière d'assistance au développement. Mais leur engagement sur le terrain, le contact avec les populations, de même que le soutien méthodologique et logistique des ONG occidentales présentes sur le terrain[290] leur confèrent un certain savoir-faire. Les associations ou ONG locales, les coopératives ainsi que les organisations paysannes qui acquièrent ainsi progressivement une certaine maîtrise dans la gestion des opérations de développement communautaire, deviennent de nouveaux partenaires en matière de gestion de l'aide.

A ces mutations dans les sociétés du Sud s'ajoutent, dans les pays occidentaux, d'importantes réductions des subventions publiques en matière d'aide au développement ; à l'AFVP, on parle d'un « *processus de désubventionnement* ». Pour les volontaires, il s'agira de conjuguer efficacité des opérations et réduction des ressources allouées. S'ouvre alors l'époque des partenariats avec les organisations locales des pays d'accueil.

Cette recomposition des paramètres aura été pour l'AFVP, l'occasion :

* de prendre de plus en plus en considération les nouveaux opérateurs et ONG africains dans les montages et la mise en œuvre des opérations, offrant tant aux volontaires qu'à ces nouveaux acteurs des positions clarifiées en termes de mission et de responsabilité ;

* de reconstituer, auprès des délégations régionales, des dispositifs de suivi opérationnel où les cadres et experts africains occupent désormais une place déterminante ;

* enfin, de faire progressivement évoluer ces partenariats dans le sens d'un meilleur équilibre financier de ses charges d'ingénierie opérationnelle[291].

En somme, les différentes méthodes d'intervention de l'AFVP ne s'excluent pas les unes les autres ; mieux, elles se complètent. Ainsi par exemple, le stade du développement régional complète et enrichit le stade des projets, sans s'y substituer. Cette imbrication des techniques d'approche permet à l'Association de mieux ajuster ses interventions.

## CONCLUSION DU CHAPITRE

Dans ce chapitre, nous avons examiné les repères historiques de l'AFVP, les structures organisationnelles de l'Association, les ressources humaines et financières dont elle dispose pour la réalisation de ses activités, les principaux objectifs qu'elle poursuit, ainsi que les méthodes d'intervention pour y parvenir. A travers cette analyse du cas AFVP, il nous est apparu que les organisations de la solidarité internationale ne prétendent pas se substituer à l'APD (aide publique au développement), encore moins résoudre seules les problèmes de développement ;

---

[290] - Nous avons évoqué au chapitre précédent, l'appui de l'Organisation canadienne pour la solidarité et le développement (OCSD), pour la structuration des mouvements associatifs au Cameroun, dès la fin de la décennie 1980.

[291] - AFVP : Rapports d'activités 1995, Linas-montlhéry, Ed. AFVP, 1996, p. 17.

elles n'en ont ni l'ambition, ni les moyens. Aussi se proposent-elles de « *coopérer autrement* ». Pour l'AFVP, coopérer autrement signifie, au préalable, reconnaître et valoriser les compétences et les techniques endogènes de développement, identifier et soutenir les initiatives des populations à la base, contribuer à résorber par paliers les goulots d'étranglement et à relâcher les principales contraintes (santé précaire, alimentation déséquilibrée, faible taux de scolarisation, hygiène et habitat, etc.) qui maintiennent les peuples du Sud dans la dépendance et entretiennent la pauvreté.

Cette volonté de « coopérer autrement » n'est pas elle-même exempte de pesanteurs. En février 1984, au colloque-anniversaire de l'AFVP, un certain Alpha Oumar Konaré adresse de Bamako une contribution iconoclaste :

> « (...) *S'agissant de leurs actions sur le terrain, nous avons entendu les commentaires suivants : "C'est grâce à eux que nous avons l'eau. Nous espérons aussi qu'ils nous aideront à creuser des canaux".*
> *En milieu rural, on ignore tout le plus souvent de leur motivation, de l'association qui les envoie. Ignorer tout cela limite la portée de l'action entreprise. Volontaires du Progrès ! Quels volontaires ? Et pour quel progrès ?*
> (...) *L'AFVP n'est certes pas la seule ONG s'occupant de coopération, mais elle nous paraît être une des plus crédibles à cause du désintéressement et du dévouement des ses cadres et de ses "usagers" ; à cause de sa volonté de toujours se remettre en cause, de toujours mieux "coller" au terrain, d'être avec ceux qui sont dans le besoin.*
> *L'AFVP aura le devoir d'harmoniser ses interventions avec celles des autres organisations françaises (MSF, Frères des Hommes...). Ces diverses actions devraient être conjuguées, complémentaires, parallèles et non concurrentes.*
> (...) *L'avenir sain des relations franco-africaines passe par une révision des politiques de coopération. Une révision qui prendrait en compte les intérêts des populations et non ceux de certaines oligarchies* »[292].

De même en 1993, au terme de leur mission d'évaluation, le groupe d'experts mandaté par le ministère de la Coopération, note, acerbe :

> « *L'intégration des volontaires dans les structures locales, malgré l'existence de liens institutionnels est, à quelques cas d'espèces près, très formelle. Ils sont en fait très autonomes, et exercent le plus souvent sans partage, la conduite du projet, tant à l'égard de l'encadrement administratif et technique que des bénéficiaires* »[293].

---

[292] - Cité par Yves Hardy : L'odyssée des volontaires..., op. cit. L'auteur de cette contribution était, dans les années 1980, leader d'un mouvement syndical. Il a depuis fait du chemin. La dictature de Moussa Traoré renversée, Alpha Oumar Konaré est investi le 08 juin 1992, Président de la République du Mali.

[293] - « L'AFVP. Evaluations d'actions financées sur crédits FAC entre 1980 et 1990 », Ministère de la Coopération et du développement (1993).

Au demeurant, rien n'est acquis définitivement. Les dirigeants de l'Association estiment que cette évaluation du groupe d'experts mandaté par le ministère de la Coopération « généralise des situations isolées et dépassées ». Toujours est-il que ce rapport ministériel sonne comme un tocsin, ce qui amène l'AFVP à prendre la dimension de ses forces mais surtout de ses faiblesses, et à se remettre elle-même constamment en cause.

En termes de volume des activités, le Cameroun est l'un des pays africains qui bénéficient le plus des opérations de développement des Volontaires du progrès. Il importe par conséquent d'analyser, dans la deuxième partie de ce travail, les principales réalisations de l'AFVP dans ce pays.

DEUXIÈME PARTIE

# L'AFVP ET LA PROLÉMATIQUE DU DÉVELOPPEMENT PARTICIPATIF AU CAMEROUN

Cette deuxième partie du travail porte sur l'étude des opérations de développement des Volontaires du progrès au Cameroun.

En novembre 1964 est signée, entre les dirigeants de l'Association et les autorités camerounaises, une convention portant création d'une délégation de l'AFVP à Yaoundé. Au terme de cette convention, les Volontaires s'engagent, en accord avec les programmes définis par les autorités publiques locales, et en fonction des priorités des populations, à participer aux opérations de développement. Le premier représentant de l'Association arrive effectivement au Cameroun en février 1966, pour coordonner les opérations des Volontaires sur le terrain. L'AFVP étant une association à vocation essentiellement rurale, l'objectif visé est d'intervenir auprès des paysans, couches les plus défavorisées de la population, afin de les aider à réaliser leur autosuffisance. En milieu rural camerounais en effet, les populations pauvres sont confrontées à de nombreuses difficultés tant en alimentation, en santé, en eau potable, en éducation qu'en habitat. Les volontaires interviennent dans différentes régions du pays pour introduire de nouvelles techniques agricoles, développer des méthodes de reboisement et de conservation des sols, réaliser des adductions d'eau potable, former des agents de santé ou construire des écoles. Le but de ces opérations est d'améliorer les conditions de vie des populations rurales, d'offrir aux plus démunis les moyens de réaliser une certaine autonomie, de fixer le paysan à la terre, de limiter l'exode rural.

Au cours de la décennie 1980, les principales villes camerounaises (Douala et Yaoundé), qui dans les années 1960 n'étaient que faiblement peuplées, sont devenues des métropoles aux dimensions tentaculaires. Les populations s'y entassent, l'exode n'a pas fléchi, la pauvreté croît, et les municipalités ne peuvent seules satisfaire tous les besoins exprimés par les populations de ces grandes villes. C'est alors que les Volontaires du progrès prennent pied en ville, notamment à Maroua, Douala, Yaoundé et Bafang, en appui non seulement aux services municipaux, mais également à la structuration du secteur artisanal, du secteur de la petite entreprise et des micro-crédits.

Nous examinerons les principaux axes de cette intervention de l'AFVP auprès des populations rurales et urbaines, de même que nous étudierons l'impact réel des opérations de développement sur le niveau de vie des plus pauvres.

CHAPITRE IV

# LE TEMPS DES PIONNIERS

Lorsqu'ils arrivent au Cameroun en février 1966, les détachements précurseurs des volontaires du progrès engagent des actions dans différents secteurs de la vie économique et sociale. Dans le domaine agropastoral, les opérations visent d'une part, à améliorer la qualité de l'agriculture et de l'élevage traditionnel et, d'autre part, à créer un secteur moderne de production intensive. L'investissement des volontaires dans le secteur agricole participe de l'entreprise des autorités publiques camerounaises qui ont fait de la promotion de l'agriculture (culture vivrière et culture d'exportation) une priorité de la politique nationale de développement. En effet dans une allocution lors d'un comice agropastoral[294], le président Ahmadou Ahidjo avait annoncé :

> « *Le développement de notre agriculture est un impératif inscrit dans les caractéristiques mêmes de notre pays où l'agriculture représente la principale source de revenus pour près de 80% de la population et constitue la plus grande source de richesses nationales. Cette situation fait obligation de tout mettre en œuvre pour exploiter de façon optimale nos ressources agricoles, forestières, piscicoles et pastorales* »[295].

Les volontaires ont également entrepris des actions à caractère social et culturel, notamment en matière d'enseignement et de soins hospitaliers. Dans ce chapitre, nous allons examiner ces diverses opérations de développement entreprises par les pionniers « aux mains nues », et mettre en exergue les difficultés qui ont entravé les actions sur le terrain.

## I. AIDE AU DÉVELOPPEMENT AGRICOLE

L'AFVP intervient surtout en milieu rural. Elle considère en fait que transformer les conditions de vie des paysans revient à améliorer leurs techniques

---

294 - Au Cameroun, les comices agropastoraux sont des foires d'exposition des produits de l'agriculture et de l'élevage, foires au cours desquelles les pouvoirs publics annoncent également les grandes orientations de la politique nationale en matière d'agriculture et d'élevage. Ces comices n'ont plus été organisés depuis la fin des années 1980.

295 - Extrait du discours prononcé à Ngaoundéré le 10.12.1974 lors de l'inauguration du comice agropastoral, cité par AFVP : Rapport annuel 1974, Ed. AFVP, 1975, p. 3.

culturales, identifier et perfectionner les techniques agricoles endogènes, accroître la productivité. Le Cameroun est un pays essentiellement rural. A l'agriculture sont généralement associés l'élevage et la pisciculture. Dans les années 1960-70, environ 80% de la population vit de l'activité rurale. C'est ainsi que dès leur arrivée au Cameroun les VP s'engagent dans des actions de développement agricole et pastoral, avec trois principaux types d'intervention : l'encadrement des paysans et des petits producteurs ruraux ; l'installation des migrants dans les nouvelles terres à mettre en valeur ; la recherche et la formation d'encadreurs.

### I.1. APPUI AUX INITIATIVES PAYSANNES

Auprès des paysans et des petits producteurs ruraux, l'AFVP intervient sous le mode du partenariat, en collaboration avec les collectivités de base : les comités de développement, les coopératives, les organisations paysannes, les Eglises.

Entre 1966 et 1978, les VP entreprennent une quinzaine d'opérations en faveur des paysans. La première structure d'encadrement où sont intervenus les VP, c'est l'opération Semnord-Guider. Ouverte en 1966, cette structure, financée par le Fonds d'aide et de coopération, a pour but d'aider les agriculteurs du Nord Cameroun, et plus particulièrement ceux de Guider, à améliorer leurs modes de culture des produits vivriers et maraîchers. La région nord du Cameroun pratique habituellement la culture du mil et du sorgho. Or la culture de ces céréales, pratiquée de façon extensive et avec des techniques rudimentaires, produit une faible récolte. De plus, les périodes de « soudure » entre deux récoltes provoquent des disettes cycliques dans cette région où, selon les rapports de la Banque mondiale et du PNUD, le taux de consommation de protéines reste l'un des plus faibles du pays[296]. Les VP se sont engagés, à travers l'opération Semnord-Guider, à augmenter le rendement des récoltes et à diversifier les productions : le respect des calendriers agricoles, le recensement des surfaces, la mise en terre précoce des semences, l'introduction et la distribution à moindres frais des engrais et pesticides doivent permettre aux paysans d'accroître la production et d'augmenter leurs revenus.

Les populations adhèrent à ces initiatives nouvelles. Dès le début des années 1970, l'opération s'accroît et entraîne d'autres réalisations dont les plus importantes sont : la création et la réfection des pistes, l'aménagement des puits d'eau potable, la construction des bâtiments pour des écoles et dispensaires.

Dans le Littoral, qui fournit l'essentiel des matières premières dans la production de l'huile de palme et ses dérivés, des VP entreprennent des actions novatrices. A Dingombi, dans la Sanaga-Maritime, une opération visant la création d'une palmeraie voit le jour en 1967. Elle comprend deux étapes : la construction des infrastructures d'accueil et la préparation psychologique des paysans à adopter

[296] - Banque mondiale : Cameroun. Diversité, croissance et réduction de la pauvreté, 1995, op. cit.

les nouvelles variétés de culture. L'opération vise à étudier la nature des sols, à sélectionner les variétés de semence les plus adaptées et à offrir aux populations un encadrement technique pouvant favoriser un accroissement des rendements. Deux ans plus tard, l'opération dispose de quatre mille palmiers à huile sélectionnés et d'une surface défrichée de 15 hectares pour les planter. En 1970, une étendue de 16 à 18 hectares est plantée et entretenue par les populations de Dingombi, de Njocklombe et de Mbandjock. Deux ans plus tard, l'opération fournit les premières récoltes, et les agriculteurs engagés dans ce projet se constituent en coopérative.

Dans le but de promouvoir des activités agricoles dans la région de Yaoundé, une opération soutenue par le ministère de la Jeunesse et des sports, le ministère des Affaires sociales et l'archidiocèse de Yaoundé est entreprise en 1973. Cette opération vise à recenser les différentes activités de développement agricole d'une part, et les personnes désireuses de créer de nouvelles plantations d'autre part, afin de leur prodiguer des conseils techniques nécessaires notamment sur la conservation des sols, l'utilisation des engrais et des insecticides, l'alimentation du petit bétail. En 1975, cette opération devient le Centre d'Education à la Promotion Collective (CEPEC) installé à Yaoundé, mais actif dans toute la région sud du pays.

Le CEPEC c'est l'aboutissement de la réflexion engagée en 1970 au cours d'un séminaire qui réunissait des représentants de la plupart des pays francophones d'Afrique. Ce séminaire avait en effet constaté que les problèmes de formation ne pouvaient être résolus par la multiplication des écoles traditionnelles dont les limites d'efficacité avaient été constatées ; il convenait par conséquent de favoriser une nouvelle forme d'enseignement, « l'école de promotion collective », mieux adaptée, espérait-on, aux conditions sociales des milieux concernés et plus propice au développement économique et humain recherché. Cette nouvelle forme d'enseignement devait prendre le groupe et non plus l'individu comme destinataire, et viser la promotion harmonieuse des membres du groupe plutôt que la sélection et la promotion d'individus appelés à constituer des élites. Cette approche d'emblée collective de la promotion des hommes et des femmes passait par « une dynamique du milieu », condition de la coopération de celui-ci au développement. Cette coopération supposait le développement des valeurs culturelles, une pédagogie du groupe et de l'action collective, la prise de conscience de la situation pour la prise en charge de son évolution. La méthode et les objectifs sont résumés dans la formule suivante :

> *« Il s'agit de former des leaders naturels pour en faire des animateurs sensibles aux besoins du milieu et capables de susciter des collaborateurs pour satisfaire à ces besoins »*[297].

---

[297] - AFVP : Dossier - Le Cameroun, 1976, p .11.

Ce centre recrute des leaders pour les initier à l'animation des équipes de promotion collective. Ces leaders doivent ensuite former les populations aux tâches d'intérêt collectif : l'aménagement des sources d'eau potable, la mise en culture des champs expérimentaux, le démarrage du petit élevage, la construction des bâtiments pour dispensaires et écoles, l'ouverture des pistes et la construction de petits ponts en gabions. En d'autres termes, l'opération vise l'objectif suivant :

> « *Amener les personnes et les communautés à prendre en charge leur évolution et leur développement (...). Le CEPEC est dont un service assurant des stages pour former des animateurs* »[298].

L'opération vise des objectifs multiples, mais sa portée est limitée :

> « *La mobilisation des hommes pour l'action possible ne permet pas de faire état d'entreprise spectaculaire et gigantesque, et nous ne saurions présenter un bilan exhaustif des réalisations déjà menées à bien par le CEPEC* »[299].

Si aucun « bilan exhaustif des opérations » ne peut être présenté, le rapport d'activités ne précise pas non plus à qui l'opération est destinée en priorité. Le rapport d'activité présente « les populations pauvres de la région de Yaoundé » comme destinataires des programmes d'aide. Toutefois, force serait de reconnaître que ces groupes de populations ne baignent pas dans un milieu social aseptisé. Ici également, les relations entre les hommes et les femmes, les jeunes et les personnes âgées, ne sont pas exemptes de conflits et de rapports de domination. De plus, les autorités publiques, qui ne contrôlent pas l'opération « promotion collective » initiée par l'AFVP, estiment ce projet « subversif ». C'était joué d'avance.

C'est également sous le signe de la promotion collective que les missions religieuses et les pouvoirs publics ont entrepris dans les années 1960, à l'est du pays, une politique d'intégration des pygmées dans la société nationale, en favorisant leur épanouissement humain et leur progrès socio-économique. En 1971, les VP interviennent dans cette opération, avec les objectifs suivants : sédentariser les populations adultes par la création des plantations vivrières ; orienter les enfants, habituellement destinés à la chasse et à la cueillette, vers le cursus de l'école moderne ; leur inculquer le goût du travail et de l'hygiène, etc. Cette action sur les enfants pygmées présente un grand intérêt parce qu'elle s'adresse à une classe d'âge encore malléable, flexible et donc facile à éduquer.

Les VP entreprennent également des opérations en appui aux initiatives des villages communautaires. Ainsi en est-il de Ndongo, hameau perdu dans la verdure de la forêt équatoriale, en région Bassa. Village jadis peuplé, l'exode rural condamne Ndongo à l'extinction. Les jeunes partis chercher de l'emploi à Douala, à moins de cent kilomètres, seuls subsistent ici quelques cases d'habitation au milieu de plantations de cacao en déclin. « *Où vas-tu, paysan, loin de ton beau village où tu vivais en paix ?* ». « *Je vais à la capitale...* ». Le musicien André-

---

[298] - AFVP : Rapport d'activités 1979, p. 1.
[299] - AFVP : Dossier - Le Cameroun, op. cit., p. 11.

Marie Tala met ainsi en relief le phénomène de l'exode rural qui vide les campagnes sans apporter un supplément de bonheur aux migrants attirés par les métropoles. Le projet d'« auto-promotion villageoise » à Ndongo vise à lutter contre l'exode rural, accroître la production agricole et inciter les jeunes au « retour à la terre ». Ce projet de développement rural qui intègre la santé, l'éducation de base, le désenclavement et l'habitat amélioré s'inscrit dans le IIIème plan quinquennal de développement. Mais qui étaient les initiateurs de ce projet ?

Pas facile de les repérer. En fait, les « populations rurales » initiatrices du projet Ndongo se limitaient à quelques « élites », membres d'une famille influente. Dans la formulation du projet, ils avaient fait référence à un « comité villageois pour le développement » – car le « développement autocentré » était devenu le thème de tous les discours officiels au Cameroun à partir de 1975, et il ne faut jamais marcher contre le vent. En réalité, remarque L.-M. Tricot VP chargé de cette opération, le comité de développement était un comité fantôme. Les « élites » se résumaient à deux personnages, les frères Lom, dynamiques, riches, à l'esprit ouvert et animés du souci de sauver leur village à l'agonie.

> « *A Ndongo, l'intérêt des premiers volontaires s'était porté sur la mise en place d'un projet d'animation rurale pouvant mener à ce développement global pris en charge par la communauté villageoise, qu'il fallait responsabiliser, disait en substance L.-M. Tricot. Leur rôle devait être éducateur et formateur : ne pas imposer mais favoriser les choix de développement du village. Cependant, pris entre la nécessité de lancer les bases d'un projet d'animation rurale et l'impératif immédiat, qui était de réaliser très vite les travaux d'équipement nécessaires au démarrage du projet (bâtiments, piste, etc.), les volontaires n'ont eu que le choix d'une intervention "dirigiste" pour la mise en place des constructions...* »[300]

C'était couru d'avance. La définition des objectifs du projet s'était faite sans les « populations ». Leur participation n'était pas allée jusqu'à la prise de décision. Elle s'était limitée aux travaux, à l'« investissement humain ».

Dans d'autres secteurs, des VP travaillent dans des unités de production agricole. Ils entreprennent ainsi, dès 1978, la dynamisation des cultures maraîchères autour de la ville de Yaoundé. Cette opération inclut la sensibilisation des populations à l'organisation de coopératives agricoles, l'expérimentation de nouvelles variétés de semences, la commercialisation des produits de la récolte, le conditionnement, puis le ravitaillement des marchés de Yaoundé à des prix accessibles, ce qui a pour effet de réduire les prix à la consommation et d'augmenter les revenus des producteurs, grâce à l'élimination de multiples intermédiaires et négociants des circuits de vente.

---

[300] - Au terme de deux années de volontariat au Cameroun, Louis-Marie Tricot a effectué une étude, présentée à l'Institut des sciences et techniques d'outre-mer (ISTOM) : « *Approche d'une politique d'intervention en animation rurale* ». La loi camerounaise de 1962 sur la "subversion" a été supprimée, et remplacée par la loi de 1990 sur les libertés.

Dans ces interventions, l'AFVP est confrontée au difficile choix entre la structuration des filières agricoles modernes pour encourager l'exportation des produits de rente, et le soutien aux exploitations familiales pour la consommation locale. En effet, les plantations industrielles destinées aux cultures d'exportation recourent à la mécanisation et aux intrants chimiques pour produire de façon intensive et, ainsi, rapporter des devises dont les pays du Sud ont besoin pour leur développement. Mais ces pays doivent également nourrir leurs populations et, par conséquent, accroître et diversifier la production vivrière. Il résulte parfois de ces deux formes d'agriculture un certain déséquilibre qui peut être source d'inégalités aujourd'hui et source de tension sociale demain. La « coexistence » entre ces types d'agriculture n'est pas toujours facile à réaliser.

En 2000, le Cameroun compte environ 15 millions d'habitants. Près de la moitié est composée de citadins, alors qu'en 1985 le quart des camerounais seulement habitait la ville. C'est ainsi qu'un paysan doit aujourd'hui nourrir cinq personnes contre 0,5 en 1985. Pour assurer l'autosuffisance alimentaire nationale, la production agricole doit battre des records. Ce défi semble difficile à surmonter, pour deux raisons : d'une part, la population rurale ne peut aisément choisir entre cultures vivrières et cultures d'exportation et, d'autre part, les cultures d'exportation confisquent les meilleures terres et occupent 4/5èmes du temps de travail des paysans. De même, 9/10èmes des investissements à destination de l'agriculture vont aux cultures industrielles[301]. Les défenseurs de cette politique agricole qui privilégie les cultures de rente affirment que l'exportation des produits agricoles fournit des devises indispensables à l'effort de construction nationale. Mais il n'y a pas que le café, le cacao et le coton qui rapportent des devises, pourrait-on remarquer. Les produits vivriers ont l'avantage de nourrir le producteur et d'alimenter les marchés intérieurs, et cette vente du surplus de produits vivriers peut procurer de substantiels gains aux paysans ruraux. De plus, la production vivrière peut également être exportée, comme le montre le flux commercial de produits vivriers entre le Cameroun et le Gabon. Les objectifs ne sont pas contradictoires, et un équilibre pourrait être recherché pour assurer l'autosuffisance des populations.

La double mission des sociétés nationales de développement consiste ainsi à promouvoir les cultures de rente et encourager les cultures de consommation. La SODECAO (société de développement de cacao), la SODERIM (Société de développement de la riziculture de la plaine des Mbos) ou la WADA (*Wum area development authority*) introduisent la mécanisation et les intrants pour augmenter les rendements des cultures d'exportation, de même qu'elles encouragent la diversification des cultures de consommation. La Mideviv (Mission de développement des cultures vivrières, maraîchères et fruitières) a entrepris la réalisation du plan semencier national, et la « coexistence » entre cultures

301 - Les données utilisées dans ce paragraphe proviennent de Georges Courade (éd.) : Le désarroi camerounais. L'épreuve de l'économie-monde, Paris, Karthala, 2000.

industrielles et cultures vivrières est pourtant célébrée au niveau national tous les deux ans, lors des comices agropastoraux.

Dans les années 1980 toutefois, cet équilibre entre cultures d'exportation et cultures vivrières est devenu précaire du fait du désengagement de l'Etat et du démantèlement progressif des sociétés nationales de développement, sous la pression du libéralisme économique et des institutions financières de Bretton Woods (FMI et Banque mondiale). L'impératif de rentabilité devient un dogme, la monoculture occupe les meilleures des terres et, progressivement, la sous-alimentation et la disette apparaissent dans les localités qui autrefois avaient atteint une certaine autosuffisance alimentaire. Dans ce contexte, les actions des ONG occidentales encouragent les populations à diversifier les cultures.

Une plaine encore verte, alors que s'annonce déjà la saison sèche : image du Nord Cameroun. Se pratique dans cette région, la culture du mil et du muskuari. Une culture de décrue. Après la saison des pluies, dans les sols argileux encore humides, on sème le muskuari qui prend facilement racine. La récolte se fait en mars, plus tardivement que celle du mil traditionnel, et permet aux localités qui pratiquent cette culture de survivre, quand les greniers sont vides.

Dans la zone de riziculture du Nord, sont combinées les méthodes industrielles et les techniques traditionnelles. Le paysan a son lopin de rizière qu'il cultive à la main. Mais la mise en état des sols est assurée avec le gros matériel de la société nationale de développement rizicole qui assure en même temps l'irrigation des terres. Une partie de la production est destinée à la consommation locale et le surplus est exporté au Nigeria. Dans ces exploitations rizicoles apparaissent les ambiguïtés de l'agro-industrie : la mécanisation et le recours aux intrants agricoles accroissent les rendements, mais le départ des jeunes migrants vers les plantations industrielles marque le déracinement et l'éclatement des communautés villageoises baignant dans la tradition. Face au phénomène de la migration, les actions des associations de volontariat consistent à aider les communautés de migrants à s'organiser, à se prendre en charge à retrouver un certain équilibre.

D'autres paysans qui ne peuvent migrer dans les zones agro-industrielles se limitent à faire un bout de voyage seulement. C'est le cas dans la région des Kapsiki où il est difficile de cultiver entre les rochers. Pour le jeune paysan qui veut rester rural, une solution : plutôt que d'aller jusqu'à la ville en quête d'un emploi devenu de plus en plus hypothétique, ne faire qu'un bout de chemin et s'arrêter dans la plaine, au pied de la montagne. C'est l'histoire d'un village de la savane du nord. A l'origine, un projet de modernisation rurale qui a incité les montagnards à s'installer en contrebas dans une zone jusqu'alors quasi inexploitée. Mais leur bonne volonté ne suffit pas. Améliorer les rendements, diversifier les cultures, tout cela exige un minimum de formation technique. C'est alors que sont intervenus les VP. Dans un premier temps, sur le terrain même, les Volontaires ont préparé de jeunes ruraux à devenir moniteurs agricoles pour se mettre ensuite à la disposition des paysans nouvellement installés. Principal outil à l'usage de tous :

une ferme pilote, mais aussi des travaux d'équipement. Au nord Cameroun, en raison du faible taux de précipitations, il ne peut y avoir d'agriculture rentable sans maîtrise de l'eau. Après les points d'eau, des opérations de maraîchage ont pu commencer.

La ferme pilote n'a pas prospéré. Certains moniteurs ont abandonné l'opération de « *modernisation rurale* » pour trouver des emplois plus rémunérateurs dans l'administration. Mais il reste ce travail en profondeur, difficilement quantifiable, qui a laissé des impacts. Comme dans toute action de développement rural, l'on ne peut raisonnablement s'attendre à aucun résultat spectaculaire. Des agriculteurs ont été initiés à la culture attelée, et des paysans ont appris à se constituer en coopérative pour mieux entreprendre des actions de développement communautaire. Le petit élevage qui s'y développe est un important atout pour l'économie rurale, autre moyen de « *retenir les paysans à la terre* ». A condition de s'organiser, tel semble le leitmotiv des Volontaires.

S'organiser, c'est ce qu'ont fait dans la région de Yemessoa près de Yaoundé, de jeunes paysans décidés à se fixer à la terre. Leur spécialité est le petit élevage (volailles, lapins, porcs) et l'amélioration des cultures vivrières traditionnelles que sont l'igname, le manioc, le plantain, etc. Dans le petit élevage, le poulet n'est certes pas une nouveauté au Cameroun. Il court partout, dans les rues du village et parfois même, dans les quartiers de la grande ville, nerveux, mais pas épais. Il est monnaie d'échange ou cadeau. Passer de l'exploitation artisanale au stade de l'aviculture proprement dite nécessite un minimum de technique et d'investissement. La proximité de Yaoundé, avec ses débouchés, de même que l'appui technique de l'Ecole fédérale supérieure d'agronomie de Yaoundé (devenue l'ENSA) sont des éléments favorables à cette opération d'encadrement agricole et de développement rural, à condition de leur donner une dimension collective. Ainsi à Yemessoa, une coopérative voit le jour en 1977. Son rôle est l'achat de poussins, la fourniture en provende et en médicaments des poulaillers communautaires, la fourniture en semences et en engrais ; ensuite, le transport vers les villes proches et la commercialisation des poulets et des oeufs, ainsi que des produits agricoles. Cette opération a bénéficié de l'appui technique de Volontaires spécialistes en élevage qui ont participé à d'autres projets communautaires dans cette région. « *Notre rôle, c'est avant tout d'aider les gens à se prendre eux-mêmes en charge* »[302]. Le conditionnement et l'écoulement des produits vivriers vers les marchés constituent pourtant le problème majeur de l'agriculture villageoise. « *Si j'arrive trop tard à la ville, je manque la vente* »[303], dit l'un des animateurs de la coopérative. Les Volontaires peuvent apporter un encadrement technique pour l'étude des sols, la sélection des semences, l'organisation des coopératives paysannes ; mais ils ne peuvent construire des routes pour le transport des récoltes, encore moins organiser les marchés pour l'écoulement des produits paysans.

---

302 - Spécial - Cameroun, revue de l'AFVP, op. cit., p. 13.
303 - Ibid.

L'introduction de la tomate dans les champs de la monoculture du coton, cette alliance dans le nord Cameroun pourrait donner lieu à ce que les Volontaires qualifient joliment de « *coexistence pacifique entre l'agro-industriel et le vivrier* »[304]. Dans les zones de culture de rente, il s'agit d'inverser la tendance dangereuse qui conduit le paysan à consacrer les bonnes terres à la production « qui se vend », au détriment de la culture vivrière. Dans cette région cotonnière, le gouvernement camerounais a donné obligation à la société d'Etat (SODECOTON, Société de développement du coton), responsable du programme, de consacrer 30% des terres mises en valeur aux cultures vivrières[305].

Le maraîchage permet, dans une certaine mesure, de rétablir l'équilibre perdu. Il aide à l'autosuffisance familiale ou villageoise, surtout en période de « soudure ». C'est une culture de contre-saison qui rend possible un étalement de l'activité agricole sur l'ensemble de l'année. En même temps, il s'agit d'une production de rapport, qui reste à dimension paysanne, mais soumise aux pressions extérieures de l'agro-industrie. Toutefois, elle ne peut prendre son véritable essor qu'avec un minimum d'auto-organisation. C'est dans cette optique que des projets maraîchers ont été entrepris, avec la participation des Volontaires du progrès.

Les organisations paysannes permettent de sensibiliser les populations sur la nécessité de multiplier les jardins maraîchers à côté du coton, principale culture de rente du nord Cameroun. Le jardin maraîcher concilie la diversification des cultures et la diversification de l'alimentation locale. Meilleure nutrition, bonne santé. Bien sûr, le paysan du Nord Cameroun n'a pas attendu les animateurs du volontariat pour cultiver un potager. Ici se pratique depuis de longues dates du potager autour des cases d'habitation. Mais en isolé. Les projets maraîchers initiés par les Volontaires, au niveau d'un village ou d'une zone de développement, ne concernent pas seulement les techniques culturales. Ils permettent aux paysans de s'organiser en coopérative, pour la production et pour la commercialisation. Dans cette perspective, les animateurs camerounais associés aux Volontaires mettent au point des actions de formation d'agriculteurs, au village même, avec l'appui des méthodes de l'INADES-Formation[306]. C'est le cas dans le village de Gaban où le travail de boisement s'est effectué par quartier : l'approvisionnement en semences, la pépinière, le repiquage et la protection. Puis il a fallu arroser les plants à partir des points d'eau et, en fin de parcours, vendre son produit. Car la commercialisation de la production maraîchère, l'écoulement des légumes vers les

---

[304] - Spécial - Cameroun, op. cit., pp. 30-31.

[305] - Les directives des pouvoirs publics en faveur de l'introduction des cultures vivrières dans les exploitations industrielles ont connu une suite mitigée. Dans les plaines arables de la Bénoué, les mobilisations autoritaires autour de la production « *qui se vend* » ont progressivement détourné les paysans des cultures de consommation. « *Dans le meilleur des cas, affirme Jean Bertrand, permanent de l'Association, les VP étaient chargés de répandre la bonne nouvelle – le coton, avenir de l'Afrique – et de fournir l'arsenal technique aux paysans (nouvelles méthodes culturales, introduction de pesticides...)* », cité par Yves Hardy, in L'Odyssée des volontaires, op. cit., p. 39.

[306] - INADES-Formation : Institut Africain pour le Développement Economique et Social.

marchés ou vers la ville parfois lointaine, posent les plus gros problèmes. C'est souvent ce qui freine le développement des activités nouvelles, surtout dans les régions enclavées et difficiles d'accès. C'est aussi le principal obstacle que rencontrent les « petits éleveurs » avec leurs poulets et leurs œufs. De nouveau, estiment les Volontaires, l'organisation communautaire peut apporter une solution. Certains produits du maraîchage doivent être stockés. Cela permet d'étaler la vente une partie de l'année. Il faut donc mettre au point des techniques de conservation à la portée de tous. Ainsi des oignons du nord Cameroun qui contiennent un pourcentage d'eau plus important que ceux qu'on récolte en Europe. Une action maraîchère entreprise par les VP effectue ainsi des essais pour le séchage sur claies. Toutefois sur les marchés locaux, les oignons importés à faible coût par les négociants et commerçants constituent un sérieux handicap quant à la promotion des produits paysans[307].

Des actions en faveur de l'élevage des bovins ont également été entreprises dans l'Adamaoua. Si l'on veut mieux sédentariser le bétail, il faut l'alimenter sur place. En transhumance, le problème ne se pose pas. Le pâturage épuisé, on passe au suivant. Mais dans le nomadisme pastoral, le bétail est moins épais. Il a fallu par conséquent développer la culture fourragère. Dans une station de recherches qui a associé des Volontaires à ses travaux, des études fourragères ont été menées, avec d'intéressants résultats. L'alimentation du bétail, par le fourrage, ainsi que le complément minéral qui s'est vulgarisé lui aussi, permettent aux troupeaux de mieux se comporter en saison sèche, où certains animaux perdent jusqu'à 20% de leur poids normal.

L'amélioration de l'élevage passe aussi par une meilleure situation sanitaire. Il n'y a pas que la trypanosomiase à redouter, mais aussi la peste bovine, la fièvre aphteuse. La prévention par vaccins ou dépistage exige que soit mieux maîtrisée la grande transhumance. Sans cela il n'est de prévention possible, ni de contrôle efficace. Pour ces raisons, l'élevage camerounais, surtout dans la partie nord du pays, s'oriente, avec l'aide discrète mais déterminante des Volontaires, vers une plus grande sédentarisation. Sédentariser l'élevage, mais aussi installer de jeunes agriculteurs sur les terres en friche, telles sont quelques-unes des préoccupations des premiers détachements de Volontaires au Cameroun.

---

307 - Ce constat n'est pas le moindre des paradoxes de la « *coopération au développement* ». Dans les villages ainsi que dans les zones d'implantation des sociétés nationales de développement, les paysans sont encouragés à diversifier leurs productions, à introduire de nouvelles cultures de rapport pour achalander les marchés urbains et, ainsi, améliorer leurs revenus. Mais sur les marchés, les produits paysans ne peuvent faire face à la concurrence des produits alimentaires bon marché, généralement subventionnés, en provenance des pays occidentaux.

## I.2. L'INSTALLATION DES MIGRANTS

Dès 1966, les VP interviennent dans l'opération Yabassi-Bafang. Financée par le gouvernement camerounais, le Fonds d'aide et de coopération et l'AFVP, cette opération consiste en l'installation de jeunes colons à la périphérie de la route Yabassi-Bafang, dans le département du Nkam. Pour les autorités publiques ayant initié le projet, il s'agit d'exploiter et de mettre en valeur une région en friche : aménagement de l'habitat, construction des infrastructures sanitaires, de foyer culturel, réfection des pistes et des ponts pour faciliter le déplacement des populations et l'écoulement des produits de récoltes sur les marchés des villes environnantes. Les VP qui participent à ce projet s'occupent particulièrement des travaux topographiques : relevé des terrains à mettre en valeur, étude des sols, identification des meilleures parcelles à exploiter. De plus, ils gèrent et entretiennent l'atelier mécanique et le garage des engins agricoles. Enfin, ils sont sollicités par le Programme alimentaire mondial pour la distribution de l'aide alimentaire.

Plus tard, cette opération deviendra la Société de développement du Nkam (SODECAM) chargée de la création de la ville de Nkonjock et d'une quinzaine de villages alentours où les VP mettront en place un service d'enseignement et de santé préventive. Sur l'opération Yabassi-Bafang-Nkonjock, le rapport d'activités des volontaires précise :

> « *Il convient en effet de mettre en valeur les terrains dont deviennent propriétaires les nouveaux occupants, tant du point de vue des cultures industrielles que vivrières. D'autre part, les premières réalisations d'élevage ont été entreprises en vue de les vulgariser auprès des villageois* »[308].

A la demande du ministère du Plan et de l'aménagement du territoire et du ministère de l'Agriculture, une opération semblable est menée dans la plaine des Mbos (ouest Cameroun) à partir de 1973, dans le cadre de la Mission de développement de ladite plaine. La contribution des Volontaires dans cette entreprise s'articule en trois points : construction des logements, bâtiments administratifs et d'exploitation ; relevés topographiques et étude des sols ; entretien des engins motorisés et montage d'une usine à riz comprenant un séchoir, une polisseuse et une ensacheuse. La participation de l'AFVP dans cette opération est financée sur crédits FAC. En liaison avec l'Entreprise SATEC (maître d'œuvre de l'opération), les VP ont mis au point un motoculteur amélioré et adapté à la récolte du riz, le "combiné Mbos".

L'opération de la plaine des Mbos connaît un certain succès : augmentation des volumes de récoltes, baisse des prix à la consommation, amélioration de la couverture alimentaire pour les populations locales, vente du surplus et constitution

---

308 - AFVP : Rapport annuel 1973, s.p.

de l'épargne par les petits producteurs ruraux. Mais ici comme dans les autres opérations de développement rural, l'appréciation des volontaires est modeste :

> « *Depuis que les Volontaires du progrès sont à l'œuvre dans la Plaine des Mbos, un certain nombre de résultats ont été obtenus mais un certain nombre d'espoirs ont été déçus. Les résultats enregistrés dans la zone pilote sont à la fois satisfaisants mais précaires, et les conditions d'insertion des populations dans ce processus de développement ne sont pas encore parfaitement garanties* »[309].

Cette initiative qui avait pour but d'« *intégrer des paysans camerounais dans une opération de développement en ayant recours à des moyens importants et modernes* »[310] n'est pas parvenue à susciter une réelle participation des populations qui, elles, avaient quelques réticences à y adhérer massivement : les récoltes étaient certes abondantes et les prix aux consommateurs alléchants, mais cette variété de riz nouvelle n'était pas adaptée aux habitudes alimentaires des populations locales. De plus, cette opération ne bénéficiait pas d'un réel encouragement des pouvoirs publics dont les contributions financières n'étaient pas substantielles. L'opération finit par décliner, et les conseillers techniques chinois, principaux maîtres d'œuvre, se retirèrent du projet[311].

Les migrations ne sont pas un phénomène nouveau. On se déplace quand la terre natale ne nourrit plus ses habitants. Dans le Nord, le mouvement est encouragé par les autorités administratives et les sociétés de développement. A Bere-Bibemi, les VP interviennent dans le projet Nord-est Bénoué dont le but est de décongestionner les zones surpeuplées et sous-alimentées de Margui-Wandala, du Diamaré et du Mayo-Danaï au profit des terres en friche du nord-est de la Bénoué. Ce déplacement des populations permet de constituer des greniers d'approvisionnement afin d'éviter les pénuries des denrées alimentaires.

Dans les années 1970, la création de la Société forestière et industrielle (SOFIBEL) à Belabo a provoqué une croissance rapide du nombre des habitants de cette petite ville de l'est du pays. Cet afflux de populations entraîne la création d'une zone de colonisation des terres dans le village de Yebi, près de Belabo. En 1978, les Volontaires du progrès interviennent dans cette opération, en appui à la création des exploitations agricoles.

Au total, des villages neufs, avec des cases rondes ou carrées au toit de chaume ou de tôle ondulée, greffées sur les flancs de vallées ou posées dans la savane : villages de migrants. Ces villages se sont multipliés dans le cadre de projets d'aménagement et de peuplement.

---

309 - AFVP : Dossier - Le Cameroun, Ed. AFVP, 1976, p. 21.

310 - Ibid.

311 - Aujourd'hui dans la Plaine des Mbos, entre Dschang et Bafang, les installations de la Société rizicole sont envahies de buissons ; les moissonneuses-batteuses, pourtant importées à grands frais, se dégradent lentement sous la pluie et le soleil.

Terre promise et promesses non tenues ? Les migrations freinent l'exode vers les villes ; elles posent cependant de nombreux problèmes non résolus. Les pieds dans sa parcelle de rizière, le migrant est plus l'employé d'une société nationale (qui exerce un contrôle en boucle, de la distribution des parcelles de terre et des semences jusqu'à l'achat des produits de la récolte) qu'un paysan à son compte. Adhérents de coopératives agricoles aux moyens d'action somme toute limités, les paysans deviennent de simples salariés. Ils sont de ce fait progressivement happés par ce que Marx appelle « *la loi d'airain du capital* », et que le sociologue Jean-Marc Ela qualifie d'« *exploitation du travail paysan* »[312]. Pour les pouvoirs publics, « *c'est la seule façon de rendre moderne et compétitive notre agriculture, et d'assurer en même temps l'autosuffisance alimentaire du pays tout entier* »[313]. L'envers du décor, c'est la prolétarisation du travail paysan et l'éclatement des communautés villageoises. Le milieu de vie est différent, tout comme sont différentes les façons de cultiver la terre. Quelquefois, des opérations engagées avec forte médiatisation aboutissent dans le désenchantement. C'est que l'adhésion des populations aux thèmes techniques n'est pas simplement affaire de mentalité, mais de calcul économique et de calcul de survie. La capacité des paysans à prendre des risques financiers et à surmonter certaines contraintes (terre, main d'œuvre, etc.) dépend pour une part de leurs revenus, c'est-à-dire de leur capacité à constituer de l'épargne et d'accéder à la propriété des moyens de production. Zaki Laïdi remarque qu'au SEMRY (Yagoua, dans l'Extrême-nord Cameroun), l'attribution des parcelles est souvent faite à des commerçants et des fonctionnaires. Ces exploitants agricoles qui ont un pied en ville dans les affaires et l'autre pied à la campagne n'ont pas à opérer de choix entre culture commerciale et culture vivrière. Les paysans, eux, ont à gérer une superposition de systèmes de production que les thèmes techniques des sociétés de développement ne permettent pas de surmonter[314].

Il apparaît ainsi que les programmes de développement conçus et appliqués par les pouvoirs publics, compte non tenu des spécificités locales et des besoins réels des populations rurales, renforcent la logique des rapports d'exploitation, les classes dominantes ayant mis en place des mécanismes d'« *une économie de partage du surplus paysan* »[315]. Que la conjoncture internationale soit bonne ou mauvaise, les paysans subissent toujours les effets des pratiques administratives qui ne favorisent guère une juste répartition des richesses[316]. Les communautés

---

312 - Jean-Marc Ela : Afrique. L'irruption des pauvres, Paris, L'Harmattan, 1994, pp. 17-44.

313 - Propos cités dans la revue de l'AFVP, Spécial - Cameroun, n° 35, 1983, p. 41.

314 - Zaki Laïdi : Enquête sur la Banque mondiale, Paris, Fayard, 1989, pp. 121-122.

315 - Jean-Marc Ela : Quand l'Etat pénètre en brousse, Paris, Karthala, 1990, p. 65.

316 - Examinant ce qu'il appelle les mécanismes des « *prélèvements abusifs et criminels du gouvernement sur le travail des petits planteurs* » de cacao du Sud Cameroun, Mongo Beti a pu écrire : « *A la meilleure époque, c'est-à-dire quand le kilo de cacao était payé 450 francs CFA au paysan, il faut savoir qu'il était acheté 1500 francs CFA sur le marché international: le gouvernement, par le biais de l'ONCPB ( Office national de commercialisation des produits de base) prélevait la*

paysannes ne sont perçues que sous le prisme de l'« *encadrement idéologique* » et de la « *mobilisation* » derrière les idéaux du « *grand parti national* ». Les sociétés de développement constituent ainsi un outil de marketing politique[317]. Les associations d'aide au développement le savent sans doute car à la SEMRY, à la SODECOTON ainsi que dans les autres sociétés de développement, les VP évitent le tête-à-tête avec les pouvoirs publics et préfèrent un partenariat qui intègre les bailleurs de fonds et les coopératives locales.

### I.3. RECHERCHE ET FORMATION

Dès 1967, des VP participent à Mora à la recherche sur l'expérimentation de la culture du riz. Mais cette opération s'est révélée peu concluante, surtout à cause du départ des Volontaires arrivés en fin de contrat. A l'Institut de recherches agronomiques et tropicales à Guetale, les VP sont chargés de l'expérimentation agricole et de la formation des exploitants. A Dschang, ils effectuent des recherches sur les cultures et sur l'adaptation du matériel agricole aux conditions climatiques locales. A Toukou-Garoua, ils s'orientent dans la fertilisation des sols et la sélection du riz, la vulgarisation des techniques culturales et la culture attelée.

En matière d'élevage, ils participent depuis 1966 aux travaux du Centre de recherches zootechniques et fourragères de Wackwa (Ngaoundéré) et, depuis 1968, à l'IEMUT de Bambui (Bamenda) où ils réalisent des essais sur le bétail afin de déterminer les meilleurs rendements en lait et en viande. Ces recherches visent à améliorer l'élevage traditionnel et à créer un secteur moderne d'élevage intensif. Ainsi dans l'Adamaoua, par métissage de la race locale de zébu avec la race de zébu originaire d'Asie mais améliorée en Amérique, l'on a produit le "wakwa", du nom de la localité de l'expérimentation. Les bons métissages font de bonnes

---

*différence. Ce prélèvement était opéré sous la promesse de compenser la baisse éventuelle des cours. Il n'en fut rien, et le gouvernement n'a jamais expliqué à quoi il avait consacré les sommes ainsi collectées. L'État s'est livré à une arnaque ignoble sur le dos de paysans misérables* », in Mongo Beti : La France contre l'Afrique. Retour au Cameroun, Paris, La Découverte, 1993, p. 28. Dans la même perspective, Georges Courade écrit : « *Ce système connut son apogée entre 1950 et 1980 et permit à l'Etat camerounais de ponctionner massivement le monde agricole pour "reproduire" le régime et développer accessoirement les villes et infrastructures sociales. A sa décharge, il faut rappeler que bien des systèmes industriels modernes se sont construits sur le monde paysan. Mais, ils se sont édifiés, ce qui est loin d'être le cas de l'économie du Cameroun dont le secteur moderne a régressé entre 1970 et 2000 ! C'est qu'à la différence de l'Europe, les réserves accumulées par ces caisses furent utilisées par un régime-Etat camerounais progressivement gagné par la "politique généralisée de la distribution de l'enveloppe". L'absence de groupe de pression paysan ne permit pas de faire obstacle à cette voracité si bien qu'à l'heure des comptes, à partir de 1986-87, les planteurs se trouvèrent démunis et vulnérables* », in Georges Courade (éd.) : Le désarroi camerounais. L'épreuve de l'économie-monde, Paris, Karthala, 2000, p. 43.

317 - Lire Basile Kenmogne : Les nouveaux champs de la coopération non gouvernementale, Mémoire DESS, Yaoundé, IRIC, 1997, pp. 38-39.

lactations ainsi que de bonnes viandes d'embouche. Mais ici comme dans d'autres secteurs d'activité, l'exploit technique ne profite pas équitablement à toutes les couches de populations. Ce sont surtout dans les *ranches* privés que les techniques modernes d'élevage pénètrent le mieux. Elles atteignent moins le petit éleveur qui reste, le plus souvent, un pasteur comme jadis, héritier des grands nomades. L'établissement d'un ranch nécessite des investissements parfois énormes. De plus, la modernisation de l'élevage est plus qu'une révolution technique ; c'est un changement radical dans les comportements, une remise en cause des traditions ancestrales et aussi d'une certaine manière de vivre, une réévaluation de la notion de « propriété de pâturage ». Entre les pratiques pastorales traditionnelles et « l'élevage de rente », l'harmonie reste à trouver.

A Sangmelima, le Centre de formation rural, créé dès 1969 se propose de « *donner aux agriculteurs de la région, en les conviant à des sessions de formation, des possibilités nouvelles leur permettant de mettre en pratique les techniques modernes qui leur sont exposées* »[318]. En 1973 ce centre crée une ferme modèle où les populations découvrent les moyens d'améliorer l'organisation de leurs propres exploitations. « *La ferme modèle s'oriente vers la production de palmiers à huile, la riziculture, les cultures maraîchères et le petit et moyen élevage* », précise le rapport d'activités. En 1975, des Camerounais accèdent à la direction du centre, tandis que les VP se consacrent à la charcuterie et à la production des conserves (jambon, saucisses, saucissons et pâté) vendues à Sangmelima et à Yaoundé. En 1976, le centre de formation rural devient la propriété juridique de l'Association des planteurs constituée de 170 membres, dont 2/3 de femmes.

## II. ACTION SOCIALE

Au cours des deux premières décennies de son implantation au Cameroun, l'AFVP a engagé des opérations sociales tant en matière de santé qu'au niveau de la formation technique et professionnelle. Dans ce cadre, elle a mis à disposition médecins et infirmières, des animateurs sociaux ainsi que des enseignants dans des formations scolaires du pays.

### II.1. LES ACTIONS MÉDICO-SANITAIRES

Par action médicale, il faut entendre toute intervention visant à procurer des soins médicaux aux populations, qu'il s'agisse de soins préventifs ou de soins curatifs. Les activités sanitaires concernent, elles, des mesures d'hygiène et d'assainissement permettant aux populations de vivre dans un environnement sain,

---

[318] - AFVP : Rapport d'activités 1974, opération n° 36, sans page.

salubre et propice à une bonne santé. Les interventions dans ces deux domaines sont complémentaires.

Dès 1966, une opération des VP est entreprise au Centre hospitalier de Garoua. A partir de 1971, les Volontaires de ce centre participent également à la formation des élèves de l'Ecole des infirmiers, école financée par le Fonds d'aide et de coopération. Les actions des Volontaires s'étendent également aux différents dispensaires urbains de Garoua.

A la léproserie de Nyamsong, localité proche de Bafia, les VP dispensent des soins aux lépreux et à leurs familles, effectuent des tournées de recensement et de dépistage dans les villages alentour, organisent les travaux de la cordonnerie qui fabrique des prothèses ou des modèles de sandales adaptés aux lépreux amputés, de même qu'ils dirigent une campagne d'alphabétisation à l'intention des enfants des pensionnaires de la léproserie. Des actions similaires sont entreprises également au Centre Jamot de Yaoundé.

Des VP exercent à l'Hôpital de Kaélé, de même qu'ils initient les mères des enfants hospitalisés aux techniques nutritionnelles. Ils dispensent également des cours de formation et de perfectionnement aux auxiliaires et techniciens de l'hôpital (anatomie, maladies infantiles, hygiène, puériculture et pharmacie). Ils mènent parallèlement un programme de PMI. Dans les villages de Dziguilac, Guidiguis, Garey, Doumrou et dans différentes autres localités, ils effectuent des tournées hebdomadaires ou mensuelles pour des visites prénatales ou des consultations de nourrissons.

En collaboration avec Médecins sans frontières (MSF), des médecins VP interviennent à Béré (Bénoué) en 1978 où ils travaillent à la formation du personnel médical et à la médecine préventive. De même, ils mènent une étude épidémiologique dans la perspective de la construction du barrage de Lagdo ; ils recherchent précisément des solutions aux risques de l'onchocercose et de la bilharziose.

Depuis 1974, des VP interviennent dans le « secteur épidémiologique de Yaoundé » où ils effectuent des tournées de médecine préventive dans les localités de la Mefou et de la Lékié. Cette opération porte sur la protection maternelle et infantile, la vaccination antitétanique, la formation et le recyclage des infirmiers et des auxiliaires de santé, l'éducation des ménagères aux mesures d'hygiène.

Dès 1975, ils interviennent dans le « service de nutrition » de l'Hôpital central de Yaoundé, où ils poursuivent les objectifs suivants : organisation d'un service de diététique infantile ; surveillance de la santé nutritionnelle et enquêtes sur la qualité de l'alimentation dans les villages proches de Yaoundé ; enseignement des techniques nutritionnelles et diététiques dans les zones de l'ASS (action sociale et sanitaire), aux personnels soignants, aux étudiants du CUSS (Centre universitaire des sciences de la santé, devenu en 1993 la Faculté de médecine et des sciences bio-médicales de l'Université de Yaoundé), de l'Ecole supérieure d'agronomie ; mise au point d'un nouvel aliment protéino-calorique ; organisation des séances de démonstration expérimentale de l'utilisation des aliments du PAM (Programme alimentaire mondial) ; élaboration de nouvelles tables de composition des aliments locaux et des régimes alimentaires spéciaux, en tenant compte des coutumes alimentaires de la région[319]. Les résultats de cette opération ne furent pas grandioses.

> « *Mais déjà, quelques mères viennent à nous et demandent des conseils sur la façon de nourrir leurs petits. Des discussions s'engagent dans les salles, et il nous suffit parfois de prononcer un mot dans leur langue pour qu'un meilleur courant s'établisse* »[320].

Les Volontaires entreprennent également des opérations sanitaires. En 1967, des VP ouvrent le Centre de formation féminine de Yaoundé avec pour objectif de dispenser aux femmes des enseignements en hygiène, puériculture, économie sociale et familiale. « *Certaines femmes qui ont assimilé l'enseignement reçu organisent à leur tour, sous le contrôle des Volontaires, des groupes pour dispenser leurs connaissances nouvelles* »[321]. Cette initiative décline pourtant, et l'opération est arrêtée en 1971. Le Centre médico-social de Douala qui poursuit les mêmes objectifs a également décliné, faute de moyens.

Dans la Haute-Sanaga, le complexe sucrier de CAMSUCO attire des populations diverses : des employés et leurs familles, des journaliers ou des travailleurs saisonniers, des gens du petit métier venus d'horizons différents se greffer autour du complexe industriel. Il se posait dès lors d'importants problèmes pour la scolarisation des enfants, l'hygiène, l'alimentation, l'organisation matérielle et sanitaire de cette grappe humaine. La localité de Mbezoa, près du complexe sucrier, ne compte qu'un seul dispensaire ; ses habitations, insalubres, manquent d'eau potable. C'est alors que des VP entreprennent des programmes de formation d'animateurs locaux capables d'organiser ou de soutenir des actions communautaires, notamment l'assainissement des points d'eau et des sources potables, l'éducation à la santé préventive.

Du fait de préjugés défavorables, l'on présente habituellement les populations pygmées à travers des stéréotypes : des gens de petite taille vivant de la chasse et de la cueillette dans la forêt équatoriale. Vendeurs occasionnels de gibiers ou travailleurs saisonniers dans les plantations de café, les pygmées des provinces du Centre et de l'Est constituent une minorité sociologique très pauvre : couverture sanitaire réduite à la pharmacopée, taux de scolarisation marginal, espérance de vie réduite par apport à la moyenne nationale. Il se pose un véritable problème d'intégration sociale de cette minorité dans la communauté nationale. Les divers intervenants, les autorités publiques, les missions catholiques et les Volontaires du progrès recourent à différentes stratégies pour faciliter cette intégration :

---

319 - AFVP : Dossier - Le Cameroun, op. cit., pp. 17-18.

320 - Ibid.

321 - AFVP : Rapport annuel 1969, p. 8.

développement des activités agricoles, éducation sanitaire, mais aussi création des infrastructures sociales.

Dès septembre 1971, à Lomié dans le Haut-Nyong, « *les VP ont centré leurs activités auprès des populations pygmées dans le domaine de la santé et de l'éducation* »[322]. Des soins courants sont donnés lors des tournées des Volontaires dans les villages et campements, en dépit des difficultés liées à la position géographique de l'implantation – routes défoncées en saison de pluie, difficultés d'approvisionnement en matériel, essence à 120 kilomètres – et aux tensions sociales entre les populations pygmées et les Nzimes qui les emploient comme main-d'œuvre dans les plantations de café. Le regroupement des pygmées dans les villages aux abords immédiats des routes permet également aux volontaires, en collaboration avec la Mission catholique de Lomié, d'implanter des écoles pour encourager l'alphabétisation des enfants, et faciliter leur insertion dans les cursus scolaires modernes.

Des VP interviennent également dans différentes formations médicales où ils administrent des soins, participent à la formation et au recyclage du personnel médical de même qu'ils participent à la médecine éducative et préventive.

« *L'eau c'est la vie* », telle est la marque publicitaire de la SNEC (Société nationale des eaux du Cameroun). Au-delà de ce slogan commercial pourtant, moins de 40% de la population urbaine et un taux plus réduit des populations rurales ont un accès régulier à de l'eau potable au Cameroun[323]. Mongo Beti parle de démission de « *l'Etat néo-indépendant* »[324] face à ses missions de service public. Les associations d'aide au développement essayent, bien que faiblement, de répondre à cette carence en investissant dans la petite hydraulique, en encourageant la construction des puits d'eau potable ou en sensibilisant les populations sur les bonnes vertus du filtre à eau. Autour de ces actions communautaires se constituent des « comités de santé » où les populations impliquées apprennent à participer aux tâches communes et à prendre en charge, du moins en partie, leurs problèmes de santé.

Les petites pharmacies rurales (une caisse, parfois des étagères dans un local fixe où l'on dispose des médicaments dits de première nécessité) sont un des éléments moteurs de la santé villageoise. Le plus souvent, sur l'initiative des « comités de santé », de l'argent est collecté pour constituer le premier stock où l'on retrouve des médicaments simples pour les soins élémentaires : nivaquine, pommade ophtalmique, permanganate, etc. Une animatrice de santé, Volontaire du progrès, vient expliquer, en public, devant le quartier réuni ou sur la place du village, le bon usage des remèdes, le mode de transmission et les méthodes de

---

[322] - AFVP : Rapport annuel 1973, opération 46, s.p.

[323] - Lire « La pauvreté au Cameroun. Le rapport du PNUD », sur Internet : http :www.wagne/net/devdur/ddh/dddh007.htm.

[324] - Lire Mongo Beti : La France contre l'Afrique. Retour au Cameroun, op. cit., pp. 23-29.

prévention du paludisme, la nécessité des vaccinations et l'importance d'une alimentation riche et équilibrée sur la croissance des enfants, les méthodes de réhydratation par voie orale. C'est le début de la mise en place des « soins de santé primaires ». Ces initiatives, dont l'objectif est la prise en charge par la communauté de ses problèmes de santé, n'excluent pas des formes d'action sanitaire plus classique. Ainsi, les « points d'appui santé » sont au service des communautés rurales. Mais ils peuvent être intégrés dans des plans de développement assez vastes, comme l'a montré l'expérience des VP médecins dans les campagnes du Sénégal, au cours de la décennie 1980[325]. Ces petits postes de village sont reliés à des dispensaires ou des centres de santé-hôpitaux. Chaque patient apporte son carnet de santé où sont notées les remarques des précédentes visites médicales.

Ces essais de rapprochement de la médecine vers les patients permettent un bon suivi de la santé des populations, autant qu'ils facilitent la diffusion des techniques de la médecine éducative et préventive. Les Volontaires reconnaissent toutefois la portée limitée de leur entreprise. D'abord, ces actions sont inefficaces si elles sont isolées et si elles ne s'intègrent pas dans des programmes nationaux de développement[326]. Ensuite, en l'absence du soutien financier et administratif des pouvoirs publics, les « comités de santé » et les « points d'appui santé » ne suffisent pas à assurer une meilleure santé aux populations[327]. Enfin, ce propos désabusé d'une animatrice camerounaise qui partage son temps entre le « point d'appui santé » du village et le travail des champs, propos qui traduit le scepticisme des moniteurs de santé sur les vertus du "carnet de santé" : « *Il y a des*

---

325 - Dominique Boucher : L'aventure solidaire, op. cit.

326 - Evoquant l'absence de suivi dans la politique camerounaise de lutte contre la pauvreté depuis la fin de la décennie 1980, le Rapport de la Banque mondiale note, acerbe : « Il *n'y a pas eu de plan de développement national depuis 1989, date à la quelle le premier programme d'ajustement a été approuvé. Depuis lors, la programmation des dépenses publiques n'a pas joué avec efficacité le rôle d'instrument permettant de fixer les priorités nationales de développement et de les mettre en œuvre. Il n'existe pas de structure nationale permettant de procéder à un examen indépendant de ce qui a été réalisé avec succès afin de réutiliser ces données lors de la planification et de la prise de décisions, que ce soit au niveau national ou sectoriel. Pour ce qui est de la programmation des dépenses, c'est le plus souvent le cours terme qui l'emporte et l'on constate une dissociation de la planification des investissements et de celle des coûts de fonctionnement et cela, parfois au sein même d'une institution. Les décisions d'investissement sont prises au coup par coup, et dépendent de l'importance politique du promoteur du projet envisagé ou de la disponibilité d'un financement extérieur pouvant couvrir les frais initiaux* » in Banque mondiale : Cameroun. Diversité, croissance et réduction de la pauvreté, Publications Banque mondiale, 1995, p. 99.

327 - Dans le contexte du développement local au Mali au début de la décennie 1980, Kary Dembele pense que la politique de « promotion » des collectivités locales adoptée par les autorités publiques maliennes répond moins à un souci d'appuyer plus nettement les initiatives de base des populations, qu'à un transfert sur les paysans des propres déséquilibres des services publics. Lire Kary Dembele et all. : Mali. Le paysan et l'Etat, Paris, l'Harmattan, 1981 ; lire également P. Mathieu : « Participation paysanne ou transfert des coûts aux organisations locales ? L'agriculture irriguée et le désengagement de l'Etat au Sénégal et à Madagascar », in M. Haubert (éd.) : Etat et société dans le tiers-monde, Paris, IEDES, 1992, pp. 64-71.

*femmes qui ont bien compris l'utilité de ce carnet, estime l'animatrice ; d'autres qui le déchirent pour allumer les cigarettes »*[328]. Il apparaît ainsi que l'animation sanitaire est un travail de longue haleine.

## II.2. FORMATION PROFESSIONNELLE

Dans le domaine de la formation professionnelle, l'action des Volontaires porte rarement sur la construction des infrastructures d'accueil. En 1976 toutefois, un Volontaire architecte a participé, au Nord Cameroun, à la construction de 250 salles de classe pour l'enseignement primaire et de 30 logements pour les instituteurs. Cette opération, financée par le Fonds européen de développement, constituait un appoint important dans l'implantation des infrastructures scolaires dans cette région septentrionale où le taux de scolarisation reste très faible.

Dans les collèges et centres de formation féminins, les enseignements des volontaires visent à former les jeunes filles en art ménager, tout en les préparant à l'acquisition des diplômes qui leur ouvrent l'accès à des emplois. Les femmes adultes qui ne peuvent suivre le cursus de l'école moderne bénéficient également de l'encadrement des Volontaires.

Au Collège Stinzi d'Obala, des volontaires femmes participent à la formation des jeunes filles. Elles dispensent des enseignements théoriques (mathématiques, biologie, etc.) ; elles s'attachent surtout à la formation pratique des élèves dans les domaines de l'hygiène alimentaire, la puériculture, la couture et la cuisine en particulier. En plus de ces enseignements, les VP participent aussi au travail d'animation rurale dans les villages voisins d'Obala, pour sensibiliser les femmes sur les problèmes de l'hygiène alimentaire et des soins de santé.

Le Centre de formation féminine d'Elig Mfomo est situé dans une région difficile d'accès. L'opération des Volontaires est constituée de deux activités principales, l'une de santé publique avec la tenue du dispensaire et de la maternité, l'autre de formation féminine auprès des jeunes filles inscrites au Centre et qui suivent un cycle d'études de deux années en vue d'obtenir le diplôme du CAM (Certificat d'art ménager). Ici, l'activité des VP est surtout orientée vers les cours pratiques de cuisine, d'hygiène, de puériculture et de couture. Le dispensaire d'Elig Mfomo, seul centre de santé de la région, accueille 100 malades par jour, et évacue les cas graves à l'Hôpital d'Efok. Les VP y participent essentiellement à la médecine préventive. De plus, des tournées d'animation rurale permettent aux populations de bénéficier des conseils de l'infirmière et de la monitrice d'enseignement ménager pour l'organisation de la maison, les techniques de l'alimentation protéinique ou la vaccination des enfants. Ces Volontaires ont

[328] - AFVP : Spécial Cameroun, 1985, op. cit.

également organisé une maison de jeunes avec une bibliothèque, de même qu'elles ont réalisé des jardins potagers.

Au Collège d'enseignement technique (CET) de Lable à Bafia, des équipes successives de Volontaires participent depuis 1970 à la formation des jeunes dans diverses disciplines dont la mécanique et l'électricité automobile, la maçonnerie, la menuiserie, la mécanique générale, la soudure, l'ajustage ou la tôlerie automobile. Les élèves y reçoivent une formation qui, en quatre années, les prépare à l'examen du CAP dans différentes spécialités. Cette formation contribue à mettre à la disposition des entreprises locales, une main-d'œuvre qualifiée. En 1973, les VP et leurs élèves ont pu forger « *la carrosserie complète d'un car Saviem destiné au Collège Mazenot de Ngaoundéré, de même qu'un bac pour une compagnie forestière implantée sur les bords du Mbam* »[329].

Face à la pénurie du personnel technique et d'encadrement, l'Université de Yaoundé a sollicité la collaboration de l'AFVP. En 1971, une Volontaire est affectée à la bibliothèque de l'Université en qualité de traductrice. Les documents en effet doivent être disponibles en anglais ou en français, mais la bibliothèque est également pourvue de manuels et documents en allemand qu'il faut traduire pour exploitation. Un Volontaire est également affecté en qualité de technicien électronicien à la Faculté des sciences. Sa tâche consiste en la maintenance des appareils du laboratoire et à la préparation des travaux pratiques des étudiants. En octobre 1974 pourtant, cette assistance de l'AFVP à l'Université de Yaoundé est supprimée, les Volontaires estimant sans doute leur aide plus efficace auprès des populations rurales que dans les bureaux du « coopérant classique » à la capitale.

En plus des activités pédagogiques, les VP participent également à diverses autres opérations culturelles ou d'animation. A partir de 1967, ils initient le programme « film et culture » portant sur des projections de films dans les zones rurales, des cours sur l'image et la critique cinématographique à l'intention des journaux. En collaboration avec les centres culturels français de Douala et Yaoundé, ils organisent des expositions de peinture, de sculpture et de photos, pour encourager et stimuler la créativité des artistes locaux.

Dès 1972, des VP interviennent à Radio Buea dans l'élaboration des programmes d'enseignement du français par les ondes, de même qu'ils participent à la formation des maîtres affectés dans différents centres linguistiques[330]. A partir de Décembre 1976, l'opération « bilinguisme-cinébus » est destinée à promouvoir la connaissance du français dans les deux provinces anglophones (Nord-ouest et Sud-ouest). Cette initiative vise cinquante établissements scolaires, et les périodes de fonctionnement sont celles de l'année scolaire.

---

329 - AFVP : Rapport annuel 1973, opération 18, s.p.

330 - AFVP : Rapport annuel 1973, opération 62, s.p.

Au demeurant, la formation professionnelle diffusée par les VP est polyvalente et multisectorielle. Les centres de formation pour jeunes filles préparent les élèves au Certificat d'aptitude professionnelle dans les arts ménagers, les techniques commerciales et les emplois de bureaux, en même temps qu'ils éduquent sur la médecine curative et préventive. L'enseignement masculin produit des techniciens en mécanique automobile, mécanique générale et électronique, des qualifications qui facilitent l'accès à l'emploi dans les entreprises privées ou publiques. A travers ces opérations multiples, le but ultime des Volontaires est, du moins en principe, de susciter la participation des populations locales à la résolution de leurs problèmes de développement, ainsi que la prise en charge des initiatives de base par les populations elles-mêmes. Ambition somme toute louable. Mais ambition quelquefois entravée car, en dépit de leur enthousiasme et d'intéressantes actions qui ont été entreprises avec bonheur, les VP n'ont pas pu mener avec succès nombre de leurs opérations.

## III. MISSION INACHEVÉE

### III.1. RÉPARTITION GÉOGRAPHIQUE DES IMPLANTATIONS

Au cours des deux premières décennies de leur implantation, de nombreuses régions du Cameroun ont bénéficié des opérations VP, bien que l'allocation ait été inégalement répartie.

Des trente et une opérations réalisées, vingt-huit se retrouvent dans la province actuelle du[331] Centre. Le Mfoundi compte dix implantations ; la Lékié en compte cinq ; la Mefou et la Haute-Sanaga quatre respectivement ; les Nyong-et-Kelle et le Mbam deux chacun ; le Nyong-et-Soo, le Ntem, le Dja-et-Lobo et l'Océan une respectivement. Le nombre d'implantation est inégalement réparti dans les départements : tandis que le Mfoundi est pourvu de dix implantations, le Nyong-et-Mfoumou n'en dispose d'aucune. Il est évident toutefois que certaines implantations du Mfoundi offrent des services aux populations dans toute la province. Il s'agit de l'action pédagogique dans l'archidiocèse de Yaoundé ou de l'appui technique à l'Université, entre autres.

L'Est enregistre douze opérations : six dans le Lom-et-Djerem dont trois à Bertoua et deux à Bélabo ; quatre dans le Haut-Nyong et deux dans la Boumba-Ngoko ; la Kadéi n'accueille aucune implantation des Volontaires du progrès. L'essentiel des opérations se retrouve à l'ouest de la province.
Au cours de ces deux premières décennies d'activités, le Littoral a connu neuf opérations implantées dans le Wouri, la Sanaga Maritime, le Nkam et le Mungo.

[331] - Nous utilisons dans ce chapitre la carte administrative des décennies 1960-1970. Le Cameroun était alors réparti en sept provinces : le Centre-sud, l'Est, le Littoral, le Nord, le Nord-ouest, l'Ouest et le Sud-ouest.

Ces opérations sont essentiellement à caractère pédagogique (Centre de formation féminine de Douala et AFCA) et à caractère agropastoral (mise en valeur des parcelles agricoles à Yabassi dans le Nkam et développement rural à Dingombi dans la Sanaga Maritime).

Dans la partie septentrionale du Cameroun, vingt-deux opérations couvrent les départements de la Bénoué, du Diamaré, du Mayo-Louti, du Mayo-Danaï, du Mbere, de Kaélé, de la Vina et du Mayo-Sava, soit huit départements sur les quinze de la région. La Bénoué, qui abrite la capitale provinciale regroupe l'essentiel des implantations. De plus, les opérations situées dans les grandes villes connaissent assez de dynamisme et des actions succèdent à d'autres : le poste de l'hôpital de Maroua fut réouvert en 1978, après avoir été dissous quatre ans plus tôt. Après la fermeture du poste de chef de garage de Ngaoundéré en 1976, une nouvelle opération portant sur le développement des infrastructures communales a été entreprise dans la même ville. Par contre, depuis que la laborieuse opération de santé publique et d'animation rurale de Djohong dans le Mbere a échoué, aucune autre activité VP n'a été entreprise dans cette localité enclavée.

Dans la province de l'Ouest, sept opérations sont réparties dans le Ndé, le Haut-Nkam, le Bamboutos et la Ménoua. En dehors des postes de recherches phytosanitaires à Dschang, Foumbot et Babadjou, les opérations menées dans cette province sont caractérisées par une certaine homogénéité, car elles s'insèrent dans les programmes des Sociétés nationales de développement : participation à la Mission de développement de riziculture dans la Plaine des Mbos, participation au projet agropastoral à Banganté.

Les Volontaires interviennent dans l'installation des jeunes migrants et la mise en valeur des terres agricoles dans la Plaine de Ndop, dans la Mezam. Ils participent également aux activités de recherches zootechniques à l'IEMUT de Bambui.

Dans la province du Sud-ouest, des Volontaires participent aux activités de la coopérative avicole de Muyuka dans le Fako. Ils interviennent également dans des activités culturelles qui s'étendent dans les deux provinces anglophones : programme radio pour l'enseignement du français à travers les ondes, opération « bilinguisme-cinébus ».

En somme, sur les quatre-vingt-sept opérations enregistrées, la province du Centre-sud en compte trente quatre dont la Mefou (Mefou et Mfoundi actuels) totalise quatorze, et trois seulement dans l'actuelle province du Sud. L'ancienne province du Nord totalise vingt opérations dont neuf dans l'Extrême-nord, six dans le Nord et quatre dans l'Adamaoua. L'Est enregistre treize opérations, le Littoral neuf, l'Ouest sept, le Sud-ouest cinq et le Nord-ouest deux.

Si dans la province du Littoral et dans l'actuel Sud, tous les départements sont couverts, force serait de remarquer que, dans le Littoral par exemple, les villages des pêcheurs qui ne disposent pas d'infrastructures de communication, et qui sont très peu pourvus en infrastructures de base (dispensaires, voies de communication, etc.) ne bénéficient d'aucune implantation des VP. L'enclavement, les difficiles conditions d'accès ainsi que l'absence d'infrastructures d'accueil expliquent sans doute le relatif désintérêt des volontaires dans cette localité. Alors que le Mfoundi regroupe la plupart des implantations VP du Centre-sud, les localités isolées et difficiles d'accès du Sud sont très faiblement pourvues des opérations de l'AFVP. De même, alors que les opérations du Nord se localisent entre la Bénoué et le Logone-et-Chari, la partie septentrionale de la province, de même que l'immense région située entre la Bénoué et la Vina n'est dotée d'aucune implantation des Volontaires.

Les statistiques de la Banque mondiale et du PNUD sur le « développement humain » au Cameroun, de même que les statistiques des services publics nationaux montrent pourtant que ces zones grises, très faiblement dotées des implantations des Volontaires, font partie des régions où les principaux indicateurs de la pauvreté et du sous-développement se recoupent le plus. L'assistance de l'AFVP vise en priorité, du moins en principe, les zones rurales où se concentre le plus de pauvreté, ainsi que les zones défavorisées et marginalisées des centres urbains. L'on peut néanmoins émettre l'hypothèse suivant laquelle les opérations VP s'implantent ou s'adaptent mieux dans les régions où les structures d'accueil sont favorables. Une lecture de la carte des implantations de l'AFVP montre que les VP s'installent de préférence dans les localités désenclavées, faciles d'accès, localités pourvues de structures d'accueil, bref les localités les moins démunies, sans doute parce que la pauvreté de ces localités serait plus facile à résorber. Or, les villages isolés et difficiles d'accès du Sud équatorial (frondaisons toujours abondantes, pistes impraticables pendant les huit mois que dure la saison des pluies, enclavement), de même que les villages sahéliens et semi-arides au nord du Logone-et-Chari, où les populations sont par ailleurs très pauvres, offrent peu de structures favorables pour des implantations réussies. Les Volontaires du progrès ainsi que les autres organismes de solidarité internationale impliqués dans la problématique de l'aide au développement, hésitent à ouvrir des implantations dans des localités trop enclavées et difficiles d'accès ; ils ont besoin d'obtenir des résultats significatifs des actions entreprises, pour justifier leurs dépenses auprès des bailleurs de fonds et solliciter de nouvelles subventions pour des actions futures.

A Atta près de Foumbot, l'opération qui visait à améliorer les techniques de production des agriculteurs ruraux, fut supprimée en 1975. Le rapport d'activités précise :

> « *Compte tenu des difficultés d'accès, et de l'éloignement de cette implantation par rapport aux autres équipes VP, il ne semble pas souhaitable de maintenir dans l'avenir cette affectation. L'action efficace du VP, au contact direct des populations rurales correspond parfaitement aux objectifs de développement au ras du sol que poursuit l'Association, mais il*

*semble plus sage de réaliser ces mêmes opérations dans des régions plus accessibles*»[332].

Cet écho de terrain infirme la doctrine de l'Association, doctrine qui n'est pas exempte d'ambitions irréalistes, tel qu'il apparaît dans la formule suivante :

« *Les opérations sont menées avec les populations qui les ont demandées. Elles se déroulent plus particulièrement dans les régions enclavées qui comptent parmi les moins défavorisées* »[333].

Ambitieux programme, mais fort relativisé par la réalité de terrain. Sans doute faut-il également souligner que l'aide des organismes de solidarité internationale, même massive, ne constitue qu'un appoint, et les mouvements de volontariat ne peuvent se substituer aux pouvoirs publics pour construire des routes et désenclaver les villages isolés. Si les deux premières décennies d'activités de l'AFVP ont connu une inégale répartition géographique des implantations, elles sont également caractérisées par une difficile intégration des VP pionniers.

## III.2. DIFFICILE INTÉGRATION

Les premiers détachements de Volontaires arrivent au Cameroun « *leur bonne action en bandoulière* », « *motivés* », et « *assez sûrs de leur vérité* »[334]. Ils sont fortement imprégnés par l'idéologie du volontariat des années 1960 qui estime que le « dévouement » et la « bonne volonté » suffiraient pour aider le petit peuple des pays du tiers monde à améliorer sa condition de vie. Dans ce contexte, beaucoup de Volontaires se considèrent eux-mêmes comme de «bons samaritains » : il leur suffirait peut-être, pour sortir les pauvres de la misère, d'

«*être généreux, ouverts aux autres et partager la vie des populations. Dans la situation des pays en développement, tout jeune occidental, même non qualifié, peut "rendre des services"*»[335].

Cette approche du volontariat s'inspire sans doute de la réflexion du Père Lebret et de l'école humaniste française qui préconise un "développement de tout l'homme et de tous les hommes". Au lendemain des indépendances et surtout après la guerre d'Algérie, les humanistes pensaient en effet, qu'il y avait mieux à faire que la guerre.

« *Un grand dessein pouvait être proposé à une jeunesse meurtrie et traumatisée, où il suffirait de montrer l'exemple, avec de l'enthousiasme, des idées simples et généreuses, pour que tout soit possible* »[336].

---

332 - AFVP : Rapport annuel 1974, opération 64, (sans page).

333 - Revue de l'AFVP, Spécial - Cameroun, 1983, p. 19.

334 - Jean-Dominique Boucher : L'Aventure solidaire, Paris, Karthala, 1990, pp. 43-47

335 - Jean-Dominique Boucher, "Des Hommes", in Volontaires, n° 1, 1987, p. 12.

336 - Michel Didierlaurant, « Avoir vingt ans sur les chemins du développement », in Bulletin de l'Association française des volontaires du progrès, N° 39, mars 1984.

L'on retrouve en effet le dominicain Lebret au point de départ de nombreux engagements pour le tiers monde, au début de la décennie 1960. Dans les organisations caritatives ainsi que dans les mouvements de volontariat du développement, des jeunes avaient adopté la maxime selon laquelle « *le plus grand mal du monde n'est pas la pauvreté, mais l'inconscience des nantis* »[337]. En appelant à la prise de conscience de l'Occident face à la misère du tiers monde, J. Lebret entendait susciter des engagements concrets :

> « *Il importe, disait-il, que se multiplient les candidats compétents, décidés à se mettre au service direct des peuples à développer. Le besoin est immense et il y a trop peu d'ouvriers pour y répondre*»[338].

L'AFVP qui, dès sa création, s'était donné pour but « *de promouvoir le rapprochement de la jeunesse française et de la jeunesse des Etats d'outre-mer, en organisant leur participation commune à diverses formes d'actions collectives en vue du développement* », répond favorablement à cet appel en envoyant en Afrique de jeunes Volontaires dynamiques et dévoués à la cause du développement.

Toutefois les détachements précurseurs de Volontaires drainent également vers les pays en développement des Volontaires moins dévoués, peu engagés, bref des « aventuriers » désireux sans doute de « se perdre dans la brousse africaine » comme Lawrence d'Arabie s'était perdu dans le désert du Proche-Orient, au début du XIXe siècle. De fait, les jeunes gens que l'AFVP envoie aider au développement des pays du tiers monde proviennent d'horizons divers avec des compétences, des atouts et des qualifications non homogènes. Au demeurant, l'AFVP n'est elle-même qu'une Association d'associations de jeunesses dont chacune revendique son identité et son autonomie. Il existe bien sûr « l'esprit VP » comme ciment fédérateur. Il apparaît néanmoins que les jeunes qui proviennent de formation et de culture idéologique différentes et viennent participer aux programmes de développement entrepris par l'AFVP ne partagent en commun que le désir de « rendre service » sous le mode du volontariat. Parmi les 86 Volontaires présents au Cameroun en 1974, l'on distingue des éducateurs, des médecins et infirmières, des enseignants, des enseignantes ménagères, des techniciens agricoles et techniciens d'élevage, des agronomes, des institutrices, des serruriers. Pas facile de classifier ces qualifications hétéroclites. Pas facile non plus d'établir la différence entre un enseignant, un éducateur et une institutrice. Apollinaire Essomba s'interroge, dubitatif : « *Cette prolifération des titres ne cache-t-elle pas le manque de qualification de certains VP* »[339].

En effet, la définition souple du profil du volontaire a facilité l'arrivée dans les pays d'Afrique, de VP dont les motivations étaient parfois contraires à la mission

---

337 - J. Lebret : Le drame du siècle, Paris, Ed. Ouvrières (cité par J.-D. Boucher : L'Aventure solidaire, op. Cit., p. 49).

338 - Ibid.

339 - Apollinaire Essomba : La contribution de l'Association Française des Volontaires du Progrès au développement du Cameroun : Un bilan de 20 années d'activités, op. cit., p. 57.

de développement de l'AFVP. Pour les jeunes démobilisés de l'armée coloniale, qui voulaient servir à quelque chose d'autre qu'à « tirer sur du nègre », le départ en volontariat servait d'excellent exutoire. « *Nous nous retrouvions ainsi à faire du développement en Afrique* ». Une forme de rédemption sans doute, après le gâchis de Dien Bien Phu et surtout après les mêlées algériennes, c'est-à-dire des épisodes sans gloire où les vertus républicaines de « liberté », « égalité » et « fraternité » avaient perdu de leur aura, dans les aventures impérialistes de la métropole.

> « *Le mot est un peu fort, concède Maurice Robert, ancien de la guerre d'Algérie. Mais il y avait quelque chose de cela, latent dans l'esprit de ceux qui sont passés sans transition du service militaire dans les djebels au service volontaire* »[340].

Maurice Robert, aujourd'hui sociologue et responsable de formation à l'AFVP, conclut :

> « *Il faut saluer l'opportunisme des fondateurs de l'AFVP. Ils ont su fournir au bon moment une perspective à des jeunes, marqués, parfois traumatisés par les années mal vécues de l'autre côté de la Méditerranée. En quelque sorte, ils ont offert la possibilité de ne pas rester sur un échec* »[341].

C'est également l'itinéraire de Pierre Héas, parti avec le premier détachement des Volontaires en 1964 en Centrafrique :

> « *J'avais vingt ans, dit-il. Vous vous souvenez ? L'époque yéyé, Johnny Hallyday, l'idole des jeunes. Assez loin de nos soucis de paysans ! Ces années-là pour nous, c'était surtout les souvenirs pas effacés de la guerre d'Algérie. Là-bas, j'avais découvert le tiers monde. Infirmier, j'avais aussi soigné des civils, des femmes et des enfants, dans les mechtas. A partir de ce moment, l'idée avait commencé à cheminer : aller rendre service à des populations déshéritées* »[342].

En somme, de l' « idéalisme » et de la « bonne volonté ». Bien plus, dans les années 1960 également, pour d'autres jeunes, fils d'agriculteurs moins idéalistes et qui n'étaient pas sûrs d'avoir une parcelle de terre dans la ferme familiale, le départ en volontariat signifiait évasion, voyage, découverte.

> « *Je m'étais retrouvé à 23 ans, à la ferme paternelle. Je cherchais quelque chose avec le désir de rendre service sans savoir exactement quoi. J'étais allé voir mon brave curé qui m'avait dit : "Tu devrais aller en Afrique"* »[343].

Certains Volontaires, qui considéraient avec passion leur « *mission africaine* » et qui étaient venus passer leurs années tropicales à enseigner les rudiments du montage des serrures au petit peuple, s'étaient persuadés qu'ils lui apportaient aussi

---

340 - Cité par Yves Hardy : L'Odyssée des volontaires, op. cit., p. 20.
341 - Ibid.
342 - Propos cité par Jean-Dominique Boucher : L'Aventure solidaire, op. it., p. 47.
343 - Voir « Les premiers volontaires », in Bulletin de l'AFVP. Spécial XXe anniversaire, 1984, N° 38, p. 6.

la civilisation. D'autres encore qui arrivaient en Afrique, avaient simplement l'ambition de « prendre des responsabilités » :

> « *Et puis le fait très simple que bien souvent dans les exploitations agricoles, cela travaillait dur, et qu'il n'était pas toujours possible, pour les parents, de vous assurer un salaire sur la ferme* »[344].

Le volontariat est enfin perçu par d'autres comme ayant d'abord des vertus thérapeutiques. Des éducateurs spécialisés envoient à l'AFVP des jeunes en difficultés pour leur permettre de « *vivre une expérience différente* » et de se « *retrouver eux-mêmes* ». On y envoie également « *des cancres qui ont échoué toutes leurs études* », pour « *forger leur caractère* »[345].

Le terrain du développement est pourtant une réalité plus complexe que ce que donnent à entendre ces motivations à peine caricaturées. Il est vrai, tant pour les volontaires dévoués à la cause du développement que pour les moins dévoués, la « brousse africaine » n'a jamais été envisagée comme une terre promise. Pour beaucoup de volontaires disséminés dans le « bled africain », la réalité se révéla plus ardue. L'on avait besoin bien sûr de la bonne volonté et de la générosité, mais l'on avait surtout besoin d'une grande capacité d'adaptation et de résistance, car les VP étaient des pionniers dont l'objectif était, « *par la vertu de l'exemple, et avec des moyens très simples, d'amener les paysans africains à adopter des procédés et des techniques susceptibles de leur assurer une meilleure maîtrise de leurs conditions de vie* »[346].

Face aux difficiles conditions de travail sur le terrain, certains volontaires ne peuvent mener à terme le contrat de deux ans qui les lie à l'Association. Suivent alors des démissions : deux en 1967, huit en 1968, dix-sept en 1969. Ces démissions se stabilisent au cours de la décennie 1970 : quatre en 1973, dix en 1974 et cinq en 1977. En dehors de quelques cas d'évacuation sanitaire - ou de décès -, ces démissions proviennent souvent de la déception de ne pouvoir transformer, comme souhaité, les conditions de vie du petit peuple d'Afrique.

Pour d'autres volontaires, l'engagement en Afrique n'est qu'une manière de « se faire la main », de remplir le curriculum vitae. En 1973, l'une des volontaires engagées dans l'opération Figuil-Cimencam « *a rompu son contrat, après avoir réussi un concours du Ministère des affaires étrangères* »[347]. Dans l'opération de la Plaine des Mbos, deux VP ont remis leur démission en juillet 1975, et le rapport d'activités rapporte ainsi laconiquement ces démissions :

---

344 - « Les premiers volontaires », op. cit., p. 6.
345 - Dominique Bénard, « Des Hommes », in Volontaires, N° 1, 1987, p. 12.
346 - Dominique Bénard, op. cit., p. 13.
347 - AFVP : Rapport annuel 1973, opération 44 (sans page).

*« En effet ils devaient poursuivre leurs contrats jusqu'en octobre 1975, mais pour deux d'entre eux ayant trouvé des situations, ils ont abrégé leur séjour et sont rentrés en juillet 75 »*[348].

D'autres enfin sont incompétents à la tâche, et sollicitent le rapatriement avant l'échéance des deux années du contrat. Il faut sans doute souligner que la plupart des démissionnaires sont des volontaires du service national qui ont « *embrassé le volontariat pour mieux échapper à l'étreinte de la caserne* »[349]. En 1971, c'est-à-dire seulement trois ans après les premiers détachements de Volontaires du service national, le rapport d'activités de l'Association précise :

*« Les volontaires accomplissant leurs obligations nationales au sein de l'Association ont tendance à ne pas accomplir les vingt-quatre mois de séjour prévus dans les conventions de volontariat »*[350].

Du fait des démissions et des rapatriements, le nombre de départs est supérieur au nombre d'arrivants : 31 contre 38 en 1969, 33 contre 43 en 1970, 3 contre 30 en 1971. Un relèvement de la tendance s'observe en 1972 : 52 nouveaux VP arrivent au Cameroun tandis que 36 seulement s'en vont ; 52 arrivants contre 36 départs sont enregistrés en 1973. Mais cette tendance fléchit de nouveau : 44 arrivants contre 59 départs en 1974, 27 contre 41 en 1975, 22 arrivants contre 27 partants en 1977.

Cette instabilité des effectifs se répercute sur le déroulement des activités ; certaines sont supprimées, par manque de personnel :

*« Parfois cependant des opérations ont été réduites par manque de personnel, ce qui explique des implantations où ne sont affectés provisoirement qu'un ou une VP, ce qui amène, malgré tout, certaines difficultés »*[351].

Le Centre de formation d'Elig-Mfomo qui préparait les jeunes filles au Certificat d'arts ménagers est supprimé en 1971, faute de monitrice. Les recherches phytosanitaires sur le café et le cacao dans les Instituts de Foumbot et Babadjou (Ouest) et de Nkoemvone (Centre-sud) sont arrêtées en 1971 parce que les VP arrivés en fin de séjour n'y avaient pas été remplacés.

Parfois également, les VP ne rencontrent pas une réelle collaboration auprès des structures d'accueil : certaines autorités locales, des sociétés étatiques ou parapubliques, plus habituées à l'assistance technique des « coopérants classiques », considèrent avec scepticisme ces jeunes volontaires, certes pleins d'enthousiasme, mais non dotés de réelles compétences techniques. Les premiers

---

348 - AFVP : Rapport annuel 1975 (sans page)

349 - La possibilité d'effectuer son service militaire dans le cadre du volontariat est ouverte début 1968. En 1994, environ 40% des 450 Volontaires du progrès sont des volontaires "militaires", qualifiés de CSN (Coopérants du service national).

350 - AFVP : Rapport annuel 1971, sans page.

351 - AFVP : Rapport annuel 1970, sans page.

détachements de volontaires étaient certes dotés de la "bonne volonté" et du désir de "rendre service", mais ils étaient dépourvus de connaissances anthropologiques sur les populations destinataires des projets, ce qui n'a pas facilité l'adhésion desdites populations aux projets. Les programmes d'aide destinés à renforcer l'autonomie des populations locales n'ont pas suscité une réelle collaboration des représentants locaux des pouvoirs publics, ceux-ci redoutant la perte de leurs privilèges. Certainement aussi l'action des VP visant à encourager les groupes de paysans à se constituer en coopératives autonomes – hors des structures du parti unique – n'a-t-elle pas rencontré le soutien des autorités publiques, celles-ci considérant avec suspicion toute entreprise d'autonomisation de la société par rapport au pouvoir de l'Etat.

Empêcheurs de coopérer en rond, les volontaires, avec leur candeur, leur inexpérience et les bons sentiments qu'ils exhibaient parfois trop complaisamment, ont subi également l'avanie des potentats locaux. Ainsi en Centrafrique, Jean Bedel Bokassa, qui n'était pas encore empereur, avait fait incarcérer un VP, se contentant d'expliquer que « *ces jeunes de Mai 68 ont chassé papa De Gaulle du pouvoir* »[352].

Travaillant en partenariat avec des sociétés de développement, il y a également eu des ambiguïtés voire des incompréhensions, les maîtres d'œuvre des opérations considérant parfois les volontaires comme « *les petites mains de la coopération* », « *des exécutants recrutés à bon compte, sans vouloir leur fournir les moyens de travail qu'ils sont en droit d'exiger* »[353]. En 1975, le gestionnaire du programme rizicole de la Plaine de Ndop note, acerbe :

> « *Je ne veux pas renouveler l'erreur du passé qui a consisté à mettre sur le terrain du personnel dépourvu de moyens de travail. Je propose de renvoyer à une date ultérieure l'étude des possibilités d'affectation de nouveaux VP à Ndop* »[354].

Par ailleurs, des sociétés privées commerciales ou de simples marchands qui, après les indépendances, étaient restés pour faire fortune et qui s'étaient persuadés qu'en vendant des boites de conserve et des savonnettes au petit peuple, ils participaient également à la « mission civilisatrice », cette catégorie d'investisseurs considérait les volontaires comme des « casseurs de prix ».

« *Coopérants rustiques* », « *routards écolos et idéalistes* », missionnaires « *laïcs* », « *boy-scouts* », « *petites mains* » de la coopération, autant d'épithètes peu laudatives[355] – mais sans doute excessives – qui soulignent l'absence de sympathie de certaines autorités publiques et des entreprises privées locales à l'égard des volontaires.

---

352 - Cité par Jean-Dominique Boucher : L'aventure solidaire, op. cit.
353 - AFVP : Rapport annuel 1974, s.p.
354 - AFVP : Rapport d'activités 1975, p. 25
355 - Lire Dominique Bénard : « Des Hommes », Volontaires, n ° 1, 1987, p. 12.

En 1973 « *le gouvernement camerounais, reconnaissant l'efficacité des VP, a bien voulu décerner le Mérite camerounais au VP Y. Chassignet* »[356]. Il va sans dire que les pionniers ayant exercé au Cameroun au cours des décennies 1960-70 n'avaient pas tous de réelles compétences techniques.

> « *Il semble cependant que certaines qualifications fassent défaut en particulier pour les volontaires filles, telles que les monitrices d'enseignement ménager ou aides-familiales* »[357].

Cette formule sibylline du rapport d'activités 1971 traduit un manque de compétence de certains volontaires. En 1973, le rapport sur l'activité du VP engagé dans le programme d'enseignement du français par les ondes de Radio Buea, précise : « Malgré une certaine amélioration, il est improbable, compte tenu de la personnalité du VP en place, qu'il puisse obtenir d'excellents résultats »[358]. La même année, le rapport sur l'opération du Centre Jamot précise : « Il semble qu'une des VP filles en place ne donne pas satisfaction, et qu'il convienne de la rapatrier »[359]. Illustration que les VP pionniers n'étaient pas tous en mesure d'accomplir les missions de développement qui leur étaient confiées.

En somme, le manque de qualifications et les réalités ardues de terrain ont raison de l'engagement de certains volontaires, ce qui entraîne une instabilité des effectifs et des attentes non satisfaites. Des démissions se multiplient, l'Association manque de personnel, certaines opérations sont arrêtées ou suspendues. Dès le début de la décennie 1970, le nombre de volontaires filles augmente, ce qui explique la multiplication des opérations à caractère social.

## CONCLUSION DU CHAPITRE

Au cours des deux premières décennies de leur activité, les VP ont investi dans divers secteurs du développement rural au Cameroun : lutte pour l'autosuffisance alimentaire, équipements en hydraulique villageoise, santé et éducation, amélioration de l'habitat, etc. Certaines des opérations qui ont suscité l'adhésion de la population, ont connu un certain succès. D'autres par contre ont eu une issue figée, du fait d'un certain nombre de pesanteurs : l'instabilité des effectifs qui n'a pas permis à l'Association de conduire à terme certaines opérations, l'incompréhension des structures d'accueil, le manque de compétence de certains volontaires. Ces difficultés ont entravé nombre d'entreprises de l'AFVP et détourné des volontaires de leur mission de participation au développement du monde rural. Ces pesanteurs s'expliquent par les difficiles conditions de réalisation

[356] - AFVP : Rapport annuel 1973, opération 3, sans page.
[357] - AFVP : Rapport annuel 1971, sans page.
[358] - AFVP : Rapport annuel 1973, opération 62, sans page.
[359] - Ibidem.

des opérations ; elles sont également dues à la politique – ou plutôt à l'absence d'une politique cohérente d'intervention des Volontaires du progrès :

« *Dans l'Afrique des années 60, terre d'élection du volontariat français, il n'y avait pas de vrais projets - au sens de programmes mûrement élaborés et intégrés à un plan d'ensemble* »[360].

On bricolait. Sérieusement. Toutes les idées, toutes les initiatives étaient bien venues. On improvisait certes, mais en même temps on inventait. Il manquait la synthèse d'expériences isolées, parfois vite abandonnées, et qui se perdaient dans les sables. La mise en commun des opérations de recherche/action, souvent menées individuellement, avait rarement lieu.

En somme, avant de labourer les terres neuves, le volontaire défrichait son propre terrain. On ne fera pas le détail des errements, des échecs. Ce serait peut-être impressionnant, mais en comptabilité pure, ces échecs ont coûté moins cher que ceux d'énormes projets lancés à grands renforts d'études, d'experts, des « *éléphants blancs* » qui « *ont accouché d'une souris* », selon la métaphore de Sylvie Brunel[361].

Après le temps des pionniers aux mains nues, les Volontaires du progrès ont entrepris des programmes de « substitution ». Ce fut un choix dicté par les nécessités du moment : certains pays du tiers monde, en Afrique notamment, étaient particulièrement démunis de cadres moyens. De leur côté, les associations qui « mettaient à disposition » des volontaires, n'avaient pas, on l'a vu, des objectifs de développement clairement établis. Il convenait aussi de prendre en compte la petite ou la grande politique, dans le choix des pays ou des zones d'implantation. Cela pouvait relever, quelquefois, de la fleur faite à un Ministre qui souhaitait contribuer au développement de son village.

En novembre 1968 est créée une Amicale des anciens volontaires du progrès (AAVP). En novembre 1973, l'Amicale publie un dossier sur la sécheresse au Sahel. Ce dossier met sur la sellette la gestion opaque des ressources des pays demandeurs de l'aide. Ainsi en est-il du « *Niger qui en est à quémander une aide internationale pendant que l'uranium de l'Aïr part quasi gratuitement vers la France* ». L'enquête publiée en 1975 sur l'initiative de l'Amicale, "100 Anciens Volontaires parlent", est également critique. Elle met sur la sellette les faiblesses de l'Association, certes dotée d'un « esprit VP », mais pas d'une politique cohérente d'intervention : « *Compter encore sur l'improvisation, le grand bain dans l'Afrique profonde, et la bonne volonté, ne peut tenir lieu de politique* », écrivent-ils en substance[362].

Ces critiques permettent à l'Association de se remettre en cause, de prendre la mesure de ses faiblesses et d'inventer des voies nouvelles pour accroître l'efficacité

---

360 - Jean-Dominique Boucher : L'Aventure solidaire, op. cit., p. 65.

361 - Lire Sylvie Brunel : Le gaspillage de l'aide publique, Paris, Seuil, 1993.

362 - Cité par Yves Hardy : L'Odyssée des volontaires, op. Cit., p. 77.

de ses interventions sur le terrain. A la fin de la décennie 1970, elle entreprend une réforme de ses structures. Celle-ci vise tant à définir une philosophie cohérente de développement qu'à doter l'Association des moyens de sa politique. L'époque des pionniers révolue, l'AFVP se donnait ainsi un second souffle.

CHAPITRE V

# LE SECOND SOUFFLE : DE L'INTÉGRATION À LA PARTICIPATION

Deux décennies d'intervention en Afrique ont mis en évidence que le développement n'est pas un retard à combler, que ce n'est pas simplement une affaire de technique à transmettre ou de connaissances nouvelles à assimiler ; il faut modifier l'approche, changer les mentalités et les comportements, surtout de ceux qui interviennent dans les pays en développement. Il a fallu deux décennies pour consacrer l'échec des entreprises qui n'ont pas assez pris en considération les besoins réels des populations auxquelles elles étaient censées s'adresser. Les premiers volontaires qui arrivent en Afrique dans les années 60 et 70 n'ont pas de véritables projets de développement à proposer. Ils se sont immédiatement mis au travail, en construisant leurs cases avec les populations locales : pédagogie de l'exemple qui se voulait conquérante et qui, d'ailleurs, s'est révélée efficace dans certains domaines, comme celui de la culture attelée.

« *Mais ce fut aussi l'époque des occasions manquées car ces premiers volontaires, rompant avec les habitudes ambiantes, n'ont pas trouvé dans l'environnement culturel de l'époque les arguments qui leur auraient permis d'accréditer leur démarche* »[363].

Le nombre de volontaires augmente certes, mais l'absence d'encadrement constitue une pierre d'achoppement. Aussi l'encadrement technique est-il recherché auprès d'institutions spécialisées qui offrent des conditions d'accueil et des projets. De plus, les conventions d'établissement visent à renforcer la personnalité juridique de l'Association.

A la fin de la décennie 1970, l'AFVP se donne un nouveau souffle : elle définit une nouvelle politique d'action et adopte de nouvelles structures. La logique de l'allocation systématique des volontaires et de leur affectation à des postes non clairement délimités cède à la logique du renforcement des projets du développement rural intégré. En d'autres termes, il ne s'agit plus d'« occuper le terrain » en multipliant des actions éparses, mais de centrer les interventions sur les populations les plus nécessiteuses et de privilégier les opérations durables.

---

363 - Avoir vingt ans sur les chemins du développement, revue de l'AFVP, n° 39, 1984, p. 6.

## I. UN NOUVEAU DÉPART

En février 1977, l'équipe dirigeante impulse une nouvelle dynamique à l'Association. Le texte d'orientation qui, en juin 1977, dresse l'état des lieux et introduit un peu de volontarisme, affirme : « *Après avoir mené la politique de ses moyens, l'AFVP doit maintenant, pour assurer son développement, rechercher les moyens de sa nouvelle politique* ». Dans la formulation de cette nouvelle politique, priorité est accordée à l'appui opérationnel, car « *une entreprise qui renouvelle tous les deux ans la quasi-totalité de ses effectifs n'est pas a priori crédible* »[364].

A Yaoundé en mars 1977, une conférence réunit l'AFVP-Cameroun et les pouvoirs publics nationaux, pour tenter de définir une politique d'intervention plus adéquate des volontaires au Cameroun. La définition du cadre d'intervention devait surtout permettre aux autorités locales de mieux comprendre l'action des VP. En 1978, une autre rencontre a réaffirmé le rôle de l'AFVP comme association de développement devant apporter « *son concours à la réalisation des projets qu'elle sait pouvoir parfaitement conduire pour en avoir déjà exécuté de similaires dans d'autres pays d'Afrique* »[365].

Concrètement, l'AFVP renonce à l'éclectisme et privilégie les actions dynamiques qui s'inscrivent dans la durée. De même, les délégations régionales de l'AFVP dans les pays africains se renforcent, ce qui leur permet de mieux s'acquitter de leurs multiples fonctions : la représentation officielle de l'Association, l'étude de faisabilité des opérations sur le terrain, la conduite et l'évaluation des projets de développement, le suivi administratif et humain des volontaires, la gestion des moyens mis à disposition et la recherche de ressources financières complémentaires auprès des bailleurs de fonds, l'appui logistique aux projets, la formation continue des volontaires. En 1983, une sous-délégation de l'AFVP-Cameroun est créée à Garoua. Elle représente l'Association dans le nord du pays, suit les opérations sur le terrain, apporte aux volontaires un appui logistique et mène des études sur les projets à entreprendre dans cette région du pays.

### I.1. LES NOUVELLES ATTRIBUTIONS DE LA DÉLÉGATION RÉGIONALE

Les délégations régionales ainsi renforcées englobent différents services dont celui de l'étude des projets, du suivi et de l'appui aux opérations, de formation permanente pour valoriser les compétences des volontaires engagés dans les

---

364 - « Perspectives et conditions de développement des activités de l'AFVP », 7 juin 1977 (document interne).

365 - AFVP : Rapport d'activités 1978, p. 1.

opérations. Comme nous l'avons vu au chapitre troisième de la présente étude, ces attributions des délégations régionales sont coordonnées, au niveau de la Délégation générale, par le Service des opérations de développement (SOP), organe créé en 1981 à la suite des réformes des structures de l'Association. Les opérations d'aide, qui s'intègrent désormais dans les programmes nationaux de développement des pays d'accueil, ne peuvent être entreprises que si elles ont fait l'objet d'une rigoureuse étude de faisabilité, si elles peuvent être menées à terme et si les différents partenaires (populations locales, pouvoirs publics, bailleurs de fonds, volontaires, d'autres ONG éventuellement) sont impliqués.

Tableau 12 : Répartition des contributions financières (AFVP-Cameroun, 1986)

| Subventions du Gouvernement français | Gouvernement camerounais | CEE | ONG | Participation des privés (villageois, élites) | FAC |
|---|---|---|---|---|---|
| 60% | 12% | 7% | 7% | 4% | 10% |

Source : AFVP : Rapport d'activités 1986, p. 22.

On ne parle pas encore de cahier des charges, mais la nécessité de rendre des comptes aux bailleurs quant à l'utilisation des ressources oblige à plus de rigueur dans la gestion des projets. Une cellule d'appui permet ainsi aux VP d'évaluer en permanence les différentes étapes d'exécution de l'opération. Si nécessaire, cette cellule peut modifier ou réorienter le déroulement des travaux, en vue d'une plus grande efficacité : « *Sur chaque opération un appui technique assure le suivi global (méthodologique, technique, financier et humain), aidé dans certains cas par d'autres techniciens de la Délégation régionale ou générale* »[366]. En moyenne deux fois par an, cette cellule technique visite les travaux de terrain et en rend compte au cours des réunions de la délégation régionale à Yaoundé. Outre le suivi des opérations, les appuis techniques participent à l'installation sur le terrain de nouveaux volontaires, assurant ainsi le suivi et la continuité de l'action.

Une cellule d'appui mécanique est mise sur pied avec trois antennes, deux à Yaoundé et une à Garoua. Constituée de VP mécaniciens, cette cellule assure la formation permanente des volontaires sur la maintenance des engins, la formation des techniciens locaux, la conception et la réalisation d'instruments mécaniques ou chaudronnés, notamment les pompes à eau et la petite mécanisation en agriculture.

Depuis 1983, les VP qui arrivent au Cameroun suivent deux cycles de formation. Le premier, étalé sur les six premiers mois d'activités du volontaire sur le terrain, vise à faciliter l'insertion du VP dans son nouvel environnement, et à poser les bases méthodologiques pour l'auto-évaluation, afin de rendre plus efficace la conduite des opérations. Les VP reçoivent en outre une initiation aux

---

[366] - AFVP : Rapport d'activités 1986, p. 27.

langues *ewondo* et *foufouldé*, langues communément utilisées par les populations locales respectivement dans le sud et dans le nord du pays[367].

Le second cycle, dit de perfectionnement, s'appuie principalement sur l'auto-formation des volontaires. Ses objectifs sont les suivants :

- aider le volontaire de terrain à évaluer, programmer et gérer un projet avec la cellule d'appui ;
- favoriser les échanges techniques entre les volontaires pour enrichir l'action ;
- préparer la réinsertion socioprofessionnelle du volontaire au terme de son contrat de deux années ;
- transmettre son savoir-faire et son expérience sur le projet au nouveau volontaire qui prend la relève.

Cette exigence de rigueur dans l'étude de projets, la formation des volontaires et le suivi des opérations permet à l'Association de mieux orienter ses interventions et de définir de nouveaux centres d'intérêt pour ses activités.

## I.2. LES NOUVEAUX CENTRES D'INTÉRÊT

Spécialistes, les pionniers étaient loin de l'être. Dans les années 1970-75, les VP étaient affectés à des postes dans les centres de formation, dispensaires, stations de recherches, projets pilotes, ateliers, parfois dans les services des Missions catholiques. Ils étaient affectés, c'est-à-dire mis à disposition auprès des maîtres d'œuvre qui demandaient des volontaires ayant telles caractéristiques professionnelles pour telles tâches à exécuter (manipulateur radio, mécanicien, etc.)[368]. Mais ces actions, bien que multiples et variées, manquent de cohérence, de même qu'elles ne sont pas intégrées à de véritables programmes de développement.

« *Volontaires pour quel progrès ?* ». D'anciens VP posaient la question dès le milieu des années soixante dix[369]. Quelque temps après, rentrant en France au bout de deux ans passés en Afrique sur un projet d'aménagement des marais, un volontaire relançait, à titre individuel, le débat entamé :

> « *Il faudrait que les volontaires sachent pourquoi et pour qui ils travaillent, disait ce volontaire. J'ai personnellement travaillé pour le prestige de la France, pour celui d'un ancien ministre, pour celui d'un futur sous-préfet et, occasionnellement, pour que quelques paysans rwandais puissent donner à manger à leurs gosses.*

---

367 - Dans la partie méridionale du Cameroun, le niveau d'instruction relativement élevé de la population a fait du français la langue commune d'expression des villageois ; par conséquent à la Délégation régionale de l'AFVP à Yaoundé, l'enseignement de l'*ewondo* n'est plus organisé que pour les VP désirant s'initier à la connaissance anthropologique du milieu.

368 - Avoir vingt ans sur les chemins du développement, Revue AFVP, N° 39, 1984, p. 7.

369 - Voir « *100 Volontaires parlent* », enquête citée au chapitre V de la présente étude. Lire également Yves Hardy : L'Odyssée des volontaires, op. cit., pp. 76-77.

« *Que penser d'une association qui envoie des volontaires dans un certain nombre de pays sans leur assigner une tâche précise ? Certains arrivent au hasard dans un pays et on ne sait trop où les caser. Ce sont alors eux-mêmes qui doivent chercher du travail.*

« *Le développement, disait-il, est une chose trop sérieuse pour qu'on s'en occupe en amateur. Faire du développement c'est faire la synthèse des aspirations d'une collectivité, définir des projets prioritaires et réaliser des projets élaborés en prenant les moyens de le faire correctement* »[370].

Projets, programmes, stratégies : le nouvel âge du volontariat, en somme. La synthèse que dresse Jean-Dominique Boucher sur l'expérience du « *développement global* » entreprise par Frères des Hommes en Haute Volta (aujourd'hui Burkina Faso) est significative des bouleversements opérés par les organismes d'aide au développement dès le milieu de la décennie 1970 :

« *Regrouper les efforts autour d'un "projet global" de développement : un certain nombre d'animateurs d'actions volontaires aspiraient à cela, car ils ressentaient, parfois douloureusement, l'inefficacité de leurs efforts due à une trop grande dispersion. Pourquoi, par exemple, mener une opération isolée de "protection maternelle et infantile" (l'une des activités des volontaires féminines à l'époque) quand on sait que les mères ne peuvent pas nourrir convenablement leurs enfants, en raison d'une production vivrière insuffisante, de la rareté de l'eau et de sa pollution ?* »[371].

« *Projet de développement global* ». Ce n'était pas l'invention d'une association en particulier. Après l'échec des politiques d'aide au développement des années 1960, les mouvements de volontariat étaient à la recherche de nouveaux repères, de nouveaux centres d'intérêt. La réflexion se développait au niveau des individus ou de petits groupes interpellés sans cesse par le quotidien. Les institutions ne sont pas forcément inventives, mais elles peuvent servir de catalyseur aux initiatives venues d'en bas. Il en est de la vie associative.

« *Le pire qu'on puisse faire, c'est le coup par coup. S'annonçaient les remises en cause profondes et, pour le volontariat, l'ère des changements. Il abandonnait l'amateurisme pour plus de rigueur et d'efficacité* »[372].

En plus des projets de « développement rural intégré », les VP organisent leurs interventions dans trois autres secteurs : la santé et le social, le bâtiment, l'artisanat et l'éducation.

Dans le domaine médico-social, les volontaires avaient jusqu'alors « occupé des postes » de techniciens, infirmiers ou médecins, sans pour autant suivre une

---

370 - Lire Jean-Dominique Boucher : L'aventure solidaire, op. cit., p. 73.
371 - Ibidem, p. 71.
372 - Ibidem, p. 72.

stratégie commune d'action. Depuis 1979, leurs interventions s'articulent autour de deux axes majeurs : l'intégration aux plans nationaux de santé élaborés par les gouvernements des pays d'accueil d'une part, l'application des soins de santé primaires d'autre part. Toutefois, cette stratégie est moins une véritable rupture d'avec la méthode antérieure, qu'une tentative, au niveau du siège de l'Association, de systématiser des tentatives audacieuses des volontaires de terrain. Jusqu'alors, l'essentiel des implantations médico-sanitaires avait eu lieu dans le cadre des hôpitaux et dispensaires où des volontaires exerçaient surtout des soins curatifs avec, cependant, une action préventive réelle basée sur l'éducation des populations, la protection maternelle et infantile, la vaccination. Désormais, la médecine préventive devient une priorité, avec la promotion des soins de santé primaires.

Une redéfinition des priorités s'observe également dans le domaine de la formation. Jusqu'alors, des VP enseignaient dans plusieurs établissements du secondaire, de même qu'ils apportaient un encadrement technique indispensable dans l'enseignement supérieur. Mais au fur et à mesure que des nationaux camerounais occupent ces fonctions, les VP se démarquent des enseignements généraux pour se consacrer à la formation technique industrielle et commerciale. En 1976, ils exprimaient

> « *la nécessité de rompre avec certaines formes d'emploi des volontaires, notamment au niveau de tous les postes où la mission du VP est essentiellement limitée à un enseignement général de type classique et académique* »[373].

Ils marquaient ainsi le départ entre le « coopérant classique » habitué des salons ministériels et le volontaire « *possesseur de connaissances techniques pratiques qu'il doit s'efforcer de transmettre autour de lui, aux artisans d'aujourd'hui et de demain* »[374]. Dès 1971 du reste, Jean-Marc Ela proposait comme approche stratégique de lutte contre le sous-développement en Afrique, d'allier « *la plume et la pioche* »[375].

En plus de la formation professionnelle, les VP apportent également appui et assistance à l'artisanat local. La valorisation des activités économiques paysannes se manifeste par l'appui aux petites entreprises familiales ou communautaires ; elle se traduit également par la création de l'Unité mobile d'appui aux collectivités rurales (UMACR). L'UMACR intervient dans plusieurs provinces du pays, indépendamment des implantations VP. Elle est active dans le Sud où les volontaires aménagent des points d'eau potable à Nyabessan dans le département du Ntem. Dans le Littoral, elle réalise des adductions d'eau à Nyee et à Ebone dans le Mungo. Dans le Centre, l'UMACR intervient à Awaé (Mefou) et à Mvaa (Lékié)

---

373 - AFVP : Rapport d'activités 1976.

374 - AFVP : Rapport d'activités 1977.

375 - Jean-Marc Ela : La plume et la pioche, Yaoundé, Ed. CLE, 1971.

pour créer des sources d'eau potable et construire des bâtiments scolaires. A Yaoundé, elle construit des bâtiments pour l'Ecole des enfants aveugles.

En somme, à la fin de la décennie 1970, l'AFVP a redéfini son rôle qui est celui d'une association de participation au développement. Les nouvelles structures qu'elle a adoptées doivent lui permettre de satisfaire plus adéquatement aux obligations de rendement auxquelles elle est désormais tenue.

## II. ÉCHOS DE TERRAIN

Si le ballon d'oxygène des crédits FAC permet à l'institution de mieux respirer, les VP sur le terrain trouvent dans la nouvelle volonté associative matière à déployer leurs activités. Les projets se multiplient, de manière plus coordonnée et plus ciblée sur des groupes de populations. Progressivement, les VP abandonnent les tâches assumées dans les administrations, publiques ou privées, et des postes d'enseignement. Ils interviennent dorénavant dans deux principaux domaines : le développement rural intégré et l'appui aux projets multisectoriels. Toutefois, ils assument encore des opérations dans différents autres secteurs, dont l'artisanat et le social.

### II.1. DÉVELOPPEMENT INTÉGRÉ

Le développement intégré s'entend d'une opération qui
*« prend en compte, non seulement les problèmes de l'agriculture, mais aussi et de façon plus générale le développement rural dans son ensemble (pistes de désenclavement, construction de ponts, de dispensaires, d'écoles et d'adductions d'eau) »*[376].

Dans les projets de développement rural intégré, une même réalisation comporte plusieurs secteurs d'activités : aménagements hydro-agricoles, suivi des femmes sur des périmètres maraîchers, soutien des groupements de producteurs ou de coopératives, installations de migrants dans les champs agricoles, reboisement de la couverture forestière.

Pour stimuler la production vivrière, le projet de Messamena (Est) entreprend la création de champs collectifs en 1979. Au départ, ce projet s'étend sur trois villages : Ntollock, Sobye et Mombang. Dans chacun de ces villages, huit à dix volontaires interviennent simultanément auprès des groupes de planteurs à qui ils apportent un soutien technique et matériel. Plus tard, l'opération s'étend à trois zones environnantes, englobant une vingtaine de villages. En 1983, elle comprend

[376] - AFVP : Rapport d'activités 1984 (préface, sans page).

trois secteurs d'activités : l'agropastoral ; la santé (aide logistique pour la constitution des caisses de pharmacie, formation des matrones et auxiliaires de santé, hygiène nutritionnelle) ; le social (construction des écoles et dispensaires, amélioration de l'habitat). A partir de 1987, ce projet dénommé « Soutien au développement communautaire en zone Badjoué et Bikele », acquiert une dimension plus importante et s'étend à tout l'arrondissement de Messamena.

Une implantation similaire regroupe 17 villages autour de Belabo, dans le cadre du IVe Plan Quinquennal de développement. Initiée en 1978, elle vise le développement de la région de Belabo, localité sans voie de communication importante, mais qui connaît un important exode de populations. Outre le désenclavement des villages par l'ouverture de pistes et la construction de ponts légers, le projet consiste également à accroître l'attrait de la vie en milieu rural, par l'amélioration des rendements agricoles et piscicoles. A l'origine, ce projet visait l'encadrement de jeunes pêcheurs afin de ravitailler les villes de Belabo et Bertoua. La création de la Société forestière industrielle de Belabo (SOFIBEL) ayant entraîné une forte augmentation de la population dans la région, il s'en est suivi un déficit de denrées alimentaires : le sol fait pousser des bananes plantains, mais les modes de cultures rudimentaires ne suffisent plus à satisfaire une demande sans cesse croissante ; les cours d'eau de la localité sont riches en poissons, mais la pêche artisanale ne peut couvrir les besoins alimentaires de la population que pendant un quart de l'année. Il faut par conséquent améliorer les techniques de production et créer des infrastructures agro-piscicoles capables de satisfaire une demande accrue.

Dans ce projet, les volontaires interviennent surtout dans le secteur agricole : distribution des semences à faible prix, création des pépinières, repiquage des plants, traitement des bêtes, vulgarisation du maraîchage, fourniture de petits engins agricoles, organisation de la commercialisation. Dans le domaine de la santé, ils sont chargés de former deux agents de santé communautaire par village, de créer des comités villageois de santé, de sensibiliser les paysans sur la nécessité de la caisse à pharmacie, d'assurer la protection maternelle et infantile (PMI). Les gros investissements nécessaires à la conduite du projet (ponts, pistes de désenclavement des cacaoyères) sont financés par la Commission des communautés européennes.

Situé à 20 kilomètres de Nguelemendouka, le village Azomekout a sollicité la participation des volontaires du progrès pour soutenir des initiatives du secteur rural et développer des actions en matière de santé. En octobre 1986, deux VP, un médecin et un technicien supérieur en agriculture participent à cette opération. Le premier travaille à la création et au fonctionnement d'un centre de santé communautaire, à la formation du personnel soignant ainsi qu'à la coordination des soins de santé primaires. Le deuxième se consacre au développement rural, notamment à :

« *réaliser l'inventaire des forces et faiblesses de la zone en vue de proposer un plan de développement visant l'augmentation et la diversification des productions traditionnelles et l'introduction de nouvelles techniques et méthodes de travail* »[377].

Le petit maraîchage, familial ou communautaire, reste un point d'ancrage relativement important des actions menées par l'AFVP et les volontaires. D'abord lié à la PMI, il est un complément naturel à l'amélioration de l'alimentation des mères et des enfants. Il s'adresse aux femmes dans une perspective sociale ; les périmètres commerciaux étant, eux, réservés aux hommes. Dans ce domaine également s'est manifesté une dynamique locale particulièrement intense où des groupes de femmes ont répondu immédiatement, mais avec une tout autre logique : vendre les produits de la récolte reste la motivation essentielle des femmes, alors que les volontaires préconisaient plutôt une amélioration nutritionnelle. Reconversion des objectifs et transformation de l'opération : les femmes trouvent dans le maraîchage, l'occasion de se valoriser économiquement. Détournement heureux ici, mais échec relatif ailleurs, sans doute parce que l'environnement économique n'est pas favorable. Les femmes acquièrent les semences et achètent des fertilisants, ce qui augmente la production. Mais elles ne maîtrisent pas les circuits de commercialisation. En saison de pluie, les routes sont impraticables ; sur les marchés du village, les commerçants et intermédiaires qui possèdent des camionnettes pour desservir les grandes villes, fixent les prix.

Les projets de développement rural intègrent également l'hydraulique. En effet, l'eau est une demande sociale très forte, chaque jour plus cruciale à cause de la progression de la sécheresse (Nord Cameroun). La campagne agricole de 1983 laissera à cet égard des séquelles non seulement dans les pays sahéliens mais dans l'Afrique tout entière, tant son niveau est catastrophique[378].

Le Niger, pays sahélien particulièrement touché par la rareté des pluies en 1983, a vu trois mille points d'eau « traités » avec la participation de l'AFVP : puits villageois, pastoraux et maraîchers ont été touchés par cette opération de grande envergure. En matière d'hydraulique rurale notamment, l'AFVP a opté pour les puits classiques ou puits forages. Pourquoi ce choix ? D'abord parce que le puits est maîtrisé par les villageois, même si, de conception traditionnelle, il ne donne pas toujours entière satisfaction : hauteur d'eau insuffisante, équipement de surface inexistant, tarissement en cours de saisons sèches, système d'exhaure manuel.

Des puits plus modernes, sans bouleverser les habitudes, en valorisant les puisatiers locaux, permettent d'approvisionner les populations en eau, sur la base d'une organisation villageoise : comités de gestion, formation des plongeurs qui

377- AFVP : Rapport d'activités 1986, p. 41.
378 - Le Cameroun avait alors fait appel à l'aide internationale, notamment l'aide du PAM pour couvrir le déficit de la production agricole.

nettoient et réparent, amélioration des systèmes d'exhaure. Les villageois peuvent ainsi participer à toutes les étapes du forage d'un puits, y compris à sa mise en eau. Ils en connaissent le prix. Ils peuvent adopter le système d'exhaure de leur choix, ou le plus adapté à leurs possibilités. En cas de panne, les alternatives restent ouvertes.

Le forage au contraire, ne reçoit qu'un seul appareil à la fois, et un seul : pompe électrique ou mécanique. En cas de défaillance, c'est l'ensemble du système qui est bloqué ; car retirer un corps de pompe d'un forage n'est pas une opération sans risques. On ne compte plus dans le Sahel, sur les rives du Niger ou du Logone, le nombre de forages équipés avec une technologie de pointe qui sont en panne. Quelques principes simples, nés de son expérience sur le terrain, ont permis à l'AFVP d'éviter des technologies peu maîtrisées et finalement pernicieuses pour la population. C'est aussi un problème de coût. Le projet peut se traduire par trois grands points : renforcer les capacités de maîtrise d'ouvrage des collectivités rurales ; optimiser le réinvestissement local des moyens financiers perçus par les collectivités rurales ; former et promouvoir en milieu rural le tissu artisanal de la construction. Les objectifs qui motivent une telle démarche sont les suivants :

- Développer et renforcer les capacités locales de conception et d'études techniques et financières des projets des collectivités rurales, en s'appuyant plus particulièrement sur les techniciens d'assainissement communaux, les artisans locaux, et les services locaux et centraux de l'Etat.
- Développer et renforcer le partenariat technique intercommunal. Ainsi la mise en commun de ressources propres devra permettre d'augmenter le volume des réalisations ou de diminuer le montant des financements complémentaires.
- Favoriser à l'échelle communale l'installation d'artisans polyvalents capables d'exécuter des constructions ne nécessitant pas d'importants moyens techniques.

Autre image du Cameroun, surtout dans la partie septentrionale : la savane où la végétation se fait rare, des collines pelées. C'est l'avancée du désert. Tout s'enchaîne : déboisement, désertification, sécheresse, famine. Autrefois préoccupation des seuls pays sahéliens, le problème s'est élargi. Des zones plus à l'abri, bénéficiant jusqu'alors de climats humides, sont à leur tour touchées : c'est l'« *effet de serre* », le réchauffement de la surface terrestre. L'équilibre écologique africain est menacé. Des modifications climatiques certes, mais aussi l'œuvre des hommes. C'est l'arbre qui fait le climat. Or, à travers le monde, la forêt tropicale est livrée aux coupes sombres. Selon les statistiques de 1983 publiées par la Banque mondiale, on l'ampute chaque année de douze millions d'hectares, soit environ le quart de la superficie du Cameroun. Et depuis lors, ces statistiques sont allées crescendo. Pourtant, le bois est un matériau vital : bois de feu pour la cuisine, ou bois de construction pour les habitations. C'est aussi une source de profit : au bord de la savane, on le débite, on l'entasse, en attendant le passage du camion ou du car qui dessert le village une fois par jour. Cependant, la végétation recule, le déboisement progresse et les sols perdent leurs matières organiques nutritives. Lutter contre la désertification, et en même temps assurer l'autosuffisance en bois des populations, c'est aussi contribuer à l'amélioration de l'agriculture.

Au bord du Mayo – cours d'eau qui se vide en saison sèche et se remplit de torrents dès les premières pluies –, les populations sont encouragées à planter des arbres pour protéger les berges et les cultures proches. Principalement dans le Nord Cameroun, ces opérations prennent deux aspects. La défense et la remise en état du massif forestier naturel mobilisent les hommes et les techniciens au niveau des plans régionaux de développement. Une autre forme d'action a pour partenaires le village ou l'unité familiale. Il s'agit, entre autres, d'organiser la rotation des coupes, de proposer des solutions alternatives comme les foyers améliorés, en évitant le risque de déboisement anarchique.

Dans les projets forestiers au nord Cameroun, la plantation des arbres peut avoir un objectif communautaire : le village le mieux ombragé. Elle peut être uniquement familiale : plantation d'arbre pour l'agrément du *saré*. Dans les pépinières villageoises, des plants sont à la disposition des habitants. Ceux-ci apprécient mieux la rentabilité à court terme de l'arbre fruitier, pour l'autoconsommation ou pour la vente. Mais, utile précaution, la pépinière, qui pratique une politique de bas prix à l'égard des paysans ruraux, ne vend un arbre fruitier – citronnier, papayer – que si le paysan prend également deux arbres à bois. Et l'arbre fruitier vendu est seulement greffé la deuxième année de sa plantation. Ainsi, les animateurs peuvent-ils vérifier en même temps que les arbres à bois sont également bien traités[379].

En somme, agriculture vivrière, petit élevage, hydraulique rurale, reboisement constituent autant de priorités qui s'intègrent pour un développement harmonieux du milieu paysan.

## II.2. APPUI AUX PROGRAMMES NATIONAUX DE DÉVELOPPEMENT

La participation des volontaires est tout aussi déterminante dans les sociétés nationales de développement installées dans diverses régions du pays. Au sein de celles-ci, ils mènent soit des projets-pilotes, des opérations de promotion sociale, de développement de l'agriculture vivrière, soit toutes ces activités dans une approche intégrée.

Dans la vallée supérieure de la Bénoué, tout avait commencé dans le fracas des engins et les tirs de mines qui arrachaient des pans de colline. Cela se termine dans la paix lacustre de Lagdo. En amont du barrage hydroélectrique, un lac artificiel est

[379] - AFVP : Spécial - Cameroun, N° 35, 1983, p. 39.

créé, avec des pirogues qui tanguent autour. On a découvert l'autre richesse du gigantesque réservoir : le poisson. Les paysans qui avaient quitté leurs terres submergées et les villageois devenus riverains, se retrouvent au bord du lac pour se livrer à une activité assez éloignée de la culture habituelle du mil et du sorgho, mais qui s'annonce rentable. Des pêcheurs professionnels des affluents du Logone et du Nigeria voisin, attirés par la renommée des eaux poissonneuses, sont venus les rejoindre.

Pour ceux qui ont le souci de lutter contre l'exode rural, la pêche va être un moyen de fixer la population en milieu rural, de lui apporter des ressources nouvelles en lui permettant d'approvisionner la ville proche, Garoua. Manière aussi d'améliorer l'économie rurale par la diversification. Une activité qui a besoin de s'organiser. Et d'être « animée ». Cette tâche incombe à une société de développement, la Mission d'étude et d'aménagement de la vallée supérieure de la Bénoué (MEAVSB). Depuis 1982, des volontaires participent à ce projet de développement. D'une façon générale, il s'agit de mieux exploiter les ressources de Lagdo, de ne pas les épuiser par une pêche anarchique. Ainsi sont établis des couloirs de pêche et des zones de réserve. Et cela ne va pas sans un long travail d'animation et de sensibilisation. L'art de lancer le filet, des gestes à apprendre. Le projet piscicole autour du lac est à base de formation et de vulgarisation.

Les pirogues traditionnelles, creusées dans l'arbre, ne sont pas adaptées à la pêche moderne. L'AFVP a installé une menuiserie sur les rives du lac, où des volontaires techniciens du bois se sont mis à la disposition des pêcheurs qui souhaitaient se doter d'embarcations plus performantes. L'atelier est devenu un lieu de formation sur le tas, où des menuisiers locaux viennent apprendre les rudiments du métier. On n'y fabrique d'ailleurs pas que des pirogues et des barques, mais aussi du mobilier : portes, tables et chaises. Effets multiplicateurs d'une opération « pêche en eau douce » : amélioration de l'habitat local. Autre manière de contribuer au « *mieux-être* » des villageois et de limiter l'exode vers la ville de Garoua, tentante, située seulement à quelques kilomètres de Lagdo.

En 1987, des volontaires sont sollicités par la Mission de développement, pour étudier les différentes caractéristiques du lac : inventaires des ressources halieutiques du lac, évolution des captures, rendement des engins de pêche. L'objectif de l'étude est de permettre une utilisation optimale des ressources du lac, sans compromettre sa pérennité[380]. Les volontaires travaillent également à promouvoir les méthodes modernes de conservation du poisson. Stockage et conservation qui permettront une meilleure commercialisation des produits de la pêche en direction de la ville proche, Garoua, en direction du Sud du pays, voire une exportation vers le Nigeria dont la frontière n'est pas éloignée et qui est

---

380 - AFVP : Rapport d'activités 1986, p. 54.

intéressé par le poisson de Lagdo. Parallèlement aux actions de pêche, des projets de cultures légumières animés par des volontaires ont été réalisés dans les villages proches de Lagdo. L'autosuffisance alimentaire passe également par le jardin.

C'est dans le cadre de projets agricoles que se situe également la lutte contre des maladies endémiques. C'est le cas de la bilharziose. Elle est transmise par un petit mollusque qui vit dans les cours d'eau et dans les mares. A Lagdo, la création du lac a entraîné une intense activité piscicole. Mais, effet secondaire néfaste, les retenues d'eau du barrage constituent un foyer de recrudescence du petit mollusque, la bilharzie. Action plus écologique : on introduit dans les mares et dans les eaux du lac, de petits poissons qui dévorent les mollusques vecteurs de la maladie. Les volontaires, qui participent à cette opération, sensibilisent les populations riveraines : il est important, en effet, que les pêcheurs évitent de capturer ces agents de santé d'un genre spécial.

Depuis 1982, des volontaires interviennent à Bafut dans le "Projet de développement rural des Hauts Plateaux du Nord-ouest". Situé à 200 kilomètres au nord de Bamenda (Mezam), ce projet multisectoriel est articulé autour des priorités suivantes : riziculture et gestion d'une coopérative rizicole ; développement de la culture attelée et élevage de bovins ; développement du petit élevage. En 1989, cette opération qui regroupe huit communautés villageoises a étendu ses activités sur divers secteurs du développement rural : des pistes ouvertes pour permettre le désenclavement de la localité ; hydraulique rurale pour l'eau de consommation ; maraîchage. Ce projet, dont « la participation de la population au coût est environ 30% », bénéficie du financement du Fonds européen de développement.

## II.3. SANTÉ COMMUNAUTAIRE

Au cours des décennies 1960-70, l'AFVP, encore une association de « substitution », limitait ses interventions en santé à affecter des volontaires dans les hôpitaux de bourgades et les dispensaires de « brousse ». Ce type d'action se révéla peu efficace, voire inopérant. « *Au début, affirme un volontaire médecin, nous attendions les malades, alors que les dispensaires de brousse alentour ne désemplissaient pas* »[381]. Tout incitait à sortir de cette « structure passive » : les réalités locales – dans les régions enclavées ou difficiles d'accès, les patients doivent parfois parcourir trente ou quarante kilomètres à pieds, parfois à dos d'âne, pour atteindre le dispensaire le plus proche –, mais aussi le livre de chevet, *Santé et développement en milieu rural africain*, dans lequel Guy Belloncle décrit l'expérience pionnière du Docteur Fournier dans la région de Maradi au Niger[382].

[381] - Cité par Hyves Hardy : L'Odyssée des volontaires, op. cit., p. 95.

[382] - Guy Belloncle : Santé et développement en milieu rural africain : Réflexion sur l'expérience nigérienne, Paris, Ed. Ouvrières, 1974.

En 1976-77 au Sénégal d'abord, puis progressivement dans divers autres pays, des volontaires, médecins traitants dans les hôpitaux, centres hospitaliers et dispensaires de « brousse », réfléchissaient ainsi sur leur participation en tant que volontaires et en tant que médecins, aux structures dans lesquelles ils avaient été placés, et saisissent l'opportunité de répondre à une demande sociale pressante en matière de santé.

Des expériences thérapeutiques visant à mieux respecter la personnalité du malade dans l'administration des soins de santé ont été entreprises et certaines se sont révélées inopérantes, comme la médecine itinérante ou foraine qui démultipliait les possibilités d'une médecine curative, sans pouvoir y associer ni prévention, ni formation. D'autres au contraire, ont eu un impact considérable et ont servi de références au niveau de l'élaboration d'une politique de santé communautaire. Il s'est ainsi dessiné l'évolution d'une politique de postes à une politique de projets, où une réponse adaptée et concertée a été donnée par l'initiative de médecins volontaires, à des urgences sociales clairement exprimées, en matière de santé.

A la conférence d'Alma Ata (Kazakhstan) en 1978, l'Organisation mondiale de la santé (OMS) adopte cette nouvelle approche, sous le concept de « soins de santé primaires ». Depuis lors, le travail des volontaires médecins au Cameroun s'inscrit dans un programme national qui s'inspire de cette politique de « soins de santé primaires ». Dans son principe, il s'agit d'une stratégie à l'échelle de la planète. Dans son application toutefois, elle a fort évolué au fil des années. L'approche consiste à adjoindre aux structures classiques de santé (hôpitaux et cliniques), d'autres structures plus légères, plus flexibles et plus adaptées aux demandes de santé des pays en développement, en associant formation, éducation et prévention. En somme, multiplier les cases-santé, organiser des campagnes de vaccination contre les maladies endémiques et épidémiques, construire des latrines, introduire dans l'alimentation du nourrisson des bouillies dès 4/5 mois pour augmenter sa ration protéinique, former des matrones et des bénévoles agents de santé communautaire. A travers des tournées villageoises, le médecin, la sage-femme, l'infirmier diplômé et l'animateur rural sensibilisent ainsi les populations afin qu'elles prennent en charge leurs problèmes de santé. A Bibémi, Doukoula ou Tokombere, l'animateur rural est la clé de voûte du système, chargé de sensibiliser les zones enclavées et les comités de santé locaux. Quand son cyclomoteur n'est pas en panne. Car dans les régions enclavées et difficiles d'accès, le développement tient quelquefois à un câble de frein ou à une bougie d'allumage. Il tient aussi à la passation de relais dans de bonnes conditions, la formation des « homologues » locaux censés remplacer les volontaires sur les projets, n'offrant pas toujours entière satisfaction.

Les comités de santé qui se sont installés constituent l'amorce de comités de développement qui, tout en préservant le consensus du village dans la prise de décisions, peuvent devenir des partenaires efficaces des organismes d'aide ou intermédiaires des populations locales vis-à-vis de l'administration et des services techniques.

La participation de l'AFVP aux projets de santé s'inscrit dans les programmes nationaux de santé, eux-mêmes élaborés sur le modèle de « soins de santé primaires » préconisé par l'OMS. A Kaélé (Diamaré), outre la réorganisation du service de pédiatrie de l'Hôpital, les VP se déplacent tant dans les écoles que dans différents quartiers de la ville pour mener des campagnes d'éducation sanitaire, de lutte contre la malnutrition, de formation des agents de soins de santé primaires. Dans les villages alentour, ils organisent des séances de vaccination et des campagnes de dépistage des maladies endémiques, de même qu'ils participent à la fabrication et à la divulgation des filtres à eau.

L'action entreprise par les volontaires à Doukoula (arrondissement de Karhay) en janvier 1988 vise des objectifs multiples : étendre les activités de soins de santé primaires dans tout l'arrondissement ; établir des systèmes pour tenir avec plus d'orthodoxie les registres de patients dans tous les centres de santé ; dynamiser les cases-santé ; élargir la couverture vaccinale aux centres de santé ; former des aides-soignants et des animateurs locaux dans quinze villages cibles.

## II.4. LE SECTEUR SOCIAL

Le développement est à la fois économique et social. Mais le plus souvent, le social n'est évoqué que pour mémoire, et ne fait que rarement partie des priorités dans les plans proposés par certaines agences de développement. Il est vrai que l'amélioration des conditions économiques peut tout aussi contribuer à résoudre des problèmes sociaux. Toujours est-il que le social et l'économique sont distincts. Qu'entend-on par social ?

Dans les pays industrialisés, le social permet d'atténuer les conséquences de certaines inégalités et de prendre en charge les « marginaux » de la société : du délinquant aux personnes handicapées, l'assistance sociale couvre un champ énorme. Mais par définition, l'assistance sociale est passive et ne s'attaque qu'aux conséquences, sans remettre en cause nécessairement le projet social qui génère des minorités marginalisées.

Pendant longtemps dans les pays du tiers monde, les organismes d'aide ont associé le social aux activités féminines, couture et tricotage notamment. Depuis sa création, l'AFVP n'envoie que rarement des assistantes sociales en Afrique. L'expérience des VP sur le terrain incite l'Association à mieux situer la femme dans l'échelle des priorités sociales. Des programmes spécifiques sont adoptés, visant par exemple l'allégement de la « corvée d'eau » : multiplication des points d'eau potable, construction de la petite hydraulique à proximité des *sarés*.

Une longue pratique avec Clair Logis a permis à l'AFVP de participer aux activités sociales, sur une base éducative, auprès de jeunes filles. D'autres activités dans les centres de la mère et de l'enfant, les centres pour handicapés physiques et mentaux, les centres de formation ou de recyclage des agriculteurs, participent de la même dynamique. Depuis 1980 en effet, l'AFVP intervient au Centre national de réhabilitation des handicapés (CNRH, Yaoundé) en vue d'aider de jeunes déficients physiques sinon à éradiquer leur infirmité, du moins à recouvrer une certaine autonomie. A Yaoundé également l'AFVP participe à un programme de formation pratique (artisanat, petit métier), en vue de l'insertion professionnelle des handicapés.

De même, le projet social est à l'origine d'un programme de développement global qui s'exprime en termes de santé, d'habitat, d'allégement des travaux. Dans cette entreprise, la démarche des volontaires consiste, du moins en principe, à respecter l'organisation sociale et à valoriser les ressources locales pour réaliser les projets. Démarche novatrice, mais qui se heurte à la pesanteur des mots, des structures, à la résistance des habitudes : « *Je découvre les difficultés de la différence de nos cultures : la femme qui ne sera pas soignée si son mari et la mère de son mari ne sont pas d'accord ; le médecin traditionnel qui strie avec application la peau des patients et les empoisonne parfois...* », affirme un volontaire médecin. Le changement de mentalités est une entreprise de longue haleine. Si les projets sociaux visent les femmes et les handicapés notamment, ils ne s'adressent pas moins également aux jeunes.

Est considéré comme jeune, toute personne qui a ou qui est susceptible d'avoir une activité économique. Il est également vrai que les jeunes, en terme de classe d'âge, constituent une population sensible, avec des problèmes spécifiques liés à la recherche d'un emploi, au désir d'émancipation et d'autonomie. L'exode rural qui touche principalement les jeunes, est considéré comme un fléau, et il génère des problèmes sociaux dont le moindre n'est pas la délinquance dans les grandes villes. Aussi l'AFVP s'est-elle associée à des programmes sociaux valorisant les jeunes et leur offrant des conditions de vie susceptibles de les retenir dans un terroir lui aussi valorisé : installation de villages de jeunes pionniers agricoles à Galim (Bamboutos) ou à Banganté (Ndé) sur la "Route du Noun", aménagement de champs collectifs à Messamena, mais aussi appui au secteur artisanal.

### II.5. ARTISANAT

Plus que d'autres secteurs d'activités, l'artisanat est lié à la formation et au perfectionnement. L'évolution de l'AFVP en ce domaine est aussi significative. Plusieurs étapes peuvent être retracées.

La première consiste à s'intégrer à des programmes de formation qui concernaient les jeunes, notamment en menuiserie, maçonnerie, forge, mécanique. Bien que ces centres de formation visent in fine à implanter les artisans dans le milieu rural, peu de jeunes restent à la campagne après leur formation.

La deuxième étape consiste à créer des ateliers capables de satisfaire la demande de la clientèle locale. Ainsi, répondant à une demande de l'évêché de Mbalmayo en 1985, l'AFVP a réorganisé la menuiserie diocésaine, avec pour principaux objectifs la fabrication des meubles et la formation des jeunes aux techniques de transformation du bois et de la gestion de l'entreprise. Dans la pratique cependant, cette belle harmonie reste précaire, car la demande locale est faible et ne peut stimuler une production de masse.

Une troisième étape consiste à donner des chantiers à des groupes de jeunes constitués en équipe artisanale. L'AFVP-Cameroun entreprend cette réorientation dès 1988, en partenariat avec le GRET. Ainsi l'« Association pour la promotion artisanale » de Mbalmayo assure non seulement la formation technique et l'encadrement professionnel des jeunes dans le métier du bois ; elle assure également l'indispensable formation des jeunes aux techniques modernes de *management* des petites et moyennes entreprises, afin qu'ils puissent solliciter des marchés publics ou gérer eux-mêmes leurs petites unités de production. Le projet « PME – Artisanat » de Maroua, initié par l'AFVP (en partenariat avec INADES-Formation) en juin 1990, vise à former des artisans locaux à la gestion, améliorer la qualité de la production et rechercher les débouchés. Pareillement dès février 1989, des volontaires interviennent dans le projet « Promhandicam » (Centre pour handicapés moteurs), non seulement pour former de jeunes sourds-muets aux techniques de la menuiserie, mais aussi pour *« établir un circuit commercial de la production de l'atelier »*[383].

Sur le plan technique, cette formation a donné des résultats probants, mais s'est heurtée au marché du travail. Car, et c'est l'une des grandes difficultés du secteur artisanal, principalement en milieu rural, l'artisan doit acheter sa matière d'œuvre au comptant, mais sa clientèle ne paye qu'à la traite, plusieurs mois après. Quand il s'agit de marchés publics, les autorités à divers échelons de l'administration invoquent les sempiternelles « tensions de trésorerie » pour retarder le payement des services[384], ce qui n'est pas stimulant pour la promotion des activités des artisans locaux. D'où la tendance, amorcée vers la fin de la décennie 1980, qui consiste à intégrer les artisans traditionnels dans les projets de développement ;

---

383 - AFVP : Rapport d'activités 1989, p. 54.

384 - Des artisans affirment pourtant que le payement des créances publiques est facilité, si le titulaire *« consent à payer 30% »* de la créance (sous forme de pot-de-vin) au fonctionnaire du trésor. Sur la corruption comme facteur de sous-développement, lire Pierre Péan : L'argent noir. Corruption et sous-développement, Paris, Fayard, 1988.

ceci vise à favoriser, du moins en principe, l'ouverture des marchés dans des conditions plus satisfaisantes pour les artisans.

## III. IMPLANTATIONS, PARTICIPATION ET EFFICACITÉ

Les deux précédentes sections de ce chapitre ont mis en exergue certaines innovations ainsi que les applications de la nouvelle politique d'action adoptée par l'Association depuis les réformes de 1979. Ces mutations ont entraîné la création de nouvelles implantations, le renforcement ou la suppression d'autres. Au cours de la décennie 1980, l'AFVP intensifie le partenariat tant avec d'autres ONG qu'avec des bailleurs de fonds. Dans la présente section, nous allons examiner la nouvelle carte d'implantations des volontaires au Cameroun, ainsi que l'impact des nouveaux partenariats sur la politique d'aide de l'Association. La question qui guide notre démarche est la suivante : Au-delà de la réforme des structures, de la diversification des sources de revenus et de l'intensification du partenariat avec différents acteurs du développement, les volontaires du progrès sont-ils parvenus, au cours de la décennie 1980, à relever de façon significative le niveau de vie des couches sociales les plus défavorisées dans les régions où ils sont intervenus ?

### III.1. RÉPARTITION DES IMPLANTATIONS

Les cinquante projets entrepris par les VP au cours de la décennie 1980 sont ainsi répartis : une quinzaine dans le Centre, dix respectivement à l'Est et à l'Extrême-nord, huit dans le Nord, deux à quatre respectivement à l'Ouest, dans l'Adamaoua et le Nord-ouest.

#### III.1.1. INÉGALE RÉPARTITION

Comme au cours des deux précédentes décennies, les implantations des VP au Cameroun sont inégalement réparties sur le territoire national : certaines provinces bénéficient de nombreuses opérations, d'autres en sont dépourvues.

Toutes les implantations du Nord se retrouvent dans la Bénoué, plus spécifiquement dans les projets de la Mission d'étude et d'aménagement de la vallée supérieure, au sud-est et à l'ouest de la Bénoué. Dans la province de l'Est, l'essentiel des implantations se retrouve dans le Haut-Nyong et le Lom-et-Djerem. Les deux opérations du Nord-ouest se concentrent dans la Mezam. Tous les six départements de l'Extrême-nord reçoivent chacun des implantations, huit sur dix dans le Centre. Le Sud et le Littoral accueillent une opération chacun, pendant que le Sud-ouest n'en compte aucune. Dans cette dernière province, les opérations à caractère culturel (programmes d'enseignement du français par les ondes à Radio Buea, opération cinébus) ont été supprimées.

Les projets socio-éducatifs, qui avaient une certaine prépondérance au cours des deux précédentes décennies, disparaissent progressivement. L'enseignement général dans les établissements scolaires et surtout l'enseignement du français en collaboration avec les médias audio-visuels et les centres culturels sont allés decrescendo. Les volontaires du progrès, qui ne veulent ni se substituer aux « coopérants classiques », ni intervenir dans la politique nationale de l'enseignement, se désengagent des secteurs d'activités où les compétences locales sont éprouvées. Ils abandonnent également les missions d'aide qu'ils exerçaient dans les administrations publique et privée car cette forme d'aide, parfois mal définie ou mal comprise, a souvent été assimilée à une « substitution » qui empêche l'éclosion des compétences locales.

Dans certaines provinces, les projets supprimés sont remplacés par de nouveaux. Dans l'Extrême-nord, le projet Boboyo succède au projet Gaban ; dans le Nord-ouest, le « Projet de développement rural des Hauts Plateaux du Nord-ouest » (Bafut) succède à la « Mission rizicole de la Plaine de Ndop ». Ailleurs, de nouveaux projets sont implantés : Nkoteng, Bafia, Doumé, Maroua, etc.

Par secteur d'activités, quatre provinces seulement accueillent les dix implantations d'appui aux Sociétés nationales de développement : le Nord seul en compte la moitié, toutes concentrées dans la Bénoué ; l'Extrême-nord compte une implantation à Maga, le Nord-ouest en compte une à Bafut, et l'Ouest en compte deux, respectivement à Galim et Banganté. La province de l'Est et, dans une moindre mesure le Centre, regroupent l'essentiel des projets de développement rural intégré.

Au regard de cette répartition géographique des implantations, il apparaît que les grandes localisations des deux décennies précédentes demeurent. Qu'est-ce qui explique ce statu quo ?

### III.1.2. LES RAISONS DU STATU QUO

Deux raisons rendent sans doute compte de cet état de fait : l'héritage de l'histoire et le besoin d'efficacité. Le précurseur de l'AFVP c'est un mouvement religieux, en l'occurrence les "Secrétariats Sociaux". Dans sa pratique du volontariat, l'AFVP ne s'est pas nettement démarquée du modèle des missionnaires. Bien plus, les implantations des missionnaires au Cameroun ont servi de points d'ancrage permettant aux volontaires d'atteindre différentes couches de populations. Au cours des décennies 1960-70, nombre d'implantations VP ont lieu dans des missions où les volontaires bénéficient des structures d'accueil de l'église. Etant dépourvus de moyens pour s'installer en autonomie, les

VP ont ainsi l'occasion d'exercer leurs activités sans devoir créer leurs propres structures d'accueil.

Tenue aux obligations de rendement vis-à-vis des pourvoyeurs de fonds, l'Association doit faire la politique de ses moyens et éviter la dispersion des forces aux quatre vents. Dans le mémorandum de 1975, d'Anciens Volontaires stigmatisaient cette dispersion d'énergie. Ils invitaient par conséquent à une concentration des efforts autour des projets d'aide que l'Association sait pouvoir réaliser avec efficacité : « *Moins d'actions volontaires dispersées. Une concentration des efforts en quelques points choisis. Moins d'actions "invertébrées" à cause du manque d'insertion dans les plans de développement nationaux* »[385]. Dans la pratique, l'engagement de l'AFVP dans les projets de « développement rural intégré » ainsi que la participation aux programmes des Sociétés nationales de développement s'inspirent de cette orientation. Elaborant les perspectives pour l'année 1988, l'AFVP-Cameroun écrit :

> « *En 1988, nous amorcerons un retrait sur les opérations les plus excentrées, les plus difficiles à suivre et nous nous efforcerons de regrouper des opérations ou des volets de même nature au sein d'un même programme afin de réduire les charges et de favoriser l'émulation* »[386].

Exit les régions enclavées et difficiles d'accès, même si elles comptent parmi les moins favorisées.

Suite à cette orientation, les volontaires renforcent leur participation dans les Sociétés nationales de développement dont les principales sont : la SODECOTON (ouest, sud-est et nord-est de la Bénoué), la MEAVSB (Lagdo, Bere et Bibemi), la SEMRY (Yagoua), la MIDENO (Bafut), les ZAPI de l'Est. Apollinaire Essomba affirme à juste titre que les volontaires interviennent davantage dans les Sociétés nationales de développement parce que dans ces sociétés de développement, tout comme dans les structures confessionnelles, ils bénéficient des infrastructures d'accueil préexistantes[387].

Par ailleurs la concentration des implantations VP dans la partie septentrionale du Cameroun s'explique par la sollicitude dont jouit cette région auprès des bailleurs de fonds internationaux. Selon Jackie Fourniol, délégué de l'AFVP-Cameroun au cours de la décennie 1980, il est plus facile d'obtenir des financements pour des opérations destinées aux populations des provinces du Nord et de l'Extrême-nord, car les bailleurs de fonds internationaux considèrent ces régions démunies comme zones prioritaires de l'aide au développement. Cette réflexion du délégué de l'Association semble plausible. Du moins en principe. Les implantations sur le terrain appellent néanmoins des jugements plus nuancés.

---

385 - « 100 anciens volontaires parlent », cité par Jean-Dominique Boucher : Volontaires pour le tiers monde, Paris, Karthala, 1986, p. 78.

386 - AFVP : Rapport d'activités 1987, p. 70.

387 - Apollinaire Essomba : La contribution de l'Association Française des Volontaires du Progrès au développement du Cameroun. Un bilan de 20 années d'activité, op. cit., pp. 108-109.

Depuis la décennie 1970, et surtout avec l'ouverture de l'antenne de la délégation de l'AFVP à Garoua en 1983, de nombreuses implantations des VP ont eu lieu dans la partie septentrionale du pays. En effet, les rapports de la Banque mondiale et du PNUD sur le développement humain présentent le Cameroun septentrional comme une région « très pauvre ». Il serait justifié d'investir en priorité dans ces localités. Il apparaît pourtant que dans la province du Nord, toutes les implantations des VP se concentrent dans la Bénoué. Les pouvoirs publics y ont créé des sociétés de développement (SODECOTON, MEASB, etc.) qui bénéficient d'importants financements des bailleurs de fonds. Au demeurant ces sociétés de développement offrent des structures d'accueil qui favorisent l'implantation des organisations de volontariat. Si toutes les actions VP s'inscrivent dans les programmes des sociétés de développement implantées dans la Bénoué, cela ne signifie pas que les localités non desservies par les sociétés de développement sont moins pauvres, loin s'en faut. Il apparaît plutôt que la démarche de l'AFVP obéit à l'impératif d'efficacité et de rentabilité : Limiter les actions dans les zones enclavées ou les zones dépourvues de structures d'accueil, et concentrer les efforts sur les projets « porteurs de rendement ». Cette démarche a le mérite de la clarté : elle permet à l'Association d'éviter la dispersion des énergies, alors que ses sources de financements sont limitées. Il apparaît néanmoins que les populations les plus démunies de la province du nord Cameroun ne se retrouvent pas essentiellement dans les zones couvertes par les sociétés de développement de la Bénoué. Les plus pauvres se retrouvent dans les bleds greffés sur les flancs de montagnes, dans les régions enclavées et difficiles d'accès. A la création des sociétés nationales de développement d'ailleurs, le but des autorités publiques camerounaises était de construire des infrastructures dans les régions arables de la Bénoué où les sols étaient fertiles, afin de désamorcer le surpeuplement dans les régions de montagnes où la terre ne nourrissait plus son homme. Dans les faits, seule une petite proportion des habitants des collines pelées sont descendus dans les vallées où sont installées les sociétés de développement, et où opèrent les volontaires du progrès. Les migrations déstructurent les sociétés traditionnelles, et beaucoup d'habitants sont restés sur leurs terres, vivant péniblement de faibles récoltes des champs. Dans ces zones rurales difficiles d'accès, mais où tous les indices de la grande pauvreté sont réunis, les projets d'aide, même les plus dynamiques, ne peuvent avoir de rendement significatif à court terme. Seules des opérations de long terme peuvent avoir un impact significatif sur le niveau de vie des populations les plus défavorisées des zones enclavées. Or de par leur mode d'action, les ONG n'interviennent d'ordinaire que dans le court terme. On peut émettre l'hypothèse, somme toute plausible, qu'elles ont besoin, à brève échéance, de recueillir des rendements significatifs sur le terrain, afin d'obtenir davantage de crédits des bailleurs de fonds pour leurs actions futures. Au demeurant, « *les moyens dont ils (les VP) disposent doivent être gérés rationnellement, s'ils veulent conserver leur crédibilité auprès des partenaires financiers »*[388].

L'on peut également émettre l'hypothèse suivant laquelle dans la province du nord Cameroun, les volontaires du progrès souffrent d'un certain *complexe du lampadaire* : ils cherchent les populations « *les moins favorisées* » dans les zones couvertes par les sociétés nationales de développement, non pas parce que c'est en ces lieux qu'il est le plus susceptible de trouver les plus pauvres, mais parce que c'est la seule zone éclairée de la région (structures d'accueil disponibles, financements des bailleurs de fonds). Pendant ce temps, les groupes de populations les plus démunis, isolés dans les collines arides et dans les villages enclavés, ne bénéficient que rarement de la sollicitude des organismes d'aide.

## III.2. LES NOUVEAUX PARTENARIATS

Les réformes de la fin de la décennie 1970 ont fait de l'AFVP « *une véritable ONG* » qui peut collaborer avec d'autres organismes de participation au développement, trouver des partenaires financiers, techniques et humains nécessaires à la réalisation de ses projets d'aide. En outre, les bénéficiaires locaux de ces actions constituent eux-mêmes des acteurs indispensables. Il s'agit, en somme, d'un double partenariat, tant avec les collaborateurs extérieurs qu'avec des structures locales.

### III.2.1. LES PARTENARIATS EXTÉRIEURS

La contribution des fonds publics français reste prépondérante. Certes il s'est opéré une diversification des partenaires extérieurs de l'AFVP, mais le Gouvernement français « *assure la quasi-totalité du fonctionnement général de l'Association et cofinance plusieurs projets* »[389]. Si sa contribution directe a diminué, sa contribution indirecte au budget de l'Association reste déterminante.

Tableau 13 : Répartition des financements (1989)

| FAC | Eglises | FED | CCCE | CFCF | Autres |
|---|---|---|---|---|---|
| 55% | 7% | 13% | 8% | 5% | 13% |

Source : AFVP : Rapport d'activités 1989, p. 71

[388] - Apollinaire Essomba, op. cit., p. 109.
[389] - AFVP : Rapport d'activités 1986, p. 23.

A côté du gouvernement français et du Fonds d'aide et de coopération, interviennent d'autres partenaires financiers dont les plus représentatifs sont la Commission des Communautés européennes – le Fonds européen de développement en l'occurrence – et une multitude d'ONG : Save the Children, Caritas, Médecins sans Frontières (MSF), Misereor, Frères des Hommes, Terre des Hommes, Agriculteurs Français et Développement International, ainsi que d'autres organismes dont l'essentiel des ressources financières proviennent des fonds publics[390]. Les ONG et la Communauté européenne contribuent respectivement à hauteur de 13% à la masse financière de l'AFVP.

Quant au financement des projets, la coopération française assure la plus grande contribution : 57% des ressources financières allouées à la réalisation des projets proviennent de fonds publics français. Le FED et les ONG occidentales et, dans une moindre mesure la Banque mondiale, constituent les autres sources extérieures de financement des projets[391].

Plusieurs partenaires peuvent intervenir dans une même opération. Dans le projet SEMRY à Maga, les volontaires du progrès travaillent en partenariat avec la Banque mondiale, la Communauté européenne (FED) et le FAC. Le projet « Promotion collective de Nkoteng » associe l'AFVP, Frères des Hommes, Terres des Hommes, CRED, ALDIS[392] ainsi que des organisations paysannes locales. A Bere - Bibémi, Médecins sans Frontières et l'AFVP, deux associations dont les stratégies d'action s'excluaient jusqu'alors[393], ont travaillé en collaboration dans le projet Nord-est Bénoué. Dans le projet du développement communautaire de Bertoua, les VP sont associés aux volontaires américains *Peace corps* ainsi qu'aux volontaires allemands du *Deutsche Entwicklungsdienst*.

En somme, une vingtaine de partenaires étrangers participent aux réalisations de l'AFVP. Globalement, les petites organisations contribuent au financement et à la main-d'œuvre, mais leurs faibles moyens ne leur permettent pas de participer, sur le terrain, au suivi technique de l'opération comme le font la plupart des grands

[390] - Sur les quatre groupes de partenaires au Nord (les partenariats de Coopération décentralisée, les Organisations de solidarité internationale, les Institutions et agences d'aide publique au développement, les structures d'expertise et d'appui au développement), lire Internet : http://afvp.org/partenaire/nord.html.
[391] -Voir « Les partenaires de l'AFVP au Nord », sur Internet : htt://afvp.org/partenaire/nord.html.
[392] - CRED = Centre de rencontre et d'échange pour le développement. ALDIS = Action locale pour un développement international solidaire.
[393] - Dans les années 1970 et même au début de la décennie 1980, le débat oppose les associations d'urgence et les associations de développement sur les priorités de l'aide. En 1985-86, Charles Condamines utilise les termes « *ambulanciers* » et « *cantonniers* » pour désigner respectivement les associations humanitaires d'urgence et les associations de développement. A Bibémi, au Nord Cameroun, la guéguerre n'a pas eu lieu. Au contact des difficultés quotidiennes des populations rurales, et loin des débats d'écoles qui opposent parfois les associations concurrentes, Médecins sans Frontières et Volontaires du Progrès découvrent qu'en Afrique, le développement est l'urgence de tous les jours.

organismes internationaux. Néanmoins, quelques organisations de taille financière réduite, dont le CEFODE[394], apportent un soutien méthodologique à certains projets. Ces collaborateurs extérieurs exécutent environ les 2/3 des activités de l'Association, les nationaux camerounais exécutant le tiers restant.

### III.2.2. LES PARTENARIATS LOCAUX

Trois classes de partenaires locaux travaillent en collaboration avec l'AFVP-Cameroun : le gouvernement camerounais, les groupes confessionnels et les communautés villageoises.

Deuxième partenaire financier après la Coopération française, le gouvernement camerounais contribue pour environ 12%[395] au budget de la délégation régionale de l'AFVP. Cette contribution est indirecte et s'effectue par l'exonération fiscale, la mise à disposition des logements aux volontaires, l'affectation des techniciens, des fonctionnaires et des experts des ministères techniques dans différents projets de développement où interviennent les volontaires du progrès.

De manière générale, le principe est le suivant : sous la supervision du ministère de la Fonction publique, des VP sont placés sous la tutelle administrative des ministères techniques desquels relèvent les sociétés de développement, les instituts de recherche et les autres domaines d'activités où l'AFVP intervient au Cameroun.

Dans certains projets, les structures publiques agissent en partenariat avec les institutions confessionnelles. La plupart des centres de formation et des établissements d'enseignement scolaires où interviennent les volontaires sont l'œuvre des diocèses et des paroisses. Au Cameroun l'Eglise détient, après l'Etat, la plupart des structures de formation scolaire. De même les missions détiennent, après l'Etat, la plupart des structures des soins de santé : hôpitaux, dispensaires et centres de santé. Ces différentes structures ont longtemps permis à l'église de jouer un rôle déterminant dans l'éducation des masses paysannes et la promotion de leurs droits[396]. Ces structures d'accueil constituent des points d'ancrage qui ont permis aux VP d'exercer leurs activités dans différentes localités.

La plupart des projets interviennent, affirme le délégué de l'Association à Yaoundé, à la demande des communautés villageoises ou des comités de développement. Mais très souvent, ces comités de développement n'existent nulle part ailleurs que sur les papiers. Ils sont parfois le fait d'élites du milieu de la bourgeoisie d'affaires. Ce peut également être des élites du pouvoir soucieuses de capitaliser les opérations de développement communautaire sur le champ politique.

---

394 - CEFODE = Centre de formation pour le développement.

395 - AFVP : Rapport d'activités 1986, p. 23.

396 - Lire Louis-Paul Ngongo : Histoire des forces religieuses au Cameroun. De la première guerre mondiale à l'indépendance, Paris, Karthala, 1982.

Par conséquent il faut sans cesse poser la question : Qui sont les élites ? Quels sont leurs intérêts véritables ? Quels sont les groupes d'intérêts représentés dans les "*comités de développement*" ? Qui sont les vrais demandeurs et les vrais initiateurs d'un projet, fût-il baptisé d'« auto-promotion » ? A cet égard, Jean-Dominique Boucher évoque la pertinente réflexion d'un paysan Burkinabé qui a vécu, lui aussi, au milieu de projets qu'animaient des volontaires hollandais : « *Ils nous parlaient de développement autocentré, auto-entretenu, auto-géré... Nous, on disait : développement-auto. C'était plus facile à retenir !* »[397]. Il est vrai que dans les steppes arides du Burkina où se réalisent ces projets, les volontaires hollandais sont parfois les seules personnes qui se déplacent en automobile. Même si on n'en fait guère mention dans les bilans d'activités, un certain nombre de projets dits d'« *auto-promotion* » ou de « *développement rural intégré* » ont connu des fins mitigées, pour des raisons multiples : désintérêt des populations, incompétence du volontaire, désaccord avec un préfet potiche, erreurs techniques, changement de régimes, volontaires mis dans l'avion ou en prison, source de financement subitement tarie, etc. De même, il existe des projets qui ne tournent pas mal, mais sur eux-mêmes. Sous le prétexte que les départs brutaux et mal préparés seraient néfastes pour la survie de l'opération, qu'il vaut mieux procéder dans la durée, on reste indéfiniment.

Septembre 1987, Yaoundé. Paule Cruiziat, kinésithérapeute, arrive dans la capitale du Cameroun, comme volontaire du progrès. Particularité : elle a trente-sept ans. C'est une exception à la règle qui veut que, à l'AFVP, le volontariat soit réservé « aux garçons et aux filles de 21 à 30 ans ». L'exception donc, confirme la règle. Autre particularité : la kinésithérapeute va rester en ville, alors que la majorité des VP au Cameroun vivent et travaillent en « brousse ». Est-ce l'Afrique qu'elle imaginait ? Yaoundé, hier petite bourgade, aujourd'hui capitale tentaculaire, bruyante, étourdissante[398]. Paule Cruiziat s'est fait une promesse : noter ses impressions au quotidien, tenir une sorte de journal.

La ville, c'est le rendez-vous de tout le Cameroun, hommes de savanes, de la forêt, des plateaux ou de la côte. Ils sont fonctionnaires, commerçants, vendeurs à la sauvette, bricoleurs en tous genres et chômeurs. La VP découvre vite le tribalisme entre les ethnies, l'inégalité des niveaux de vie, les pressions familiales qui s'exercent à tout moment. « *J'ai été frappée par le courage nécessaire aux Africains qui veulent faire bouger les choses* »[399]. Journal de Paule :

---

397 - Jean-Dominique Boucher : L'Aventure solidaire, op. cit., p. 110.

398 - En 1987, Yaoundé compte 700 000 habitants environ. En 2000, sa population est de un million trois cent mille ou un million sept cent mille habitants, selon les estimations. De l'avis même des autorités municipales, ces chiffres sont approximatifs. La vérité est que la population de la ville de Yaoundé s'accroît de façon exponentielle, du fait de l'exode rural.

399 - Des fragments de ce témoignage sont publiés dans la revue Volontaires, numéro 16, 3ème trimestre 1989.

*« Il faut un effort quotidien pour ne pas céder à la tentation de se refermer sur soi et ses semblables, pour communiquer avec des références différentes. Réviser ses valeurs. Pas facile ! »*

Avait-elle rêvé de villages tranquilles et hospitaliers, de longues conversations sous l'arbre ou autour du feu, dans une paix rustique ?

*« La ville est plus complexe à appréhender. Une part en est inconnue, contrairement au village dont on a vite fait le tour. On y reste anonyme. Une certaine image du Blanc se fait particulièrement ressentir, entraînant des sollicitations et une agressivité latente assez désagréable ».*

Se développe ainsi une tendance à vivre entre soi, à l'intérieur du petit monde réduit des volontaires, dans une sorte de « *complicité de race* ». Comme tant d'autres avant elle, elle découvre la « *communauté de Blancs* » où l'on s'observe, s'épie, malgré les embrassades et les amabilités d'usage.

Autre déconvenue : la nouvelle venue doit travailler dans un « *poste* », plutôt que dans un « *projet* ». Elle est en effet affectée comme kinésithérapeute au Centre national de Réhabilitation des Handicapés. De plus, elle découvre que le poste a été créé il y a quelques années afin de permettre à l'amie d'un volontaire de venir le rejoindre. Sans autre étude ou analyse préalable. « Participation au travail de rééducation », c'est sa seule mission. Cela veut dire qu'elle va se voir confier un travail identique à celui qu'elle effectuait en France. Un poste de « substitution ». Bien la peine ! En revanche, ce qui lui semblait plus utile, c'était l'aspect formation continue et l'éducation sanitaire auprès des parents.

Finalement, Paule Cruiziat réussit à transformer son poste au centre en un mi-temps. Elle peut tourner plus facilement dans le pays, étudier plus facilement les besoins qui se font jour dans le domaine de la rééducation des enfants handicapés moteurs, dans les petites villes, mais aussi en milieu rural. Elle bâtit un projet pour la région de Bafia. Mais elle sait que le temps de maturation sera lent. Elle ne verra pas la conclusion de ce travail d'approche. Bien sûr, elle veut faire la part des choses : « *Nous partons comme volontaires avec toutes sortes d'idées en tête, mais surtout pour effectuer un travail précis* ». Les conditions matérielles et sociales sont plus ou moins favorables. Un projet peut passer par différentes phases. Le volontaire aussi. Paule Cruiziat va retourner en France au bout d'un an et demi, c'est-à-dire avant la fin de son contrat de deux ans.

Dernières lignes de son journal : « *Si je ne regrette pas d'être partie, je suis ravie d'être rentrée* ». Puis elle remarque :

*« Au terme de ce séjour, il se confirme pour moi que, malgré notre participation, le développement ne passera pas par nous. Mais il peut être facilité par une meilleure connaissance et une meilleure compréhension entre les peuples, ainsi que par des échanges dans un nouvel état d'esprit. C'est à quoi l'AFVP participe certainement par son type d'intervention ».*

Et cette note finale : « *On ne transforme pas le tiers monde, mais il nous transforme* ». Simple exemple, entre cent, des ambiguïtés qui jalonnent l'activité des volontaires[400].

L'un des atouts des organisations de volontariat serait la gestion rigoureuse des ressources au bénéfice des populations les plus pauvres. Sans doute effectivement, les moyens dont disposent ces organismes doivent-ils être rationnellement gérés, s'ils veulent conserver leur crédibilité auprès des bailleurs de fonds et des partenaires financiers. Sans doute également les organismes privés d'aide, structures moins bureaucratiques, sont-ils soumis à des mécanismes de contrôle qui permettent de vérifier la régularité et l'efficacité de gestion de ressources allouées. Toutefois, l'a priori idéologique suivant lequel les organismes privés de participation au développement gèrent plus efficacement que les institutions publiques, les fonds de l'aide, est sujet à caution. Tout comme ne résiste pas à la critique le préjugé suivant lequel les ONG utilisent l'essentiel des fonds pour réaliser des opérations de développement et dépensent très peu de ressources pour les frais de fonctionnement. C'est du moins ce qui nous est apparu, à la lecture de certains engagements financiers des volontaires du progrès au Cameroun.

En 1989, les engagements financiers de l'AFVP-Cameroun se répartissent ainsi qu'il suit :

Tableau 14 : Budget des opérations (1989)

| Code | Intitulé | Financeur | Date fin | Montant | Total |
|---|---|---|---|---|---|
| 78 002 | Unité<br>mobile/Yaoundé<br>Bankim<br>Mimboman<br>Niga<br>Nyee<br>Essong<br>Bertoua<br>Soa | <br>Miss. Ndéré<br>Misereor<br>Amb. Canada<br>Alsace<br>FAC/Ydé<br>Miss. Bertoua<br>Prohandicam | <br>02.89<br>05.90<br>06.89<br>12.89<br>12.89<br>03.89<br>09.89 | <br>17520000<br>28497865<br>2160000<br>20000000<br>7500000<br>11677039<br>1650000 | 89004904 |
| 78 004 | Inades-Formation | FAC/France | 10.90 | 12500000 | |
| 78 006 | cellule d'appui mécanique | AFVP | 12.89 | | |
| 79 022 | santé rurale Maga | FAC/Ydé | 12.89 | 9 500 000 | |
| 80 022 | projet forestier Mora | FAC/France | 02.90 | 17000 000 | |
| 80 022 | foyers améliorés | CFCF | 07.89 | 23835 000 | |

[400] - Lire Jean-Dominique Boucher, op. cit., pp. 130-134.

| | | | | | |
|---|---|---|---|---|---|
| | Maroua | | | | |
| 81 023 | projet pilote Bafut | FED | 07.90 | 29200 000 | |
| 83 043 | ouest Bénoué | FAC/France | 08.89 | 30000 000 | |
| 84 052 | formation artisanale Doume | FAC/Ydé | 07.90 | 5 500 000 | |
| 84 065 | projet Vina | FAC/France | 02.90 | 18000 000 | |
| 86 009 | projet Nguel'douka | FAC/France | 12.91 | 35000 000 | |
| 86 037 | projet Bikele Badjoue | FAC/France | 02.90 | 20000 000 | |
| 86 038 | projet Doukoula | Save the Children | 07.90 | 2 400 000 | |
| 87 108 | jeunes agriculteurs Noun | FAC/France | 01.93 | 28250 000 | |
| 87 109 | santé Nyong-et-Mfoumou | Sodecao-CCCE | 08.91 | 33600 000 | |
| 88 051 | Etude PME Maroua | FAC/France | 06.90 | 6 000 000 | |
| 89 035 | unité mobile Garoua<br>Mora / Mayo Dadi<br>unité mobile Garoua<br>CREN Maga | <br>Ch. Aurouet<br>FAC/France<br>FAC/Ydé | <br>12.89<br>07.90<br>07.90 | <br>2 530 573<br>26500 000<br>10000 000 | 39030 573 |

Total budget des opérations : 398 820 477

Source : Rapport d'activités 1989, p. 70-71.

Tableau 15 : Budget de fonctionnement (1989)

| Rubrique Budgétaire | Libellé | Compte | Montant |
|---|---|---|---|
| 11 | VOLONTAIRES<br>petit équipement et logements VP<br>voyages OM / France VP<br>Indemnités | <br>615110<br>624110<br>650110 | 267230800 |
| 12 | SALARIÉS EXPATRIÉS<br>énergie logement<br>entretien / équipements logements<br>accueil, représentation | <br>606120<br>615120<br>647120 | 87 215 100 |
| 13 | SALARIÉS LOCAUX | | 18 743 000 |

| | | | |
|---|---|---|---|
| | salaires<br>charges sociales | 641130<br>646130 | |
| 21 | LOYERS ET CONSTRUCTIONS<br>locations logements et charges<br>entretien des logements<br>assurances logements | 613210<br>615210<br>616210 | 16 577 000 |
| 22 | EQUIPEMENT LOGEMENTS<br>mobilier et matériel de logements | 604250 | 13 327 000 |
| 23 | ÉQUIPEMENT ET MATÉRIEL PROFESSIONNEL<br>matériel de transport<br>mobilier et matériel de bureau<br>matériel et outillage de travail | <br><br>604230<br>604233<br>604236 | 8 100 000 |
| 24 | FONCTIONNEMENT BUREAUX<br>fournitures de bureaux<br>énergie bureaux<br>locations bureaux<br>entretien des bureaux<br>assurances bureaux<br>poste et télécommunication | <br>602240<br>606240<br>613240<br>615240<br>616240<br>626245 | 23 597 000 |
| 25 | FONCTIONNEMENT VÉHICULES<br>carburant et lubrifiant<br>entretien et réparations<br>assurances | <br>601250<br>615250<br>616250 | 25 340 000 |
| 32 | ÉTUDE–SUIVI – ÉVALUATION<br>tournée Délégation régionale<br>déplacements internes | <br>624320<br>624325 | 6 110 000 |
| 33 | ANIMATION – FORMATION<br>documentation<br>réunion annuelle<br>formation | <br>618330<br>625330<br>631330 | 5 235 000 |

Total budget de fonctionnement : 471 474 900

Source : AFVP : Rapport d'activités 1989, pp. 72-73.

L'étude comparée de ces deux tableaux montre qu'en 1989, l'AFVP-Cameroun a engagé 398 820 477 francs CFA pour les opérations d'aide ; au cours de la même année, 471 474 900 francs CFA ont été engagés pour le fonctionnement (administration, salaires, assurance-maladie, etc.). En somme, le budget de fonctionnement de l'AFVP-Cameroun en 1989 est supérieur au budget des opérations qu'elle a entreprises au cours de la même année sur le territoire national.

Cet exemple n'est pas isolé. Il faudrait par conséquent relativiser l'affirmation suivant laquelle l'essentiel des flux d'aide des ONG est investi dans les opérations de développement.

## CONCLUSION DU CHAPITRE

Dès 1979, l'AFVP a redéfini ses modes d'action dans les pays d'Afrique. D'association de « substitution », elle est devenue une association de « participation » au développement. Pour satisfaire aux obligations de rendement auxquelles elle est désormais tenue, l'Association a adopté de nouvelles structures. Devenue « *une véritable ONG* » et ayant acquis une certaine autonomie vis-à-vis des autorités publiques françaises, elle a le pouvoir de négocier et signer des accords de siège, de rechercher les moyens techniques, financiers et humains nécessaires à la réalisation des projets auxquels elle participe.

Les actions des volontaires du progrès sont restées, pour l'essentiel, orientées vers le monde rural. Les opérations éparses des premiers volontaires avaient conduit à une dispersion des énergies, sans améliorer véritablement le niveau de vie des populations rurales. Désormais, pour répondre aux impératifs d'efficacité, les actions VP se structurent autour de nouveaux centres d'intérêt, qu'on peut regrouper en trois classes : le développement rural intégré qui associe en un projet unique différents aspects d'une communauté rurale qu'on souhaite mettre en valeur ; la participation aux grands projets des sociétés nationales de développement ; mais aussi quelques opérations médico-sociales et artisanales.

Les multiples partenariats avec les bailleurs de fonds, les mouvements de jeunesse, les pouvoirs publics et les organisations rurales ont permis de mener avec succès certaines opérations ; force est néanmoins de reconnaître que les interventions de l'AFVP ont butté sur des pierres d'achoppement. Bien souvent, la « participation des populations » n'est pas allée jusqu'à la prise de décision ; elle s'est limitée à la participation aux travaux. De plus, lorsque l'AFVP supprime les « actions dispersées » dans les « zones isolées » pour concentrer l'essentiel de ses implantations dans des localités où préexistent des structures d'accueil, elle semble par avance se condamner à ne pouvoir atteindre les populations les plus pauvres des zones rurales enclavées et difficiles d'accès. Sans doute les impératifs de rendement vis-à-vis des bailleurs de fonds justifient-ils cette démarche.

Toujours est-il qu'à la fin de la décennie 1980, les populations camerounaises sont confrontées à l'aggravation de la pauvreté consécutive tant à la crise économique qu'à l'impact social des programmes de l'ajustement structurel. Pour répondre à ce nouveau défi, l'AFVP a inclus dans sa stratégie de lutte contre la pauvreté, un programme d'aide et d'accompagnement permettant aux populations rurales vulnérables de faire face à la déferlante de l'ajustement structurel.

## CHAPITRE VI

# DU PROJET DE DÉVELOPPEMENT À UNE DÉMARCHE D'ACCOMPAGNEMENT

*« Peut-être plus que d'autres peuples, les Camerounais ont vu fondre sur eux la crise des années 1990, sans être psychologiquement préparés à y faire face. Non seulement ils sont entrés tardivement dans le vaste cercle des "ajustés", mais ils avaient connu, dans la première moitié de la décennie 1980, une période brève, mais sans précédent d'expansion et de redistribution qui semblait devoir se concrétiser par l'ouverture démocratique »*[401].

Georges Courade décrit ainsi le processus d'appauvrissement des populations marginales et l'effritement des structures économiques intervenus au Cameroun dès la fin de la décennie 1980, processus qui va déterminer les organismes d'aide au développement à adopter de nouvelles stratégies d'intervention. Au Cameroun en effet, l'Etat a connu une chute de près de 65% des termes de l'échange entre 1985 et 1987. Son incapacité à régler les intérêts de sa dette extérieure[402] comme à honorer les créances internes élevées l'a obligé à demander l'intervention du Fonds monétaire international, qui a exigé, pour apporter sa première contribution financière au redressement de la situation en septembre 1988, des réformes et des engagements draconiens connus sous le terme d'« ajustement structurel ».

L'ajustement comporte toutes les politiques, programmes et mesures visant à faire subir une cure d'austérité à l'Etat et aux diverses couches sociales du pays, tout en recherchant de nouvelles ressources pour rétablir finances publiques et comptes extérieurs. L'appauvrissement de larges couches de la population et l'effondrement des systèmes d'éducation et de santé sont les résultats les plus voyants de cette politique d'ajustement. Les politiques sociales dites « dimension sociale de l'ajustement » (DAS) constituent un catalogue hétéroclite de mesures d'amortissement de l'ajustement structurel, mais ces mesures ignorent peu ou prou le monde rural, le Gouvernement ayant moins à craindre des jacqueries[403].

---

401 - Georges Courade (éd.) : Le village camerounais à l'heure de l'ajustement, Paris, Karthala, 1994, p. 9.

402 - Selon O. Vallée, le service de la dette extérieure du Cameroun représentait un tiers de la valeur des exportations des biens et des services en 1987, contre 13% en 1980 (pp. 161-185, in P. Geschiere, P. Konings (éds) : Itinéraires d'accumulation au Cameroun, Paris, Karthala, 1993 ).

403 - Georges Courade, op. cit.

La dévaluation de 50% du franc CFA intervenue en janvier 1994, est une mesure de cette politique. Cette diminution de la valeur de la monnaie des pays francophones d'Afrique était supposée donner un nouvel élan aux exportations en permettant un doublement des prix nominaux des produits exportés. Mais l'augmentation quasi mécanique des prix des principaux facteurs de production agricole a annulé les effets escomptés de l'ajustement monétaire, pour les cultures marchandes. Le pari de l'ajustement structurel n'est pas gagné tandis que ses victimes directes – « compressés », licenciés, contractuels de projets de développement, diplômés sans emploi – se retrouvent dans la masse de ceux qui sont mis indirectement à la marge. En peu de temps, l'emploi « formel » urbain – celui qui donne accès à une rémunération régulière – a presque disparu et les « petits métiers » se multiplient à l'infini, sans créer de nouvelles richesses à partager.

A cet accroissement des besoins dans les pays du Sud où interviennent les volontaires, s'ajoute la réduction de l'effort financier consenti par le ministère de la coopération au budget de l'AFVP : 92,2 millions de FF en 1990, 90 millions en 1991 et 1992, 80 millions en 1993, 74 millions en 1994[404]. Les VP sont certes appliqués à la tâche. Toutefois, leur dévouement ne peut seul compenser la réduction des subventions publiques. D'où la nécessité pour l'Association de s'ajuster, d'adopter de nouvelles démarches d'intervention pour mieux répondre aux desiderata des populations. Nous examinerons dans ce chapitre, les principaux axes de cette intervention des VP au Cameroun, au cours de la décennie 1990. Le « développement rural », la petite infrastructure et la santé communautaire constituent certes les principaux centres d'intérêt dans l'intervention des volontaires. Cependant, l'appui aux PME, l'encadrement technique aux coopératives d'artisans ainsi que la politique de micro-crédits aux petites unités de production amènent les Volontaires du Progrès à prendre également pied en ville. Mais avant d'étudier les articulations de cette intervention des VP, il importe au préalable de mettre en exergue les difficultés tant conjoncturelles que structurelles auxquelles les populations camerounaises, surtout en milieu rural, se trouvent confrontées dès la fin des années 1980.

## I. CRISE, AJUSTEMENT ET EXCLUSION DU MONDE RURAL

A partir de 1987-89, l'aggravation des difficultés liées à la crise économique n'épargne aucun secteur d'activités au Cameroun. La relance de l'activité économique par un plan d'ajustement structurel (PAS) s'impose, suivant la Banque

---

404 - Lire Yves Hardy : L'Odyssée des volontaires. Eléments d'enquête sur l'histoire de l'AFVP, Montlhéry, Ed. AFVP, 1994, p. 127.

mondiale et les principaux bailleurs de fonds, comme une nécessité. La « dimension sociale de l'ajustement structurel » (DAS), censée atténuer le choc provoqué par le PAS, n'a pas pu produire les effets escomptés. Le monde rural dans son ensemble semble la plus grande victime des effets de la crise et du PAS. Dès lors, il est peu probable que les mesures de la DAS débouchent sur une reprise à moyen terme de l'économie paysanne[405]. Le Cameroun étant un pays essentiellement rural, l'on estime que toute mesure visant à corriger les effets négatifs des plans d'ajustement structurel devrait toucher en priorité le monde rural. Il n'en est pourtant rien dans la DAS.

Pour faire face au problème de l'emploi, trois priorités ont été définies par les autorités publiques : créer un Fonds national de l'emploi (FNE), accroître la participation des femmes au développement et encourager le développement communautaire. La création du Fonds national de l'emploi a tout naturellement suscité beaucoup d'intérêt dans un contexte de rareté de l'emploi dit « formel ». Ce Fonds vise à assister les travailleurs victimes des « compressions » de personnel. Il oriente les scolaires et les étudiants vers des opportunités d'emploi, des formations complémentaires ou vers des activités indépendantes. Il contribue à renforcer l'enseignement dans les établissements techniques publics et privés en octroyant des ressources financières pour l'expansion ou la consolidation des programmes. Il aide les employeurs à former davantage de travailleurs par des stages professionnels ou des remises à niveau. Il apporte également de l'assistance technique financière aux micro-entreprises existantes ou en création. Le monde rural est manifestement exclu de ce projet qui ne peut toucher au mieux qu'une minorité de citadins informés.

Le programme « *femme et développement* » vient renforcer les agences qui appuient les actions en direction des femmes. Il entend aussi sensibiliser les services publics aux problèmes des femmes et encourager leur participation aux activités productives. Le programme s'adresse en principe à toutes les femmes, dans la diversité de leurs occupations et de leurs conditions de vie. Cependant, ce sont d'abord les structures dynamiques bien organisées qui bénéficient de l'appui du programme.

La création d'un Programme de développement communautaire (Prodec) doit permettre de faire des dons aux services sociaux, de réaliser des infrastructures viables de petites dimensions et de créer ou d'étendre les petites activités génératrices de revenus au niveau communautaire. Ce projet aurait pu répondre aux attentes du monde rural, mais il s'adresse aux unités urbaines selon les termes de

---

405 - Pour un examen critique de la politique de la DAS (Dimension sociale de l'Ajustement), lire Joseph Pierre Timnou : « Le programme "dimension sociale de l'ajustement" au Cameroun : l'exclusion du monde rural », in Georges Courade (éd.) : Le village camerounais à l'heure de l'ajustement, op. cit., pp. 86-96.

référence. En fait, c'est le projet « sécurité alimentaire » qui est susceptible de s'occuper des problèmes ruraux et seuls certains aspects délaissés sont susceptibles d'être examinés par le Prodec. Ces aspects sont pourtant nombreux et ne sont nulle part classés prioritaires.

Dans la relation ville/campagne, la campagne est marginalisée. Du fait de la crise économique et de la baisse des revenus, l'assistance des travailleurs urbains des secteurs secondaire et tertiaire n'est pas en mesure de prendre en charge la plupart des besoins des familles rurales. Par ailleurs, de nombreuses familles urbaines vivent grâce aux aides alimentaires fournies par le village. De plus, de nombreux actifs urbains sont agriculteurs, maraîchers et éleveurs de petit bétail, ce qui limite les débouchés des produits ruraux sur les marchés urbains. S'il ne faut pas opposer villes et campagnes, il convient cependant de trouver dans le secteur agricole des solutions propres qui redonnent confiance aux producteurs, améliorent la productivité, assainissent le marché et les filières de commercialisation.

Selon les institutions de Bretton Woods, le développement humain est le meilleur moyen de lutter contre la pauvreté[406]. La formation des hommes tient une place importante dans les programmes de la DAS, les efforts portant sur la fourniture permanente de matériel didactique pour l'enseignement. Beaucoup d'établissements scolaires ont été créés à travers le pays, mais peu d'entre eux fonctionnent convenablement, en l'absence d'infrastructures ou de leurs faiblesses, du manque de personnel enseignant compétent ou d'une rémunération insuffisante de ce personnel, en conséquence peu motivé. Outre que ces équipements sont surtout basés dans les villes pour ce qui concerne l'enseignement secondaire essentiellement, les coûts de scolarisation augmentent sans cesse, le monde rural ne bénéficiant d'aucun traitement de faveur.

Le programme « *santé et population* » vise d'abord les citadins et n'améliore pas l'offre et la qualité des soins aux ruraux. Les coûts des médicaments ne sont pas à la portée des ruraux qui sont par ailleurs mal touchés par les mesures de prévention. Les populations recourent ainsi aux médicaments frelatés écoulés en contrebande par le Nigeria voisin[407].

Depuis la première moitié de la décennie 1990, le thème de la maîtrise de la croissance démographique est récurrent dans les discours officiels. La commission nationale de la population (CNP) adoptée en 1993 a élaboré les premiers éléments de la politique de population. On attendait de cette politique une meilleure adéquation entre la croissance démographique et le développement des ressources du pays, un plus grand espacement des naissances grâce à la politique de « parenté

---

406 - Michael M. Cernea (éd.) : La dimension humaine dans les projets de développement. Les variables sociologiques et culturelles, Paris, Karthala, 1998.

407 - Lire Georges Courade (éd.) : Le désarroi camerounais, op. cit.

responsable » et une réduction plus grande de la mortalité et des maladies sexuellement transmissibles, le sida notamment.

A l'observation toutefois, cette forme de sortie de crise relève du mythe, au mieux du discours charitable et irréaliste. Les comportements volontaires de prévention des naissances sont encore marginaux et on ne fait pas de relation entre nombre de bouches à nourrir et revenus en baisse. On veut avoir assez d'enfants pour en garder de vivants en raison d'une forte mortalité infantile. La limitation des naissances, si elle est prise en compte, n'aura des effets qu'à long terme. Les expériences des pays d'Asie indiquent que la planification des naissances est adoptée facilement là où la mortalité infantile recule. Le changement de statut des femmes et leur implication dans l'activité de production constituent enfin un puissant accélérateur de cette prise de conscience. Rien n'indique cependant que des modifications importantes se produisent même si les femmes accroissent leur rôle économique à la faveur de la crise. Si tout ceci est exact, estime Georges Courade, il ne sert à rien de prôner la « parenté responsable » en période de récession et d'abandon de la couverture médicale[408].

Au demeurant, les dispositifs mis en place dans le cadre de la DAS n'ont pas cherché à renforcer ou à relancer l'économie rurale. Le désengagement progressif de l'Etat de certaines filières agricoles (riz, coton, cacao, café) se fait dans des conditions désavantageuses pour le monde rural. La libéralisation des circuits de commercialisation des produits de rente a entraîné une certaine euphorie sur les marchés, mais très vite, la baisse continue des prix s'est installée dans la durée. Ces mécanismes de fixation de prix ne dépendent pas du seul Etat du Cameroun, qui ne dispose plus de marge de manœuvre. La dévaluation du franc CFA en janvier 1994 visait, selon ses initiateurs, à assainir les économies des pays de l'Afrique centrale et occidentale. Or ses effets ont davantage marginalisé les classes sociales défavorisées.

La libéralisation des prix et le désengagement des pouvoirs publics entamés en 1987-89 sont sans doute irréversibles. Le démantèlement des sociétés de développement se traduit par le transfert sur les populations rurales des déséquilibres financiers et des risques du marché. Les paysans tentent de s'organiser à travers les coopératives mais ils ne maîtrisent ni les prix des intrants agricoles, ni les prix de vente des récoltes. L'Etat devrait pourtant continuer à

[408] - Dans un contexte de diminution de la couverture médicale dans les pays du Sud, le directeur général de l'OMS a mandaté une commission « Macroéconomie et santé » destinée à proposer un plan novateur d'investissement. Dans leur rapport, les commissionnaires récusent l'argument habituel selon lequel la santé s'améliore immanquablement avec la croissance économique. Ils soulignent qu'une meilleure santé est déterminante pour le démarrage économique et le progrès social dans les pays à faible revenu. Lire Jeffrey S. Sachs (sous la direction de) : Investir dans la santé pour le développement économique, OMS, Genève, 20 décembre 2001. www3.who.int/whosis/cmh/cmh_report/e/pdf/001-004.pdef.

assumer certaines charges au niveau des grandes structures[409], pour préserver les minima sociaux. Le mécanisme de régulation des prix est encore indispensable si l'on veut éviter de décourager les agriculteurs. Cela suppose des transferts budgétaires des villes vers les campagnes, une véritable rupture par rapport aux pratiques de ponction sur les revenus paysans.

On l'a vu, les conditions précaires de vie en campagne entraînent l'exode rural. Ce déplacement des ruraux vers les villes accélère l'urbanisation chaotique des métropoles. Dans cette migration, la composante réellement négative pour le développement est constituée d'actifs sans connaissance professionnelle compatible avec les emplois urbains. Une solution alternative consiste à valoriser les conditions de vie en zone rurale par la construction des infrastructures et l'appui aux micro-initiatives génératrices de revenus. Ceci ne peut être qu'un effort permanent d'autant plus urgent que nombre de néo-citadins touchés par la crise se replient provisoirement ou définitivement au village[410].

C'est dans cette perspective qu'au cours de la décennie 1990, la plupart des interventions des VP en milieu rural visent à « fixer le paysan à la terre » à travers des opérations diverses dont les plus représentatives sont : l'appui au développement rural, la construction de la petite infrastructure et l'hydraulique villageoise, la préservation et la gestion des ressources naturelles, la santé communautaire. Nonobstant ces actions de valorisation du milieu rural, la vie au village n'est pas aisée, et l'attrait de la ville sur les ruraux reste prégnant. Au cours de la décennie 1990 le taux d'urbanisation du Cameroun est de 42%. Selon le Rapport du PNUD sur le développement humain, ce taux a atteint 50% en 2002. Consécutive à la croissance anarchique de l'urbanisation, d'importantes couches de populations défavorisées se retrouvent aujourd'hui dans les villes et bidonvilles. Les populations les plus pauvres ne sont plus seulement dans les villages et les zones enclavées de l'arrière-pays. De jeunes déscolarisés et guettés par la délinquance vivent d'expédients dans les rues de Yaoundé[411], des filles éjectées des cursus de formation ou des circuits de l'emploi se livrent à la prostitution dans les rues de Douala[412]. C'est pour aider à répondre à ces nouveaux défis que l'AFVP a

---

[409] - Le démantèlement de la SEMRY (Société d'expansion et de modernisation de la riziculture à Yagoua) aurait des répercutions directes sur 15 000 riziculteurs et 100 000 personnes. Lire Joseph Domo : « Exister pour soi ou disparaître ? De la passivité contrainte à la prise d'initiative chez les riziculteurs de Yagoua », in Georges Courade (éd.) : Le village camerounais à l'heure de l'ajustement, op. cit., pp. 262-270.

[410] - Dans les récentes analyses sur les dynamiques de population au Cameroun, une étude pionnière de Chantal Guimapi, en rupture avec les analyses géographiques longtemps fascinées par le départ vers la ville, introduit le thème de la « migration de retour ». Lire Chantal Guimapi : De la ville au village. Le cas des Bafous des hauts plateaux de l'Ouest-Cameroun, Université de Yaoundé, 1990.

[411] - Fodoup K. : Les petits métiers de rue. Le cas de Yaoundé, Yaoundé, Sopecam, 1991.

[412] - Lazare Kaptué : « Lutter contre le VIH en période de récession économique », SidAlerte, n° 36, 1994, pp. 22-24.

également entrepris, au cours de la décennie 1990, des initiatives de développement en milieu urbain.

## II. LE DÉVELOPPEMENT DES ACTIVITÉS ÉCONOMIQUES

### II.1. LA PRÉSERVATION ET LA GESTION DES RESSOURCES NATURELLES

Certaines opérations visent spécifiquement la problématique de la préservation et gestion des ressources naturelles. Engagée depuis le début de la décennie 1980 dans la lutte contre la déforestation, l'Association a poursuivi son intervention dans le programme national baptisé « Sahel vert ». Ce programme gouvernemental qui vise à limiter l'avancée de la désertification à travers un vaste projet de reboisement et de restauration de la couverture végétale dans le Nord Cameroun, bénéficie aussi bien de fonds publics camerounais que de l'appui financier de partenaires extérieurs, dont la Banque mondiale et l'USAID. Les organismes d'aide au développement ont été sollicités pour leur soutien technique et méthodologique. C'est ainsi que l'AFVP, mais également d'autres ONG dont CARE-International[413] ont apporté dès les années 1980, leur soutien au projet « Sahel vert » dans la partie septentrionale du pays.

Le projet forestier de la Mission d'études et d'aménagement de la Vallée supérieure de la Bénoué (MEAVSB) auquel l'AFVP apporte un soutien technique et méthodologique depuis 1978 vise à intégrer l'arbre dans le système de production agricole et d'élevage. Dans cette région sahélienne, la population dit que « le désert avance ». Ici en effet, les coupes de bois, conjuguées à la détérioration des conditions climatiques, provoquent la désertification, avec des conséquences sur les conditions de vie des populations : les terres asséchées et acidifiées deviennent arides et de moins en moins productives. Les populations des collines pelées ont été déplacées plus au sud, autour de la Bénoué où la densité restait clairsemée et des terres en friche, et le projet de reforestation a été entrepris. Dans le nord-est Bénoué, les VP ont introduit des cultures maraîchères à côté de l'arboriculture, tant pour diversifier les ressources alimentaires que pour augmenter les sources de revenus des populations. Les objectifs de cette opération sont les suivants : formation et suivi des producteurs, diffusion des plants fruitiers améliorés, vulgarisation des techniques de conservation des récoltes dans des régions où 30 à 40% des produits de la récolte sont détruits par défaut d'une bonne conservation.

---

413 - Pour une participation de CARE-Cameroun au projet forestier dans le nord du pays, lire Shiminyi Edmond Yenkong : Non-governmental organizations and rural development : A case study of CARE International Cameroon., op. cit.

A Mora, des volontaires qui interviennent dans un projet d'agro-foresterie poursuivent les objectifs suivants : lutte contre le déboisement ; sensibilisation à la conservation et à la gestion des ressources forestières ; promotion de la plantation villageoise individuelle avec diffusion des arbres forestiers et fruitiers ; introduction de techniques culturales visant à maintenir ou à augmenter la fertilité des sols. Ces projets ont certes eu quelques résultats satisfaisants ; mais ils ont surtout montré les limites d'une approche trop sectorielle.

Depuis 1984, une action conjointe d'agro-foresterie et d'aménagement de terroirs est entreprise à Touboro. Cette opération poursuit les objectifs suivants : lutte contre la déforestation ; diffusion des plants d'arbres ; lutte antiérosive et amélioration de la fertilité des sols ; diffusion d'arbres fruitiers et d'arbres d'ombrage ; mise au point de stratégies de « *gestion du terroir villageois* ». Cette démarche de gestion de terroir villageois, expérimentée à Kaelé en 1991, vise à établir les conditions d'une cohabitation pacifique dans une région où les affrontements entre agriculteurs sédentaires et Peulhs nomades sont fréquents. La démarche des VP part du principe que les intérêts des agriculteurs et ceux des éleveurs sont conciliables, si ces groupes de populations sont impliqués dans des programmes harmonieux de développement. Dans cette optique, des volontaires ont entrepris, avec un certain succès, des actions notoires : multiplication des points d'eau qui peuvent à la fois servir à l'irrigation des cultures maraîchères et au breuvage des bêtes, diffusion des techniques de cultures fourragères pour l'alimentation du bétail, etc.

A Bafut, l'approche « *gestion du terroir villageois* » a été adoptée dans le cadre du *Village community project*, pour faire face au litige séculaire qui oppose agriculteurs ruraux et éleveurs Fulanis. Cette démarche intègre dans un programme unique et multisectoriel, l'animation rurale, la culture attelée, la promotion du petit élevage et des jardins maraîchers auprès des femmes, l'agro-foresterie pour arbres fruitiers et bois d'œuvre de même que la production du fourrage en saison sèche[414]. Cette opération entreprise avec les agriculteurs et les éleveurs Peulhs de la chefferie Bafut constituait en fait la base d'une étude de faisabilité d'un projet plus large dans la province du Nord-ouest. Tant dans le Nord-ouest que dans le Nord Cameroun, les expériences de gestion du territoire villageois ont rencontré une certaine adhésion auprès des populations, mais le problème foncier reste entier.

Les opérations de reboisement et de lutte contre l'érosion visent bien sûr à reconstituer ou à protéger la couverture végétale. Mais la sensibilisation sur les effets de la déforestation rencontre peu d'écho auprès de la population, car elle ne peut se priver du bois de feu qui reste la principale source d'énergie. C'est pour répondre à cette difficulté et proposer des solutions alternatives que l'AFVP entreprend des actions de formation/recherche/développement.

---

[414] - AFVP : Rapport d'activités 1992, p. 19.

En accord avec le ministère de la Condition féminine, et en partenariat avec des ONG locales, les volontaires ont entrepris des projets sur le foyer amélioré[415]. Dans les provinces septentrionales surtout, les foyers améliorés permettent une gestion rationnelle du bois de feu, autant qu'ils réduisent la « corvée du bois » chez les femmes et les plus jeunes. A Touboro dans le sud de la Bénoué, mais aussi à Maroua, les volontaires ont installé des ateliers de production dont les objectifs étaient les suivants : recherche/développement sur les foyers améliorés ; formation des artisans pour assurer la production et la vente des foyers céramiques et métalliques auprès des familles rurales et des restaurants ; formation des potières aux techniques de production des foyers améliorés.

Toujours à Maroua à partir de 1993, en partenariat avec l'Association Bois de Feu (ABF), l'AFVP a participé à un projet pilote d'insertion de la problématique de l'environnement et des économies d'énergie dans les programmes scolaires de l'enseignement primaire.

En somme, dans le nord Cameroun où les conséquences du déboisement deviennent chaque jour plus évidentes avec la progression de la désertification, la production et la diffusion des foyers améliorés ont rencontré un certain engouement auprès des populations, surtout à l'ouverture de l'opération. Mais cela reste une action de longue haleine, et les nombreuses ONG locales, surtout féminines, qui participent à ce projet, l'admettent volontiers : non seulement les populations ne peuvent abandonner à court terme la pratique du feu de bois, mais surtout, les foyers céramiques et métalliques, même à des prix réduits, ne sont pas à la portée de nombreuses familles rurales trop pauvres.

Ces opérations qui visent à protéger la forêt camerounaise, à reboiser les espaces dévastés par la désertification ou par les coupes anarchiques des exploitants, aussi généreuses qu'elles puissent paraître, n'en demeurent pas moins limitées. Non seulement elles sont isolées, mais également elles butent sur l'exploitation anarchique des forêts denses du sud et de l'est Cameroun. La grande menace contre la forêt camerounaise, ce n'est pas le paysan qui coupe de manière artisanale le bois de chauffe ou le bois d'œuvre dans la forêt à la lisière du village, loin s'en faut. Penché sur le périmètre à reboiser, le Volontaire du progrès explique aux paysans les techniques d'une gestion durable de la forêt tropicale. Cependant, d'importantes concessions de coupe permettent aux industries forestières européennes et asiatiques d'exploiter sans limite les riches forêts du Cameroun méridional, d'abattre sans compter les espèces à forte valeur marchande et, lorsque les forêts primaires du sud s'épuisent, de percer d'immenses trouées dans les nouvelles terres à l'est du pays. Ce faisant, l'écosystème de la forêt camerounaise est détruit, des espèces de la flore et de la faune disparaissent sous l'effet des

[415] - Les partenaires du projet "Foyers améliorés" sont : MINASCOF (ministère des Affaires sociales et de la condition féminine), MINAGRI (ministère de l'Agriculture), AFVP, CARE, PAIV (Programme d'appui aux initiatives villageoises), SEREP (Service d'étude et de recherche en énergie et protection de l'environnement).

coupes, des personnalités et des intermédiaires encaissent des commissions, l'économie nationale stagne.

## II.2. LA DESTRUCTION DURABLE DES FORÊTS TROPICALES

Jusqu'en 1977, l'exportation de café et de cacao a été le moteur de l'économie camerounaise. De 1977 à 1985, le pétrole a constitué le principal produit d'exportation. Depuis 1986, l'exportation de bois tropical joue un rôle de plus en plus important pour l'économie du Cameroun qui est devenu le plus grand exportateur de bois tropical d'Afrique[416]. Comme les revenus de la population rurale et de l'Etat ne cessent de chuter et que l'endettement ne cesse de s'alourdir, de plus en plus d'acteurs se rabattent sur l'exploitation intensive des forêts équatoriales[417].

La diversité des biotopes qu'il comporte fait du Cameroun l'un des pays d'Afrique les plus riches en biodiversité. Le Cameroun abrite quelque 409 espèces de mammifères, 183 espèces de reptiles, 849 espèces d'oiseaux, 190 espèces d'amphibiens et plus de 1000 espèces de papillons. La majeure partie de ces espèces vit dans les forêts tropicales du sud du pays. L'expansion de l'industrie du bois dans le sud-est, ainsi que l'aménagement de route et le braconnage pour la viande de brousse, constituent une menace énorme pour la biodiversité de la région. Les ONG de l'environnement prévoient que certains grands mammifères du Cameroun peuvent disparaître si aucun terme n'est mis au braconnage. La situation semble préoccupante pour le chimpanzé et le gorille, deux espèces de primates qui vivent dans la forêt équatoriale. En plus des animaux, certaines espèces forestières font également l'objet d'une si intensive exploitation qu'elles sont également menacées d'extinction. L'abattage à grande échelle des meilleurs arbres de certaines espèces favorise l'érosion génétique et entrave la régénération de l'espèce à long terme. Les conséquences de la disparition de certaines essences d'arbres de l'écosystème sont peu connues et les exploitants forestiers n'en tiennent donc pas compte. Quand bien même ces informations existent, elles ne donnent lieu à aucune action des décideurs politiques. Il est par exemple établi que le moabi se régénère très lentement et qu'il disparaîtra de son biotope si l'abattage industriel de cette essence n'est pas strictement limité. Pourtant, cette constatation n'a donné lieu à aucune mesure gouvernementale. Certaines essences très sollicitées par les exploitants sont également menacées d'extinction : l'acajou, l'afzéla, l'azobé, le bilinga, le dibétou, le kosipo, le niangon, le sapelli et le sipo. Ces espèces menacées d'extinction sont exportées principalement en Europe et en Chine, les deux grandes destinations du bois camerounais.

---

[416] - Financial Times, 31/03/1999.

[417] - Kaimowitzt et Ndoye Ousseyou : Cameroon's economic crisis fuels forest clearing, CGIAR, 1999.

Des parcs nationaux bien gérés offrant aux touristes la possibilité d'observer des espèces animales impressionnantes comme les gorilles des plaines et les éléphants pourraient constituer une importante source de revenus pour les autorités et les populations locales. Actuellement, le tourisme est à peine développé dans le sud Cameroun. Le manque d'infrastructures pour les touristes qui veulent visiter les parcs entrave encore le développement de l'activité touristique. Le Fonds Mondial pour la Nature (WWF) travaille au développement de deux nouveaux parcs nationaux dans le sud-est du pays. S'il réussit à contrôler la coupe dans certaines régions forestières et à en évincer les braconniers, ces parcs offriront aux touristes la possibilité d'admirer la flore et la faune uniques du bassin du Congo.

Les forêts tropicales camerounaises occupent une surface de 17,5 millions d'hectares. Environ 1,7 millions d'hectares sont protégés et la création de nouveaux parcs est en négociation. La superficie déboisée annuellement ne cesse de croître depuis les années 1990. En 1993, elle atteignait 330.000 hectares par an[418] ; des estimations plus récentes mentionnent plus de 415.000 hectares par an[419]. A ce rythme, toute la forêt primaire subsistant au Cameroun sera exploitée d'ici une quinzaine d'années.

L'abattage industriel est en cours depuis 30 ans au Cameroun. Donc, il ne reste que peu de grandes forêts équatoriales continues et intactes. L'abattage industriel est la principale menace pour l'intégrité de cet écosystème forestier. La plus grande forêt « continue et intacte » (mais menacée) est située dans la province orientale, qui comporte la région de Boumba et de Ngoko et une partie de la région du Haut-Nyong. La majeure partie de cette région forestière encore intacte est considérée comme une « forêt d'exploitation » et donc, destinée à l'abattage industriel. A la fin des années 1990, des concessions de coupe ont été octroyées à des entreprises forestières étrangères pour la plus grande partie de cette région. La dévaluation de 50% du franc CFA en janvier 1994 a accéléré l'activité de coupe, les revenus de l'exportation du bois ayant doublés.

Le Cameroun compte deux plus petites forêts intactes : le parc national de Korup dans le sud-ouest, à la frontière du Nigeria, et la réserve du Dja dans la province méridionale. Ces deux régions n'ont jamais été déboisées et constituent un réservoir génétique unique, notamment pour les espèces végétales bénéficiant d'un important potentiel pour les applications médicinales et commerciales. Toutefois, ces régions forestières protégées (en principe seulement) sont loin d'être en sécurité : la coupe à la lisière de ces parcs a fortement augmenté avec l'activité des entreprises forestières asiatiques[420]. L'abattage industriel dans les environs de

[418] - FAO, 1993.

[419] - Centre for international forestry research (CIFOR).

[420] - Exemple : Shimmer international, une filiale de Rimbunan Hijau, une entreprise malaise, est le contractant pour les concessions de coupe MPL (depuis 1995) et CAFECO (depuis 1996), soit 140.000 hectares. Les deux concessions font partie du « *Korup project area* » et devraient contribuer

la réserve du Dja (classée par l'UNESCO « *patrimoine mondial* ») a été fortement stimulé par la récente amélioration du réseau routier, financée avec les fonds de l'Union européenne[421]. Il est même question de construire une scierie au bord de la réserve du Dja. La valorisation de cette route dans une zone sensible au niveau écologique a induit une hausse importante du braconnage ; on braconne aussi bien dans les concessions de coupe avoisinant la réserve que dans le parc même.

Aucune exploitation forestière au Cameroun ne procède à une récolte de bois durable. Une étude de trois opérations de coupe (réalisée à la demande du Fonds Mondial pour la Nature et citée par Rice et Counsell) a conclu qu'aucune entreprise étudiée ne satisfait aux critères de durabilité. Il s'agissait des entreprises Danzer, Wijma et Alpi. Rice et Counsell citent ce rapport, estimant que « *la cartographie est insuffisante, en conséquence l'aménagement des routes a considérablement nui à l'environnement, des layons plus nombreux que nécessaire ont été aménagés, trop de semis ont été détruits et le couvert végétal a été endommagé* »[422]. Ces auteurs remarquent également que, dans la concession de Wijma, en moyenne 14,2% (avec des pointes de 70%) de la zone exploitée sont gravement endommagés par l'absence de planification et que l'aménagement des routes s'effectue sur la base de la distance la plus courte entre deux points, sans tenir compte des caractéristiques spécifiques de l'écosystème forestier. L'exploitation abusive est d'ailleurs favorisée au Cameroun par la politique forestière en vigueur : cycles de coupe trop courts, absence de contrôle.

« *GWZ prendra toutes les mesures possibles pour s'assurer que sa production forestière [en Afrique] soit écologiquement durable, économiquement viable et socialement acceptable* », indique une brochure GWZ/Wijma, "La gestion forestière en Afrique de l'Ouest". Ce slogan aurait pu être repris par l'ensemble des sociétés forestières opérant en Afrique. A l'observation pourtant, il n'en est rien. La SFID (Société Industrielle et Forestière de la Doumé), une filiale camerounaise de la compagnie française Rougier, a été convaincue d'illégalité au cours d'une inspection conduite par le gouvernement camerounais en juin 2000. Les inspecteurs ont visité la région Mbam-Inoubou où ils ont constaté que SFID exploitait des secteurs situés au-delà des limites de sa concession. Rougier est une des plus grosses entreprises forestières intervenant en Afrique centrale et l'un des plus gros producteurs mondiaux de bois tropical. Il opère dans le bassin du fleuve Congo depuis plus de 50 ans. L'entreprise possède de vastes concessions au Gabon, au Cameroun et au Congo-Brazzaville, représentant un total d'environ 1

---

à la protection du parc national de Korup. Un rapport sur l'impact environnemental rédigé pour ces concessions a conclu que les activités d'exploitation forestières actuelles ne sont pas durables et qu'aucun plan de gestion n'a été établi.

421 - T. Rice et S. Counsell : Out of commission. The environmental impacts of European union development funding in tropical forest areas, London, The Rainforest foundation, 1998.

422 - T. Rice et S. Counsell : Forests foregone : The European community's trade in tropical timbers and the destruction of the rainforests, London, Friends of the earth, 1993.

million d'hectares de forêt primaire. Cette compagnie commercialise également du bois qu'elle achète à des tiers et agit comme sous-traitant sur des licences attribuées à d'autres entreprises. Ainsi, il est souvent difficile d'attester l'origine exacte de tel ou tel chargement de grumes exporté du Cameroun. Au début des années 90, la filiale SFID est choisie pour gérer le premier d'une série de projets pilotes au Cameroun, dont le but était de minimiser les impacts environnementaux et sociaux de l'exploitation forestière[423]. Près d'une décennie après le lancement de ce projet-pilote, Rougier est toujours au stade de l'ébauche de plans de gestion. « *L'activité principale de Rougier est la destruction de la forêt tropicale africaine* » a déclaré Filip Verbelen, activiste de *Greenpeace* Belgique[424].

Il apparaît ainsi que les entreprises forestières européennes jouent un grand rôle dans la dégradation ou la destruction des forêts au Cameroun. En raison des exigences spécifiques du marché européen, les exploitants coupent uniquement les espèces très demandées. Il ne s'agit que de quelques arbres par hectare. Cette coupe sélective induit une surexploitation d'un nombre limité d'espèces, dont certaines se régénèrent très lentement. De plus, elle ouvre la voie à l'abattage pour des marchés moins exigeants. La coupe sélective n'implique donc pas dans le contexte camerounais que la forêt soit gérée de manière écologique. La limitation des dégâts résiduels que l'exploitation occasionne dans le reste de la forêt ne préoccupe pas les exploitants forestiers. Dès que les espèces intéressantes sont totalement abattues dans une région, l'exploitant forestier déménage dans une nouvelle zone forestière primaire. Les forêts de la province méridionale ont été surexploitées pendant des années et sont en train de perdre leur intérêt. L'industrie du bois se déplace ainsi en direction de l'est. Le Cameroun reste encore l'un des principaux producteurs de bois tropical au monde. Mais sa production ne peut se poursuivre au rythme actuel. Des réserves s'épuisent, les concessionnaires se déplacent de plus en plus à l'intérieur des terres. Certaines essences de bois fort demandées deviennent rares. C'est le cas de l'afromosia dont les arbres au diamètre inférieur à la norme autorisée sont abattus de plus en plus fréquemment. La déforestation se poursuit, sans que le pays bénéficie d'un développement économique. Quand tout l'est Cameroun sera déboisé, les exploitants forestiers se déporteront vers les forêts de la Centrafrique ou du Congo Brazzaville. Rien n'indique que la nouvelle législation (loi de 1994) va mettre un terme à l'exploitation abusive. La politique forestière est bien trop axée sur l'accroissement

[423] - Le ministère français de la Coopération a proposé d'effectuer quelques projets pilotes afin d'estimer l'impact social et écologique de l'exploitation industrielle du bois. Cette initiative a été présentée comme une contribution à la gestion durable des forêts. Malgré les protestations locales contre ce projet d'enquête, il a redémarré au début des années 1990. SFID est sélectionné pour effectuer le premier projet-pilote : « Aménagement pilote intégré » dans la région de Dimako.

[424] - Extrait du « Communiqué de presse » de *Greenpeace* Belgique, 12 juillet 2000, sur Internet : http://www.greenpeace.org/~forests/news/news8.htm.

de la production du bois. L'absence de contrôle sur le terrain et la corruption largement répandue entravent l'application correcte de la législation forestière.

Au début des années 1990, le Cameroun était le 7e exportateur de bois tropical dur du monde et le 3e africain, après la Côte d'Ivoire et le Liberia[425]. Depuis, le Cameroun et le Gabon ont rattrapé la Côte d'Ivoire et le Liberia au rang des pays exportateurs de bois dur tropical. La production de bois a fortement augmenté au Cameroun : elle est passée de 1 million de mètres cubes en 1975 à 3 millions de mètres cubes à la fin des années 1990. Quelque 57% de la production totale du bois viennent de la province orientale, et presque tout ce bois de l'Est est destiné à l'exportation, car c'est ici que sont abattus les arbres de meilleure qualité.

La corruption et le manque de contrôle favorisent les activités illégales dans la foresterie. Le respect de la législation est considéré comme un désavantage concurrentiel, et il ne semble pas que la situation soit près de changer. Les activités illégales se divisent en deux catégories :
- Coupe illégale, c'est-à-dire coupe en dehors des limites de la zone d'exploitation autorisée ; coupe sans autorisation, sous-traitance de l'exploitation de coupe ; coupe d'arbre dont le diamètre est inférieur à la norme autorisée ; non-respect des restrictions locales.
- Fausses déclarations : les fausses déclarations de bois sont considérées comme la principale activité illégale dans l'industrie du bois au Cameroun. En 1992-93, le volume de bois non déclaré a été estimé à 1/3 de la production totale, suivant une enquête réalisée par les Amis de la Terre dans la province de l'Est ; faux inventaire du volume du bois dans la concession : le volume du bois est sciemment surestimé, ce qui permet la récolte d'un volume supérieur dans la concession.

Outre ces irrégularités, la récupération illégale du bois saisi est également une pratique fréquente. Les infractions sont courantes, comme le prouvent les nombreuses condamnations d'entreprises forestières pour activités illégales, malgré la rareté des contrôles. Ces condamnations sont souvent suivies d'une transaction financière de l'entreprise en contravention en faveur des autorités, sans que l'entreprise soit verbalisée et que la contravention soit enregistrée. Parfois, les entreprises forestières paient annuellement une somme forfaitaire servant à compenser les pertes de revenus dues à la fraude et aux amendes impayées. Ces méthodes favorisent bien entendu les infractions à la législation.

En principe, l'industrie du bois est le secteur le plus taxé de l'économie camerounaise. Mais la corruption et une politique gouvernementale inconséquente

425 - WCMC: Pre-project study on the conservation status of tropical timbers in trade, final report on the International tropical timber organisation by the World conservation monitoring centre, Cambridge, UK, 1991.

empêchent souvent l'encaissement de ces impôts. Dans la seconde moitié des années 1990, moins de la moitié des taxes dues par l'industrie du bois a été effectivement perçue. Bien que la production du bois ait connu une croissance, les revenus fiscaux de ce secteur ont chuté[426]. Si des contrôles sur le terrain plus réguliers et plus efficaces avaient été réalisés, les revenus de l'industrie du bois pour l'Etat auraient été, d'après les estimations, de deux à trois fois plus élevés. Un effort particulier du service juridique du Ministère de l'environnement et de la forêt a permis l'encaissement en 1994-95 de 162 millions de francs CFA d'amendes pour infractions à la législation forestière, par rapport à 25 millions de francs CFA l'année précédente[427].

Les organisations de la société civile demandent que les autorités génèrent plus de revenus grâce au commerce du bois. Ces autorités partent du principe que cela ne peut se faire qu'en augmentant encore la production et en autorisant l'exploitation des dernières forêts primaires du Cameroun. Mais, dans les circonstances actuelles, ce sont surtout les entreprises étrangères qui s'en sortent le mieux. L'augmentation des revenus de la foresterie doit s'effectuer en premier lieu par un meilleur contrôle du secteur et l'encaissement des taxes légales.

La population locale riveraine des zones d'exploitation forestière n'exerce généralement aucune influence. Pour elle, le lancement d'une opération forestière industrielle est toujours une surprise qui modifie le mode de vie traditionnel. Les exploitants se déplaçant au fur et à mesure du déboisement, les villageois qui ont un emploi dans l'abattage ou la scierie se retrouvent du jour au lendemain sans emploi. L'infrastructure (écoles, centres médicaux, etc.) créée durant l'exploitation forestière n'est pas maintenue. Au sud et à l'est du pays, des conflits naissent entre la population et l'industrie du bois, car les entreprises ne tiennent pas leurs promesses de construction et/ou d'amélioration des infrastructures locales. Egalement, l'implantation de l'industrie augmente le volume de la population en quête d'emploi, ce qui exerce une forte pression sur les ressources alimentaires des populations autochtones.

De nombreux cultivateurs interrogés par *Forests Monitor* et *Greenpeace* ont exprimé leur colère contre les sociétés qui détruisent à la fois la forêt et leurs terres cultivables[428]. Les villageois racontent comment ils ont bloqué les pistes forestières pour empêcher Wijma de procéder aux coupes, puis comment les pouvoirs publics locaux sont intervenus en faveur de l'exploitant forestier, leur ont enjoint de cesser leurs protestations et de laisser la compagnie entrer dans la localité. A Sonkwe, Biwong et Nkongmedjap, cinquante villageois ont perdu leurs récoltes, dont leur

---

426 - Filip Verbelen : L'exploitation abusive des forêts équatoriales du Cameroun, Greenpeace Belgique, 1999, p. 25

427 - Ibidem, p. 25.

428 - Greenpeace : *Pillage des forêts anciennes : crimes industriels. L'exploitation forestière illégale au Cameroun : Wijma*, sur Internet : http://www.greenpeace.fr/campagnes/forets/Wijma_fr.pdf.

nourriture (manioc et banane plantain) et les produits à valeur commerciale (cacao et tabac). Ces plantations sont leur unique source de vivres et de revenus. Parmi les villageois interrogés, certains affirment avoir reçu un peu de dédommagement de Soforoc (entreprise d'exploitation forestière camerounaise), un sous-traitant de Wijma. Il est néanmoins avéré que les sommes perçues ne correspondent qu'à une infime partie des dégâts économiques infligés aux paysans. A Sonkwe par contre, les villageois ont vu leurs champs détruits et n'ont rien perçu en contrepartie.

Les médecins de l'est du Cameroun établissent une corrélation entre l'expansion de l'industrie du bois et le développement de la prostitution. L'augmentation du nombre de cas de Sida et le développement de l'alcoolisme sont extrêmement rapides[429]. Le transport intensif provoque des nuisances sur la santé des riverains des routes. Ils vivent huit mois par an dans des nuages de poussière que soulèvent les grumiers. Les médecins soulignent des problèmes respiratoires. Les accidents sont fréquents. Souvent, les camions sont mal chargés et perdent leur chargement de troncs d'arbres qui écrasent souvent les personnes, les maisons ou les champs.

> « *Une nuée de camions dévale vers les ports, surchargés de grumes. Ils saccagent tout ou presque sur leur passage, y compris, fréquemment, les vies humaines des passants. En 1998, le député René Bomokou Nkono en avait bloqué quinze, appartenant à la société SESAM. Il exigeait la réfection des ponts. Il est mort subitement huit jours plus tard, le 27 mai. Les grumiers ont pu repartir, sur les pistes défoncées. La Caisse française de développement s'est ouverte à SESAM d'un prêt de 12,6 millions de FF.* »[430]

Dans son roman paru en 1954, Mongo Béti[431] décrit l'expérience du jeune Banda qui découvre avec stupeur sur la route de Tanga, les ravages que provoquent les sociétés forestières dans les villages du sud du Cameroun. D'immenses trouées dans la forêt permettent aux grumiers de transporter leur chargement de bois. L'exploitation intensive de la forêt perturbe le mode de vie du terroir, l'environnement est déstructuré, les accidents de grumiers suppriment la vie de pauvres paysans. L'activité des sociétés forestières n'entraîne aucune amélioration des conditions de vie des villageois. C'était sous la colonisation française. Puis il y a eu accès à la souveraineté nationale, des années ont passé. L'expérience de Banda éclaire pourtant, aujourd'hui encore, l'univers surréaliste des zones d'exploitation forestière du sud et de l'est du Cameroun.

Dans les exploitations forestières, la main-d'œuvre locale, qui n'occupe souvent que des emplois subalternes, est mal rémunérée. Pour obtenir un emploi, les

---

429 - Agir ici: Du bois et des forêts. Etat des lieux. Modes d'exploitation. Moyens de protection, Ed. Agir ici, 1998 (deuxième partie : Le Cas du Cameroun, pp. 19-31).

430 - François-Xavier Verschave : Noir silence. Qui arrêtera la Françafrique ?, op. cit., p. 182.

431 - Mongo Beti : Ville cruelle (sous le pseudonyme d'Eza Boto), Paris, Présence africaine, 1954.

ouvriers doivent très souvent verser un pourboire au chef du personnel de l'entreprise. Les ouvriers qui doivent manipuler des produits chimiques ne portent généralement pas de vêtement de protection ou sont insuffisamment informés des risques sanitaires encourus. Les résidus des insecticides et fongicides toxiques sont simplement déversés après usage. L'importance de la pollution des eaux et du sol que l'accumulation des ces pesticides induit incontestablement, n'a jamais été étudiée[432]. Le milieu de vie des pygmées, principaux habitants de ces localités, s'en trouve dégradé.

A Yaoundé, une mesure administrative interdit aux camions à gros tonnage de circuler dans le centre-ville le jour ; ils ne peuvent y circuler qu'à la tombée de la nuit. Les pouvoirs publics expliquent que cette mesure contribue à rendre la circulation automobile plus fluide et limiter ainsi les accidents de circulation dans la capitale. Cela est sans doute vrai. La nuit effectivement, les camions peuvent sans encombre utiliser les voies abandonnées par les taxis et les particuliers. Yaoundé, c'est également la route des grumiers qui transportent du bois des forêts du sud et de l'est du pays, en direction du port maritime de Douala. La nuit, les nuées de camions des sociétés forestières peuvent ainsi transporter leur chargement en évitant le regard réprobateur des populations.

Au demeurant, les organisations internationales d'aide au développement, en partenariat avec les ONG locales et les groupements paysans, entreprennent certes ici et là des actions de reboisement des parcelles dégradées. Mais ces initiatives privées ne sont que des appoints. De fait, elles restent marginales si la réflexion sur la problématique de la gestion durable de la forêt camerounaise ne prend pas suffisamment en compte les enjeux de surexploitation des espèces forestières à grande valeur commerciale, de destruction de l'écosystème des forêts primaires, de grande ou de petite politique qui sous-tend l'octroi des concessions de coupe aux entreprises d'exploitation, de collusion entre les intérêts des exploitants forestiers et ceux des pouvoirs publics chargés d'élaborer et d'appliquer la politique nationale de la forêt.

## II.3. APPUI À LA STRUCTURATION DES FILIÈRES DE PRODUCTION

La crise économique ainsi que le désengagement de l'Etat d'un certain nombre de projets de développement du monde rural ont déréglé les filières d'exportation. La récession qui a accompagné la dégradation de ces filières a eu pour effet de stimuler la culture de nouveaux types de produits vivriers, maraîchers ou

432 - Agir ici, op. cit. p. 29.

d'élevage. Ces produits dont une partie de plus en plus importante est destinée à la vente devenant dans certaines régions de véritables productions de rente, rencontrent un certain nombre de difficultés. La diversification de la production agricole se substitue progressivement à la monoculture de rente, et cette diversification est encouragée par les bailleurs de fonds. Cependant, certains de ces produits butent également sur les problèmes de marché : saturation du marché intérieur, non-accès aux circuits commerciaux internationaux, qualité des produits, conditionnement.

Un certain nombre de projets soutenus par l'AFVP prennent en compte ces problèmes à travers l'appui à la structuration des filières pour les productions les plus importantes ou au développement de nouveaux types de produits. L'intervention sur les filières vise la maîtrise par les producteurs eux-mêmes, des principaux itinéraires techniques de la production. Elle cherche par ailleurs à promouvoir d'autres acteurs et mettre en place des systèmes d'information et de coordination entre divers acteurs.

A Nyombe, sous la tutelle du Ministère de l'agriculture avec des centres de recherches agronomiques et d'autres ONG, les volontaires participent à un programme de mise au point des itinéraires techniques de la culture d'ananas d'exportation[433]. Ce programme, dont la zone d'implantation couvre les provinces de l'Ouest, du Littoral et du Centre et auquel l'AFVP participe jusqu'en 1998, vise à développer de nouvelles variétés d'ananas plus productives et plus adaptées aux conditions pédologiques de la région, à organiser les circuits de commercialisation et à trouver des débouchés aux productions.

A Sa'a, les volontaires participent depuis octobre 1995 à un programme de vulgarisation agricole. En partenariat avec le Collège Bullier et une coopérative laitière rurale, l'opération consiste en un encadrement pédagogique de jeunes ruraux : voyages d'études et stages professionnels sur les sites expérimentaux, appui logistique à l'installation de jeunes diplômés, amélioration des systèmes de production, identification des techniques de conservation et de transformation de produits agricoles et études de marchés pour l'écoulement des produits.

« *Il suffit de passer le pont...* ». La chanson de Brassens pourrait être reprise en chœur par des milliers de migrants qui franchissent le fleuve Sanaga pour coloniser les marges du Mbam. Ces migrants sont originaires de zones densément peuplées du département de la Lékié où l'accès à la terre devient difficile. De plus ici, la prévalence de techniques agricoles traditionnelles (agriculture itinérante sur brûlis,

433 - Les différents partenaires de ce projet sont : Projet de diversification des exportations agricoles du Cameroun (PDEA), Association interprofessionnelle Agriculture/Agro-industrie/Communication (AGROCOM), la Mission de coopération et d'action culturelle (MCAC), la Société des plantations nouvelles de Penja (SPNP), la Société des Bananeraies du Moungo (SBM), le Centre de coopération internationale en recherche agronomique pour le développement (CIRAD), l'AFVP, l'Institut de recherche agronomique (IRA).

jachère non améliorée, absence de lutte phytosanitaire contre le charançon du bananier, la pourriture du manioc, les cochenilles de l'igname) n'améliore pas le volume des récoltes et incite les villageois, surtout les plus jeunes, au départ.

« *La pression démographique aidant, tout laisse à penser, remarque Jean-Paul Maïr, que les vastes terres du Mbam demeureront demain une zone prisée de colonisation* »[434].

Ce sont les pères des missions catholiques de la localité qui mettent les premières infrastructures d'accueil à la disposition de paysans opérant un « saut dans l'inconnu ». Une aumônerie de migrants est créée en 1984, mais les missions catholiques ne peuvent seules répondre à l'encadrement des agriculteurs pionniers ou à l'amélioration des infrastructures. Sollicités en 1989, les VP apportent leur appui aux efforts de diversification agricoles (palmier à huile, banane plantain, maraîchage), vulgarisent l'usage de petits motoculteurs, de même qu'ils participent à la formation de jeunes agriculteurs.

La diversification des productions et l'introduction de la petite mécanisation dans les techniques culturales donnent de bons rendements et accroissent les revenus des paysans agriculteurs, cependant que les cultures vivrières et maraîchères augmentent les ressources alimentaires des familles. Mais des problèmes subsistent : traversant le fleuve pour satisfaire la « faim de terre » sur les marges en friche du Mbam, les migrants venus de la Lékié n'ont pas suffisamment pris en compte la question de la propriété foncière, et les litiges demeurent. La banane plantain et le palmier à huile constituent pour beaucoup de migrants, des cultures alternatives ou de substitution au cacao dont les cours internationaux évoluent en dents de scie ; mais les circuits de commercialisation des nouvelles cultures de rente ne sont pas maîtrisés par les paysans, et l'hypothèse que ces cultures assurent des gains confortables plutôt aux commerçants – et non aux planteurs – est fort plausible. Enfin, qu'adviendrait-il des débouchés de ces produits agricoles dans la région de Biakoa et Ntui lorsque la scierie de Biakoa qui assure l'essentiel de la maintenance des pistes, aura fermé ses portes ? Dans la localité, nul ne semble s'en soucier véritablement. Certainement par manque de moyens financiers, sans doute aussi du fait de l'absence de véritable coopérative ou d'association communautaire pouvant entreprendre de telles initiatives.

La pomme de terre est une importante culture de consommation, notamment dans la partie méridionale du Cameroun. Exposée dans des corbeilles le long des routes ou bien disposée en tas sur les étagères des marchés, sa vente permet aux producteurs de réaliser de substantiels bénéfices. En plus de l'amélioration nutritionnelle, vendre les produits de la récolte reste une motivation essentielle des paysans. Cultiver la pomme de terre permet à l'agriculteur de se valoriser économiquement. Toutefois, bien que ce tubercule soit cultivé au Cameroun

[434] - Jean-Paul Maïr, Délégué régional de l'AFVP-Cameroun au début des années 1990, cité in « Le Cameroun : Un partenaire prometteur », revue Volontaires, n° 13, 1992, p. 11.

depuis 1940, les rendements restent très faibles : 1 à 2 tonnes à l'hectare. Ce faible rendement est dû à un certain nombre de difficultés :
- absence de structures formelles de multiplication de semences ;
- les exploitations sont de taille réduite, généralement inférieure au demi-hectare dans les hauts plateaux de l'Ouest ;
- les producteurs ne sont pas suffisamment formés et encadrés ;
- la mécanisation est peu répandue ;
- les semences disponibles sont régulièrement dégénérées, faute de renouvellement des stocks de base ;
- insuffisance des structures de stockage ;
- manque d'organisation et de coordination des marchés ;
- absence de structures de coordination entre les différents intervenants dans la filière.

En 1999, des crédits de l'Union européenne sont alloués, pour la structuration et l'amélioration des itinéraires techniques de la filière pomme de terre au Cameroun. En appui aux initiatives de deux coopératives agricoles, PDEA (Programme de diversification des exploitations agricoles) et AGROCOM (Agriculture et communication), les Volontaires du progrès interviennent dans ce secteur par la mise en place de deux cellules d'exécution – une à l'Ouest, avec siège à Dschang, et l'autre dans le Nord-ouest, avec siège à Bamenda. Cette opération est entreprise en avril 1999, pour une durée de deux années. Elle fait siennes les interrogations suivantes : comment améliorer les rendements de la culture de la pomme de terre, tant pour achalander les marchés locaux que pour alimenter les marchés des autres pays de la sous-région Afrique centrale ? Comment dépasser les contraintes de l'agriculture extensive aux techniques rudimentaires, pour parvenir à une agriculture intensive qui protège l'écosystème tout en procurant de substantiels bénéfices aux paysans ? Comment passer de la culture d'auto-consommation, à une culture axée sur la maîtrise des itinéraires techniques de production et de commercialisation ?

> *L'objectif de l'opération, c'est l'augmentation des revenus en milieu rural, par l'amélioration quantitative et qualitative de la production – garantir un approvisionnement de semences de bonne qualité aux agriculteurs ruraux – et de la commercialisation de pomme de terre*[435].

En d'autres termes, le projet vise à mettre à la disposition des fermiers locaux, des semences de pomme de terre améliorées, et à leur enseigner les techniques modernes du marketing, pour leur permettre de mieux écouler leurs produits sur les marchés de la sous-région Afrique centrale. Ce projet est financé sur les fonds Stabex. Concrètement, des variétés de pomme de terre sont achetées en Europe – principalement en France –, puis améliorées, pour obtenir une semence qui réponde adéquatement aux conditions climatiques et pédologiques du milieu. Ce travail de

[435] - Entretien avec Mme Guénaëlle Renevot, Volontaire du progrès, Coordinatrice provinciale de l'Ouest du projet « *Filière pomme de terre* », Dschang, le 04 janvier 2001.

sélection et d'amélioration de la semence de pomme de terre est exécuté par la Volontaire de progrès impliquée dans le projet. La variété améliorée ainsi obtenue est distribuée aux multiplicateurs de semences, qui les multiplient pour les mettre à la disposition des fermiers.

Ce beau programme agricole qui devait en principe s'achever en décembre 2000, était encore au stade expérimental, en janvier 2001[436]. « *Le Programme de diversification des exportations agricoles (PDEA) – coopérative agricole, partenaire local du projet – est composé de fonctionnaires qui restent au bureau* », explique M. Hoyaux, directeur du bureau Stabex à Yaoundé[437]. De fait, l'appui des Volontaires du progrès et de l'Union européenne ne peut aboutir à une véritable structuration des itinéraires techniques de la filière pomme de terre que si les intervenants locaux s'organisent pour intervenir à travers des coopératives ou des associations efficientes. Or, les organisations de la société civile au Cameroun sont peu structurées ; elles manquent d'efficacité. Le directeur du bureau Stabex à Yaoundé estime que le désengagement de l'Etat camerounais du secteur agricole, n'a pas donné lieu à la constitution de coopératives agricoles autonomes et indépendantes. Les structures privées qui se sont constituées *ad hoc* pour capter la rente de l'aide externe au développement ne possèdent ni les compétences techniques, ni les capacités financières nécessaires à la restructuration du secteur agricole local.

AGROCOM, association des opérateurs privés des filiales d'exportation, l'une des coopératives agricoles locales partenaires du projet pomme de terre, est dirigée par le colonel Etonde. Cet officier de l'armée en retraite est également homme d'affaires. Grand producteur d'ananas, propriétaire de vastes exploitations de café et de cacao, il a un pied à la campagne dans l'exploitation agricole et l'autre en ville, dans la politique. Dans les années 1990, il est rappelé aux affaires pour servir comme délégué du gouvernement auprès de la communauté urbaine de Douala, sorte de super-maire dans cette mégapole acquise à l'opposition. Député RDPC, parti du président Paul Biya, il affirme volontiers que ses fonctions politiques n'influent pas sur ses activités économiques. Mais cette affirmation reste sujette à caution. Les galons militaires qui entraînent reconnaissance dans l'armée et dans la société civile, les vastes plantations industrielles, la coopérative agricole qui assure une certaine notoriété publique à son promoteur, constituent des atouts socio-économiques que le député-maire pourrait capitaliser sur le champ politique. De fait, lors des élections législatives de juin 2002 le RDPC, parti du Colonel Etonde, conquiert les sièges occupés dans la précédente législature par le SDF, parti de l'opposition. De même, les fonctions politiques constituent sans doute des atouts qui permettent aux promoteurs de coopératives agricoles de négocier avec succès des crédits ou des avenants auprès des organismes pourvoyeurs d'aide au développement. Que le colonel-agriculteur ait utilisé l'aura de la coopérative pour

---

436 - Janvier 2001, date de notre enquête de terrain sur la « *Filière pomme de terre* », à Dschang.

437 - Entretien avec l'auteur à la représentation du Stabex à Yaoundé, le 17 janvier 2001.

acquérir davantage d'influence au sein de son parti politique est une hypothèse plausible. Mais des questions restent posées. Les petits agriculteurs de Dschang et Bamenda sont-ils les véritables destinataires du projet « pomme de terre » entrepris par les VP en partenariat avec les coopératives locales ? Qui profite réellement des programmes agricoles financés par la Commission de Bruxelles ? Dans la gestion des programmes d'aide à la structuration des filières de production agricole, les intérêts des petits cultivateurs sont-ils autant défendus que ceux des entrepreneurs agro-industriels propriétaires de vastes domaines d'exploitation ? Les coopératives agricoles, créées ad hoc par des opérateurs agro-industriels ou des entrepreneurs politiques, peuvent-elles aider les petits paysans à structurer les filières de production et domestiquer les circuits de commercialisation des récoltes ? Cela ne va pas sans dire.

A Dschang, le projet « *pomme de terre* » a connu des résultats mitigés, du fait d'un certain nombre de contraintes :

- Les partenaires locaux n'ont pas utilisé les crédits Stabex pour favoriser l'accès des petits agriculteurs aux semences améliorées de pomme de terre et encourager leur accès aux circuits de commercialisation. De fait, « *les fonds alloués par l'Union européenne en appui à la structuration des itinéraires techniques de la pomme de terre ont été mal utilisés* », affirme le directeur du bureau Stabex[438]. Les fonds alloués par l'Union européenne pour améliorer les capacités des producteurs locaux à maîtriser les techniques du marché et les circuits de commercialisation ont été utilisés par les autorités locales pour faire de la « *vulgarisation agricole* », sorte de « *trou à rats* » qui absorbe les fonds du ministère de l'Agriculture depuis les années 1960, sans produire de résultat tangible. Dans l'histoire, la structuration des itinéraires techniques de la pomme de terre passe à la trappe.

- De même, les partenaires extérieurs n'ont pas atteint l'objectif initial du projet. Mauvaise utilisation des compétences de la Volontaire coordinatrice de l'opération ? Peut-être. Guénaëlle Renevot affirme elle-même être « *arrivée à l'AFVP par hasard* »[439]. Après des études d'agronomie en France, elle cherche de l'emploi. C'est ainsi que lui est proposé un contrat de deux ans comme volontaire à l'AFVP-Cameroun. Elle arrive à Dschang au printemps 1999 pour coordonner la structuration des itinéraires techniques de la filière pomme de terre. Sa tâche est multiple : production des variétés de semences adaptées aux régions de montagne à l'ouest Cameroun ; mise en place d'un réseau de multiplicateurs de semences pour répondre aux besoins des fermiers locaux ; faciliter une augmentation des superficies cultivées qui prendrait en compte les facteurs environnementaux et plus spécifiquement les problématiques de l'érosion et de la dégradation des sols ; augmentation des revenus paysans par une meilleure maîtrise des circuits de commercialisation.

---

438- Ibidem.

439- Entretien avec l'auteur à Dschang, 04 janvier 2001.

Est-ce l'emploi dont elle avait rêvé ? Ville universitaire greffée sur les falaises de l'ouest Cameroun, Dschang est aussi une ville agricole où le désengagement de l'Etat des coopératives et sociétés de développement s'est traduit par un transfert mécanique des déséquilibres du secteur agricole sur les paysans. Les agriculteurs sinistrés ne peuvent seuls supporter les coûts de la production, des plantations sont abandonnées au profit d'autres activités de substitution. D'où une profonde dégradation du secteur de la production et de la commercialisation des produits agricoles. Guénaëlle Renevot exécute son contrat avec application, mais l'aspect proprement « *volontariat* » fait défaut, affirme-t-elle. Les moyens financiers disponibles permettent, certes, de bien conduire le « *volet semencier* » du projet, mais les populations la considèrent avant tout comme « *une étrangère venue distribuer des conseils sur la culture de la pomme de terre* ». Du travail de vulgarisation agricole, en somme. Les crédits de l'Union européenne sont ainsi utilisés non pas pour exécuter le projet initialement présenté par les autorités camerounaises[440] – c'est-à-dire augmenter les revenus des paysans impliqués dans la filière pomme de terre, par l'approvisionnement des semences de bonne qualité et la maîtrise des circuits de commercialisation –, mais pour faire ce qui ressortit aux compétences du Ministère camerounais de l'agriculture depuis 40 ans, c'est-à-dire la « *vulgarisation agricole* ». Cela veut dire que la VP se voit confier un travail identique à celui qu'exercent les fonctionnaires du Ministère de l'agriculture. Un poste de « *substitution* ». Bien la peine ! Guénaëlle Renevot se perçoit davantage comme une « *fonctionnaire de l'Union européenne* » – salaire confortable, voiture et téléphone de service, assurance maladie, etc. –, et non comme « *volontaire* » engagée dans un projet de développement agricole. En revanche, ce qui semble être plus en harmonie avec son contrat de volontaire, c'est l'aspect formation des paysans aux techniques modernes de l'agriculture intensive d'exportation. Finalement, ne pouvant exécuter le projet comme initialement prévu, elle dispense des conseils aux paysans, tout en menant une vie commode de coopérant technique de l'Union européenne, même si parfois « *la communication téléphonique avec la France est difficile à obtenir* »[441]. Son contrat s'achève en avril 2001.

En août 1998, débute un projet « séchoirs à cacao » à Kumba. Le projet, qui vient en appui aux cacaoculteurs du Sud-ouest et du Mungo dans le Littoral, est financé par l'Union européenne sur fonds Stabex, et exécuté par l'AFVP. Cette opération intervient dans un contexte de crise économique, le démantèlement de

[440] - Au Cameroun, l'ordonnateur national du fonds européen de développement, c'est le Ministre des investissements publics et de l'aménagement du territoire. Devant la Commission de l'Union européenne à Bruxelles, il soumet un dossier de demande d'aide, qui peut lui avoir été transmis par les ministères techniques, ou des collectivités locales. L'UE peut financer le projet, lorsqu'il s'agit d'opération de développement intégré impliquant une large couche de populations.

[441] - Entretien avec l'auteur à Dschang, 04 janvier 2001.

l'ONCPB[442] et les difficultés structurelles de la Société de développement de cacao (SODECAO) consécutives au désengagement de l'Etat, ayant entraîné une détérioration de la cacaoculture. La libéralisation s'est traduite par « *l'absence d'une véritable politique agricole* »[443]. Les structures de financement n'existent plus, les crédits qui permettaient de pré-financer la production, ont disparu[444]. La libéralisation de la filière cacao n'a pas donné lieu à la constitution de coopératives autonomes et indépendantes de planteurs. Tout au plus constate-t-on la mise en place de « *cartels d'exportateurs* »[445], dont les intérêts ne sont pas nécessairement ceux des petits planteurs.

Le label *cacao-Cameroun* connaît une dépréciation constante, d'où une décote de 30 francs CFA/kg du cacao *made in Cameroon* par rapport aux prix sur les marchés internationaux. Les pertes ainsi accumulées par les planteurs sont de 4200 millions de francs CFA pour la campagne cacaoyère 1994-95[446]. Les facteurs de cette détérioration sont : une fermentation insuffisante, le fort taux d'humidité des fèves, le mauvais séchage par les fours à charbon qui entraîne l' « odeur de fumée ». Les récoltes de cacao ont lieu de juillet à septembre. C'est la saison des grandes pluies et d'humidité. De ce fait, le séchage se fait par des fours à charbon. Septembre, c'est aussi la période des rentrées scolaires. Avant le désengagement de l'Etat, les coopératives accordaient des prêts scolaires aux planteurs puis, par le biais du monopole d'achat, elles s'assuraient le remboursement des prêts et contrôlaient la qualité du produit. La suppression du monopole des coopératives dans la collecte du cacao fait apparaître « *une race d'amateurs* » dont les pressions sur la demande ont entraîné la détérioration de la qualité des fèves. Par ailleurs, du fait des conditions climatiques et pédologiques, le rendement du cacao est faible :

---

442 - ONCPB = Office national de commercialisation des produits de base ; c'est l'organisme public de stabilisation des recettes à l'exportation. Dissoute en 1990 sur recommandation du FMI et de la Banque mondiale qui préconisent la libéralisation du commerce des produits de base et le désengagement de l'Etat des secteurs industriels pour relancer l'activité économique, cette structure est remplacée par l'ONCC dont la mission se limite à la collecte des données statistiques sur la vente des récoltes. Exit la qualité des produits autrefois assurée par l'ONCPB.

443 - Lire : http://wagne.net/w3/tamtam/eco011/eco8.htm.

444 - Une étude de l'Organisation des Nations Unies pour l'agriculture et l'alimentation (FAO) a constaté dans plusieurs pays, comme le Nigeria ou la Tanzanie, une dépréciation de la recherche et des moyens de lutte contre les maladies des plantes, autant de financements qui étaient assurés par les caisses de stabilisation dans le cadre de leur mission de service public. Il apparaît dès lors que le « *démantèlement des caisses de stabilisation* » et la « *privatisation des filières de production* » préconisés par le FMI et la Banque mondiale comme conditions *sine qua non* pour la structuration de l'économie agraire dans les pays en développement, sont loin d'être une panacée. Lire Yolande S. Kouamé, in « *L'économie rurale n'échappe pas aux privatisations* », Le Messager du 23.08.2001, sur Internet : http://wagne.net/messager/messager/0801/23/stabilisation.htm.

445 - Lire Paul Denis Mbog, président du Syndicat national des producteurs de cacao du Cameroun, in « Contribution de l'Union européenne à la restructuration de la filière cacao au Cameroun », disponible sur Internet : http://www.oneworld.net/edcpm/lome/mbog.htm.

446 - Lire Paul Denis Mbog, op. cit.

250 kg/ha en 1980, contre 365 kg/ha pour la Côte d'Ivoire, et 491 kg/ha pour le Brésil, au cours de la même période.

Tableau 16 : Rendement comparé de cacao (1980)

| Pays | Rendement Kg/ha |
|---|---|
| Brésil | 491 |
| Colombie | 370 |
| Côte d'Ivoire | 365 |
| République dominicaine | 352 |
| Nigeria | 351 |
| Ghana | 321 |
| Equateur | 319 |
| Cameroun | 250 |

Source : OCI, Bulletin trimestriel des statistiques du cacao, juin 1980.

En 1997, alors que tous les autres pays producteurs ont amélioré leur rendement, celui du Cameroun stagne autour de 250 kg/ha. C'est dans ce contexte économique de stagnation voire de régression que l'AFVP est sollicitée en août 1998 pour réaliser, dans les localités du Mungo, du Fako et de la Meme, un projet de réhabilitation de 2 800 séchoirs à cacao[447]. Le but de l'opération, qui couvre 30% de la production nationale de cacao, est l'amélioration du prix d'achat au planteur, par la mise au point de techniques de séchage sans « goût de fumée » sur les fèves. En effet, les paysans utilisent traditionnellement des fûts usés, pour construire des fours à charbon. En plus d'importantes pressions sur la couverture végétale, cette technique rudimentaire contamine les fèves de l'odeur de fumée, ce qui entraîne une décote du produit sur les marchés internationaux.

L'opération entreprise par les Volontaires du progrès consiste à remplacer les fûts usés des fours traditionnels, par des buses métalliques étanches qui conservent mieux la chaleur, et protègent les fèves du goût de fumée. Entre août et décembre 1998, s'effectue la phase expérimentale du projet, avec la réhabilitation de deux cents séchoirs à Muyuka, dans le Fako[448].

Toutefois, après la phase expérimentale, de nombreuses difficultés ont fait pièce à la réalisation de la phase opérationnelle du projet :

- L'approche du projet est participative : les buses métalliques sont offertes par les VP, sans contribution financière des planteurs ; la pose des buses nécessite des travaux de maçonnerie et tôlerie qui sont exécutés par les paysans. Les coûts des travaux d'aménagement ne sont certes pas élevés, mais les petits planteurs démunis

[447] - Les partenaires du projet sont : le ministère de l'Agriculture, l'Union européenne (Stabex), l'AFVP.

[448] - Catherine Grippa et Georges Nkal Woub : Projet séchoirs à cacao. Rapport d'activités n°8, Yaoundé, Ed. AFVP, mai-juillet 2000.

ne peuvent y accéder. Les cacaoculteurs sont ainsi demandeurs des fours améliorés, les pressions sur leurs faibles revenus les empêchent cependant d'entreprendre des actions incitatives.

- De plus, les accords entre l'ordonnateur national du fonds européen de développement et le Stabex n'ont pu être conclus, d'où le retard dans le financement des opérations.

- Sur le terrain, les Volontaires du progrès subissent la concurrence du *South west development authority* (SOWEDA), structure publique qui offre des séchoirs à cacao à des conditions financières avantageuses aux paysans[449].

En janvier 2001, deux ans après le début de l'opération initialement prévue pour une durée de trente-six mois, seulement deux cents séchoirs sur les 2800 annoncés dans l'accord de partenariat entre l'Union européenne et les pouvoirs publics camerounais sont réhabilités, lors de la phase expérimentale du projet. Finalement, ne pouvant mener à terme le projet séchoirs à cacao, les VP ont entrepris une opération de lutte contre les capsides. En effet, l'attaque de ces prédateurs sur les cacaoyers entraîne d'importantes pertes de la récolte, de même qu'elle provoque la dégradation de l'environnement par une utilisation abondante des insecticides[450].

## II.4. LA PROMOTION D'OPÉRATEURS ÉCONOMIQUES

Le retrait de l'Etat d'un certain nombre de fonctions économiques a laissé le champ libre à l'émergence de nombreux acteurs économiques. Les organisations paysannes en sont une des formes, mais elles ne pourront pas assumer l'ensemble des fonctions économiques susceptibles d'assurer un réel développement du monde rural[451]. L'AFVP s'est ainsi donné pour mission de soutenir la promotion d'acteurs privés dans les secteurs où ceux-ci contribueront à la dynamisation économique du milieu. Cet appui vise essentiellement des opérateurs économiques engagés dans la structuration des filières de production : artisans, commerçants assurant des fonctions d'approvisionnement ou de commercialisation, petites entreprises artisanales familiales ou communautaires, etc., mais aussi les services périphériques : entretien des voiries, construction des bâtiments à vocation sociale ou économique, approvisionnement en eau (puits, sources, adductions d'eau potable). Cette promotion d'acteurs économiques est prise en compte d'une part dans le cadre de l'« *approche filière* » décrite plus haut, d'autre part à travers le

[449] - Entretien avec Hervé Bettembourg (VP, responsable technique) et Georges Nkal Woub (homologue au chef de projet) à Kumba le 16 janvier 2001.

[450] - Lire Catherine Grippa et Georges Nkal Woup, op. cit.

[451] - Lire Marcel Motaze Akam : « Crise, ajustement et organisations paysannes (nord du Cameroun) », in Georges Courade (éd.) : Le village camerounais à l'heure de l'ajustement, op. cit., pp. 284-292.

soutien au secteur des infrastructures[452]. Par ailleurs, ces opérations rencontrent dans leur phase de démarrage d'importants problèmes de maîtrise de l'activité et de gestion. L'AFVP intervient ainsi en appui aux opérateurs intermédiaires (conseillers de gestion, cabinets d'études, etc.), en collaboration avec des ONG locales et des partenaires financiers extérieurs.

Les programmes en soutien à la promotion d'opérateurs économiques sont des appoints qui visent à augmenter les revenus des masses. Pour stimuler cet accroissement des revenus des classes faibles, il faut un marché élargi pour des biens de qualité faible ; ceci suppose que les classes à revenus faibles aient une part significative dans la demande finale. Au Cameroun, comme dans différents autres pays en développement, les classes à revenus faibles expriment une forte demande de biens de consommation de qualité faible. Cette demande ne peut être entièrement satisfaite par l'importation, pour au moins deux raisons : d'une part, le volume des importations est faible, par rapport à la demande ; d'autre part, une économie, même une économie de rentes (rente pétrolière, ressources minières, etc.), ne peut durablement éviter l'inflation, si elle ne favorise la production locale des biens de consommation des classes faibles. Or, une politique économique orientée vers le soutien aux petites et moyennes entreprises productrices de biens de qualité faible, semble indispensable pour répondre aux demandes des masses à faibles revenus. Cette politique de soutien aux petites entreprises productrices de biens de consommation de masses, semble également nécessaire, pour stimuler le développement des pays du Sud. Cette option n'est certes souhaitable, que si elle vise la hausse des revenus des masses. Hartmut Elsenhans estime à juste titre qu'

> « *une théorie du développement de rattrapage ne peut être établie sans nommer les buts d'une dissociation et de l'intervention étatique, pour en préciser les orientations et les limites souhaitables* »[453].

Une telle théorie ne peut s'élaborer sur des analogies historiques, mais devrait partir de problèmes réels que l'on rencontre lorsqu'une économie sous-développée essaye de jouer sur le « *mécanisme de développement par la hausse des revenus des masses* ». Si ces problèmes sont nettement cernés, une stratégie de promotion d'opérateurs économiques et de soutien aux petites et moyennes entreprises peut être formulée selon les conditions concrètes dans des cas concrets[454].

---

452 - Cf. infra, Section III : Petite hydraulique et infrastructures.

453 - Hartmut Elsenhans : « *Egalité et développement. L'expérience européenne et le monde sous-développé d'aujourd'hui* », in Culture et développement, 15, 2, 1983, p. 205.

454 - Dans une étude sur l'expérience des PME industrielles en Algérie au cours des années 1980, Hartmut Elsenhans et co. montrent que les PME constituent une alternative, pour éviter les ajustements structurels. En effet, les PME ont une capacité à produire pour un marché extérieur et, prioritairement, intérieur. Or le marché intérieur est très demandeur en produits de consommation et en biens d'équipement simples, et il peut encore être considérablement accru. D'où une hausse de l'emploi et l'accès à une maîtrise technologique que l'économie rentière avait été impuissante à assurer. Dans tous les cas, estiment les auteurs, l'option proposée doit se greffer sur une indispensable reconquête agricole, génératrice de produits meilleur marché, et sur un partenariat de développement Nord-Sud qui serait fructueux pour les deux parties. Lire Hartmut Elsenhans (sous la direction de),

La crise économique de la décennie 1980 s'est traduite au Cameroun par le retrait de l'Etat d'un certain nombre de fonctions économiques et l'émergence de nombreux opérateurs privés. Ces acteurs émergents, du fait sans doute du volume réduit de leur capital ainsi que de leur faible accès à la haute technologie, investissent majoritairement dans les secteurs d'activités où la main-d'œuvre, souvent peu qualifiée, est abondante. Ces opérations contribuent, dans une faible proportion certes, à augmenter les revenus des masses. Hartmut Elsenhans affirme précisément que « *la croissance économique n'est possible à long terme que si les revenus des masses augmentent* »[455]. Dans cette perspective, les Volontaires du progrès engagés dans la problématique de promotion d'opérateurs économiques, soutiennent les actions susceptibles d'augmenter les revenus des classes défavorisées. Ces actions impliquent de petites entreprises artisanales familiales ou communales, des commerçants assurant des fonctions d'approvisionnement, des groupes de femmes engagées dans de petites entreprises textiles, etc.

En 1990 à Bafou (Ménoua), une action est entreprise en appui à une association d'éleveurs et de maraîchers. A partir d'une ferme pilote, l'opération consiste à former les paysans ainsi réunis en association, aux techniques modernes de production agropastorale, aux méthodes de gestion des coopératives paysannes, aux techniques de conditionnement et à la maîtrise des circuits de commercialisation. Cette entreprise a rencontré une certaine adhésion auprès de la population rurale : adoption de nouvelles variétés de cultures, autonomisation d'un magasin de produits agricoles et pastoraux. Mais l'expérience n'a pas été suffisamment concluante pour pouvoir s'étendre dans les chefferies Batié et Foto, suivant les termes de référence du projet. La coopérative agropastorale de Bafou dispose certes d'une ferme collective et d'un magasin d'approvisionnement, mais ce magasin n'est surtout approvisionné qu'en produits du terroir. Les populations ne maîtrisent encore ni les techniques de transformation, ni les circuits de commercialisation. Le faible pouvoir d'achat limite leur capacité d'entreprise et, quant aux intrants agricoles, les paysans restent dépendants des marchés.

## II.5. APPUI À LA MISE EN PLACE D'UN SYSTÈME DE CRÉDITS DÉCENTRALISÉ

Le problème de crédit reste permanent dans le pays. Les producteurs n'y ont généralement accès que par l'entremise de projets, de fonds spéciaux ou par le secteur informel, mais très peu par un système bancaire classique. Des essais de rapprochement du Crédit agricole du Cameroun notamment à travers une

---

Joachim Dreves, Elmar Kleiner : Développement, équité et extension du marché des masses. Une autre alternative. Le cas algérien. L'enjeu des PME industrielles, Paris, Publisud, 2000.

455 - Hartmut Elsenhans : « *Egalité et développement. L'expérience européenne et le monde sous-développé d'aujourd'hui* », op. cit., p. 187.

fédération paysanne (Union des groupements communautaires d'Esse) ont été entrepris. Ces tentatives ne purent cependant pas se concrétiser. Le Crédit agricole, institution bancaire qui bénéficiait de capitaux extérieurs, notamment allemands, fut laminé par la crise du secteur des banques.

La Caisse française de développement a mené une étude dans le sens d'une réelle décentralisation de la gestion de l'épargne et du crédit. Sans doute l'expérience de la *Grameen Bank*, la « *banque des pauvres au Bangladesh* »[456], a-t-elle orienté cette démarche dans le sens d'une plus grande décentralisation de la gestion de l'épargne et de l'octroi de crédit aux petits producteurs, aux PME et PMI. Ici également, la décentralisation n'est pas allée jusqu'à la mise à disposition de crédits bancaires aux petits paysans et femmes rurales indépendantes. Même les coopératives et fédérations paysannes, qui de plus sont trop peu structurées, ne peuvent fournir des garanties suffisantes pour obtenir des crédits dans les institutions bancaires classiques.

L'AFVP quant à elle mène de petites actions de crédit qui, bien que modestes, montrent que le besoin est réel parmi les groupes d'artisans ou des communautés de femmes. De même, les ONG occidentales qui mettent sur pied ces politiques de micro-crédit en faveur des groupes sociaux vulnérables, encouragent les pouvoirs publics et les instituts de banques commerciales classiques à réfléchir sur les modalités d'appui à la mise en place de systèmes de crédits décentralisés. En partenariat avec INADES dans les programmes de formation et d'organisation des associations paysannes, les volontaires contribuent à la mise en place des caisses d'épargne et de crédit. Mais leur marge de manœuvre est étroite.

Dans l'opération Vina à laquelle les volontaires participent depuis 1984, un système d'épargne crédit est mis à la disposition des populations. Ce système décentralisé, dont les apports financiers proviennent surtout du Fonds d'aide à la coopération, a permis aux paysans d'accéder aux « crédits culture attelée ». Cette semi-mécanisation contribue à améliorer les conditions de travail des paysans, l'attelage remplaçant progressivement houe et daba dans les champs. Toutefois le programme « crédits culture attelée », par ailleurs limité dans le seul arrondissement de Ngaoundéré, ne peut profiter qu'aux propriétaires terriens. Les

---

456 - Muhammead Yunus, promoteur et fondateur de la Grameen Bank au Bangladesh, justifie son projet de créer une « *banque de pauvres* » par la volonté de concevoir autrement le développement, de rompre les rapports exclusivement marchands qui lient son peuple (les paysans du Bangladesh) à la mécanique perverse du « tout-argent » et du « tout-profit » des banques commerciales. Lire Muhammead Yunus dans l'article intitulé "The Grameen Bank. The Bank of poor", in Kevin Danaher (éd.) : 50 years is enough. The case study against the World bank and International monetary fund, Boston, South end Press, 1994, pp. vii-xiii. Plus globalement, les articles réunis dans cet ouvrage collectif défendent la thèse suivant laquelle les institutions financières de Bretton Woods, en l'occurrence le FMI et la Banque mondiale, loin d'être des institutions de développement, constituent plutôt des mécanismes de régulation du marché international des capitaux. Les pays du tiers monde n'étant pas opérateurs sur ce marché de capitaux, il va sans dire qu'ils n'en sont pas les principaux bénéficiaires.

paysans sans terre ainsi que les journaliers agricoles en sont de facto exclus. D'où son impact somme toute modeste.

Dans le programme « Comité diocésain de développement » où les missions catholiques de Maroua et Mokolo organisent des actions de formation et d'appui/conseils en matière de sécurisation foncière auprès des « populations déplacées », les volontaires ont entrepris, depuis 1991, une opération de « prêts/projets économiques ». Ce programme d'épargne/crédit permet aux paysans migrants d'entreprendre de micro-projets en agro-foresterie ou en élevage. Ce programme qui s'étend sur les départements du Mayo Tsanaga, du Diamaré et du Mayo Sava, ne peut seul répondre aux besoins de crédit des populations déplacées de la région ; il constitue néanmoins un appoint nécessaire.

## III. PETITE HYDRAULIQUE ET INFRASTRUCTURES

Les besoins en équipement du monde rural et des zones semi-urbaines restent considérables. En matière d'aménagement de points d'eau, de programmes d'hygiène et d'assainissement, de construction de bâtiments sociaux, les volontaires apportent appui aussi bien aux collectivités locales qu'aux micro-entreprises.

Depuis 1978 est créée à l'AFVP-Cameroun une « Unité mobile d'appui aux collectivités rurales » (UMACR). Cette unité est dirigée par une petite équipe de volontaires, techniciens du bâtiment et du génie civil. L'AMACR, qui apporte un appui technique et logistique à l'hydraulique rurale et à la construction de petites infrastructures communautaires, a participé à la réalisation de points d'eau dans les villages, à la construction des écoles et dispensaires, à l'aménagement des ponts en gabions dans diverses localités du pays. Comme prestataire de services, elle a également participé à la restauration du palais du sultan des Bamouns à Foumban. De chantier en chantier toutefois, la structure grossit. Au point de se transformer en entreprise de travaux publics,, embauchant quelque trente salariés, et concurrençant les firmes camerounaises du domaine. Un bel exemple de coopération de « substitution ».

En octobre 1989, l'UMACR est dissoute et remplacée par le projet AMOPAR (Appui à la maîtrise d'ouvrage et à la promotion de l'artisanat rural). Plus qu'un changement de sigle, c'est une modification d'approche : « *Une véritable mutation, affirme Jean-Paul Maïr, Délégué régional à Yaoundé. Hier, nous faisions tout. Aujourd'hui, nous aidons à faire* »[457]. Depuis 1990, cette structure souple vise un triple objectif : améliorer l'alimentation en eau de la population ; aider les collectivités rurales et les organisations de base à monter des projets d'infrastructure dont elles expriment le besoin ; promouvoir les artisans en hydraulique et bâtiment par une formation continue en technique et gestion ainsi

[457] - Voir « Le Cameroun. Un partenaire prometteur », in Volontaires, N° 13, 1992, p. 17.

que par une réflexion sur le cadre juridique de leur activité. Intervenant surtout en milieu rural jusqu'en 1991, les activités dans ce secteur se développent également en ville, notamment depuis la mise sur place du projet « Axe urbain Afrique ». Sur le terrain, cette démarche se concrétise par deux programmes géographiquement répartis : le programme « Appui à la maîtrise d'ouvrage et à la promotion de l'artisanat rural » (AMOPAR) pour les sept provinces méridionales du pays, et l'« Unité mobile Hydraulique/ Habitat » (UMHH) également opérationnelle depuis 1989, dans les trois provinces septentrionales. Plus spécifiquement, les opérations d'hydraulique et d'infrastructure qui s'inscrivent dans ces deux programmes s'articulent autour de trois priorités.

* *Le renforcement des capacités de maîtrise d'ouvrage des collectivités, en l'occurrence les communes, les comités de développement, les organisations de base ou les coopératives paysannes.* De fait, en milieu rural et même urbain, les capacités de maîtrise d'ouvrage des collectivités restent faibles. La gestion des infrastructures à vocation communautaire n'est pas rigoureuse, quand bien même leur réalisation aurait nécessité une importante participation des collectivités en terme de contribution financière, d'apport de matériel (sable ou gravier) ou d'investissement humain (travail). En campagne, mais aussi dans les milieux semi-urbains ou en ville, les constatations sont souvent identiques : sources aménagées envahies par de mauvaises herbes, non protégées, non réparées, puits polluées, caisses d'entretien ou de réparation vides, détournées, comité de gestion improductif ou inexistant. L'AFVP a ainsi entrepris d'explorer des voies nouvelles pour faire face à ces multiples carences, notamment en encourageant la création de syndicats ou de régies des eaux pouvant impliquer plusieurs partenaires. Communes, fédérations ou organisations paysannes, mouvements d'élites, représentant local du Ministère des mines, eau et énergie (MINMEE), sont ainsi associés en partenariat dans des projets d'adduction d'eau. Cette démarche encourage également une implication de la commune et des associations de quartier dans la gestion des infrastructures et la collecte des fonds.

* *L'optimisation du réinvestissement local des moyens financiers drainés par les collectivités.* Il s'agit essentiellement de mobiliser les compétences locales mais aussi de promouvoir les techniques valorisant les ressources et les matériaux locaux, dont les constructions en briques de terre stabilisées ou en bois. Cette démarche tend également à développer des techniques plus adaptées économiquement, qui améliorent le rapport qualité/prix et permettent à des acteurs ruraux d'investir ou de concourir sur le marché local de la petite hydraulique et de l'habitat.

* *La formation et la protection d'un tissu artisanal de construction.* Ce besoin s'exprime avec acuité en milieu rural. En ville également, des corps d'artisans pouvant effectuer un travail suivant les techniques modernes du *marketing* (travail rapide et soigné, délais respectés, prix compétitifs) restent très faiblement structurés. Les deux programmes (UMHH et AMOPAR) visent ainsi non seulement à assurer la formation technique des artisans, mais aussi à encourager

l'émulation et l'auto-promotion afin que ces artisans deviennent des acteurs sur la scène économique. En d'autres termes, l'approche de l'AFVP dans le domaine de la formation et de la protection d'un tissu artisanal dans le domaine de la construction ne se limite pas à la promotion d'un artisan au sein d'un projet ; elle consiste davantage en un processus d'accompagnement des artisans dans la mise en œuvre de projets d'entreprise. Depuis 1990, l'Association a entrepris au Cameroun un travail dans ce sens. Son intervention est axée sur la promotion des artisans afin que ceux-ci soient reconnus sur le marché des biens et services, par la qualité de leur travail et la souplesse de leur intervention. L'objectif est d'aboutir, avec eux, à la création d'une association, voire d'une « chambre professionnelle » garantissant un label qui leur permettrait d'accéder à des marchés publics et d'être reconnus par les bailleurs de fonds et les projets de développement.

A Bétaré Oya, le programme d'hydraulique et d'animation villageoise entrepris en 1992 implique les partenaires suivants : diocèse de Bertoua, mission catholique de Bétaré Oya, le ministère des Mine, eau et forêt, les autorités communales, les associations paysannes, AFVP, MISEREOR et CARE International. L'objectif hydraulique était l'aménagement de 45 sources d'eau potable dans les villages, les travaux étant effectués sous la supervision d'un artisan local. L'aspect *animation villageoise* dudit projet vise la mobilisation et l'implication des populations pour la réalisation des sources et leur sensibilisation à l'hygiène. D'autres projets hydrauliques sont entrepris en partenariat avec le MINMEE, le FAC, les fédérations paysannes, l'AFVP et d'autres organismes de participation au développement à Nanga Eboko, Azomékout ainsi qu'à Maga dans le Logone et Chari.

Le projet « Habitat » entrepris dans la région de Garoua en 1990, et qui s'inscrit dans la « Mission d'étude et d'aménagement de la vallée supérieure de la Bénoué » (MEAVSB) implique différents intervenants : MINMEE, MEAVSB, Projet Nord-est Bénoué, Mission de Ngong, des fédérations paysannes, l'AFVP et des partenaires financiers extérieurs, le FAC notamment. Les objectifs de ce projet Habitat sont multiples :

- Améliorer le cadre et les conditions de vie en milieu rural par la construction d'écoles, de logements des instituteurs, de dispensaires, de pro-pharmacies ;
- Impliquer et responsabiliser les populations sur la nécessité de faire des cotisations, de fournir de la main-d'œuvre et de procéder à la formation d'agents de maintenance afin d'assurer la pérennité des ouvrages après le retrait des organismes d'aide ;
- Promouvoir les techniques valorisant les ressources et les matériaux locaux ;
- Accroître les compétences techniques aussi bien des artisans locaux que des élèves de la SAR ou du CETIC[458], et assurer leur formation tant à la gestion comptable de chantier qu'à l'établissement des plans et devis pour des réalisations.

[458] - SAR = Section artisanale rurale. CETIC = Collège d'enseignement technique industriel et commercial.

En 1992, ce programme a effectivement réalisé la construction de deux Collèges d'enseignement secondaire à Bibémi et Pitoa, quatre écoles à deux salles de classe chacune à Bame, Bakse, Alfa et Boulgou, trois logements des instituteurs à Bame, Alfa et Boulgou[459].

Dans ces opérations hydraulique et habitat,

« *Les volontaires prennent à cœur leur rôle de coordinateur entre les différents intervenants (villages, fédérations, artisans), ce qui dans l'immédiat est moins efficace que les lourdes brigades d'hydraulique d'antan, mais qui à terme sera porteur d'un véritable développement* »[460].

De fait, l'assistance à la gestion des chantiers et au montage des demandes de financement a favorisé la constitution de micro-entreprises locales capables de répondre aux demandes communales. La Mission française de développement à Yaoundé a soutenu cette opération. Principal bailleur de fonds du projet, elle a signé, en mai 1990, une convention avec la mairie de Ndikiniméki. Avec cet apport financier, les animateurs de l'AMOPAR ont pu revivifier, dans une certaine mesure, le tissu économique local, et jeter les bases d'un petit marché régional de construction. Le succès est toutefois relativisé, car le marché local ne peut stimuler une production à grande échelle :

« *La crise du cacao et la mévente du café réduisent les capacités de financement des communautés et des collectivités, affirme un artisan/entrepreneur de Ndikiniméki. Je redoute une période de vaches maigres, malgré l'ampleur des besoins de cette zone rurale* »[461].

En définitive, si dans une certaine mesure l'objectif de promotion d'artisans/puisatiers est atteint, les opérations Hydraulique et Habitat ont dans l'ensemble une portée limitée, de même que leur implantation est circonscrite dans quelques localités seulement. Le rapport d'activités affirme explicitement :

« *L'appui à la maîtrise d'ouvrage a eu des résultats beaucoup moins clairs. En effet, pour ce qui concerne les projets d'infrastructures, il y a souvent confusion entre aide au montage d'un projet et recherche de financement. Et trop souvent ce n'est que l'aspect financement qui préoccupe les organisations de base. Seules celles qui sont bien rodées perçoivent l'intérêt à bien réfléchir au montage et à la pertinence d'un projet. L'AFVP n'étant pas bailleur, beaucoup d'organisations se découragent. Par ailleurs, l'ambition de créer des régies des eaux pour une meilleure gestion des points d'eau a dû être mise en veilleuse : les partenaires et bénéficiaires des projets ne sont pas encore réceptifs à ce discours* »[462].

---

459 - AFVP : Rapport annuel d'activités 1992, p. 37.
460 - AFVP : Rapport annuel d'activités 1994, p. 18.
461 - Volontaires, n° 13, op. cit., p. 18.
462 - AFVP : Rapport annuel d'activités 1994, p. 18.

## IV. DÉVELOPPEMENT EN MILIEU URBAIN

Jusqu'à la fin des années 1980, l'AFVP intervient essentiellement en milieu rural. A partir de 1990 cependant, la problématique de la croissance urbaine ainsi que les problèmes sociaux, économiques et de gestion de l'environnement urbain ont amené les VP à entreprendre des opérations d'aide en milieu urbain. Yaoundé et surtout Douala, hier villes moyennes et aujourd'hui métropoles aux dimensions tentaculaires, regorgent d'importantes couches de marginaux vivant d'expédients[463]. Ici, les problèmes sont multiples : difficile accès à l'eau potable, insuffisance ou inexistence des réseaux de drainage, habitat insalubre, transports urbains chaotiques, dysfonctionnement des services municipaux.

Pour y faire face, l'Etat annonce dans les années 1990 la mise sur pied du processus de décentralisation Dans sa formulation cette politique vise à attribuer plus de pouvoir aux communes dans la gestion des affaires locales. Le Cameroun compte en effet 336 communes : 33 communes urbaines et 303 communes rurales. La plupart n'ont pas de véritable « culture communale », elles sont dépourvues de ressources, l'augmentation du chiffre de la population exerce d'importantes pressions sur les faibles infrastructures existantes. La décentralisation et le désengagement de l'Etat encouragés par le FMI et la Banque mondiale se traduisent par un transfert mécanique des déséquilibres de l'administration centrale sur les collectivités locales[464]. Les communes se trouvent ainsi confrontées aux difficultés d'ordre institutionnel, financier et technique qu'elles ne peuvent seules résoudre.

A partir de 1990, l'AFVP commence à intervenir dans le développement en milieu urbain. Elle s'est fixé pour mission de tester des méthodes d'approche nouvelles qui permettent aux différents acteurs une meilleure coordination des actions qui, au niveau de quartiers et de groupes socioprofessionnels, incitent à une prise en charge par les populations elles-mêmes, de leur environnement socio-

---

463 - Dans son livre paru en 1993, l'écrivain Mongo Beti parle ainsi de Yaoundé : « *Magma incohérent d'habitats, de professions, de conditions sociales, c'est un monde auquel aucun ordre ne semble présider ...Ville de politiciens corrompus, trop vite enrichis au détriment de l'Etat, de fonctionnaires conformistes, trop souvent véreux, et d'employés de bureau indolents, Yaoundé n'a pas d'industries. Les chômeurs diplômés déguisés en vendeurs à la sauvette pullulent, ainsi que les prostituées, déguisées en couturières ou en coiffeuses, les très jeunes vagabonds vivant de chapardages, les oisifs cyniques, tout un menu peuple presque toujours aux abois tant son existence est précaire* », in : La France contre l'Afrique. Retour au Cameroun, Paris, La Découverte, 1993, pp. 61-62.

464 - Analysant les non-dits de la politique de décentralisation et le rôle des municipalités dans le processus de développement au Cameroun, Georges Courade écrit, sceptique : « *Les municipalités ne constituent pas une alternative, car elles ne disposent que de peu de marge de manœuvre, la décentralisation du pouvoir étant fictive et devenant un nouveau territoire du clientélisme et de la gestion privative des avoirs publics* », in Le désarroi camerounais. L'épreuve de l'économie monde, Paris, Karthala, 2000, p. 33.

économique. L'approche dite de recherche/action/animation est articulée autour d'une problématique urbaine qui se complexifie, problématique dans laquelle différents acteurs, agissant en partenariat, tentent de résoudre par paliers certains goulots d'étranglement. A l'AFVP, les opérations en milieu urbain sont orientées vers deux directions : soutien des activités économiques de petits groupes d'artisans d'une part, et renforcement des capacités de quelques municipalités pour la gestion de l'espace d'autre part.

### IV.1. LA DYNAMISATION DES ACTIVITÉS ÉCONOMIQUES URBAINES

Jusque dans les années 1980, le « *secteur informel* » est négligé dans les études, les statistiques et les plans. Pourtant, affirme Dominique Boucher,

« *derrière l'Afrique en panne, il faut regarder cette autre Afrique – ou la même –, qui produit, qui échange, qui s'active, mais sans emprunter les voies classiques depuis longtemps transformées en impasses* »[465].

En effet, si l'économie officielle est partout en crise en Afrique, et dans le marasme au Cameroun, il y a une masse d'activités non répertoriées, d'échanges non chiffrés, de petits emplois qui échappent aux étiquettes, de petites et de grandes débrouilles, souvent précaires, qui permettent aux populations marginalisées des zones urbaines de se donner les moyens de survivre. Sous la crise, les Camerounais vivent tant bien que mal, parfois plutôt mal que bien. S'ils tiennent, c'est en particulier grâce au « *secteur informel* », dont les artisans de Maroua constituent une des illustrations. Le créneau est, à l'évidence, bien choisi, pour des volontaires de développement dont la vocation est de travailler « *au contact des populations* ».

Deux opérations, à Maroua et Douala, traduisent la volonté de l'AFVP de prendre en compte le secteur économique marginalisé, dit « *informel* ». En effet, un énorme besoin de formation technique mais aussi d'organisation des artisans, leur capacité à maîtriser leur environnement en amont et en aval de la production (fabrication et vente de produits artisanaux), et leur reconnaissance par les autres acteurs de la vie économique et sociale ont conduit l'Association à apporter un soutien à des acteurs dont le rôle économique est évident. A Maroua, la démarche recherche/animation a pour objectif la structuration de différents corps de métiers et la maîtrise des filières impliquant les différents acteurs. A Douala par contre, l'approche se veut davantage celle d'un appui à la structuration et à la mise en route des activités d'une société civile d'artisans, avec pour objectif d'

« *agir d'une manière qui profite à un nombre significatif de micro-unités artisanales et dans un cadre collectif professionnel de statut privé afin que*

---

465 - Dominique Boucher : L'aventure solidaire. Volontaires pour le tiers monde, Paris, Karthala, 1990, p. 206.

*l'action repose sur la dynamique propre des intéressés et non sur une force extérieure du milieu »*[466].

Dans l'Extrême-nord en région Foulbé, perdure une riche tradition artisanale. Les tentatives de valorisation de l'artisanat sont multiples, mais heurtent les intérêts des commerçants. Par ailleurs, commente un artisan,

*« Il y a toujours du passage, mais davantage pour visiter le parc naturel de la Waza que pour découvrir les artisans de Maroua. Et les touristes délaissent les peaux de luxe (crocodile, serpent, iguane, panthère...) à la suite des campagnes menées en Europe contre l'abattage sauvage, pour des produits en peau de mouton moins chers. Les marges bénéficiaires se sont réduites d'autant »*[467].

L'opération entreprise en 1988 par l'AFVP en partenariat avec INADES-Formation, en appui au secteur artisanal de Maroua, bénéficie du financement du FAC. Cette opération porte essentiellement sur la formation des artisans aux méthodes modernes de gestion et comptabilité, pour une promotion des activités de ce secteur. Un soutien est par ailleurs organisé dans la recherche de débouchés, de techniques alternatives et de nouveaux partenaires.

De petites entreprises artisanales ont été créées, et des jalons pour une autonomisation des artisans (formation technique, production, vente) ainsi posés. Toutefois, la consolidation des réseaux d'approvisionnement et de commercialisation bute sur le conflit avec les marchands de produits d'art, peu pressés d'abandonner leur situation de monopole dans ce secteur ; le projet de constitution d'une « chambre de métiers » capable de structurer la profession n'a pas non plus connu d'issue.

L'« Espace métiers » initié en 1990 par les volontaires, en partenariat avec des intervenants tant extérieurs qu'intérieurs, vise à promouvoir le milieu artisanal à Douala[468]. Plus précisément, l'opération se propose de favoriser le regroupement des artisans (zone Nylon Douala) et de les aider à améliorer leurs techniques de production, de gestion et de commercialisation. En 1992, des professionnels de mécanique automobile, menuiserie bois, menuiserie métallique et électricité réunis dans l'« Espace métiers » se constituent en société civile à but non lucratif. La caisse d'épargne de cette association permet le préfinancement de marchés. L'opération a permis aux artisans réunis dans le projet, d'améliorer leur formation technique ainsi que leurs capacités de gestion. Ils ont ainsi pu conquérir des parts de marché auprès des consommateurs locaux : fabrication de chaises roulantes pour handicapés à des prix compétitifs, gestion d'un magasin de vente des produits des

---

[466] - AFVP : Rapport d'activités 1992, p. 40.

[467] - Volontaires, n° 13, op. cit., pp. 25-26.

[468] - Les partenaires du projet « Espace métiers » à Douala sont : DDA (Coopération suisse), DED (Service des volontaires allemands), GTZ (Agence allemande de coopération technique), AFVP, IRCOD (Institut régional de coopération décentralisée), Collège de la Salle, Université de Douala.

artisans, etc. Mais les débouchés sont réduits, et les tentatives de maîtrise des circuits de commercialisation heurtent les intérêts des commerçants. De plus, expliquent les artisans interrogés à Douala, la baisse du pouvoir d'achat de la population assombrit les prévisions : les artisans achètent le matériau de production au comptant mais très souvent ils ne vendent le produit fini qu'à la traite. En 1995, les initiateurs du projet ont entrepris une ouverture en direction des ONG camerounaises de promotion des artisans en milieu rural et urbain, en vue de constituer des réseaux plus denses pour l'échange d'expériences et d'informations.

Ces appuis, bien que modestes, visent peu ou prou à séculariser les activités des opérateurs du « *secteur informel* » et à dynamiser ce secteur d'activités. Une telle sécularisation de l'« *économie souterraine* » ne constitue pas une panacée, loin s'en faut. Néanmoins, la structuration des activités économiques dites informelles permettrait sans doute aux petits producteurs impliqués dans ce secteur, d'avoir accès aux crédits d'investissement et de maîtriser les filières de commercialisation, conditions nécessaires pour capitaliser les acquis de l'accumulation primitive, et répondre aux demandes de produits de consommation courante des classes moyennes et classes à revenus faibles.

« *L'"informel" se formalise* »[469], affirme Dominique Boucher, au regard du rôle prépondérant qu'exerce aujourd'hui l'informel dans les économies des pays en développement. De fait, l'appui des organismes d'aide à la dynamisation des activités économiques du secteur informel, semble corroborer certains modèles théoriques sur la nécessité de structurer l'« *économie souterraine* », pour stimuler la croissance.

En effet, dans une étude récente, l'économiste péruvien Hernando de Soto propose une intéressante analyse sur les perspectives d'insertion du « *secteur informel* » dans l'économie des pays en développement[470]. Selon Hernando de Soto, donner un statut légal au secteur informel permettrait de stimuler la croissance économique. Avant d'énoncer cette affirmation, De Soto se pose surtout une question : « *Pourquoi le capital a-t-il triomphé à l'Ouest et échoué partout ailleurs dans le monde ?* » De la réponse à cette question, à laquelle il se fait fort de répondre, dépend selon lui la possibilité de l'éveil économique du Sud. Il évacue au préalable l'explication la plus répandue face aux inégalités de richesse entre pays développés et pays en développement : non, affirme-t-il, la lenteur du développement des pays du Sud ne s'explique pas par des différences culturelles. Le penser serait, commente-t-il, de la nostalgie colonialiste. La meilleure preuve est fournie par la grande énergie que déploient les populations dans les régions

469 - Dominique Boucher, op. cit., p. 205.

470 - Hernando de Soto : The mystery of capital. Why capitalism triumphs in the West and falls everywhere else, New York, Basic Books, 2001.

déshéritées, dans les économies informelles qui représentent, selon les pays, « *20 à 60% de l'emploi non agricole* »[471].

Nous sommes déjà au cœur de la démonstration de l'économiste péruvien. De Soto soutient en effet qu'il suffirait de donner un statut légal à ces économies informelles pour faire accéder de nombreux pays pauvres, au développement. Afin d'aboutir à ce résultat, il suffit, dit-il, d'accorder des « *droits de propriétés élémentaires* » à tous les petits entrepreneurs qui sont présents dans le secteur non officiel de l'économie. En d'autres termes, on doit, d'une part, permettre à ces derniers de devenir propriétaires des terres sur lesquelles ils travaillent et des ateliers qu'ils occupent et, d'autre part, leur reconnaître le droit légal de poursuivre leurs activités jusque-là souterraines. Non seulement la croissance économique s'en trouvera stimulée, mais cette croissance profitera désormais aux plus pauvres puisque ce sont eux qui n'ont accès pour l'instant qu'à ces métiers et travaux semi-clandestins.

Mais pourquoi une légalisation des activités informelles à travers l'octroi de « *droits de propriétés* » conduirait-elle à un tel résultat ? Tout simplement, répond Hernando de Soto, parce que les acteurs de cette économie non reconnue pourraient transformer leur capital illégal, et par là-même « *inerte* », en capital légal, c'est-à-dire en capital qu'on peut faire « *travailler* » efficacement. Pour ne prendre que deux exemples, l'on peut imaginer comment un journalier agricole qui se verrait reconnaître un droit de propriété sur le lopin de terre qu'il exploite pourrait désormais utiliser ce capital comme caution pour emprunter et investir ; ou comment un artisan dont l'activité cesserait d'être illégale, pourrait envisager de chercher des appuis financiers et pourrait surtout oser développer son « *affaire* » puisque, grâce aux lois protégeant les gérants de sociétés (« *la responsabilité limitée*»[472]), il ne risquerait plus la ruine pour lui-même et ses associés à chaque fois qu'il prend un risque « entrepreneurial ».

Les gains que procurerait ce « *blanchiment* » volontariste de l'économie « *au noir* », assure H. de Soto, sont innombrables : possibilités d'économies d'échelle dans des activités enfin à ciel ouvert, suppression des coûts indirects énormes que représentent les « commissions » qu'il faut accorder aux représentants corrompus de l'administration pour pouvoir continuer à travailler, disparition des rackets des usuriers, accroissement de la sécurité des transactions, etc.

« *Une idée certes astucieuse mais parfaitement utopique ?* », s'interroge Renaud de Rochebrune, à propos du modèle que propose H. de Soto comme stratégie alternative pour stimuler la croissance économique en légalisant le secteur informel[473]. On trouve dans l'histoire des pays développés, poursuit le chercheur

---

471 - Dominique Boucher, op. cit., p. 206.

472 - Une société à *responsabilité limitée* (S.A.R.L.) est « *une société dans laquelle la responsabilité des associés est limitée au montant de leur apport* ». Cf. Centre national de la recherche scientifique : Trésor de la langue française, tome quatorzième, Paris, Gallimard, 1990, p. 973.

473 - Renaud de Rochebrune : « *Le secret : tous propriétaires* », in Jeune Afrique, n°2120, 28 août – 03 septembre 2001, pp. 68-70.

péruvien, des cas d'application de cette solution. Il existe en particulier un exemple très illustratif qui montre à quel point cette « *légalisation* » de l'informel peut être efficace. La base même de la prospérité des Etats Unis d'Amérique ne serait-elle pas en effet à rechercher du côté du formidable essor de l'activité des « *pionniers* » de l'Ouest qui ont tous commencé par accaparer des terres, évidemment sans titre de propriété, avant de se voir reconnaître, par les autorités, le droit de les occuper ?

En somme, ce que propose Hernando de Soto, pour que les nations du Sud puissent accéder à la voie du développement autrefois empruntée par les pays du Nord, c'est de transformer à grande échelle du « *capital mort* » en « *capital vivant* ». Si l'on devait résumer la stratégie qu'il préconise en une maxime, ce serait : *Tous propriétaires, même les classes défavorisées, et l'économie s'en portera mieux*[474].

Certes. Mais l'aspect quelque peu simpliste de la formule de l'économiste péruvien laisse perplexe. Indépendamment du côté contestable de la croyance idéologique de ce dernier dans les vertus du capitalisme et du marché pour résoudre tous les problèmes, on peut s'interroger sur la possibilité de mise en œuvre de sa stratégie, à bien des égards trop théorique pour être applicable dans le concret. En supposant que l'on puisse considérer que les différentes pratiques liées aux économies informelles relèvent du même « *modèle* » et sont justifiables d'un même traitement de légalisation, la question demeure entière, de savoir comment surmonter certains obstacles. Comment imaginer que les administrations des pays les moins avancés rendront possible un tel changement quand on connaît leurs aptitudes à décourager toute initiative légale dont le promoteur n'est pas très puissant ou débrouillard ?[475] De Soto lui-même évoque dans son ouvrage, les 289 jours qui sont nécessaires au Pérou pour ouvrir un atelier textile après avoir obtenu toutes les autorisations nécessaires, les vingt ou vingt-cinq ans que peut durer le processus d'achat d'une propriété urbaine aux Philippines ou les 77 procédures bureaucratiques impliquant 31 organismes publics ou privés différents auxquelles il faut se soumettre en Egypte pour acquérir un arpent de sable dans le désert.

Qui plus est, avant même que les acteurs de l'économie informelle aient à affronter les caprices de bureaucrates aussi inefficaces que mal payés, encore faudrait-il que leur légalisation ait été acceptée par les entrepreneurs déjà reconnus. Ces derniers n'assimileront-ils pas une telle légalisation à de la concurrence déloyale puisqu'ils ont dû, eux, amasser « *normalement* » leur capital ? Surtout, les principaux intéressés sont-ils prêts à payer enfin des impôts et à se soumettre aux diverses réglementations, en échange d'avantages dont l'effet ne peut être ressenti qu'à long terme ?

---

474 - Renaud de Rochebrune, op. cit., p. 69.

475 - Lire Renaud de Rochebrune, op. cit., p. 70. Sur les « *aptitudes* » des administrations locales du Sud à décourager les initiatives des petits opérateurs économiques, lire également Mongo Beti : La France contre l'Afrique. Retour au Cameroun, Paris, La Découverte, 1993 ; Jean-Marc Ela : Afrique. L'irruption des pauvres, Paris, L'Harmattan, 1994.

Par ailleurs, le secteur informel, même légalisé, n'est pas capable de résoudre seul les problèmes de la marginalité et du sous-emploi. Il peut y contribuer, à condition de faire partie de structures macro-économiques ou d'être suppléé par des stratégies macro-économiques favorables, comme l'indique H. Elsenhans dans l'analyse du cas algérien[476]. Selon H. Elsenhans, ces stratégies macro-économiques visant à stimuler la croissance auto-entretenue peuvent se traduire soit par une réduction de la tendance à la consommation de produits importés, en faveur de l'investissement local, soit par l'augmentation de la productivité dans la fabrication des biens-salaire, notamment des denrées. Ces conditions équivalent plus ou moins à des conditions où la marginalité est de dimension limitée. Dans tous les autres cas, cette dynamique de la petite entreprise et du secteur informel lancée par la dérégulation finit par s'épuiser avant que le plein emploi soit atteint[477].

Sous la direction de Jean-claude Berthélemy, une équipe du Centre de développement de l'OCDE a étudié les conditions de décollage de la croissance dans quelques pays de l'Afrique subsaharienne, au cours des années 1990[478]. Les résultats de leurs recherches confirment que la croissance ne peut se réaliser que dans un environnement économique favorable. Les auteurs montrent que les trois piliers de la croissance sont l'accumulation du capital, les gains de productivité et les réformes de structures. Le mérite de cette étude est de faire apparaître qu'aucun de ces « piliers » ne fonctionne seul. Beaucoup de pays africains ont reçu des capitaux sous forme d'aides ou d'investissements, mais faute d'une amélioration de la productivité de leur main-d'œuvre, ils ont gaspillé cet argent et découragé les investisseurs. Une modernisation de l'agriculture est indispensable pour pouvoir développer les secteurs industriels et de services où la productivité peut faire sentir ses bienfaits. Les auteurs rappellent que la consommation d'engrais par hectare s'élevait, en 1996, à 14 kilos en Afrique subsaharienne (0,1 kilo en Ouganda) contre 34 en Tunisie et 240 en Asie de l'Est.

Les auteurs insistent sur trois autres facteurs indispensables pour amorcer une croissance durable. Le premier est un investissement dans l'éducation primaire qui permet l'accroissement de la productivité : les pays qui ont fait le moins d'efforts dans ce domaine affichent les performances économiques les plus faibles, comme la Tanzanie. Le deuxième est la diversification de l'économie qui ne doit plus dépendre d'un ou de deux produits d'exportation et, à cet effet, Maurice est exemplaire puisque ses dirigeants ont su compléter la canne à sucre par le textile, puis miser sur les services financiers et la haute technologie. Le troisième facteur

---

[476] - Hartmut Elsenhans (sous la direction de), Elmar Kleiner, Reinhart Joachim Dreves : Développement, équité et extension du marché des masses. Une autre alternative. Le cas algérien. L'enjeu des P.M.E. industrielles, op. cit., p. 17 et suiv.

[477] - Ibidem, p. 28.

[478] - Jean-Claude Berthélemy, Ludvig Söderlin, Jean-Michel Salmon, Henri-Bernard Solignac Lecomte : L'Afrique émergente, Paris, OCDE, Etudes du Centre de développement, 2001.

est le temps : l'ouvrage souligne que ces efforts doivent se prolonger sur plusieurs générations et que tout relâchement ou drame oblige à repartir quasiment de zéro.

Il apparaît ainsi que, dans une économie sous-développée, la dérégulation en faveur du secteur informel et de la petite entreprise ne peut produire des effets significatifs sur l'offre et sur l'emploi que dans un environnement lui-même favorable à la croissance. En l'absence d'un environnement économique favorable, le secteur informel et les micro-entreprises reproduiront les faiblesses de la grande et de la petite entreprises, sans en posséder les qualités.

Les obstacles sont nombreux qui incitent à considérer avec prudence le modèle de Hernando de Soto. L'on ne saurait toutefois conclure que son effort de persuasion est vain. Car il porte l'interrogation sur plusieurs aspects essentiels – comment encourager les entrepreneurs, comment mettre l'économie parallèle au service de la croissance économique, etc. – de la question du développement. En somme, elle paraît plausible, cette stratégie qui vise à faire bénéficier le maximum d'individus de l'essor de l'activité économique et de l'esprit d'entreprise que permettrait une certaine extension des « *droits de propriété* » des citoyens du secteur informel. Ce modèle reste néanmoins partiel, car il n'intègre pas suffisamment dans le schème explicatif, les tendances lourdes que constituent la bureaucratie administrative dans les pays en développement, les intérêts divergents et parfois contradictoires de différentes classes d'entrepreneurs, la « *résistance* » des opérateurs de l'« *économie souterraine* » dont l'activité s'évalue, non pas en terme d'année budgétaire, mais plutôt à l'horizon de la journée et qui, de ce fait, n'accepteraient pas « *spontanément* » de se soumettre aux réglementations administratives en échange d'avantages dont l'effet ne peut se manifester qu'à long terme.

## IV.2. LA MAÎTRISE DE LA GESTION DE L'ESPACE URBAIN

Il existe à Douala un quartier nommé Babylone, cité-dortoir où vivait, depuis la colonisation, la main-d'œuvre de cette ville. Babylone constitue une sorte de prolétarisation de la main-d'œuvre dans la ville de Douala. Babylone était une ville des temps anciens dont parle la bible, un lieu où les Juifs se sont retrouvés en exil, où ils pleuraient tous les jours en attendant de retourner à Jérusalem. C'est un lieu de douleur, un lieu où l'on est exclu, un peu hors de chez soi. Il y a là une image, une symbolique qui reflète la façon dont les habitants perçoivent eux-mêmes leur propre situation en milieu urbain[479]. Babylone est à l'image des villes africaines qui, presque toutes, se caractérisent par une urbanisation chaotique : absence d'infrastructures de communication, d'adductions d'eau, de voirie, etc. Dans ce

[479] - Lire Jean-Marc Ela, « Dynamiques sociales et enjeux urbains », in AFVP-GRET (éds.) : Espace de négociation en milieu urbain au Cameroun, Cotonou (Bénin), Ceda, 1996, p. 35-46.

contexte de pénurie, comment gérer de façon efficiente les faibles ressources des communes ?

Le « *Sommet des villes* » organisé par les Nations Unies à Istanbul (Turquie) en juin 1996, a insisté sur la nécessité pour les principaux acteurs de développement dans les pays du Sud, notamment les gouvernements, les services municipaux ainsi que les organisations de la société civile, de coordonner leurs activités pour faire face aux multiples défis liés à la gestion urbaine. Les clauses de ce sommet d'Istanbul préconisent la « *décentralisation* » et la « *gestion urbaine participative* », comme approche stratégique de développement en milieu urbain dans ces pays où la croissance accélérée de la population citadine exerce de lourdes pressions sur les faibles infrastructures existantes. Le Cameroun, qui a participé au sommet, en a adopté les principales clauses, notamment en matière de gestion décentralisée des communes. Six ans après les engagements d'Istanbul, rien ou très peu a été entrepris pour accroître la participation des collectivités locales dans la gestion des communes, les principaux centres de décision restant contrôlés par les représentants nommés du pouvoir exécutif. Dans ce contexte de centralisme bureaucratique, l'aide des organisations nationales et internationales de volontariat peut-elle constituer un appoint significatif dans le développement en milieu urbain ?

Bien avant le sommet d'Istanbul, l'AFVP, à travers le projet « *Axe urbain Afrique* » et en partenariat avec les bailleurs de fonds (ministère français de la Coopération et du développement, Banque mondiale, Commission européenne), le GRET, les pouvoirs publics locaux (communes, le MINUH et le MINAT) ainsi que les ONG locales, s'est engagée dès 1991 dans une opération de recherche/action visant à proposer des solutions alternatives à la problématique de gestion de l'espace urbain (voirie municipale, adductions d'eau, drainage, etc.) au Cameroun.

La première application de ce projet porte sur l'assainissement de la ville de Bafang à l'ouest Cameroun. Cette opération entreprise en 1992 poursuit deux objectifs : l'étude d'approvisionnement en eau de la ville d'une part et l'amélioration du service de ramassage des ordures ménagères d'autre part[480]. Plus précisément, l'opération vise la restauration et la réouverture de dix bornes fontaines municipales et l'organisation des comités de quartiers qui devront en assurer le fonctionnement (payement des factures à la SNEC, entretien des équipements) grâce aux recettes de la vente d'eau. Elle vise également la réorganisation du système de collecte des ordures ménagères et leur transformation en compost. En 1995, l'opération s'élargit aux ONG locales. Celles-ci sont

[480] - Les partenaires de ce projet sont : le GRET, l'AFVP, le CERFAP (Centre d'étude, de recherche et de formation à l'auto-promotion), la commune urbaine de Bafang, la SNEC (Société nationale des eaux du Cameroun, organisme public qui gère le traitement et la distribution de l'eau), la MCAC (Mission de développement et d'action culturelle).

chargées de la formation de jeunes sans-emploi aux travaux d'assainissement et d'entretien de la voirie urbaine. C'est un travail de longue haleine. La faiblesse des ressources financières et humaines ne permet pas une réalisation optimale des objectifs poursuivis. En 1998, seulement deux des dix bornes fontaines municipales attendues étaient fonctionnelles à Bafang, et les ateliers de compostage, encore en expérimentation, ne pouvaient traiter toutes les ordures ménagères de la ville. Sans doute, la ville de Bafang étant administrée par des conseillers municipaux issus du parti de l'opposition parlementaire, les autorités publiques, généralement acquises au parti au pouvoir, se hâtent-elles lentement de finaliser des projets d'aménagement urbain dans cette localité où la population soutient politiquement l'opposition.

A Yaoundé en 1992, les Volontaires du progrès participent à un projet-pilote de construction et d'aménagement de bornes fontaines publiques[481]. Le but de l'opération est de mettre en place une gestion alternative des services publics (en collaboration avec les ONG locales, les services techniques municipaux, les associations de quartiers) pour suppléer aux carences des municipalités dans le traitement et la distribution de l'eau potable. En 1994, dix des vingt bornes fontaines prévues sont construites à Yaoundé IV. La participation des VP à ce projet s'achève en 1995, laissant pendant le problème d'approvisionnement de la population de Yaoundé IV en eau : la majorité des habitants n'a pas accès au réseau de distribution d'eau courante et les bornes fontaines sont éloignées des habitations. C'est ainsi que de nombreux habitants des bas-fonds marécageux se ravitaillent aux points d'eau traditionnels (puits, sources) où les risques sanitaires s'aggravent avec la densification de l'habitat.

Comment traiter ces points d'eau traditionnels et proposer aux populations une eau potable ? L'AFVP entreprend ainsi en 1996 à Yaoundé IV, en collaboration avec des bailleurs de fonds occidentaux et des ONG locales, de réaliser des aménagements tests, d'étudier les modalités de financement local et d'intégrer ce type d'ouvrage dans les programmes des services publics camerounais chargés de la gestion et de la distribution de l'eau dans les zones péri-urbaines[482]. Mais l'opération a connu une issue mitigée, l'expérience de Yaoundé IV n'ayant pu être élargie dans d'autres localités de la ville.

A Bamenda, les Volontaires du Progrès participent dès avril 1995 au programme FOURMI[483]. Ce programme soutient des initiatives locales,

---

481 - Les partenaires du projet sont : la Communauté urbaine de Yaoundé, la Commune urbaine de l'arrondissement de Yaoundé IV, le MINUH, le MINAT, l'AFVP, la SNEC.

482 - Les partenaires de ce projet sont : l'AFVP, la SNEC, la mairie de Yaoundé IV, le CASS (Centre d'animation sociale et sanitaire) et l'ENSP (Ecole supérieure polytechnique de Yaoundé).

483 - FOURMI = Fonds aux organisations urbaines et aux micro-initiatives. Les partenaires de ce projet sont : le GRET, le MINEFI (Ministère des finances), les ONG locales, la communauté urbaine de Bamenda, l'AFVP.

notamment en matière d'assainissement et d'adduction d'eau potable. Les VP engagés dans ce programme constatent que les demandes des populations ne se limitent pas seulement aux micro-réalisations ou à l'aménagement d'une zone, mais expriment davantage un besoin d'appui à la gestion municipale. L'AFVP s'engage ainsi dans une opération de soutien aux « projets de développement communal ». Cette démarche novatrice consiste à soutenir les communes des villes secondaires ou les communes urbaines d'arrondissement en vue d'améliorer les compétences des acteurs économiques, institutionnels, associatifs ou autres. Ce travail d'appui de l'AFVP se propose les objectifs suivants : renforcer les capacités de maîtrise d'ouvrage des collectivités locales ; former des équipes municipales à la gestion urbaine, identifier des actions prioritaires, formuler des stratégies alternatives de développement urbain ; favoriser l'émergence et l'émulation de maîtres d'œuvre locaux (appui méthodologique aux bureaux d'études, soutien aux PME locales) ; renforcer les capacités de gestion des acteurs économiques locaux ; favoriser le développement des compétences des acteurs de la société civile et les aider à se structurer[484].

Bamenda, capitale de la province anglophone du Nord-ouest, c'est également le siège du SDF. Les conseillers municipaux avec qui les VP élaborent et exécutent les projets d'aménagement urbain proviennent surtout du SDF, mais leur activité est subordonnée aux décisions du délégué du gouvernement, sorte de « *super-maire* »[485] nommé par le pouvoir exécutif. Finalement, le projet d'assainissement et d'adduction d'eau à Bamenda a connu une issue mitigée, les conseillers municipaux et le délégué du gouvernement se livrant en permanence une lutte d'influence pour en contrôler les dividendes politiques. D'où la réflexion : quelle est la portée effective des projets d'aide entrepris par les associations de volontariat dans un contexte local où toutes les décisions administratives sont prises par les représentants nommés du pouvoir exécutif ? Au demeurant, le centralisme jacobin qui soumet les conseillers municipaux à la tutelle administrative des délégués de gouvernements constitue un frein à la réalisation optimale des programmes d'aide au développement.

L'absence d'une réelle volonté politique, la gestion opaque des crédits, le faible engagement des collectivités locales (lassitude des populations ou rejet de tout modèle de développement contrôlé par les « *gens d'en haut* ») constituent autant d'entraves que les associations de volontariat ne peuvent seules surmonter. Pourtant, les programmes d'aide aux populations ne peuvent être efficients que dans un contexte où lesdits programmes sont élaborés et exécutés par les populations locales elles-mêmes ou leurs représentants régulièrement élus – et non nommés. En d'autres termes, la décentralisation est une condition essentielle pour la réalisation efficiente des projets de développement à caractère local ou régional. Cette nécessité, reconnue et affirmée au Cameroun par la loi fondamentale, tarde

---

[484] - AFVP : Rapport annuel d'activités 1996, pp. 16-17.
[485] - Cette formule humoristique est de Jeune Afrique, n° 2 100, du 10 au 16 avril 2001, p. 16.

d'être mise en œuvre, entravant la réalisation des programmes d'appui aux communes.

En effet, la constitution du 18 janvier 1996 dispose clairement à l'article 55, § 2 que :

« *Les collectivités territoriales décentralisées jouissent de l'autonomie administrative et financière pour la gestion des intérêts régionaux et locaux. Elles s'administrent librement par des conseils élus et dans les conditions fixées par la loi* ».

La loi ci-dessus visée distingue trois types d'administration municipale :

- Les communes urbaines et rurales, dirigées par un conseil municipal et un maire élus. Elles sont environ 320 des 336 communes du pays ;
- Les communes à régime spécial. Ce sont les communes urbaines des grandes villes : Garoua, Maroua, Limbe, Bamenda, Nkongsamba, Ebolowa, Kumba, Edea et Bafoussam ;
- Les communautés urbaines de Douala et Yaoundé.

Les communes à régime spécial ainsi que les communautés urbaines ont chacune un conseil élu, un président du conseil également élu, tous placés sous la tutelle administrative d'un délégué du gouvernement nommé par décret présidentiel. Très souvent dans ces grandes villes, des conflits d'autorité entre le maire et le délégué du gouvernement constituent une entrave à la bonne gestion de la commune[486]. Le maire et les conseillers municipaux issus des urnes ne peuvent appliquer les programmes de gestion municipale pour lesquels ils ont été élus, l'essentiel des ressources financières de la commune étant administré par le délégué du gouvernement, « *super-maire* » nommé par le pouvoir exécutif. Mamadou Gazido affirme à juste titre qu'au Cameroun, « *le pouvoir a remplacé d'autorité certains maires issus de l'opposition par des délégués du gouvernement* »[487]. Dans ce contexte, les difficultés des communes ne sont pas simplement conjoncturelles, elles sont surtout structurelles. En d'autres termes, les difficultés que doivent surmonter les communes au Cameroun ne sont pas uniquement de nature économique (les communes manquent de ressources pour financer leurs projets) ; les difficultés sont également de nature politique et administrative : les conseillers municipaux élus n'ayant pas accès aux ressources financières de la commune, se retrouvent de facto placés sous la tutelle du délégué du gouvernement nommé par décret présidentiel. Ainsi, la décentralisation des

---

486 - Nja Kwa (maire de la commune d'arrondissement de Douala 1er, membre du SDF) affirme : « *La mairie de Douala 1er, comme d'ailleurs toutes les mairies d'arrondissement, dispose de conditions d'existence extrêmement précaires, et mieux, n'existe que sur papier puisque n'ayant aucune fondation. (...) La communauté se substitue systématiquement aux mairies d'arrondissement avec lesquelles elle entretient des relations bancales* », in Le Messager, 18-20 juillet 2001, sur Internet : http://wagne.net/messager/messager/0701/18-20/douala.htm.

487 - Lire Mamadou Gazido, in Internet : http://perso.club-internet.fr/jassamo/cameroun2.htm.

collectivités territoriales reconnue dans les articles 55 à 62 de la loi fondamentale[488] n'a pas été effective, dans un contexte politico-administratif où l'allocation des ressources de l'Etat est marquée par les débats récurrents entre « *autochtones* » et « *allogènes* ».

Dès lors, s'interroge Louis Lhopital, « *lorsque l'AFVP affirme travailler en partenariat avec les populations locales, où est-ce qu'on en est ?* »[489]. Question dubitative qui pose *in fine*, le problème de la « *légitimité* » des organisations de solidarité internationale, autant qu'elle pose également le problème de l'« *engagement* » de ces organisations dans les choix de société dans les pays où elles interviennent. De fait, dans les pays du Sud où se déploient leurs activités, les ONG occidentales font parfois face au dilemme suivant : ou bien participer aux programmes de développement pour lesquels leur aide a été sollicitée, et se taire, ou bien interroger et remettre en question les mécanismes *néopatrimoniaux* de gestion des collectivités locales, mécanismes qui génèrent la pauvreté et empêchent les opérations d'aide d'atteindre les couches les plus défavorisées de la population. La marge d'action des ONG est certes étroite, entre apolitisme et activisme. Quoi qu'il en soit, l'effort d'amélioration des conditions de vie des populations marginales resterait vain, s'il n'était parallèlement associé à la perspective d'un changement social. Certes, les modes d'action des ONG ne sont pas en eux-mêmes *conservateurs* ou *progressistes*, mais ils visent *in fine* à augmenter la connaissance qu'une société peut avoir d'elle-même et à améliorer, par conséquent, la possibilité qui lui est ainsi offerte de se transformer. Dans cette perspective, James Douglas estime qu'en plus des prestations de biens et services, les organisations de volontariat ont vocation à faire de la *policy advocacy*, c'est-à-dire de l'activisme politique[490]. Les questions de décentralisation des collectivités territoriales, du rôle de la société civile dans le processus de développement, des droits économiques et sociaux des populations, des libertés politiques, constituent des exigences qui ne peuvent être éludées dans la problématique de l'aide au développement, sans condamner les organisations de volontariat qui y interviennent à rouler la pierre, tel Sisyphe, au sommet de la montagne[491]. Dans les

---

[488] - Lire *La constitution du Cameroun*, titre x : « Des collectivités territoriales décentralisées », articles 55 à 62, sur Internet : http://www.camnet.cm/celcom/institut/constitu/consti~l.htm.

[489] - Entretien avec l'auteur au siège de l'AFVP à Linas (France), le 13 février 2001. Avant d'intégrer l'Association des Volontaires du Progrès où il est chef de service expertise et prospective à la direction des programmes, Louis Lhopital a été, dans les années 1980, ingénieur d'une entreprise privée dans le programme d'aménagement urbain de la zone Nilon à Douala.

[490] - James Douglas, "Political theories of nonprofit organizations", in Samuel Paul et Arturo Isreal (éd.) : Non-governmental organizations and the World bank : Cooperation for development, Washington D.C., The World bank, 1991.

[491] - Le Messager affirme qu'en l'absence d'une remise en cause des mécanismes structurels qui génèrent la pauvreté dans les pays en développement, les programmes de lutte que préconise la Banque mondiale pour réduire la pauvreté se condamnent à n'être que des «*miroirs aux alouettes*» ; lire Le Messager du 17 juillet 2001, sur Internet : http://wagne.net/messager/messager/0701/17/atv.htm.

pays en développement ou les mouvements sociaux, les syndicats, les coopératives, bref les pays où les organisations de la société civile, lorsqu'elles existent, n'ont pas de réel pouvoir d'action, l'action des organisations de volontariat peut constituer un facteur de changement social – pourvu que ces organisations soient considérées uniquement comme des appoints et non comme panacées à tous les maux du sous-développement.

L'AFVP s'est certes émancipé depuis le début de la décennie 1980 de la tutelle des pouvoirs publics donc elle tirait l'essentiel de ses ressources, ses partenaires financiers sont diversifiés, la doctrine d'intervention de l'Association a connu une certaine évolution, notamment dans le sens d'une mise en relief du besoin du changement social dans la conception et l'exécution des programmes de développement. Dans le *Plan stratégique 2000-2002*, Alain Vivien, président de l'AFVP, affirme, de manière certes circonspecte : « *Un volontaire peut accompagner un processus de décentralisation et initier une réflexion sur la citoyenneté et la démocratie* »[492]. Nonobstant cette pétition de principe, la politique d'intervention de l'AFVP en Afrique ne s'est totalement émancipé ni des « *structures néo-coloniales* », ni de la « *politique du pré carré* ». Ceci explique, au moins en partie, que nombre d'activités n'aient pas atteint les objectifs initiaux. Cela amène également à considérer avec nuance, ce que le président de l'Association qualifie de « *soutien de l'AFVP à la mise en place de la décentralisation* »[493]. Louis Lhopital remarque à juste titre que l'AFVP, le GRET et les autres organismes d'aide impliqués dans la problématique du développement en milieu urbain au Cameroun, n'ont pas été en mesure d'interroger et de remettre en question les mécanismes structurels dans lesquels se déployaient leurs activités[494].

Pour répondre aux exigences de la Banque mondiale et du FMI qui demandent l'adoption de stratégie de lutte contre la pauvreté, les autorités camerounaises ont adopté en août 1999, un Programme national de gouvernance (PNG). Le rapport de la Commission créée à cet effet, s'appesanti sur la décentralisation, en recommandant de

> « *privilégier le mode électif dans le choix des magistrats et conseillers municipaux ou régionaux ; de doter les régions et les communes d'un patrimoine et de ressources humaines propres ; définir clairement les compétences des collectivités territoriales décentralisées ainsi que les modalités d'exercice de ces compétences (...) ; assouplir la tutelle de l'Etat sur les collectivités locales, permettre un contrôle des élus locaux par les citoyens.* »[495]

---

492 - Alain Vivien : Plan stratégique 2000-2002, Montlhéry cedex, Ed. AFVP, 1999, p. 4.

493 - Alain Vivien, op. cit., p. 7.

494 - Entretien avec l'auteur , 13 février 2001.

495 - Lire « *Mémorandum sur la bonne gouvernance et les droits de l'homme au Cameroun* », octobre 2000, sur Internet :

Joli programme ! Dans sa formulation tout au moins, ce programme national de gouvernance propose un changement radical des coutumes institutionnelles du Cameroun. Il envisage

> « *une nouvelle stratégie de développement dans laquelle l'Etat ne sera plus cette structure hiérarchique et interventionniste qui réduisait les citoyens en simples exécutants et de qui on attend tout. Il devra devenir un Etat facilitateur, qui se met en rapport avec les autres groupes, en qualité de partenaire* »[496].

Commentaire sceptique de *Wagne* :

> « *On espère que le Plan national de gouvernance ne connaîtra pas le même sort que le Plan national de gestion de l'environnement (PNGE) adopté il y a plus de dix ans, mais qui, à ce jour [août 1999] dort tranquillement dans les tiroirs* »[497].

En effet, depuis l'adoption du programme national de gouvernance, le gouvernement a rendu public de nombreux memoranda sur « *la bonne gouvernance et les droits de l'homme au Cameroun* ». En principe, ces memoranda « *privilégient les élections comme mode de désignation des responsables, tant au niveau communal qu'au niveau régional* »[498]. Nonobstant ces déclarations de principe, les communes des grandes villes sont administrées par des « *super-maires* » nommés par le pouvoir exécutif.

Des éléments de résilience ne peuvent provenir du Fonds d'équipement intercommunal (FEICOM), association des maires du Cameroun. Selon le journal Le Messager, les pouvoirs publics recourent au « *noyautage* » pour obtenir l'assujettissement du FEICOM[499]. De plus, cette association des maires gère un important budget, d'où « *la convoitise du gouvernement qui ne cache pas ses ambitions de contrôle d'un FEICOM devenu très important* »[500].

Devant l'étonnante capacité qu'ont les autorités africaines à énoncer de grandes professions de foi sur les réformes institutionnelles, sans réellement céder de prérogatives aux collectivités décentralisées, Sylvie Brunel avait formulé cette remarque critique :

> « *Au-delà des grandes déclarations, énoncées la main sur le cœur, aux experts de la Banque et du Fonds, au-delà des programmes très*

---

http:www.spm.gov.cm/grands_dossiers/govnance/documents/memorandum_f.htm ; lire également « *Bonne gouvernance : le gouvernement adopte son programme national* », sur Internet : http://wagne.net/devdur/ddh/dddh003.html.

496 - Ibidem.

497 - Wagne, in « *Bonne gouvernance : le gouvernement adopte son programme national* »: http://wagne.net/devdur/ddh/dddh003.html.

498 - « *Mémorandum sur la bonne gouvernance et les droits de l'homme au Cameroun* », op. cit.

499 - Lire Le Messager, 17 juillet 2001, sur Internet : http://wagne.net/messager/messager/0701/17/atv.htm.

500 - Le Messager, op. cit.

*méthodiques, adoptés sur le papier et solennellement annoncés dans les journaux, la politique d'ajustement structurel consiste surtout à un ajustement...des discours* »[501].

D'où la question : est-ce que ce comportement des autorités africaines n'arrange pas les institutions internationales pourvoyeuses de fonds, ainsi que les Etats occidentaux qui les parrainent ? Sinon comment expliquer leur silence face au non-respect des différents accords, notamment sur la bonne gouvernance.

Ne pouvant travailler en partenariat avec les représentants élus des collectivités décentralisées, les organisations de volontariat se trouvent ainsi engluées dans une mécanique perverse où l'argent de l'aide sert parfois à entretenir ce que Jean-François Médard qualifiait de « *structures néo-patrimoniales de l'Etat* »[502], sans parvenir aux couches les plus nécessiteuses de la population. D'où cette réflexion désabusée de Louis Lhopital :

« *Au cours des années 1990, l'AFVP a participé à la gestion de nombreux projets urbains au Cameroun. Ces opérations ont connu une issue mitigée(...) L'Association aurait dû être plus exigeante dans le choix et le contrôle des partenaires locaux ; de même, elle aurait dû se positionner de façon plus précise entre les institutions étatiques et les organisations de la société civile* »[503].

Autre ambiguïté, parmi plusieurs, qui prévalent dans la conception et l'exécution des projets d'aide des associations de volontariat, projets pourtant placés sous le signe du *partenariat*. Ces ambiguïtés sont liées à toute « *participation* » à un développement édicté par « *les gens de la capitale* », à toute « *légitimité* » des « *super-maires* » nommés par le pouvoir exécutif et qui sont parfois en conflit avec les conseillers municipaux élus. Autant de zones grises qui engluent très souvent les organismes de volontariat dans des opérations de type « *top to bottom* », c'est-à-dire des projets conçus et élaborés par les bailleurs de fonds et parfois en collaboration avec les autorités publiques des pays du Sud, compte non tenu des spécificités et des besoins réels des populations locales.

## V. LA SANTÉ COMMUNAUTAIRE

En 1978 à Alma Ata, l'OMS se fixe comme objectif, la « santé pour tous en l'an 2000 ». Les principes de cette nouvelle politique dite de « soins de santé primaires » sont principalement la décentralisation des soins de santé, la multiplication des centres de soins et la participation des populations à l'effort de

501 - Sylvie Brunel : Le gaspillage de l'aide publique, Paris, Seuil, 1993, p. 75.
502 - Jean-François Médard, op. cit.
503 - Entretien avec l'auteur le 13 février 2001.

santé. Effectivement de nombreuses « cases santé » furent ouvertes, des agents de santé communautaire et des matrones formés pour dispenser des soins de base à la population.

Après quelques années pourtant, des lacunes apparaissent dans le système. Les « cases santé » sont abandonnées, pour deux raisons essentielles : d'une part les difficultés de mobiliser les populations autour de l'agent de santé communautaire insuffisamment formé, peu rémunéré et ayant un faible niveau de prestation des soins ; d'autre part, une absence de supervision. En somme, l'expérience d'un système de santé totalement tourné vers la communauté aboutit à un constat de semi-échec.

Au cours des années 1985-89, sur l'initiative de l'UNICEF et de plusieurs ONG, s'organise une réflexion à partir d'expériences menées dans le delta du fleuve Niger. Celle-ci donnera lieu à une réorganisation de la politique de soins de santé primaires dite « Initiative de Bamako », avec son corollaire qui est le « recouvrement des frais ». Dès 1989, le Cameroun en adopte les grands principes, qu'on pourrait ainsi résumer : décentralisation des services publics de la santé selon un découpage géographique qu'accompagne une pyramide sanitaire de différents plateaux techniques. Cette année également, l'AFVP restructure ses interventions dans le domaine de la santé communautaire, suivant les nouvelles orientations de la politique nationale. Dans cette perspective, un accord-cadre est signé avec le Ministère de la santé publique en avril 1990, accord-cadre qui explicite les modalités d'intervention des volontaires en matière de santé. Au terme de cette convention, les actions des VP en santé se situent à trois niveaux :

* En appui au projet de la Coopération française au nord Cameroun sur un vaste programme de réorientation d'une province sanitaire. Cette opération, initiée en décembre 1991, s'étend sur les départements de la Bénoué, du Faro et du Mayo Rey. Elle vise à favoriser l'accès aux soins préventifs et curatifs, de même qu'elle se propose d'améliorer la couverture sanitaire de la province. L'AFVP vient en appui principalement à la maîtrise d'œuvre dans la composante « soins de santé primaires », et plus modestement aux activités d'ouverture des centres de santé. A Garoua, Bibémi ou Touboro, la participation des volontaires à la formation et à l'encadrement du personnel des centres de santé est significative. Les problèmes de santé des populations dans cette région ne sont pas pour autant tous résolus, loin s'en faut. La « participation communautaire » n'est pas toujours acquise. Sur le district de santé de Poli, localité infestée d'onchocercose et où les maladies parasitaires sévissent de manière quasi endémique, le rapport d'activités affirme :

« *Cette zone est difficile tant par son enclavement que par sa population très traditionaliste, qui n'accepte guère le système sanitaire mis en place. Des problèmes de mésentente avec l'équipe médicale ont amené la volontaire à suspendre son activité dans ce département* »[504].

[504] - AFVP : Rapport annuel d'activités 1996, p. 32.

L'action entreprise en 1989 dans le département du Nyong et Mfoumou (Centre) couvre les arrondissements d'Akonolinga, Ayos et Endom. L'AFVP est maître d'œuvre dans l'opération de mise en place de seize centres de santé « cofinancés et cogérés ». En octobre 1994, date du retrait des volontaires du progrès de ce projet financé par le FAC, onze centres de santé intégrés, cofinancés et cogérés sont ouverts, de même qu'un dépôt départemental de médicaments essentiels pour l'approvisionnement du centre fonctionnel à Akonolinga.

Des problèmes restent pourtant non résolus. Notamment, la compétence et la probité des comités de gestion des centres de santé ne sont pas toujours acquises. « *Des détournements sont constatés dans plusieurs centres à différents niveaux* »[505]. Certains centres, ayant un faible taux de fréquentation, connaissent des déficits : les rentrées de recettes ne compensent pas les charges fixes. De plus, le système dit de « recouvrement des coûts » est très dépendant du niveau de revenu des familles. Or depuis le milieu des années 1980, le niveau de revenu des populations, surtout en milieu rural, est allé decrescendo. Les années 1993-94 sont significatives à cet égard : réduction de 70% du salaire des fonctionnaires et agents de la Fonction publique, chute des recettes à l'exportation des matières premières, dévaluation de 50% du franc CFA. Il s'en est suivi une baisse mécanique du taux de fréquentation des centres de santé[506], sans que l'on constate une amélioration des prestations des guérisseurs traditionnels qui ont eu un regain d'activités. Tout au plus constate-t-on une prolifération de médicaments frelatés écoulés en contrebande par le Nigeria. « *Le gouvernement ne contrôle pas la qualité des médicaments vendus aux populations* »[507], disent les uns. « *Il laisse faire les feymen qui écoulent les médicaments frelatés* », affirment les autres. Il est vrai qu'au Cameroun tout peut être truqué, même des produits pharmaceutiques. « *Pourquoi ne pas saisir les tribunaux pour connaître des cas de vente de médicaments frelatés* », demande-t-on aux populations qui s'approvisionnent sur les bords du trottoir. Les réponses à cette question sont variées, mais traduisent toutes une certaine ignorance par les populations de leurs droits vis-à-vis des marchands véreux. La réalité également, c'est que les services du ministère de la Santé publique ne disposent pas de moyens techniques et financiers permettant de contrôler en permanence la qualité des flots de médicaments vendus sur le territoire national. Outre l'impact négatif de cet état de fait sur la santé des populations, c'est aussi la pérennité du système (Initiative de Bamako) qui est mise sur la sellette[508].

---

505 - AFVP : Rapport annuel d'activités 1992, p. 47.

506 - Le Rapport du PNUD sur le Développement humain (1998) montre qu'au Cameroun, 85% de la population est privée de l'accès aux services de santé. Lire « La pauvreté au Cameroun : Le rapport du PNUD », disponible sur Internet : http://www.wagne.net/devdur/ddh/ddd007.htm.

507 - Propos recueillis par l'auteur, lors d'entretiens avec les populations qui viennent s'approvisionner au lieu dit "Gazon", quartier du marché central de Douala où les médicaments se vendent sur des étalages ou sur le trottoir.

508 - Dans son *Discours à la nation* du 31 décembre 2000, le Président Paul Biya a annoncé la création d'« *une Centrale nationale d'approvisionnement en médicaments essentiels [qui] devrait mettre à la*

* Action en appui au programme de lutte contre le sida dans la province du Nord. Cette opération, entreprise en septembre 1995, est financée par la Mission française de coopération et d'action culturelle. Elle vise à prévenir la transmission de MST-sida dans le Nord, en divulguant des informations et conseils pratiques au plus grand nombre, en facilitant l'accès au test de dépistage et en vulgarisant les points de vente de préservatifs. En 1996, un centre d'information et documentation est opérationnel à Garoua, des supports pédagogiques sont réalisés, de même qu'il est créé à Mbaïboum, un centre de santé qui deviendra à terme un centre relais pour un programme d'IEC-sida[509].

* Participation aux travaux de recherche/action avec différents partenaires sur les modes d'appui au personnel de santé. En 1996, cette opération portait sur :

- L'économie de la santé : élaboration d'un guide méthodologique sur l'évaluation des systèmes de financement et de gestion des services de santé du district ;
- La participation communautaire dans le système de « recouvrement des coûts » préconisé par l'initiative de Bamako, ainsi que le rôle des comités de santé dans la vie des centres de santé ;
- La place du médicament dans les politiques de santé[510].

## VI. DE LA GESTION DES RESSOURCES HUMAINES

Septembre 1995, Jérôme Bruckmann, ingénieur en développement rural, arrive au Cameroun, pour un contrat de deux années à l'AFVP. Particularité : c'est un coopérant du service national[511] ; il a sans doute choisi le volontariat, pour échapper à la contrainte des casernes[512]. Envoyé au Cameroun pour coordonner un programme d'étude des organisations paysannes dans la région de Maroua, Jérôme Bruckmann connaît des désappointements à son arrivée. En effet, les négociations avec les bailleurs de fonds et les autres partenaires du projet n'ont pas encore abouti. Cela veut dire que le VP doit « *rester un certain temps à Yaoundé* »[513], pour

---

*portée de tous, les thérapeutiques courantes* », in "Message de fin d'année à la nation", sur Internet : http://www.camnet.cm/discours/discours.htm. Nul doute que si ce projet se réalise, il permettrait de pourvoir les populations en médicaments de première nécessité (nivaquine, pommade ophtalmique, etc.), autant qu'il limiterait l'écoulement des médicaments frelatés vendus en contrebande.

509 - IEC = Information / éducation / communication sur le sida.

510 - AFVP : Rapport d'activités 1996, pp. 30-31.

511 - Les Volontaires du service national (VSN) sont des jeunes qui choisissent, comme la loi les y autorise, d'effectuer le service national sous une forme autre que militaire : œuvre sociale, volontariat, etc. L'AFVP est habilitée à en recruter, à condition qu'ils acceptent les conditions de recrutement et d'action de l'Association. Enfin, les fonctionnaires de tous les corps de l'Etat (français) peuvent envisager un « détachement comme volontaire » auprès de l'AFVP.

512 - Jérôme Bruckmann a décrit son expérience iconoclaste dans un rapport intitulé *Parcours d'un VP sans projet*, Yaoundé, 1996, Ed. AFVP.

513 - Jérôme Bruckmann, op. cit., p. 7.

« *lire des revues et des livres sur le développement* »[514]. L'envie de travailler en Afrique avait mûri en lui depuis son jeune âge, affirme-t-il du reste. Est-ce le volontariat dont il avait rêvé ?

> « *J'étais venu travailler avec des paysans africains et je me retrouvais en pleine capitale, dans un monde d'expatriés aux mentalités citadines* »[515].

Avait-il rêvé de villages paisibles, de conversations sous le baobab, dans une paix rustique ? Finalement, « *ne pouvant plus rester entre les quatre murs du bureau à Yaoundé* », il demande une affectation à Garoua, où son activité se limite à « *une recherche bibliographique sur le grand nord Cameroun* ». Le Programme d'étude des organisations paysannes du nord Cameroun n'ayant pu être opérationnel, le « *volontaire sans projet* », contraint de « *chercher l'emploi* », n'a pas réussi à se « *mettre à la disposition des ONG locales* ».

L'expérience de ce « *volontaire sans projet* », venu au Cameroun pour coordonner un programme d'étude des organisations paysannes dans la région de Maroua, et contraint de « *chercher lui-même de l'emploi* » auprès des structures locales de développement, permet d'examiner à nouveaux frais, certains attributs dont se prévalent les organisations non gouvernementales. En général, les ONG se présentent de la manière suivante : elles possèdent un mode de fonctionnement souple et dynamique, des structures d'organisation efficaces, un système de régulation qui permet à la base de participer aux décisions de la hiérarchie.

Pourtant, observe Claude Lefort, « *il semble que tout ne soit pas aussi harmonieux* »[516]. De fait, à l'observation, il apparaît que les organisations non gouvernementales, même à leur insu, n'échappent pas au mode de fonctionnement bureaucratique. Il en est ainsi, car leurs structures, comme celles d'autres organisations, sont de type hiérarchique et pyramidal. En d'autres termes, en dépit de leur volonté d'adopter des modes de fonctionnement souples, flexibles et non bureaucratiques, les ONG n'échappent pas à la logique autoritaire dans leur processus de prise de décisions et de gestion des programmes de développement. De plus, au sein de ces organisations, la « *logique de carrière* » l'emporte parfois sur la « *logique de l'efficacité* » dans la gestion des projets. Ainsi, remarque Jérôme Bruckmann, que les programmes d'aide atteignent les objectifs ou non,

> « *les responsables de l'AFVP et leurs partenaires conservent toujours leur place. Pour eux, il ne s'agit que de quelques dossiers bloqués ou en situation d'échec* »[517].

Finalement, ne pouvant exécuter le programme de développement rural pour lequel il avait été recruté à l'AFVP, sa « *présence étant devenue superflue* » dans les « *bureaux de Yaoundé* », Jérôme Bruckmann va demander la résiliation de son

---

514 - Ibidem, p. 9.
515 - Ibidem, p. 9
516 - Claude Lefort : Quelle coopération ? Un bilan de l'aide au développement, Paris, Karthala, 1988, pp. 57-61.
517 - Jérôme Bruckmann, op. cit., p. 19.

contrat de volontaire et rentrer en France en juillet 1996, après dix mois d'errance au Cameroun. Au terme de son rapport-bilan il note, avec amertume : « *Je pars du Cameroun déçu* ». Déçu de n'avoir pu mettre ses compétences au service du développement des collectivités rurales, de n'avoir pu réaliser le projet pour lequel il était venu au Cameroun. Il a bien sûr « *apprécié ce pays africain et ses habitants* » ; son expérience de "*volontaire sans projet*" lui a certes enseigné les vertus de la « *patience* », mais, dit-il au terme de ce parcours singulier, « *j'espère que l'AFVP tiendra compte de cette expérience car, même si j'ai beaucoup appris pendant cette période, je ne souhaite à personne ce genre de volontariat* ».

Autre ambiguïté, parmi cent, qui prévalent dans la conception et le suivi des projets des Volontaires du progrès.

## CONCLUSION DU CHAPITRE

A la fin de la décennie 1980, les Camerounais font face à une grave crise économique. La politique d'« ajustement structurel » préconisée par les institutions de Bretton Woods pour restaurer les capacités financières de l'Etat comporte bien une « dimension sociale », destinée à préserver les couches sociales les plus défavorisées des conséquences néfastes de l'ajustement. Mais l'aggravation de la crise économique a annulé les effets escomptés de la politique d'ajustement, et le pouvoir d'achat de la population s'est inexorablement détérioré. Les paysans ruraux, agriculteurs, artisans ou gens de petits métiers sont les principales victimes de cette détérioration. Le village ne parvenant plus à nourrir le paysan, d'importants flux d'exode, surtout parmi les plus jeunes, viennent gonfler le nombre de chômeurs ou de sans-emploi dans les villes. Il est vrai, en termes de revenus et de pouvoir d'achat du petit peuple, la vie dans les villes camerounaises « *n'avait jamais été très gaie* »[518]. Ces grandes métropoles sont elles aussi laminées par la crise. Les jeunes déscolarisés et sans emploi qui s'y déversent vivent d'expédients, et le taux de la délinquance s'accroît d'autant.

La récurrence de ces difficultés a amené les associations de participation au développement à définir de nouvelles stratégies d'intervention. Au cours de la décennie 1980, la méthode du développement rural intégré, de la participation aux projets des sociétés nationales de développement et d'investissement dans les soins de santé primaires a connu un certain succès. Mais la crise a assombri les prévisions. L'Etat s'est progressivement désengagé et les sociétés de développement, lorsqu'elles subsistent, sont dotées de faibles capacités d'action.

Au cours des années 1990, l'essentiel des opérations VP est orienté vers le monde rural. La préservation des ressources naturelles, l'appui à la structuration des filières de production, le soutien à l'organisation du monde paysan, la

[518] - Mongo Beti : La France contre l'Afrique. Retour au Cameroun, op. cit., p. 63.

promotion d'opérateurs économiques constituent quelques axes structurants de la stratégie d'intervention des volontaires en milieu rural. A partir de 1990 également, la problématique d'une croissance urbaine souvent mal maîtrisée, les difficultés liées à la gestion de l'environnement urbain ont amené les volontaires à prendre pied en ville. Le soutien à l'organisation du secteur artisanal à Douala-Nylon, les opérations hydrauliques périurbaines à Yaoundé IV, la participation au programme de réorientation de la politique de santé publique à Garoua constituent quelques axes de cet engagement dans le développement du secteur urbain.

En zone rurale aussi bien qu'en zone urbaine, la démarche de l'AFVP n'est plus tant la « *participation aux projets* » que l'« *accompagnement* » des initiatives communautaires. Dans les années 1980 en effet, les projets de développement s'intègrent dans les plans des sociétés nationales de développement. Toutefois, nonobstant les résultats positifs de certains projets, la politique de participation à de fabuleux projets des sociétés nationales de développement a abouti à une impasse. Détachée de la réalité locale que domine une « *corruption généralisée* »[519], l'aide a quelquefois profité en priorité aux élites urbaines qui présentent la caractéristique d'être solvables : ayant un pied en ville pour les affaires ou la politique et l'autre au village dans l'exploitation agricole, ces élites n'affrontent pas le dilemme culture de rente/culture vivrière. Les pauvres ruraux, qui sont, en principe du moins, destinataires des projets de sociétés nationales de développement, doivent gérer les superpositions de cultures, avec des rendements bas. Dans un tel contexte, les volontaires ne pouvaient continuer à pratiquer une coopération de « *substitution* » ou de « *renflouement* ».

Avec l'émergence de groupes locaux qui acquièrent de plus en plus leur autonomie, se profilent des projets de type nouveau dont les ONG occidentales ne sont plus les initiatrices, mais à qui il est demandé une participation différente. Le volontaire est amené non plus à susciter, mais à accompagner les démarches de développement des populations. En principe, ce sont les groupements du Sud qui interpellent désormais les associations du Nord. Les pays du Sud ne manquent pas de cadres compétents et bien formés. Mais ces cadres (bureaux d'études, PME, etc.) n'ont pas toujours les capacités de travail, tout au moins dans une perspective de projet.

Ainsi à partir de 1990, les volontaires se donnent des objectifs certes plus modestes, mais réalistes. La démarche d'accompagnement des initiatives économiques les met plus en phase avec les nouvelles demandes qui s'expriment. Mais l'aggravation de la crise économique et la pauvreté rampante rendent les effets de cette démarche moins perceptibles auprès des populations. De plus, la baisse des ressources de l'AFVP a contraint l'Association à limiter son champ d'action, à supprimer les implantations excentriques et celles situées dans les zones

---

[519] - Pierre Péan : L'argent noir : Corruption et sous-développement, Paris, Fayard, 1988.

rurales enclavées et difficiles d'accès. Désormais, elle concentre son action dans les domaines ou les régions où elle pourrait avoir des résultats significatifs. Sans doute les impératifs de rentabilité vis-à-vis des bailleurs de fonds justifient-ils une telle approche. Dans l'appui aux filières de production par exemple, la structuration des filières « ananas » et « pomme de terre » a connu des résultats probants. L'aide des volontaires a permis aux producteurs de ces filières d'accroître substantiellement leurs revenus. Mais l'essentiel des masses rurales vivant dans les villages enclavés et difficiles d'accès n'est que trop faiblement impliqué dans ces « *filières rentables* ».

# CONCLUSION

## I. ÉVALUATION DES PROJETS

La présente étude s'était proposé d'examiner dans quelle mesure l'AFVP a réussi, pendant près de quatre décennies d'activité, à réaliser le double objectif d'autosuffisance et d'amélioration significative des conditions de vie des populations défavorisées des zones rurales et urbaines du Cameroun. Pour cette évaluation de l'impact des opérations de développement entreprises par les Volontaires du Progrès, nous avons emprunté la technique proposée par les Nations Unies. Une deuxième technique d'évaluation plus simple et plus récente, le *learning process*, devrait nous permettre de combler les insuffisances de la précédente technique.

Cette seconde technique s'inscrit en faux contre le modèle *top-down* qu'appliquent invariablement les organismes gouvernementaux et les donateurs ; elle propose d'interpréter à nouveaux frais les savoirs et les techniques endogènes, de faire droit aux initiatives locales des populations marginales. Cette technique semble appropriée pour évaluer notre objet, car les programmes d'assistance de l'AFVP sont essentiellement des opérations de coopération technique, de même qu'elles soutiennent, dans leur formulation tout au moins, des modes de développement qui encouragent l'autosuffisance et la participation populaire.

Les variables de ces techniques d'évaluation ont été présentées en introduction ; elles doivent à présent être examinées. L'approche préconisée par les Nations Unies propose les variables suivantes : la fonctionnalité du projet, sa conception, son exécution, le personnel impliqué ainsi que la participation populaire.

De même, le *learning process* considère les variables suivantes : qui a initié le projet ? Comment a-t-il commencé ? Comment est-il organisé ? Qui en assure la gestion ? Quelles sont les ressources de base ? Les techniques employées sont-elles exogènes ou endogènes ? Les évaluations sont-elles effectuées par l'organisme d'aide ou bien par les populations locales ?

Nous examinerons d'abord les variables du système des Nations unies[520], avant de recourir au *learning process*.

---

[520] - Lire Peter Oakley (éd.) : Projects with people. The practice of participation in rural development, op. cit.; PNUD : Manuel des programmes et projets, Publications PNUD, 1989 ; V. Ahmed et M.

## I.1. LA FONCTIONNALITÉ

Cette variable sous-tend deux préoccupations essentielles : d'abord la nécessaire formation des populations ou des leaders communautaires, afin qu'ils adoptent et assument les projets ; ensuite, la prise en compte dans les opérations de développement, de la diversité des problèmes auxquels sont confrontées les populations.

Par rapport au premier critère, les premiers détachements des volontaires sont restés trop influencés par l'humanisme français des années 1960 et 70. Suivant cette idéologie, le sous-développement est perçu comme retard à combler par un apport extérieur de techniciens et de capitaux. A la fin de la décennie 1970 toutefois, cette idéologie de développement par « *substitution* » et par « *renflouement* » aboutit à une impasse. Les volontaires ont adopté dès lors une nouvelle approche, dite développement par « *participation* ». Cette approche suppose l'implication effective des populations et des élites communautaires aux diverses phases de conception de projets, de réalisation et de suivi des opérations. L'AFVP a ainsi organisé des ateliers, des séminaires d'imprégnation et de formation des collectivités locales. La méthode dite d'« *accompagnement des initiatives communautaires* » amorcée dès 1990 a davantage souligné le rôle de l'organisation et de la formation permanente des *leaders* villageois, afin de mieux impliquer les populations dans les opérations d'aide. Le soutien aux comités villageois de développement, l'appui à la formation ou à la structuration des coopératives paysannes ou artisanales, la formation des techniciens pour l'exécution ou le suivi des projets hydrauliques ou bien la formation des agents de santé communautaire, participent de cette exigence.

Quant au deuxième critère, celui de la prise en compte par les gestionnaires de projets, de la diversité des problèmes du sous-développement, la démarche de l'AFVP est également évolutive. Au cours des décennies 1960-70, les volontaires interviennent dans divers secteurs de développement : agriculture, santé communautaire, formation, petites infrastructures et hydraulique villageoise. Ces interventions sont multiples, mais dépourvues de cohérence. La politique d'« *occupation de terrain* » multiplie les implantations, mais en l'absence de cohésion, les opérations fournissent de faibles résultats. L'Association est certes dotée d'un « *esprit VP* », mais elle manque d'une doctrine cohérente d'action. L'approche du « *coup par coup* » a montré ses limites.

Après les réformes de la fin des années 1970, la nouvelle stratégie de l'Association vise à articuler les besoins exprimés autour de programmes intégrés de développement. Pour mieux soigner une population, il faut l'éduquer à

---

Bamberger : Monitoring and evaluating development projects. The south asian experience, Washington D.C., Publications Banque mondiale, 1990 ; Warren C. Baum : Le cycle des projets, Washington D.C., Publications Banque mondiale, 1990.

l'hygiène et à la prévention ; il faut également lui assurer les conditions d'une alimentation riche et équilibrée ; cette alimentation est elle-même dépendante d'une politique agricole qui ne privilégie pas les cultures de rapport au détriment des cultures de consommation. D'où la nécessité d'adopter des programmes d'aide qui intègrent divers aspects du développement. A partir de 1979, quelques opérations de substitution demeurent, mais l'essentiel des interventions des volontaires s'articule autour de deux principaux axes structurants : le développement rural intégré d'une part et la participation aux projets des sociétés nationales de développement d'autre part.

A partir de la fin des années 1980 toutefois, le démantèlement progressif des sociétés nationales de développement[521], l'aggravation de la crise économique et la diminution constante des ressources de l'Association n'ont pas permis aux volontaires de réaliser avec succès leurs missions d'aide au développement.

Au demeurant, des efforts quant à la formation des paysans et leaders villageois ont été faits, de même que l'adoption de programmes de développement intégrés a constitué l'une des priorités des volontaires, notamment depuis le début de la décennie 1980. L'issue des opérations montre cependant que, si les Volontaires du progrès ont atteint quelques résultats positifs, ils ont en revanche à peine approché l'objectif d'autosuffisance des populations rurales. Malgré elle, l'Association était relativement « *top-down* », sans doute héritière de la politique coloniale de développement. Dans le *Plan stratégique 2000-2002*, Alain Vivien, président de l'AFVP, estime que le « *top to bottom model* » est une pierre d'achoppement qui a parfois entravé l'efficacité de l'Association :

> « *Pendant longtemps on a pu considérer que le traitement des dysfonctionnements socio-économiques reposait principalement sur la mobilisation des ressources (financières, réglementaires, humaines...) au profit des bénéficiaires. Utilisées du haut vers le bas (top-down), ces ressources se sont révélées peu productives en termes de développement durable. L'efficacité limitée des formes traditionnelles de l'action sociale, qu'elles soient d'inspiration caritative ou qu'elles mettent en œuvre des dispositifs de compensation, a entraîné leur remise en cause, voire leur disqualification* »[522].

Le modèle « *top-down* » ayant connu des résultats mitigés, Alain Vivien propose à l'AFVP la stratégie du « *feed back* », stratégie qui prend plus en compte la « *participation populaire* » dans la gestion des projets, et qui répond mieux aux nouvelles exigences de l'Association. Si ce changement de stratégie d'intervention devient opérationnel, cela permettra sans doute aux programmes d'aide des volontaires, de mieux répondre aux *desiderata* des populations.

---

521 - Lire Georges Courade : « *Des complexes qui coûtent cher* », Politique africaine, 1984, n° 14, pp. 75-91.

522 - Alain Vivien : Plan stratégique 2000-2002, op. cit., pp. 11-12.

## I.2. LA CONCEPTION DES PROJETS

Suivant cette variable, tout projet d'aide en faveur du monde rural doit être conçu et structuré de manière à permettre à un large éventail possible de populations d'en bénéficier.

Par rapport à cette variable, il apparaît que l'essentiel des opérations des volontaires du progrès, à savoir les opérations d'agro-foresterie, santé communautaire, hydraulique ou petites infrastructures, tendent, tout au moins dans leur formulation, à bénéficier à de larges couches de populations. En dehors de quelques opérations d'assistance technique aux administrations publiques ou diocésaines, l'un des critères de choix des opérations est le large éventail de la population impliquée dans le projet. Au Nord Cameroun, les projets de foresterie auxquels participent les volontaires sont certes modestes au regard de la grande dégradation de la couverture végétale dans cette région. Ces opérations constituent néanmoins une contribution significative au programme de reboisement et de lutte contre l'« avancée du désert ».

Les projets d'infrastructure rurale, de santé communautaire ou d'adduction d'eau potable constituent des freins aux flux de l'exode vers la ville. Ces efforts visent à «*fixer le paysan à la terre* », et à réduire la pression démographique sur les faibles infrastructures urbaines. Dans la Lékié par exemple, les volontaires ont entrepris de nombreux projets d'agriculture et d'animation du monde rural, tant pour réduire l'exode vers Yaoundé qui n'est pas loin, que pour augmenter les capacités de production des populations rurales. Les effets socio-économiques de ces opérations d'aide aux paysans de la Lékié sont importants, si l'on considère par exemple que l'essentiel des aliments consommés à Yaoundé proviennent de cette localité. D'importants flux d'exode de jeunes ruraux de cette région entraîneraient sans doute une baisse dans l'approvisionnement de la capitale en vivres. L'aide des volontaires est modeste mais significative, notamment en matière de structuration des filières de production et d'appui méthodologique aux coopératives de producteurs. De nombreuses filières de production bénéficient de ces appuis/conseils.

Au Nord Cameroun, les données statistiques montrent que le taux de scolarisation de la population est faible. De nombreuses études[523] font état de « fortes proportions de jeunes non scolarisés » dans cette localité, surtout dans les villages enclavés. La participation des volontaires à la construction ou à l'aménagement des écoles permet d'assurer éducation et formation de base aux plus jeunes. Les opérations de la petite hydraulique facilitent l'accès d'importantes couches de la population rurale à l'eau potable, ce qui permet corrélativement de lutter contre les parasitoses et les maladies diarrhéiques. Cette petite hydraulique ne

[523] - Lire Banque mondiale : Cameroun. Diversité, croissance, et réduction de la pauvreté, Washington D.C., Publication Banque mondiale, 1995 ; PNUD : Cameroun. Rapport sur le développement humain, Yaoundé, Ed. PNUD, 1999.

peut bien sûr permettre l'irrigation de vastes plantations, au moins favorise-t-elle l'extension du maraîchage, et les revenus des petits producteurs engagés dans ces filières croissent d'autant. Mais ici également, les objectifs atteints sont modestes. De plus, la stratégie de structuration des filières de production agricole ne profite pas en priorité aux pauvres paysans sans terre ; elle profite surtout aux élites rurales qui ont des terres, ainsi qu'aux élites urbaines qui ont un pied en ville pour les affaires et l'autre au village dans l'exploitation agricole, c'est-à-dire en fait des catégories sociales qui n'ont pas à choisir entre cultures de rente et cultures vivrières, alors que le petit paysan sans terre doit gérer difficilement la superposition des cultures.

La variable "*conception de projet*" préconise également que toute opération d'aide au développement devrait être conçue et appliquée de manière à rendre les populations bénéficiaires, de moins en moins dépendantes de l'assistance des experts extérieurs. L'objectif serait ainsi d'aider les populations à ne plus dépendre des techniciens étrangers tant pour la réalisation que pour le suivi des opérations. Par rapport à cette exigence, l'on constate que sur le terrain, la plupart des projets AFVP sont exécutés par des Camerounais. Au cours des années 1960-70, l'AFVP affectait à chaque opération une équipe de deux ou trois volontaires, composée notamment d'un technicien agricole, d'un mécanicien et d'un technicien en hydraulique. Ils coordonnaient les activités, mais les puits étaient creusés par la population, les champs-pilotes également labourés par la population. Aujourd'hui, des volontaires médecins, ingénieurs et agronomes ont remplacé les «*pionniers aux mains nues* », et la formation des techniciens locaux s'est accrue. A l'AFVP, on parle de «*formation des homologues* », pour assurer le suivi des opérations lors du retrait des volontaires. Dans certains projets, des ONG locales et des coopératives de femmes exécutent toutes les opérations, les volontaires intervenant simplement en appui méthodologique ou en soutien financier.

La variable "*conception de projet*" estime de plus que non seulement le personnel exécutant des travaux doit être local, mais également que l'équipe dirigeante de l'ONG devrait être constituée en priorité de cadres nationaux. Par rapport à cette exigence, l'AFVP a connu d'importantes évolutions. Depuis les réformes de 1979, le Délégué général de l'AFVP n'est plus nommé par les autorités publiques françaises, mais élu par les membres de l'Association – ces membres étant les associations de Jeunesse, les coopératives, les mouvements chrétiens, les associations d'anciens volontaires, des personnalités indépendantes, ainsi que les membres de droit qui proviennent des secteurs publics. Néanmoins, les postes de Délégués régionaux ne sont pas soumis à la compétition. C'est l'Association qui nomme les Délégués régionaux et leurs adjoints affectés en Afrique. Ceux-ci sont essentiellement français. Les volontaires – qui prêtent leurs services à l'Association sans en être membres – sont également français.

Depuis la fin de la décennie 1980, l'Association utilise les services de volontaires européens, notamment allemands. Depuis cette date également, s'est amorcée une politique d'intégration des cadres africains pour, dit-on, « renforcer » les délégations régionales de compétences techniques locales. D'abord timide, cette intégration des cadres africains s'est progressivement étendue.

Toutefois, dans les opérations menées, la dépendance des Camerounais vis-à-vis des experts extérieurs reste permanente. L'essentiel des ressources financières de l'AFVP-Cameroun provient de fonds extérieurs, notamment du FAC et de la commission des communautés européennes. Or celui qui détient le cordon de la bourse contrôle également les opérations. Par conséquent, les opérations de l'AFVP continueront de dépendre de l'évaluation des experts étrangers, aussi longtemps que le gouvernement camerounais et les diocèses, les deux principaux partenaires locaux de l'AFVP, ne pourront augmenter leurs apports financiers, pour participer à égalité à la gestion des opérations. Vœux pieux sans doute, car les difficiles conditions financières qui perdurent, maintiennent étroites leurs marges de manœuvre.

C'est sans doute du côté des acteurs économiques et de ce qui pourrait apparaître comme un embryon de la « *société civile* » camerounaise que des éléments de résilience sont attendus. Est-ce qu'on ne nourrit pas, là aussi, des espoirs difficiles à satisfaire ? La question se pose, lorsqu'on constate les difficultés d'émergence d'une société civile autonome capable de peser d'un certain poids sur les décisions économiques ou les choix de société. Les associations ad hoc créées pour capter la rente de l'aide au développement n'ont rien à voir avec les puissantes organisations de la société civile qui ont pignon sur rue dans les pays occidentaux. Elles n'ont également rien à voir avec les tontines et associations de nature identitaire bien contrôlées. La distinction entre « *argent chaud* » que l'on doit rembourser et « *argent froid* » que l'on peut dilapider sans complexe reste largement dominante[524]. Dans ce contexte, l'AFVP peut faire sienne cette remarque de Georges Courade :

> « *L'aide internationale est donc contrainte de remettre des "Blancs" dans la gestion de secteurs importants ou sensibles et des volontaires se doivent d'être présents partout où sévissent les "courtiers" du développement qui sont les rentiers de ce flux d'argent extérieur qui fléchit* »[525].

---

[524] - G. Bédard : « Argent chaud et argent froid », in G. Renard : La mobilisation de l'épargne par des institutions coopératives et son impact sur le développement local dans sept pays africains, Genève, BIT, 1987.

[525] - Georges Courade (éd.) : Le désarroi camerounais. L'épreuve de l'économie-monde, Paris, Karthala, 2000, p.35. Dans cette citation, Georges Courade entend par « *volontaires* » l'ensemble des associations d'aide impliquées dans la problématique du développement au Cameroun.

Toujours par rapport à la variable "*conception de projet*", le système des Nations Unies estime que les opérations d'aide au développement ne devraient pas faire naître des besoins nouveaux qui ne pourraient être satisfaits que par un recours à l'assistance extérieure. Ce critère souligne la nécessité de favoriser des projets de développement qui utilisent des matériaux locaux, ce qui à terme contribuerait à limiter la dépendance des pays du Sud des matériaux en provenance du Nord. Dans les opérations de l'AFVP, les populations destinataires de projets hydrauliques sont invitées à creuser leurs propres puits ; le projet « habitat amélioré » encourage les populations à utiliser les matériaux locaux de construction, matériaux locaux qui sont disponibles et à des prix non prohibitifs. Uniquement des matériaux locaux ont été utilisés par les volontaires dans la construction des écoles et dispensaires, ou des digues de retenue d'eau. Autour de Lagdo, uniquement du bois local est utilisé pour la fabrication de petites embarcations des pêcheurs – même si dans ce projet piscicole des pirogues à fond plat ont été progressivement remplacées par des embarcations semi-motorisées plus performantes. Dans le projet forestier de l'Extrême-nord, les populations s'occupent elles-mêmes des exploitations : pépinières, transplantation et repiquage, traitement des arbres et conservation des sols. Elles sont pour cela encouragées à planter des essences qui produisent du nitrate et des substances fertilisantes pour les sols, ce qui réduit leur dépendance vis-à-vis des intrants chimiques importés de l'extérieur.

La variable "*conception de projet*" préconise également que les projets d'aide puissent utiliser en priorité, les ressources locales, y compris la main-d'œuvre locale. Les projets de l'AFVP utilisent les ressources locales disponibles, ainsi que la main d'œuvre locale. La construction de tous les points d'eau, des écoles et dispensaires en collaboration avec les services techniques des ministères concernés, a nécessité exclusivement l'emploi de la main d'œuvre locale. Les briques de constructions proviennent de la terre ou de l'argile localement disponible, le sable et le gabion sont fournis par la population. Dans les projets hydrauliques, la maintenance des pompes à eau est assurée par des techniciens formés localement. Au Nord Cameroun, le projet recherche/élevage auquel participent des volontaires, et qui mit au point une nouvelle variété de taureau implique des chercheurs nationaux. Toutefois, le manque de capitaux empêche toute exploitation optimale de ces recherches ; les instituts nationaux de recherches restent ainsi financièrement dépendants des financements extérieurs.

La variable "*conception de projet*" estime enfin que toute opération d'aide au développement devrait, autant que possible, encourager la participation d'autres agences d'aide. Par rapport à cette exigence, la démarche de l'AFVP a également connu des évolutions. Dans les opérations d'aide de la première génération, celle des premiers détachements de volontaires pionniers, les projets impliquaient généralement trois intervenants : le ministère de la Coopération qui finançait toutes les opérations ainsi que le budget de fonctionnement, le Gouvernement camerounais qui mettait à contribution de la logistique et des mesures fiscales, les églises locales qui offraient des structures d'accueil. Les réformes intervenues en 1979 ont permis de diversifier les bailleurs de fonds : Fonds européen de développement (FED) et IDA-Banque mondiale entre autres. Ces réformes ont surtout permis à l'Association de devenir une véritable ONG et d'agir en partenariat avec les autres organismes de participation au développement. Sur le terrain, trois types d'interventions sont possibles : l'AFVP peut être maître d'œuvre, ou co-responsable du projet ou, à l'opposé, simple opérateur. Dans ce dernier cas, les « donneurs d'ordre » peuvent être publics ; les « donneurs d'ordre » peuvent également être privés. Les principales agences partenaires des volontaires du progrès au Cameroun sont : USAID GTZ, DED, SNV (Service des volontaires suisses), MISEREOR, GRET, FAC, FED, Banque mondiale, etc. Ces agences et organismes ont signé des accords avec le Gouvernement, accords qui établissent le cadre légal dans lequel ils participent au développement local au Cameroun. En 1989, l'AFVP a participé à la création du collectif des ONG de développement au Cameroun, le COPAD. Depuis lors, elle participe aux travaux de ce collectif. De plus, les associations membres de ce collectif participent matériellement, financièrement ou en appui méthodologique à la réalisation des projets auxquels sont impliqués les volontaires du progrès.

En somme, la formulation et l'exécution des projets de l'AFVP obéissent aux critères des Nations Unies en matière de "*conception de projet*".

### I.3. LE PERSONNEL DES PROJETS

Selon cette variable, les projets gérés par des nationaux du pays d'accueil renforcent l'autosuffisance. L'AFVP ne satisfait pas entièrement à ce critère. En effet, les délégués régionaux que l'AFVP envoie diriger les implantations en Afrique sont généralement des expatriés de nationalité française. Depuis 1966, date de l'arrivée du premier représentant des volontaires du progrès au Cameroun, aucun délégué régional de l'Association, ni son adjoint, n'a été de nationalité camerounaise ou africaine. Le statu quo perdure. « *Recolonisation rampante ?* »[526] peut-on s'interroger avec Georges Courade. « *C'est la politique de la maison* », affirme Philippe Amirault, délégué régional de l'Association à Yaoundé[527].

Par contre, l'intégration de cadres nationaux africains comme personnel technique dans les projets de l'AFVP est significative. En 1996, la Délégation de l'Association au Cameroun compte, en dehors du délégué régional, une dizaine de personnels d'encadrement, parmi lesquels quatre nationaux camerounais. Deux de ces cadres nationaux camerounais sont chefs de projets et deux assurent

[526] - Georges Courade : Le désarroi camerounais, op. cit., p. 35.
[527] - Entretien avec l'auteur, Yaoundé, mai 1997.

l'intendance[528]. Sur le terrain, les travaux sont exécutés essentiellement par des techniciens camerounais, la main-d'œuvre est locale. Néanmoins, la plupart des opérations sont coordonnées par des étrangers : des VP, des VEM (volontaires expérimentés en mission) ou des VED (volontaires européens de développement, notamment allemands).

L'amorce d'intégration des compétences locales dans l'encadrement des projets se confirme[529]. Toutefois, l'AFVP satisfait imparfaitement au critère de "*personnel de projet*", car le poste de délégué régional à Yaoundé est toujours d'origine française de même que la plupart des fonctions de responsabilité au sein de la délégation sont occupées par des Français.

### I.4. L'EXÉCUTION DES PROJETS

La variable "*exécution des projets*" énonce que seuls les projets exécutés entièrement ou en partie par les services nationaux ou les agences nationales sont les plus susceptibles de promouvoir l'autosuffisance.

Les projets de l'AFVP obéissent à ce critère. Toutes les opérations de l'AFVP au Cameroun sont placées sous la tutelle administrative du Ministère de l'administration territoriale, et exécutées en collaboration avec les services techniques des départements ministériels desquels relèvent les programmes. Sur le terrain, dans l'Extrême-nord par exemple, les opérations agro-foresterie et conservation des sols participent des programmes de l'ONADEF, organisme public chargé de la conservation et du développement des ressources forestières. Toujours dans cette province, le projet « foyers améliorés » est défini et exécuté en collaboration avec le ministère des Affaires sociales et de la condition féminine. De façon générale, la méthode dite de « participation aux projets de développement », méthode adoptée par l'AFVP dès la fin de la décennie 1970, était d'abord comprise comme participation aux programmes élaborés et conduits par les sociétés nationales de développement. De même le corollaire de cette méthode, l'approche du « développement rural intégré », participait de la politique nationale

---

[528] - Les nationaux camerounais intervenant en 1996 comme personnel d'encadrement de projets à la Délégation régionale de l'AFVP sont : un Chargé d'appui aux opérations secteur urbain (Denis Tchuente), un Chargé d'appui aux opérations secteur social (Marc-François Ngwambe), un Intendant à la Délégation à Yaoundé (Josué Bisso) et un Intendant à la représentation de l'Association à Garoua (Esaïe Kouryana). En plus de ce personnel d'encadrement, la Délégation à Yaoundé emploie beaucoup de nationaux camerounais dans des tâches de bureau et des travaux subalternes. En 1996, le personnel local de l'Association se répartit ainsi qu'il suit : quatre en encadrement, huit dans l'administration (secrétaires, documentalistes, etc.), dix-sept gardiens, deux domestiques, deux en affectation, soit trente-deux personnes au total.

[529] - Après l'expérience « satisfaisante » des cadres nationaux ci-dessus évoqués, d'autres nationaux camerounais ont été recrutés pour servir comme personnels d'encadrement de projets à la Délégation de l'Association à Yaoundé, ce qui confirme l'implication de cadres locaux dans les opérations de l'AFVP.

« développement autocentré ». En raison notamment de l'incapacité des autorités publiques camerounaises à assumer toutes les obligations contenues dans les accords-cadres, l'AFVP exécute des projets sans une réelle participation des agences publiques locales.

### I.5. LA PARTICIPATION POPULAIRE

Suivant cette variable, les opérations d'aide au développement accroissent les capacités locales d'autosuffisance, lorsque la participation populaire est encouragée. Cette variable énonce que les populations locales devraient être intégrées, dans une large mesure, aussi bien à la formulation qu'à l'exécution et au suivi des projets d'aide.

Par rapport à ce critère, les actions de l'AFVP sont évolutives. Les opérations des volontaires pionniers étaient surtout des opérations de « substitution », et la démarche était influencée par l'humanisme français des années 1960-70. Cette approche n'ayant pas satisfait aux attentes, l'AFVP a adopté une démarche moins interventionniste et plus participative, à partir de la fin de la décennie 1970. Ce changement visait non seulement à redonner sens au volontariat, mais aussi à intégrer les logiques endogènes, c'est-à-dire locales, dans la formulation et l'exécution des projets.

En pratique, les populations participent aux projets de trois manières : apports financiers ; contributions en matériel ; investissement humain. Les projets des volontaires recourent habituellement à une technologie simple, facilement maîtrisable par les populations locales. La maintenance des pompes à eau et des petits engins motorisés pour l'agriculture est assurée par des techniciens et moniteurs locaux.

De plus, la création de comités villageois de développement, de comités de maintenance du petit outillage, de groupes d'animation pour hygiène et santé préventive, de même que le soutien méthodologique à la création des associations et coopératives locales constituent autant de facteurs qui renforcent la participation des populations aux projets d'aide.

Aussi bien au siège régional de l'Association à Yaoundé qu'à la représentation de Garoua, des stages d'imprégnation ainsi que des colloques de formation et de recyclage s'adressent surtout aux volontaires qui gèrent les projets. Cependant ces séances de formation, organisées en partenariat avec l'INADES-Formation, le GRET ou d'autres ONG, associent également le personnel local d'encadrement ainsi que les techniciens locaux chargés de l'exécution ou du suivi des opérations.

Tableau 17 : Evaluation des projets AFVP suivant le *blueprint* et *learning process*

| **Paramètres** | ***Blueprint* (A)** | ***Learning Process* (B)** | **AFVP** |
|---|---|---|---|
| Lieu d'initiation | capitale/ grande ville | communauté de base | A |
| Commencé par | un plan | une action | A |
| Organisé par | techniciens spécialisés | équipes mixtes | A et B |
| Leadership | limité | acteurs multiples | A et B |
| Ressources de base | fonds spécifiques | ressources locales | A et B |
| Conception du projet | experts | experts/paysans | A et B |
| Technique appliquée | scientifique | endogène/scientifique | plus scientifique qu'endogène |
| Croissance | rapide, mécanique | graduelle, organique | mécanique, graduelle (A et B) |
| Erreur | exclue | acceptée | B |
| Initiateur | directives de la hiérarchie | initiatives populaires | A |
| Durée du projet | limitée | illimitée | A |
| Gestion du projet | formelle | continue, ciblée | A |
| Evaluation | externe | auto-évaluation continue | A |

Ces données indiquent que les opérations de l'AFVP sont restées globalement de type *top-down*, car six des treize paramètres examinés correspondent au *blueprint*.

En définitive, la plupart des opérations entreprises par les volontaires du progrès au Cameroun encouragent la participation des populations : participation à la formulation et à l'exécution des projets ; utilisation de matériaux locaux et de la technologie facilement maîtrisée par les techniciens locaux ; utilisation du personnel local d'encadrement et recours à la main-d'œuvre locale, etc. Des obstacles subsistent néanmoins. La participation des populations, lorsqu'elle est sollicitée, est rarement allée jusqu'à la prise de décisions. Certains projets dont la participation des populations n'est pas acquise ne tournent pas mal, mais sur eux-mêmes, à la satisfaction de tous, surtout des agences d'aide. Leurs bilans d'activités, sont rarement soumis à l'évaluation des partenaires locaux, des coopératives ou des organisations paysannes. De manière générale, c'est-à-dire à l'AFVP comme dans les autres agences occidentales d'aide installées au

Cameroun, les populations locales ne participent pas à l'évaluation des opérations, encore moins à celle des comptes[530].

D'autres projets échouent parce que les populations supposées bénéficiaires n'y ont pas suffisamment été impliquées. Dans le district de santé de Poli, l'AFVP a dû rompre sa participation au projet de réorientation des soins de santé primaires, car, affirme le rapport d'activités, « *la population très traditionaliste de cette localité n'accepte guère le système sanitaire mis en place* »[531]. Avant l'implantation de cette opération de santé communautaire, avait-on demandé à la population "*traditionaliste* " de Poli quelles étaient ses priorités en matière de développement ? Faute de pouvoir véritablement laisser l'initiative aux populations locales dans le choix de leurs priorités, les volontaires se limitent parfois à des « *interventions dirigistes* », selon la propre formule du VP chargé d'un projet de développement communautaire à Dibang.

Par ailleurs, la société civile étant très embryonnaire au Cameroun, les comités villageois de développement censés représenter la volonté populaire, ne jouent pas leur rôle de médiation entre les populations locales et les agences d'aide au développement. Souvent, ces comités ad hoc sont constitués par des élites extérieures au monde rural, et leur finalité est simplement de capter la rente de l'aide externe. Ce sont des associations qui n'émanent pas des collectivités locales, et les conflits d'intérêts au sein de ces comités ad hoc sont permanents.

## II. REMARQUES ET RECOMMANDATIONS

Nous avions formulé les questions de départ suivantes : les projets de l'AFVP s'étendent-ils sur de larges couches de populations ? Les paysans les plus pauvres des villages enclavés et difficiles d'accès en constituent-ils les principaux bénéficiaires ? Les femmes, couche sociale habituellement exclue des projets de développement, constituent-elles une cible prioritaire des interventions de l'AFVP ? Les projets initiés par les volontaires sont-ils porteurs d'un développement durable ? Ces projets sont-ils formulés et exécutés de manière à faciliter la reproduction des expériences réussies dans différentes localités du pays ? L'examen des monographies et l'enquête auprès des populations montrent que les projets AFVP n'ont pas pu réaliser l'autosuffisance des couches sociales les plus défavorisées. De plus, le processus de prise de décisions à l'AFVP, tout comme dans d'autres organismes d'aide au développement, obéit à une structure pyramidale : dans la plupart des cas, l'Association identifie le projet, apporte

---

[530] - Lire Yash Tandon : « Un point de vue africain sur les ONG étrangères en Afrique : Leurres et succès », in Centre continental (éd.) : Les ONG : Instruments du néolibéralisme ou alternatives populaires ? Paris, L'Harmattan, 1998, pp. 61-75.

[531] - AFVP : Rapport annuel d'activités 1996, p. 32.

l'essentiel des ressources financières et techniques, gère l'exécution des opérations et en produit un rapport d'activité. Les populations locales fournissent de la main-d'œuvre, apportent quelquefois du matériel, de même qu'elles contribuent dans une certaine mesure au financement. Il s'ensuit que les rapports entre l'Association et les populations sont plus hiérarchiques qu'égalitaires. Ainsi se vérifie notre hypothèse centrale suivant laquelle l'autosuffisance ne peut être réalisée que si les populations destinataires de projets y sont réellement impliquées au niveau de la formulation, de la réalisation et du suivi.

De plus, les projets gouvernementaux auxquels participent les volontaires obéissent à une organisation bureaucratique. Dans le projet SEMRY par exemple, la recherche/action des volontaires du progrès consistait à développer les techniques agricoles modernes, afin d'améliorer les rendements dans la culture du riz. Les paysans engagés dans ce projet agricole n'étant pas propriétaires des piquets[532] qui leur sont attribués, ils superposent sur les mêmes parcelles culture de rente et cultures vivrières. Les objectifs des volontaires se sont ainsi trouvés compromis, car les populations ne pouvaient pas gérer les thèmes techniques imposés par la SEMRY.

Par ailleurs, la participation des populations locales dans de nombreuses opérations ne s'inscrit pas dans la durée. Cette participation est passagère et non spontanée. Parfois significative lors de la réalisation des opérations, la participation se relâche au moment du suivi des réalisations, notamment après le retrait des volontaires. Les opérations réalisées sont trop faiblement assumées par les villageois, comme propriété collective. En l'absence d'un comité dynamique de développement, le technicien chargé du suivi, même plein de bonne volonté au départ, se lasse à terme du bénévolat. Lorsque l'entretien manque, les puits s'ensablent, les points d'eau non traités se polluent. Les projets des volontaires ressemblent parfois à un travail de Sisyphe.

Nous avons également évoqué les contraintes financières liées à la crise économique ou à la corruption, contraintes financières qui ont empêché le Gouvernement camerounais d'honorer ses subventions dans les projets de l'AFVP. Ce non-respect des engagements contenus dans les accords-cadres fait obstacle à une réalisation optimale des opérations sur le terrain. De manière générale, les volontaires occidentaux peuvent considérer de développer des projets agricoles, d'intervenir dans les soins de santé primaires, d'investir dans la petite hydraulique rurale ou de construire des foyers améliorés, mais seul les pouvoirs publics nationaux doivent construire des infrastructures pour désenclaver les zones difficiles d'accès, développer des politiques rationnelles de santé publique, élaborer des politiques de gestion durable des forêts pour protéger l'environnement et l'écosystème du milieu, etc.

---

[532] - Un piquet c'est une parcelle cultivable, d'une surface carrée de 50 mètres de côté.

Eu égards à la grande pauvreté qui accentue la précarité des conditions de vie des populations locales, à l'absence au niveau national de véritables projets de société où les opérations d'aide des organismes de solidarité pourraient s'intégrer harmonieusement pour encourager et féconder les initiatives et les techniques endogènes de développement, à la globalisation qui déstructure les économies locales, à la corruption rampante qui alourdit l'ardoise de la dette, l'AFVP, malgré l'engagement des volontaires, ne pouvait atteindre l'autosuffisance des populations marginales. Le pouvait-elle du reste ? Les difficultés sont nombreuses et les facteurs du sous-développement multiples et complexes. Dans ce contexte, les organisations internationales de volontariat impliquées dans la problématique de l'aide dans les pays pauvres, ne peuvent faire que la politique de leurs moyens. Au demeurant au sens strict, « améliorer le niveau de vie des populations » et « accroître l'autosuffisance » constituent simplement des cadres de référence pour guider les programmes d'aide des agences de développement.

En dépit des obstacles, les opérations de l'AFVP ont eu un impact sur le développement local au Cameroun. Les populations, même celles qui ne sont pas impliquées au départ dans les opérations des volontaires, découvrent progressivement la nécessité d'agir ensemble dans des projets communautaires. Les opérations d'hydraulique rurale et les projets médico-sanitaires ont eu une incidence significative sur les populations, surtout les femmes qui découvrent l'importance de l'eau potable et de la médecine préventive sur la santé des enfants. Dans ces deux secteurs d'activités, le faible pouvoir d'achat des ménages réduit leurs contributions financières spontanées, mais leur engagement à préserver la santé des enfants est significatif.

Dans l'Extrême-nord, le projet d'agro-foresterie a suscité une grande participation des populations locales. Aujourd'hui, les ménages plantent spontanément des arbres fruitiers et les arbres d'ombrage autour des *sarés*[533]. Toutefois, en raison des difficiles conditions climatiques et de la nature des sols, la reconstitution de la couverture végétale reste un objectif non réalisé, l'Etat ne disposant pas de ressources pour entreprendre une véritable politique de reboisement dans cette région.

Pour réduire les obstacles qui ont empêché une réalisation optimale des projets des Volontaires du progrès, quelques recommandations peuvent être formulées.

En agro-foresterie, l'importance sociale, culturelle et économique de l'arbre est indéniable. En plus de la protection ou de la régénérescence de la couverture végétale, l'arbre peut être utilisé pour le bois d'œuvre, l'ombrage, le chauffage ou pour ses fruits comestibles. Cette variété d'usage peut être source de richesse, mais elle peut également être source de conflits, lorsque les intérêts des intervenants sont opposés. D'où la nécessité, avant l'engagement d'une opération d'agro-foresterie,

---

[533] - *Saré* : habitat traditionnel du Nord Cameroun où les maisons, en mottes de terre, sont recouvertes de toit de chaume.

de procéder à une étude anthropologique du milieu. Ce préalable permet de mettre en lumière les diverses interactions économiques et culturelles en œuvre dans la localité, de cerner les intérêts des diverses composantes du groupe social, et de mieux orienter le projet. Au nord tout comme dans la région ouest du pays, le mouton, la chèvre et la vache ne sont pas uniquement des sources de protéines pour l'alimentation familiale ; ce sont également des sources de revenus. Ce bétail constitue un obstacle important à l'extension des projets d'agro-foresterie ; les bêtes détruisent les arbres et se nourrissent du tronc et des feuillages. Une étude anthropologique sur l'homme, la bête et l'environnement pourrait permettre de surmonter cet obstacle.

La démarche de l'AFVP, surtout depuis la décennie 1980, essaye de prendre en compte la dimension anthropologique des communautés, au moment de l'étude de projets. Dans l'opération d'agro-foresterie de Bafut initiée en 1982, l'intervention de l'AFVP visait à favoriser la cohabitation entre les agriculteurs locaux et les éleveurs Peulhs : à côté des cultures vivrières pour la consommation familiale, diverses essences d'arbres à planter sont proposées aux paysans, les cultures fourragères servant de foin au bétail enfermé dans des enclos. Cette intégration harmonieuse permit une certaine réussite du "*village community project*" de Bafut, bien que les populations ne maîtrisent pas encore les techniques de conservation ainsi que les circuits de commercialisation des produits agricoles.

Le législateur devrait renforcer la loi sur la propriété foncière afin de favoriser une réalisation optimale des projets de développement. Dans les projets d'agro-foresterie, des paysans hésitent à planter des arbres dont ils ne savent pas si eux-mêmes ou leur progéniture peuvent en bénéficier, lorsque la terre ne leur appartient pas. Dans la région du Centre, les terres arables de la Lékié étant à saturation en raison de la densité élevée de la population, de jeunes planteurs émigrent vers le Mbam où les terres en friche sont propices aux activités agricoles. L'AFVP a développé au cours de la décennie 1980 des projets agricoles pour fixer ces colons sur les nouvelles terres à exploiter. Mais la question de la propriété foncière n'est pas résolue. Lorsque les parcelles ont été défrichées et cultivées et que les premières récoltes étaient florissantes, des autochtones sont venus réclamer leurs terres, et certains les ont obtenues. D'où la fragilité des opérations d'aide qui ne prennent pas suffisamment en compte la question de la propriété foncière dans les projets agricoles ou forestiers. Or, comme nous l'avons vu, seul l'Etat peut entreprendre des réformes agraires.

Le renforcement des comités villageois de développement pourrait également accroître les capacités d'autonomie des populations locales. Certains projets ont échoué parce qu'ils étaient pilotés par des structures étatiques bureaucratiques et extérieures au monde rural. D'autres ont eu des résultats mitigés, parce que les comités ad hoc visaient uniquement à capter les flux de l'aide. Lorsque les comités de développement se composent uniquement de notables, c'est-à-dire littéralement des personnes importantes par leur rang social, les populations n'adhèrent que faiblement aux projets que promeuvent ces comités. Il en est de même lorsque les comités de développement sont gérés par des élites extérieures au monde rural ou uniquement par des hommes. Par conséquent, pour renforcer la participation des populations au développement communautaire, les comités de développement devraient être suffisamment représentatifs de toutes les couches sociales, surtout les femmes. Du fait de la crise économique et de la perte des emplois, de nombreux ménages tant à la ville qu'à la campagne vivent aujourd'hui du travail des femmes[534]. De ce fait, cette catégorie sociale marginalisée devrait être suffisamment représentée dans les comités de développement.

Par rapport à ces recommandations, quelle peut être la perspective des ONG de développement dans les pays africains ? Aujourd'hui le troisième secteur, celui des ONG et des organismes de la société civile, se consolide progressivement sur le terrain du développement économique et social, à côté des deux autres secteurs que sont l'Etat et les marchés. Entre les trois secteurs devrait exister une complémentarité.

Vis-à-vis du premier secteur, l'Etat, les ONG ne peuvent prospérer que lorsque les conditions minimales de bonne gouvernance et de respect des droits sont réunies. Au Cameroun, le cadre juridique est balisé. La loi de 1990 sur les associations a été renforcée par la loi de décembre 1999 sur les ONG. En mai 2001, est signé le décret n°2001/150/PM portant organisation et fonctionnement de la commission technique chargée d'« *examiner les demandes d'agrément et d'assurer le suivi et le contrôle des activités des organisations non gouvernementales* » (article 2). Le COPAD, collectif des ONG de développement qui s'est constitué depuis 1989, de même que l'ensemble des organisations de volontariat, devraient trouver dans ces instruments juridiques, un cadre légal adéquat pour l'exercice de leurs activités. En réalité cependant, le pouvoir d'intervention des ONG reste faible.

Vis-à-vis du deuxième secteur, le marché, les objectifs d'autonomie et d'autosuffisance des populations ne peuvent être atteints que si le marché ne génère pas chaque jour davantage de nouveaux pauvres. Du fait de la *mondialisation* et de la *globalisation* des économies, les forces tentaculaires du marché colonisent toutes les sphères de la vie des individus[535]. Il se développe ainsi une sorte de *darwinisme* économique, basé sur deux principes d'une simplicité navrante, mais d'une efficacité redoutable : la lutte permanente pour la conquête des marchés, et la

---

534 - Lire Athanase Bopda : « De la reproduction sociale à la consolidation de la cellule économique : Le rôle de la femme dans la société béti en crise », in Georges Courade (éd.) : Le village camerounais à l'heure de l'ajustement, Paris, Karthala, 1994, pp. 208-220. Lire également Jean-Marc Ela : Afrique. L'irruption des pauvres, Paris, L'Harmattan, 1994 (chapitre III intitulé "Femmes africaines et changement social", pp. 63-115).

535 - Lire Jean-Marc Ela : Innovations sociales et renaissance de l'Afrique noire. Les défis "du monde d'en-bas", Paris, L'Harmattan, 1998.

survie des plus aptes. Les économies des pays en développement n'étant pas assez structurées pour résister à cette bourrasque, de nouveaux pauvres sont chaque jour exclus des circuits de production et de distribution, ce qui assombrit les perspectives de sortie de crise préconisées par les ONG et les organismes d'aide au développement.

L'aide des ONG est importante non seulement pour réaliser des opérations de développement, mais également pour favoriser l'émergence d'une société civile capable de peser d'un certain poids sur les décisions économiques et les choix de société. La consolidation d'une société civile autonome semble indispensable à l'élaboration de programmes de développement qui prennent en compte les attentes et les besoins des couches sociales défavorisées. Les ONG ne peuvent seules satisfaire toutes ces demandes ; leur apport reste néanmoins significatif.

Nous l'avons vu, en raison de nombreux obstacles, l'AFVP n'a pas pu réaliser les objectifs d'autonomie et d'autosuffisance des couches sociales les plus défavorisées. L'inculcation de la méthode du développement participatif, de même que le soutien à l'émergence de coopératives et associations autonomes, constituent toutefois des axes majeurs autour desquels l'AFVP a mobilisé avec un certain succès, les populations locales ; ces atouts ne peuvent être appréhendés simplement par des calculs statistiques.

Au demeurant force serait de souligner que l'aide au développement, même massive, ne saurait constituer qu'un appoint. Les paysans camerounais, même avec l'aide des ONG, ne sortiront pas seuls de la crise. Hartmut Elsenhans invite du reste à « *ôter la fumée enthousiaste* »[536] qui entoure l'activité des organisations volontaires et non gouvernementales. Il apparaît alors que, sur le plan économique, elles constituent essentiellement un instrument pour canaliser des ressources vers les marginaux, à partir de dons étrangers ou même des budgets étatiques locaux. Elles peuvent considérer d'investir, mais leur contribution au développement de techniques nouvelles qui pousseraient le seuil de la marginalité vers un accroissement de l'emploi productif paraît douteuse, même en cas de soutien au crédit[537] et de module de développement de la production comme le lancement de la filière « *pomme de terre* » ou du projet « *séchoirs à cacao* »[538]. La forme de canalisation de ce surplus n'exclut pas nécessairement le développement de nouvelles structures élitistes. Sans doute cette logique autoritaire empêche-t-elle les Volontaires du progrès d'entreprendre avec succès, des actions incitatives auprès des couches sociales les plus nécessiteuses. Les récentes réformes[539] devraient, en

---

536 - Hartmut Elsenhans (sous la direction de), Elmar Kleiner, Reinhart Joachim Dreves : Développement, équité et extension du marché des masses. Une autre alternative. Le cas algérien. L'enjeu des P.M.E. industrielles, op. cit., p. 33.

537 - Voir ci-dessus, chapitre VI, section II, §F : « Appui à la mise en place d'un système de crédits décentralisés ».

538 - Voir ci-dessus, chapitre VI, section II, §C : « Appui à la structuration des filières de production ».

539 - Lire Alain Vivien : Plan stratégique 2000-2002, op. cit.

principe, permettre à l'Association de mieux intégrer « *les défis du monde d'en-bas* » dans ses opérations d'aide au développement. Dans une étude sur le rôle des ONG dans le processus de développement en Afrique, Dirk Hansohm résumait ainsi sa réflexion : *en Afrique, les organisations non gouvernementales constituent des appoints nécessaires, de même qu'elles sont porteuses de nombreux espoirs en matière de développement ; elles ne sont pas pour autant des panacées*[540]. Cette réflexion pourrait s'appliquer à l'AFVP ainsi qu'à l'ensemble du secteur des ONG au Cameroun.

---

540 - Dirk Hansohm : « Afrikanische Nichtregierungsorganisationen : Ein neuer Hoffnungsträger aber kein Allheilmittel », in Dirk Hansohm et Robert Kappel : Schwarzweiße Mythen. Afrika und der entwicklungspolitische Diskurs, Münster, Hamburg, LIT Verlag, Bremer Afrika Studien, Bd. 5., 1994, pp. 183-196.

ANNEXE 1

## Loi n° 99/014 du 22 décembre 1999 régissant les organisations non gouvernementales

L'Assemblée nationale a délibéré et adopté, le Président de la République promulgue la loi dont la teneur suit :

### Chapitre 1 : DISPOSITIONS GÉNÉRALES

Art. 1 : Les organisations non gouvernementales, ci-après désignées les « ONG », se créent et exercent leurs activités dans le cadre de la législation sur la liberté d'association et de la présente loi.

Art. 2 : (1) Au sens de la présente loi, une ONG est une association déclarée ou une association étrangère autorisée conformément à la législation en vigueur, et agréée par l'administration en vue de participer à l'exécution des missions d'intérêt général.

(2) Par dérogation aux dispositions de l'alinéa 1 ci-dessus, une personne physique ou morale peut créer une ONG unipersonnelle.

Art. 3 : Les missions d'intérêt général visées à l'article 2 ci-dessus sont définies en fonction des priorités fixées par les pouvoirs publics, notamment dans les domaines juridique, économique, social, culturel, sanitaire, sportif, éducatif, humanitaire, en matière de protection de l'environnement ou de promotion des droits de l'homme.

### Chapitre II : DE L'AGRÉMENT

Art. 4 : (1) Toute association régulièrement déclarée ou toute association étrangère dûment autorisée justifiant d'une contribution effective de trois (3) ans au moins dans l'un des domaines visés à l'article 3 ci-dessus, peut être agréée au statut d'ONG. Elle doit produire à cet effet un dossier comprenant :

a- une demande timbrée au tarif en vigueur ;

b- une copie du récépissé de la déclaration ou de l'acte d'autorisation, selon les cas ;

c- le rapport d'évaluation des activités de trois (3) ans au moins et le programme d'activités ;

d- le procès-verbal de l'assemblée générale extraordinaire tenant lieu d'assemblée constitutive de l'ONG ;

e- quatre (4) exemplaires des statuts de l'ONG ;

f- la dénomination, l'objet, le siège de l'ONG ainsi que les noms, professions et domiciles de ceux qui, à un titre quelconque, sont chargés de son administration ou de sa direction.

Art. 5. - (1) Un agrément provisoire d'une durée de trois (3) ans peut être accordé, à titre exceptionnel, à une ONG unipersonnelle.

(2) Le fondateur ou le représentant légal de la personne morale demanderesse est tenu de produire à cet effet, un dossier comportant les pièces ci-après :

a- une demande timbrée mentionnant la dénomination, l'objet, le siège de l'ONG ainsi que le nom, profession et domicile du fondateur ou, le cas échéant, dudit représentant.

b- Le programme d'activités ;

c- Quatre (4) exemplaires des statuts de l'ONG.

(3) Elle doit produire à cet effet un dossier comprenant :

a- une demande timbrée au tarif en vigueur ;

b- une copie du récépissé de la déclaration ou de l'acte d'autorisation, selon le cas ;

c- le rapport d'évaluation des activités de trois (3) ans au moins et le programme d'activités ;

d- le procès-verbal de l'assemblée générale extraordinaire tenant lieu d'assemblée constitutive de l'ONG ;

e- quatre (4) exemplaires des statuts de l'ONG ;

f- la dénomination, l'objet, le siège de l'ONG ainsi que les noms, professions et domiciles de ceux qui, à un titre quelconque, sont chargés de son administration ou de sa direction.

Art. 6 : (1) Le dossier d'agrément visé aux articles 4 (2) et 5 est déposé par le(s) fondateur(s) ou le(s) mandataire(s) de l'ONG auprès des services du gouverneur de la province où celle-ci a son siège ou, le cas échéant, son principal établissement au Cameroun.

(2) Une décharge mentionnant le numéro et la date d'enregistrement du dossier est délivrée au déposant.

(3) Le gouverneur de province dispose d'un délai maximal de quinze (15) jours, à compter de la date de dépôt du dossier, pour le transmettre à la commission prévue à l'article 7 ci-dessous.

Art. 7 : (1) Il est créé une commission technique chargée de l'étude des demandes d'agrément et du suivi des activités des ONG, ci-après désignée la « commission ».

(2) La commission est composée des représentants des pouvoirs publics et des membres de la société civile.

(3) Des représentants des organismes bailleurs de fonds peuvent être admis à prendre part aux travaux de la commission siégeant dans le cadre du suivi ou du contrôle des ONG, et lorsque lesdits organismes ont apporté leur contribution financière à ces ONG.

(4) Elle rend un avis sur toute question relative à l'agrément, au suivi ou au contrôle des activités des ONG, sous réserve des cas de dissolution prévus à l'article 22 (2) ci-dessous.

(5) Un décret d'application de la présente loi précise l'organisation et le fonctionnement de la commission.

Art. 8 : La commission dispose d'un délai maximal de trente (30) jours, à compter de la réception du dossier d'agrément, pour le transmettre, assorti d'un avis motivé, au ministre chargé de l'Administration territoriale.

Art. 9 : (1) L'agrément au statut d'ONG est accordé après avis de la commission, par arrêté du ministre chargé de l'Administration territoriale.

(2) Le ministre chargé de l'Administration territoriale se prononce dans un délai maximal de soixante quinze (75) jours à compter de la date de dépôt du dossier auprès du gouverneur. Passé ce délai, et faute pour le ministre de notifier au(x) fondateur(s) ou au(x) mandataire(s) de l'ONG le rejet ainsi que les motifs de rejet de la demande, l'agrément est réputé accordé.

(3) L'agrément accordé dans l'un des cas visés aux alinéas 1 et 2 ci-dessus emporte acquisition de la personnalité juridique par l'ONG.

Art. 10 : (1) L'agrément est accordé pour une période de cinq (5) ans renouvelables.

(2) Au terme de la période de trois (3) ans prévue à l'article 5 (1) ci-dessus, un agrément de cinq (5) ans pour la même durée.

Art. 11 : L'agrément est personnel, intransmissible et incessible.

Chapitre III : DE L'ORGANISATION ET DU FONCTIONNEMENT

Art. 12 : (1) Les ONG s'administrent librement dans le respect de la législation en vigueur et leurs statuts.

(2) Toutefois, lesdits statuts doivent prévoir notamment :

a- le mode de désignation, la durée du mandat, les attributions et le régime de responsabilité du personnel dirigeant ;

b- des dispositions financières, faisant notamment ressortir les diverses ressources ainsi que la règle de l'exclusivité de l'affectation de ces ressources aux activités de l'ONG concernée ;

c- le contrôle intérieur des comptes ;

d- le contrôle extérieur des comptes annuels par une personne physique ou un organisme habilité(e) ainsi que par les services publics compétents, suivant le cas ;

e- l'adoption de rapports annuels d'activités et de programmes annuels d'action ;

f- l'ouverture d'un compte dans un établissement bancaire ou de crédit agréé par le ministre chargé des Finances.

Art. 13 : Les ONG sont soumises à des formalités de publicité dans un journal d'annonces légales, en ce qui concerne notamment les actes accordant l'agrément, les modifications des statuts ainsi que l'adresse ou l'indication géographique précise du siège ou du principal établissement au Cameroun.

Art. 14 : Les ONG sont tenues de faire connaître au ministre chargé de l'Administration territoriale, dans les deux (2) mois, tous les changements survenus dans leur administration ou direction, ainsi que toutes les modifications apportées à leurs statuts.

Art. 15 : (1) Les ONG tiennent un état de leurs recettes et dépenses et dressent chaque année, le compte financier de l'année écoulée et l'état d'inventaire de leurs biens meubles et immeubles.
(2) Les états et compte visés à l'alinéa 1 ci-dessus ainsi que les rapports et programmes annuels d'activités sont transmis au ministre chargé de l'Administration territoriale dans un délai maximal de soixante (60) jours suivant l'arrêt des comptes.
Art. 16 : Nul ne peut exercer à quelque titre que ce soit, des fonctions de direction, d'administration, de gestion ou de contrôle d'une ONG :
- s'il a fait l'objet d'une condamnation à une peine privative de liberté pour fait contraire à la probité notamment pour vol, détournement de deniers publics, escroquerie, abus de confiance, faux et usage de faux ou pour atteinte aux bonnes mœurs.
- s'il possède, même par personne interposée, des intérêts de quelque nature que ce soit, dans une société ou une entreprise entretenant des relations d'affaires avec l'ONG concernée.
Art. 17 : (1) Toute ONG dûment agréée dans les conditions fixées par la présente loi peut :
- ester en justice ;
- gérer et disposer des sommes provenant des cotisations des membres ;
- acquérir à titre onéreux et posséder le local destiné à son administration et aux réunions de ses membres ainsi que les immeubles strictement nécessaires à l'accomplissement du but poursuivi ;
- recevoir des dons et legs de toute nature ainsi que des financements d'organismes nationaux ou internationaux, dans le cadre de ses activités, sous réserve de l'autorisation du ministre chargé de l'Administration territoriale pour les dons et legs immobiliers ;
- recevoir des subventions des personnes morales de droit public ; dans ce cas, la commission doit s'assurer de la bonne utilisation de ces subventions ;
- obtenir rémunération de ses services ;
- recruter et rémunérer le personnel strictement nécessaire à l'accomplissement de ses missions.
(2) Le recrutement et la gestion du personnel visé à l'alinéa 1 ci-dessus ainsi que le régime fiscal applicable aux salaires et accessoires de salaire versés audit personnel se conforment à la législation et à la réglementation en vigueur.
Art. 18 : (1) Les ONG dûment agréées bénéficient d'exonérations fiscales et de droits d'enregistrement, conformément au code général des Impôts et au code de l'enregistrement.
(2) Elles sont également exonérées de la taxe sur la valeur ajoutée conformément à la législation en vigueur.
(3) Le régime fiscal et douanier applicable aux ONG est précisé, en tant que de besoin, par la loi de finances.

Art. 19 : (1) Les ONG peuvent fusionner ou se scinder en vue de l'accomplissement efficient de leurs missions.
(2) La procédure d'agrément prévue par la présente loi s'applique à l'ONG ou aux ONG issue(s) de la fusion ou de la scission, suivant le cas.
Art. 20 : Les ONG peuvent s'affilier, sans incidence sur leur statut, à des ONG poursuivant des objectifs similaires dans un ou plusieurs pays étrangers.

## Chapitre IV : DE LA DISSOLUTION

Art. 21 : Les ONG peuvent être dissoutes :
- par la volonté de leurs membres, conformément aux statuts ;
- par décision judiciaire, à la diligence du ministère public ou à la requête de tout intéressé dans les cas de nullité prévus par la législation sur la liberté d'association.

Le jugement ordonne la fermeture des locaux et/ou l'interdiction de toute réunion des membres de l'ONG et fixe également les modalités de sa liquidation. Il est exécutoire nonobstant toute voie de recours.
Art. 22 : (1) Le ministre chargé de l'Administration territoriale peut après avis motivé de la commission, suspendre par arrêté, pour un délai maximal de trois (3) mois, toute ONG dont les activités s'écartent de son objet.
(2) Le ministre chargé de l'Administration territoriale peut également, par arrêté, dissoudre toute ONG pour atteinte à l'ordre public et à la sécurité de l'Etat.
(3) Par dérogation à l'article 12 de l'ordonnance n° 72/6 du 26 août 1972 fixant l'organisation de la Cour suprême, les actes prévus aux alinéas 1 et 2 ci-dessus sont susceptibles de recours, sur simple requête, devant le président de la juridiction administrative compétente. Ce recours doit intervenir dans un délai de dix (10) jours à compter de la date de notification à personne ou à domicile.
(4) L'exercice des voies de recours n'a pas d'effet suspensif.
Art. 23 : En cas de dissolution d'une ONG par le ministre chargé de l'Administration territoriale, celui-ci, dans un délai de trente (3O) jours après épuisement des voies de recours, saisit le tribunal de première instance compétent pour sa liquidation.
Art. 24 : Toute dévolution d'avoirs ou de biens d'une ONG dissoute à l'un quelconque de ses membres est interdite.
Art. 25 : La dissolution d'une ONG ne fait pas obstacle aux poursuites judiciaires éventuellement engagées contre ses dirigeants ou ses membres.

## Chapitre V : DES SANCTIONS PENALES

Art. 26 : Sont punis des peines prévues aux articles 184 et 225 du code pénal, les dirigeants ou les membres d'une ONG reconnus coupables de détournement des fonds appartenant ou destinés à ladite ONG.
Art. 27 : (1) Sont punis d'un emprisonnement de trois (3) mois à un (1) an et d'une amende de cent mille (100000) à un million (1000000) de francs ou de l'une de ces

deux peines seulement, les fondateurs, les dirigeants ou administrateurs d'une ONG maintenue en activité ou reconstituée illégalement après la dissolution ou l'interdiction ou pendant la durée de suspension, suivant le cas.
(2) Lorsque la suspension, la dissolution ou l'interdiction d'ONG a été motivée par des manifestations armées, une atteinte à la sûreté intérieure ou extérieure de l'Etat, le maximum des peines prévues à l'alinéa 1 ci-dessus est doublé.
(3) Est puni conformément aux dispositions :
- de l'alinéa 1 ci-dessus, tout fondateur ou promoteur d'une ONG ayant demandé un agrément qui se comporte comme si l'agrément était déjà accordé ;
- des alinéas 1 et 2, quiconque favorise de quelque manière que ce soit, la réunion des membres d'une ONG suspendue, dissoute ou interdite.

ANNEXE 2

## Décret portant organisation et fonctionnement de la commission technique chargée des activités des ONG

Organisation et fonctionnement de la commission technique chargée de l'étude des demandes d'agrément et du suivi des activités des organisations non gouvernementales

Décret N°2001/150/PM du 03 mai 2001

Le Premier Ministre, chef du gouvernement décrète :

### Chapitre I : DES DISPOSITIONS GÉNÉRALES

Art. 1 : Le présent décret précise l'organisation et le fonctionnement de la commission technique chargée de l'étude des demandes d'agrément et du suivi des activités des Organisations Non Gouvernementales, ci-après désignée la « commission ».

Art 2 : (1) La commission examine les demandes d'agrément et assure le suivi et le contrôle des activités des Organisations Non Gouvernementales, en abrégé les « ONG ». A ce titre, elle :

- Etudie les demandes d'agrément des ONG et rend un avis sur toute question y afférente, dans le respect des délais fixés par la loi n°99/014 du 22 décembre 1999 susvisée ;
- Suit les activités des ONG, notamment à travers l'examen de leurs comptes financiers, de l'état d'inventaire de leurs biens meubles et immeubles, ainsi que de leurs rapports et programme annuel d'activités ;
- Assure le contrôle des activités des ONG et peut, le cas échéant, proposer au ministre chargé de l'administration territoriale, toutes sanctions applicables aux ONG ;
- S'assure de la bonne utilisation des subventions des personnes morales de droit public accordées aux ONG ;
- Dresse un fichier national des ONG et veille à une couverture optimale du territoire national par leurs activités.

(2) La commission émet un avis sur toute autre question relative aux missions visées à l'alinéa 1 ci-dessus, dont elle est saisie par le ministre chargé de l'Administration territoriale.

Chapitre II : DE L'ORGANISATION ET DU FONCTIONNEMENT

Section I : de l'organisation

Art. 3 : (1) La commission est placée auprès du ministre chargé de l'Administration territoriale
(2) Elle est composée ainsi qu'il suit :
Président : une personnalité nommée par le ministre chargé de l'Administration territoriale
Membres :
- Un (1) représentant du ministre chargé de l'Administration territoriale ;
- Un (1) représentant du ministre chargé des Finances ;
- Un (1) représentant du ministre chargé des Investissements publics et de l'aménagement du territoire
- Un (1) représentant du ministre chargé des Relations extérieures ;
- Un (1) représentant du ministre chargé de l'Agriculture ;
- Un (1) représentant du ministre chargé de l'Environnement et des forêts;
- Un (1) représentant du ministre chargé des Affaires sociales ;
- Un (1) représentant du ministre chargé de la Santé ;
- Un (1) représentant du ministre chargé de l'Elevage, des pêches et des industries animales
- Un (1) représentant du ministre chargé de la Condition féminine ;
- Un (1) représentant du ministre chargé de l'Education nationale ;
- Trois (3) représentants de la société civile désignés par le ministre chargé de l'Administration territoriale ainsi qu'il suit :
- Un (1) représentant de l'église catholique ;
- Un (1) représentant de l'église protestante ;
- Un (1) représentant de la religion islamique ;
- Un (1) représentant des ONG ;

(3) Des représentants des organismes bailleurs de fonds peuvent être admis à prendre part aux travaux de la commission siégeant dans le cadre du suivi ou du contrôle des ONG, lorsque lesdits organismes ont apporté leur contribution financière à ces ONG.
(4) Le président peut faire appel à toute personne, en raison de ses compétences, pour participer aux travaux de la commission sans voix délibérative.
(5) La commission peut créer en son sein, en tant que de besoin, des sous-commissions sur des objets et dans les domaines déterminés relevant de son champ de compétence.
(6) Le Secrétariat de la commission est assuré par la direction compétente du ministère chargé de l'Administration territoriale.
Art. 4 : la composition de la commission est constatée par arrêté du ministre chargé de l'Administration territoriale.

Section II : du fonctionnement

Art. 5 : La commission se réunit en tant que de besoin et au moins une fois par trimestre, sur convocation de son président.
Art. 6 : les convocations indiquent la date, l'heure, l'ordre du jour et le lieu de la réunion. Elles doivent être accompagnées des documents de travail et adressées aux membres au moins sept (7) jours avant la date de la réunion.
Art. 7 : (1) la commission ne peut valablement délibérer qu'en présence des deux tiers (2/3) au moins de ses membres.
(2) Toutefois lorsqu'à l'issue de la première convocation, le quorum prévu à l'alinéa (1) ci-dessus n'est pas atteint, le président convoque à nouveau les membres de la commission, dans un délai maximum de sept (7) jours.
Dans ce cas, la commission délibère sans condition de quorum.
Art. 8 : les avis et résolutions de la commission sont adoptés à la majorité des deux-tiers (2/3) des membres présents.
Art. 9 : le secrétariat de la commission assiste celle-ci dans l'accomplissement de ses missions.
A ce titre, elle est chargée notamment :
- De proposer l'ordre du jour et de préparer les dossiers à soumettre à l'examen de la commission ;
- De dresser les procès-verbaux de session ainsi que les rapports d'activités de la commission ;
- De tenir les registres où sont reportés les avis et résolutions de la commission ;
- De veiller à la constitution et à la conservation des archives de la commission ;
- De proposer au président, les organismes bailleurs de fonds susceptibles de prendre part aux travaux de la commission.

Chapitre III - DES DISPOSITIONS DIVERSES ET FINALES

Art. 10 : la commission adopte un rapport annuel sur les activités des ONG au Cameroun. Ledit rapport est adressé pour information au Premier ministre et au ministre chargé de l'Administration territoriale, ainsi qu'aux chefs de départements ministériels représentés au sein de la commission. Il peut être largement diffusé.
Art. 11 : (1) Les fonctions de président et de membre de la commission sont gratuites.
(2) Toutefois, le président et les membres ainsi que les personnes invitées à titre consultatif, bénéficient d'une indemnité de session dont le montant est fixé par arrêté du ministre chargé de l'Administration territoriale.
Art. 12 : les dépenses de fonctionnement de la commission sont imputables au budget du ministère de l'Administration territoriale.
Art. 13 : le ministre chargé de l'administration territoriale est chargé de l'exécution du présent décret qui sera enregistré, publié suivant la procédure d'urgence, puis inséré au journal officiel en français et en anglais.

## ANNEXE 3

### Lettre circulaire de Raymond Triboulet, ministre de la Coopération aux ambassadeurs de France en Afrique francophone

Elle renseigne sur les mobiles des pouvoirs publics avant même la création officielle de l'AFVP (17 août 1963). La note jointe, évoquée dans la correspondance et qui recèle les modalités plus techniques du projet, n'est pas reproduite.

Paris, le 18 juin 1963

Cab/CT4. N° 27062

Le ministre Délégué Chargé de la Coopération
à
tous Ambassadeurs

Objet : Volontaires du Progrès.

J'ai l'honneur d'appeler votre attention sur le projet de création d'un Mouvement de Volontaires du Progrès dont j'ai pris l'initiative et qui va entrer prochainement dans le domaine des réalisations.

Le but de ce projet et les modalités de l'action qui va être entreprise sont décrits dans la note jointe à ma lettre. Mais je désire vous en exposer les mobiles.

Vous n'ignorez pas la nécessité d'atténuer la disparité qui se manifeste entre les conditions de vie des citadins et celles des populations rurales.

Le devoir de fixer dans les campagnes une jeunesse attirée par les villes et d'animer les masses paysannes afin de les faire progresser au même rythme que les autres couches de la population est apparu aux responsables politiques africains ou malgaches.

Au reste notre coopération sous ses diverses formes et le concours de notre assistance technique seraient menacés si ces différences dans les niveaux de vie et l'évolution des collectivités n'étaient pas progressivement atténuées.

Cet effort d'animation concerne la jeunesse africaine qu'il faudrait faire participer plus efficacement au développement de chaque pays. Il intéresse en

France certains jeunes qui éprouvent un besoin de contacts, un besoin de servir et une curiosité pleine de compréhension pour les problèmes qui se posent aux jeunes Etats d'outre-mer. J'ai pensé que le rapprochement des deux jeunesses dans le cadre d'actions de formation et d'encadrement, délimitées avec soin et organisées selon des modalités qui auront fait l'objet d'études approfondies est susceptible d'aider à cette évolution des collectivités rurales en Afrique et à Madagascar.

Nous qui faisons l'effort principal de coopération technique et culturelle, pouvons-nous laisser à d'autres ce secteur d'avenir de la coopération populaire ? Car de nombreux gouvernements occidentaux donnent déjà leur appui à des tentatives de cette nature qu'ils ont encouragées et vers lesquelles ils orientent leurs mouvements de jeunesse. C'est le cas notamment des Etats unis, de la République fédérale allemande et de la Hollande.

Notre action passée et la nature de nos liens avec les Etats africains et malgache susceptibles d'être intéressés par ce projet devraient nous assurer une plus grande chance de succès dans notre entreprise.

Mais la lecture de la note jointe vous montrera que le Mouvement des Volontaires du Progrès procèdera à l'implantation de ses jeunes avec une extrême prudence, que ses débuts seront lents et limités à des zones peu nombreuses et bien déterminées.

Dans le cas où le Gouvernement de votre Résidence, informé du projet de lancement des Volontaires du Progrès, vous proposerait l'installation de jeunes Français sur son territoire, il vous appartient de lui préciser que le Mouvement, disposant de moyens limités, est appelé à circonscrire son action dans deux ou trois pays dans une première période et que le choix des régions fait l'objet d'études détaillées. Vous soulignerez la circonspection dont il convient de faire preuve en raison de la nature particulièrement délicate de telles opérations.

Je vous serais obligé des observations que vous voudrez bien formuler sur ce sujet ou que l'étude de la note jointe à ma lettre vous aura inspirées.

Je communique le même document au Chef de la Mission d'aide et de la coopération en lui demandant de procéder à un recensement des possibilités d'implantation d'opérations du type de celles qui sont définies dans la documentation.

Raymond Triboulet.

## ANNEXE 4

### Accord-cadre

Le Gouvernement de la République du Cameroun, ci-après désigné le Gouvernement camerounais, représenté par le Ministre de la Fonction Publique et de la Réforme Administrative
Et
L'Association Française des Volontaires du Progrès, ci-après désignée l'AFVP, représentée par son Délégué Général,
Désireux dans un esprit de confiante coopération de renforcer et de rendre encore plus efficace les relations existantes entre les peuples camerounais et français, sont convenus de ce qui suit :

Article 1
L'AFVP, qui a pour objectif de permettre à des jeunes de participer à des opérations de développement, s'engage dans la limite de ses moyens à intervenir par des actions concrètes dans les zones et domaines fixés d'un commun accord entre les deux parties dans le cadre de la politique de développement économique, social et culturel de la République du Cameroun.

Article 2
L'AFVP s'engage à examiner les projets pour lesquels le Gouvernement camerounais sollicite son concours et à répondre, en fonction de ses possibilités, aux demandes des Volontaires du Progrès correspondant aux projets qu'elle a acceptés.
Ces Volontaires, servant sous l'autorité et la protection du Gouvernement camerounais, sont tenus de se conformer à ses règlements et directives.

Article 3
Chaque projet fera l'objet d'une convention opérationnelle qui précisera :
- le Ministère ou les Ministères de tutelle,
- le secteur ou les secteurs d'intervention,
- les objectifs,
- le coût total,
- la durée,
- la qualification des Volontaires sollicités,
- les obligations des parties,
- la participation des différents bailleurs de fonds.

Article 4
Pour la réalisation de ces opérations, l'AFVP met des Volontaires du Progrès à la disposition du Gouvernement camerounais, lequel s'engage à faciliter les procédures d'agrément.

Article 5
Les Volontaires mis à la disposition du Gouvernement, en vertu du présent accord, exercent leur fonction sous l'autorité de ce Gouvernement, et ils sont tenus de se conformer à ses lois, règlements et directives, ainsi qu'à la Charte et au règlement intérieur de l'AFVP.

Article 6
L'AFVP désignera, après agrément du Gouvernement camerounais :
Un Délégué permanent pour la République du Cameroun. Ce dernier, basé à Yaoundé, pourra se voir confier, à la demande du Président de l'AFVP, des missions, étendues à d'autres pays, en vue de représenter l'AFVP.
Des techniciens d'encadrement pourront également être désignés à titre permanent ou momentané en vue d'apporter les appuis nécessaires à la bonne conduite des opérations.

Article 7
Par le présent accord et dans les termes des dispositions qu'il contient, le Gouvernement apporte sa collaboration, son plein appui et toute son assistance aux missions de développement confiées à l'Association.
Le Gouvernement camerounais assurera aux Volontaires du Progrès et aux agents permanents de l'AFVP, ainsi qu'à leur famille, protection et sécurité, et leur fournira toute l'assistance dont ils pourront avoir besoin dans le cadre de leur mission.

Article 8
L'AFVP s'engage à prendre en charge :
- la sélection, le recrutement et la préparation des Volontaires du Progrès ;
- les frais de transport depuis leur résidence en France jusqu'à leur lieu d'affectation au Cameroun, des Volontaires du Progrès et des agents permanents de l'AFVP ;
- la couverture sociale de ces personnels et leur rapatriement sanitaire éventuel ;
- leurs émoluments, indemnités de subsistance et pécules ;
- l'appui technique et administratif des Volontaires du Progrès pendant leur séjour (suivi, formation, évaluation et réinsertion professionnelle) ;
- la résidence à Yaoundé du Délégué de l'AFVP.

Article 9
Le Gouvernement camerounais assurera aux Volontaires du Progrès et aux techniciens d'encadrement, directement ou par l'intermédiaire des structures

d'accueil, un logement meublé et les charges afférentes qui seront précisées dans les conventions opérationnelles prévues à l'article 3. Il prendra à sa charge l'hébergement des Volontaires du Progrès à leur arrivée au cas où un logement ne pourrait leur être affecté.

Article 10
Le Gouvernement camerounais accordera toutes facilités pour l'entrée et la sortie du territoire camerounais aux agents permanents et consultants ainsi qu'aux Volontaires du Progrès lors de leur affectation et de leur départ et à l'occasion de leurs congés ou missions.
Il exemptera de tous droits ou taxes les visas d'entrée et de sortie, les permis de travail ou de séjour nécessaires et ne percevra aucun impôt ou autre taxe publique sur les émoluments ou indemnités de subsistance versés par l'AFVP aux agents et Volontaires du Progrès. Il autorisera ces personnels à importer et à exporter en franchise des droits et taxes et sans caution pendant la durée de leur séjour, les objets destinés à leur usage personnel, y compris un véhicule.
Les objets importés en franchise ne pourront être cédés ou vendus sur le territoire camerounais que lorsque les droits et taxes suspendus auront été acquittés.

Article 11
Le Gouvernement camerounais exemptera de toutes taxes et droits, les matériels, matériaux, équipements, véhicules et carburants indispensables à l'accomplissement des opérations menées par l'AFVP et prendra à sa charge les frais afférents aux missions confiées aux Volontaires dans l'exercice de leur fonction.

Article 12
Des accords particuliers ou complémentaires pourront être apportés à tout moment à cet accord, dès que les deux parties contractantes en auront convenu. A la demande de l'une des parties, il pourrait être procédé par avenant à la modification d'une ou plusieurs clauses du présent accord, cette modification ne pouvant intervenir que d'un commun accord.

Article 13
1 - Tout différend qui pourra survenir lors de l'application ou de l'interprétation du présent accord sera résolu à l'amiable.
2 - Au cas où les deux parties ne s'accorderaient pas sur un point du litige, le Tribunal de Grande Instance de Yaoundé est compétent pour statuer sur le cas d'espèce.

Article 14
Le présent accord qui entre en vigueur à la date de la signature est conclu pour une durée de cinq (5) ans renouvelable par tacite reconduction, sauf dénonciation par

écrit de l'une des parties contractantes au moins six mois avant l'expiration de sa durée de validité.
En cas de dénonciation du présent accord, les conventions antérieurement conclues continueront d'être appliquées jusqu'à la date de leur expiration.

Fait à Yaoundé, le 30 juillet 1992

En double exemplaire en langue française,
les deux textes faisant également foi.

| | |
|---|---|
| Pour l'Association Française des Volontaires du Progrès | Pour le Gouvernement de la République du Cameroun |
| Le Délégué Général | Le Ministre de la Fonction Publique et de la Réforme Administrative |
| G. PHILIPPOTEAUX | GARGA HAMAN ADJI |

## ANNEXE 5

### Discours de M. Garga Haman Adji

Discours prononcé le 30 juillet 1992 par M. Garga Haman Adji, ministre de la Fonction publique et de la Réforme administrative, à l'occasion de la cérémonie de signature de l'Accord-cadre entre le gouvernement de la République du Cameroun et l'Association Française des Volontaires du Progrès.

Monsieur le Vice-Premier Ministre,
Madame et Messieurs les Ministres,
Monsieur l'Ambassadeur de France,
Monsieur le Délégué Général de l'Association
Française des Volontaires du Progrès,
Messieurs les Représentants des Associations des Volontaires,
Mesdames et Messieurs.

Vous me permettrez tout d'abord de remercier chacun de vous d'avoir bien voulu honorer de sa présence la présente cérémonie de signature de l'accord-cadre devant désormais régir les relations entre le Gouvernement de la République du Cameroun et l'Association Française des Volontaires du Progrès. Celle-ci est ici représentée par son Délégué Général, M. Guy Philippoteaux, un ami du Cameroun et des camerounais qui a quitté notre pays il y a huit ans. Il assure depuis lors la direction générale de l'Association Française des Volontaires du Progrès, basée dans la région parisienne.

Point n'est besoin de présenter les qualités de cet homme qui, dès son jeune âge, a choisi non pas les chemins qui l'auraient conduit vers les cimes de la richesse matérielle, mais plutôt la voie discrète de servir l'homme en tant que tel, dans ses aspirations profondes ; cette voie plus noble, crée et renforce la solidarité humaine, facilite l'interpénétration et la compréhension des hommes, et mieux que la richesse matérielle, donne à l'homme l'occasion de connaître son semblable, de découvrir le vrai visage de l'Afrique et partant de rejeter les clichés, préjugés et autres idées reçues.

Assurant avec bonheur aux côtés du Président Robert Galley la responsabilité de la gestion de l'Association Française des Volontaires du Progrès dont l'importance et l'impact ne sont plus à démontrer, M. Guy Philippoteaux est parmi nous, entre autres, pour signer l'accord-cadre dont je viens de parler à l'instant.

Au-delà de son économie générale, cet accord-cadre laisse transparaître en filigrane la mission et la philosophie dont sont porteurs les jeunes Volontaires du Progrès.

L'accord-cadre que nous signons aujourd'hui remplace celui de 1977 non seulement pour des raisons de mise à jour, mais aussi et surtout pour le mettre en conformité avec l'évolution de cette Association dans sa raison sociale et dans ses nouvelles méthodes.

L'Association Française des Volontaires du Progrès s'est émancipée en effet en devenant une organisation non gouvernementale, disposant de son autonomie d'action et responsable à part entière de son programme et du résultat de ses interventions. Son statut d'ONG implique tout naturellement la recherche d'une plus grande efficacité de ses interventions dans la souplesse et la maîtrise des procédures de mise en œuvre de nos projets qu'elle accepte de prendre en charge.

A cet égard, le présent accord innove en subordonnant la réalisation de chaque projet à une convention opérationnelle, devant notamment faire ressortir les ministères de tutelle du projet, les secteurs d'intervention, les objectifs poursuivis, le coût et la durée estimés, la qualification des Volontaires sollicités, les obligations des parties et la participation éventuelle d'autres bailleurs de fonds. Il s'agit en définitive d'une volonté de conceptualiser, de rationaliser et de concrétiser toujours davantage la participation des Volontaires du Progrès à la réalisation de nos projets de développement économique, social et culturel.

L'accord rappelle par ailleurs à chacun des signataires, ses obligations conventionnelles dans le but d'accélérer et de simplifier les procédures et d'assumer, chacun en ce qui le concerne, ses responsabilités fonctionnelles et financières.

Ainsi, les jeunes Volontaires du Progrès qui auront choisi de participer à nos opérations de développement, laisseront-ils des marques plus visibles et en emporteront-ils un souvenir dont rien ne les empêchera d'être fiers.

Il me paraît important de souligner ici que les Volontaires du Progrès que nous envoie l'AFVP viennent gracieusement travailler au Cameroun et ne demandent à notre Gouvernement en contrepartie de leurs activités aucune rémunération. La finalité de leur activité étant davantage « d'aider chacun à s'ouvrir sur le monde et à s'enrichir de sa diversité ». Le Volontaire constitue dès lors et en permanence un point de rencontre privilégié entre les peuples du Nord et ceux du Sud.

En conséquence, les Volontaires du Progrès contribuent, d'une manière ou d'une autre, à créer et à consolider des conditions de paix entre les hommes, car il n'y a rien de plus positif dans la construction d'un monde pacifique que les contacts humains réalisés sans complexe et sans arrières-pensées, dans le seul but de rapprocher les hommes en leur apportant jusqu'à leur demeure, l'amitié dont les uns et les autres ont le plus grand besoin.

L'AFVP à mon sens, est un organisme qui vise à réaliser le vieux rêve humain qui voudrait que tous les garçons et toutes les filles du monde, en se tenant la main, construisent une chaîne de solidarité humaine et d'amour réciproque, grâce à l'instauration de la compréhension entre les hommes dans leur approche des problèmes et dans leur conception de l'univers et leur sens de la vie.

L'AFVP ne saurait ne pas viser ces nobles idéaux sans lesquels l'humanité se transformerait en bestialité où les hommes cesseraient d'être hommes, comme s'ils enviaient le sort des animaux et qu'ils tenaient à mener une vie de jungle où l'amour réciproque ferait place à la force de la nature, la compréhension mutuelle à l'impasse et à l'angoisse, les contacts humains à l'ostracisme.

L'homme, s'il veut être digne de son espèce, doit continuer toujours à transcender les considérations subjectives, à maîtriser ses complexes et à privilégier la victoire de la raison sur l'instinct, toutes conditions qui font que l'homme est humain ou ne l'est pas.

Ainsi conclurons-nous en paraphrasant M. Guy Philippoteaux parlant de la contribution de son Association à l'éducation et au développement, que celle-ci vise la promotion de l'homme et de tout l'homme, raison première de l'effort au quotidien de tout Volontaire du Progrès dans la perspective d'un monde pluraliste mais solidaire.

Vive l'Association Française des Volontaires du Progrès.
Vive la Coopération internationale.
Vive le Cameroun.

# SIGLES ET ABRÉVIATIONS

| | |
|---|---|
| AFVP | Association française des volontaires du progrès |
| APD | Aide publique au développement |
| BIT | Bureau international du travail |
| CDHS | Enquête sur la santé et la démographie au Cameroun, 1991 |
| COPAD | Collectif d'organismes de participation au développement |
| FAC | Fonds d'aide et de coopération |
| FMI | Fonds monétaire international |
| GIC | Groupes d'initiative commune |
| GRET | Groupe de recherche et d'échanges technologiques |
| MINAT | Ministère de l'administration territoriale |
| MINUH | Ministère de l'urbanisme et de l'habitat |
| OI | Organisation internationale |
| ONG | Organisation non gouvernementale |
| ONU | Organisation des Nations unies |
| OSI | Organisation de solidarité internationale |
| PME | Petite et moyenne entreprise |
| PMI | Petite et moyenne industrie |
| PNUD | Programme des Nations unies pour le développement |
| UE | Union européenne |
| VP | Volontaire du progrès |

# BIBLIOGRAPHIE

## I – OUVRAGES GÉNÉRAUX


ADDA (Jacques), SMOUTS (Marie-Claude) : La France face au Sud. Le miroir brisé, Paris, Karthala, 1989.

AMIN (Samir) : La déconnexion. Pour sortir du système mondial, Paris, La Découverte, 1986.

La faillite du développement en Afrique et dans le tiers-monde, Paris, L'Harmattan, 1989.

Les défis de la mondialisation, Paris, L'Harmattan, 1996.

AMIRA : Méthodes d'évaluation des projets : analyse du milieu rural avant, pendant et après une opération de développement, Paris, AFIRD, 1981.

BAYART (Jean-François) : L'Etat en Afrique. La politique du ventre, Paris, Fayard, 1989.

BAYART (Jean-François), MBEMBE (Achille), TOULABOR (Comi) : Le politique par le bas en Afrique noire. Contribution à une problématique de la bureaucratie, Paris, Karthala, 1992.

BELLONCLE (Guy) : Le chemin des villages. Formation des hommes et développement, Paris, L'Harmattan, 1979, 288 p.

BERG (Robert J.), SEYMOUR WHITAKER (Jennifer) (dir.) : Stratégies pour un nouveau développement en Afrique, Paris, Economica, 1990.

Berthélemy (Jean-Claude), Ludvig Söderlin, Jean-Michel Salmon, Henri-Bernard Solignac Lecomte : L'Afrique émergente, Paris, OCDE, Etudes du Centre de développement, 2001.

BOURGI (Albert) : La politique française de coopération en Afrique. Le cas du Sénégal, Paris, L.G.D.J., 1979.

BOUVIER (Paul) : L'Europe et la coopération au développement. Un bilan, Bruxelles, Ed. de l'Université de Bruxelles, 1980.

BRUCKNER (Pascal) : Le sanglot de l'homme blanc, Paris, Seuil, 1996.

BRUNEL (Sylvie) : Le gaspillage de l'aide publique, Paris, Seuil, 1993.

La faim dans le monde. Comprendre pour agir, Paris, PUF, 1999.

CHAMBERS (R.) : Développement rural. La pauvreté cachée, Paris, Karthala, 1983, (titre original : Rural development : putting the last first, London, Longman, 1983).

CICIBA : Facteurs culturels et projets de développement rural en Afrique centrale. Points de repère, Paris, L'Harmattan, 1989.
COMELIAU (Christian) : Mythes et espoirs du tiers-mondisme, Paris, L'Harmattan, 1986.
CONDAMINES (Charles) : L'aide humanitaire entre la politique et les affaires, Paris, L'Harmattan, 1989.
CONFERENCE DES ONG, LIMA, PERU, 25-29 janvier 1988 : La dette extérieure, le développement et la coopération internationale, Paris, L'Harmattan, 1988.
COQUERY-VIDROVITCH (C.), HEMERY (D.), PIEL (J.) (éd.) : Pour une histoire du développement. Etats, sociétés, développement, Paris, L'Harmattan, 1988.
COT (Jean-Pierre) : A l'épreuve du pouvoir. Le tiers-mondisme, pour quoi faire ? Paris, Seuil, 1984.
DANAHER (Kevin) (dir.) : 50 years is enough : The case against the World Bank and the International Monetary Fund, Boston, South End Press, 1994.
DEMBELE (Kary) et co : Mali. Le paysan et l'Etat, Paris, L'Harmattan, 1981.
DUMONT (René) : L'Afrique noire est mal partie, Paris, Seuil, 1962.
DUPUIS (Monique) : Crise mondiale et aide internationale. Stratégie canadienne et développement du tiers-monde, Paris, Silex, 1984.
ELA (Jean-Marc) : L'Afrique des villages, Paris, Karthala, 1982.
Quand l'Etat pénètre en brousse... Les ripostes paysannes à la crise, Paris, Karthala, 1990.
Afrique : l'irruption des pauvres. Société contre ingérence, pouvoir et argent, Paris, L'Harmattan, 1994.
Innovations sociales et renaissance de l'Afrique noire. Les défis du « monde d'en-bas », Paris, L'Harmattan, 1998.
FREUD (Claude) : Quelle coopération ? Un bilan de l'aide au développement, Paris, Karthala, 1988.
GABAS (Jean-Jacques) : L'aide contre le développement ? L'exemple du Sahel, Paris, Economica et Libertés sans Frontières, 1988.
GRAWITZ (Madeleine) : Méthodes de sciences sociales, 7e édition, Paris, Dalloz, 1986.
HENRIQUE CARDOSO (Fernando) : Sociologie du développement en Amérique latine, Paris, Anthropos, 1969.
HUGON (Philippes) : L'économie de l'Afrique, Paris, La Découverte, 1993.
HUGON (Philippes), POURCET (G.), QUIERS-VALETTE (S.) : L'Afrique des incertitudes, Paris, PUF, IEDES, Collection Tiers-Monde, 1995.
HYDEN (GORAN) : No shortcuts to progress : African development management in perspective, Berkeley, University of California Press, 1983.
HYDEN (Goran), BRATTON (Michael) (dir.) : Gouverner l'Afrique. Vers un partage des rôles, Manilles, Nouveaux Horizons, 1992.

JORDAN (Robert S.) : La coopération multilatérale. Pour un développement économique, social et scientifique, Paris, les Ed. Internationales, 1975.
KOUCHNER (Bernard): Le malheur des autres, Paris, Odile Jacob, 1991.
LAÏDI (Zaki) : Enquête sur la Banque mondiale, Paris Fayard, 1989.
LECOMTE (Bernard) : L'aide par projet. Limites et perspectives, Paris, OCDE, 1986.
LENAIN (Patrick) : Le FMI, Paris, La Découverte, 1993.
LUGAN (Bernard) : Afrique, l'Histoire à l'endroit, Paris, Perrin, 1983.
MAGNAR (Franck), TENZER (Nicolas) : La crise africaine. Quelle politique de coopération pour la France ? Paris, PUF, 1988.
MAPPA (Sophia) (dir.) : Ambitions et illusions de la coopération Nord-Sud. Lomé IV, Paris, L'Harmattan, 1990 (publication du Forum de Delphes).
MARCHANT (Claude) : Nord-Sud : de l'aide au contrat. Pour un développement équitable, Paris, Syros-Alternatives, 1991.
MARSEILLE (Jacques) : Empire colonial et capitalisme français, Paris, Albin Michel, 1984.
M'BOKOLO (Elikia) : L'Afrique au xxe siècle. Le continent convoité, Paris, Seuil, 1985.
MEDARD (Jean-François) (dir.) : Etats d'Afrique noire. Formations, mécanismes et crises, Paris, Karthala, 1991.
MERLE (Marcel) : Les acteurs dans les relations internationales, Paris, Economica, 1986.
MINC (Alain) : La machine égalitaire, Paris, Grasset, 1987.
MIKESELL (Raymond F.) : The economics of foreign aid, Chicago, Aldire Publishing company, 1969.
PEAN (Pierre) : Affaires africaines, Paris, Marabout, 1984.
L'argent noir. Corruption et sous-développement, Paris, Fayard, 1988.
PELLETIER (Irénée) : La politique canadienne de l'aide au développement, Paris, LGDJ, 1971.
RAULIN (Henri), RAYNAUD (Edgar) : L'aide au sous-développement, Paris, PUF, 1980.
RIDDELL (Roger C.) : Foreign aid reconsidered, Baltimore, The Johns Hopkins University Press, 1988.
ROSANVALLON (Pierre) : La crise de l'Etat-providence, Paris, 1981.
RUFIN (J.-C.) : L'empire et les nouveaux barbares. Rupture Nord/Sud, Paris, J.-C. Lattès, 1991.
SALAMA (P.) et VALLIER (J.) : Pauvreté et inégalités dans le tiers-monde, Paris, La Découverte, 1990.
SORMAN (Guy) : La nouvelle richesse des nations, Paris, Fayard, 1987.
TERRAY (Emmanuel) (dir.) : L'Etat contemporain en Afrique, Paris, L'Harmattan, 1987.

TERRE DES HOMMES FRANCE : Halte à la mondialisation de la pauvreté. Reconnaître les droits économiques, sociaux et culturels pour tous, Paris, Karthala, 1998.

VERSCHAVE (François-Xavier), BOISGALLAIS (Anne-Sophie) : L'aide publique au développement, Paris, Syros, 1994.

WAUTHIER (Claude) : Quatre Présidents et l'Afrique : De Gaulle, Pompidou, Giscard d'Estaing, Mitterrand, Paris Seuil, 1995.

ZIEGLER (Jean) : La terre qu'on a : Luttes et défaites du tiers-monde, Paris, Etudes et Documentation internationales, 1989.

La faim dans le monde expliquée à mon fils, Paris, Seuil, 1999.

## II – OUVRAGES SUR LES ORGANISMES DE PARTICIPATION AU DÉVELOPPEMENT

BACHELARD (Paul) : Les acteurs du développement local, Paris, L'Harmattan, 1993.

BEAUDOUX (Etienne) et al. : Cheminements d'une action de développement. De l'identification à l'évaluation, Paris, L'Harmattan, 1992.

BECKMANN (H.), GARDIEN (N.) : L'eau c'est la vie. Hydraulique villageoise en zone de forêt, Yaoundé, DED, 1991.

BEIGBEDER (Yves) : Le rôle international des organisations non gouvernementales, Paris, LGDJ, 1992.

BIERSCHENK (Thomas), CHAUVEAU (Jean-Pierre) et OLIVIER DE SARDAN (Jean-Pierre) : Courtiers en développement. Les villages africains en quête de projets, Paris, Karthala, et Mayence, APAD, Collection Hommes et Sociétés, 2000.

BOUCHER (Jean-Dominique) : L'aventure solidaire. Volontaires pour le tiers monde, Paris, Karthala, 1990.

CERNEA (Michael M.) (éd.) : La dimension humaine dans les projets de développement. Les variables sociologiques et culturelles, Paris, Karthala, 1998.

CENTRE TRICONTINENTAL : Les ONG : Instruments du néo-libéralisme ou alternatives populaires ? Paris, L'Harmattan, 1998.

CHENEAU-LOQUAY (Annie), MATARASSO (Pierre) : Approche du développement durable en milieu rural africain, Paris, L'Harmattan, 1998.

CLEARTY (Seamus) : The role of NGOs under authoritarian political systems, London, Macmillan Press Ltd, 1997.

DELER (J.-P.) : ONG et développement : Société, économie, politique, Paris, Karthala, 1998.

DESCENDRE (Daniel) : L'autodétermination paysanne en Afrique. Solidarité ou tutelle des ONG partenaires ? Essai d'analyse institutionnelle, préface de R. Dumont, Paris, L'Harmattan, Collectif Stratégies alimentaires, Bruxelles, 1991.

DEVEZE (J.-C.) et ROUVIRE (M.-C.) : Réflexion sur l'évolution du rôle de la Coopération française en matière d'appui aux organisations paysannes, Paris, Caisse centrale de coopération économique, 1991.

ELSENHANS (Hartmut) : Alternative development paths : The role of NGOs and small-scale industry and their insertion in state-class dominated development strategies. Some aspects of recent development in India, New Delhi, FES, 1988.

Equality and development, Dhaka Bangladesh, Center for social studies, Dana Publishers, 1992.

State, class and development, New Delhi, Radiant Publishers, 1996.

ELSENHANS (Hartmut) (sous la direction de), KLEINER (Elmar), JOACHIM DREVES (Reinhart) : Développement, équité et extension du marché des masses. Une autre alternative. Le cas algérien. L'enjeu des P.M.E. industrielles, Paris, Publisud, 2000.

FAHRENHORST (Brigitte) (éd.) : Die Rolle der Entwicklungszusammenarbeit in gewalttätigen Konflikten, Berlin, Society for International Development (SID-Berlin-Berichte Nr. 11), 2000.

FERNANDO (Jude L.) : The role of NGOs. Charity and empowerment, SAGE Periodical Press, 1997.

FONDATION ALLEMANDE POUR LE DEVELOPPEMENT INTERNATIONAL (DSE) : Les puissantes organisations non gouvernementales d'Afrique occidentale, Berlin, DSE-AGEG, 1996.

Ouverture et libéralisation des marchés en Afrique. La réponse à la mondialisation ? Berlin, villa Borsig (1er-3 déc. 1998), DES, 1999.

GLASGOW (Manfred) (éd.) : Deutsche und internationale Entwicklungspolitik. Zur Rolle staatlicher, supranationaler und nicht-regierungsabhängiger Organisationen im Entwicklungsprozesse der Dritten Welt, Opladen, Westdeutscher, 1990.

GSÄNGER (Hans), HEUFERS (Rainer) (éd.) : Poverty-oriented social policy in south and east african countries, Berlin, Deutsche Stiftung für Internationale Entwicklung (DSE), Zentralstelle für Wirtschafts- und Sozialentwicklung (ZWS), 1999.

GUENEAU (Marie-Christine) : Afrique. Les petits projets de développement sont-ils efficaces ? Paris, L'Harmattan, 1986.

HANSOHM (Dirk), KAPPEL (Robert) : Schwarzweiße Mythen. Afrika und der entwicklungspolitische Diskurs, Münster, Hamburg, LIT, 1994.

HOCHET (Anne-Marie), ALIBA (N'gar) : Développement rural et méthodes participatives en Afrique, Paris, L'Harmattan, 1995.

HORDAN PINAUD (Véronique) : Les métiers de la solidarité internationale. Bénévoles, volontaires, salariés, Paris, L'Harmattan, 1997.

HULME (David) : NGOs, States and donors : too close for comfort ? Basingstoke, Macmillan, 1997.

JACOB (J.-P.) et LAVIGNE DELVILLE (Ph.) (dir.) : Les associations paysannes en Afrique. Organisation et dynamiques, Paris, Karthala, 1994.

JAIN (R.B.) : NGOs in development perspective, Vivek, Prakashan, 1995.
JOLY (Christian), JAHAN (Emmanuel) : ONG françaises et développement, Paris, Economica, 1985.
KUHN (Berthold) : Participatory development and local self-government in rural India, New Delhi, Radiant, 1998.
KWAN KAI HONG (éd.) : Jeux et enjeux de l'auto-promotion. Vers d'autres formes de coopération au développement, Paris-Genève, PUF-Cahiers de l'IUED, 1991.
LACHENMANN (G.) et al. : Organisations paysannes au Sénégal : comment renforcer les structures intermédiaires dans le processus de transformation socio-économique, Berlin, Institut allemand de développement, 1990.
LAMMERINK (Marc P.) et WOLFFERS (Ivan) (éd.) : Approches participatives pour un développement durable, Paris, Karthala et IPD (Institut panafricain pour le développement, Douala), 1998.
MARADEIX (Marie-Stéphane) : Les ONG américaines en Afrique. Activités et perspectives de 30 Organisations Non Gouvernementales, Paris, Syros-Alternatives, 1990.
M'BOKOLO (Elikia) (éd.) : Développement : de l'aide au partenariat, Paris, La Documentation française, 1993.
MERCOIRET (Marie-Rose) : L'appui aux producteurs ruraux. Guide à l'usage des agents de développement et des responsables de groupements, Paris, Karthala et Ministère de la Coopération, 1994.
MULLER (Jean-Daniel) : Les ONG ambiguës : Aides aux Etats, aides aux populations, Paris, L'Harmattan, 1989.
NEUBERT (Dieter) : Entwicklungspolitische Hoffnungen und gesellschaftliche Wirklichkeit : Eine vergleichende Länderfallstudie von Nicht-Regierungsorganisationen in Kenia und Ruanda, Frankfurt am Main, Campus Verlag, 1997.
OAKLEY (Peter) et al. : Projects with people. The practice of participation in rural development, Geneva, International Labour Office, 1991.
OLIVIER DE SARDAN (J. P.) et PAQUOT (E.) : D'un savoir à l'autre. Les agents de développement comme médiateurs, Paris, GRET, 1991.
OUEDRAOGO (Bernard Ledea) : Entraide villageoise et développement. Groupements paysans au Burkina Faso, Paris, L'Harmattan, 1990.
PIROTE (Claire), HUSSON (Bernard) (dir.) : Entre urgence et développement. Pratiques humanitaires en question, Paris, Karthala, 1997.
PRADERVAND (Pierre) : Une Afrique en marche. La révolution silencieuse des paysans africains, Paris, Plon, 1989.
PRINCEN (Thomas), FINGER (Matthias) : Environmental NGOs in world politics : Linking the global and the local, London, Routlege, 1996.
RAHAMATO (D.) : Organisations paysannes en Afrique : problèmes et perspectives, Dakar, Codesria, 1991.

ROUILLE D'ORFEUIL (Henri) : Coopérer autrement. L'engagement des organisations non gouvernementales aujourd'hui, Paris, L'Harmattan, 1984.
SNERCH (S.) : Dynamiques d'organisations du monde rural sahélien. Enjeux et limites des groupes paysans et des organisations rurales, Paris, OCDE, 1988.
SOTO (Hernando de) : The mystery of capital. Why capitalism triumphs in the West and falls everywhere else, New York, Basic Books, 2001.
THAPA (G. B.) : Banking with the poor : self-help groups, NGOs and Banks as financial intermediaries, Saarbrücken, Fort Lauderdale, Breitenbach, 1993.
VAN DE WALLE (Nicolas) et JOHNSTON (Timothy A.) : Repenser l'aide à l'Afrique, Paris, Karthala, 1999.
VERHAGEN (K.) : L'auto-développement ? Un défi aux ONG, Paris, L'Harmattan, 1991.
WEISS (Thomas G.) : NGOs, UN and global governance, L. Rienner, 1996.
YUNG (M.) et ZASLASVSKY (J.) : Pour une prise en compte des stratégies des producteurs, Montpellier, CIRAD-DAS, 1992.

## III – ARTICLES SUR LES ORGANISMES DE PARTICIPATION AU DÉVELOPPEMENT

AKE (Claude) : « Approches et orientations socio-politiques, pour le développement durable en Afrique », Afrique 2000, n° 22, juillet-août-septembre 1995, pp. 79-100.
AMIN (Samir) : « Aux origines de la catastrophe économique de l'Afrique », Afrique et Développement, vol. XX, n° 3, 1995, p. 5-21.
AMSELLE (J. L.) : « Le développement vu du village », Sociologica ruralis, vol. XXVIII, n° 2/3, pp. 179-181.
ALLOU (Serge) : « Les associations françaises de solidarité internationale et la question urbaine. Une préoccupation nouvelle », in J.-P. Deler, al. (éd.) : ONG et développement. Société, économie, politique, Paris, Karthala, 1998, pp. 415-428.
BAYART (Jean-François) : « Civil society in Africa », in P. Chabal (éd.) : Political domination in Africa, Cambridge, 1986, pp. 108-195.
BEDARD (G.) : « Argent chaud et argent froid », in G. Renard : La mobilisation de l'épargne par des institutions coopératives et son impact sur le développement local dans sept pays africains, Genève, BIT, 1987.
BEJAR (Héctor) : « Déclaration de la deuxième rencontre des ONG pour le développement de l'Amérique latine », in Centre Tricontinental : Les ONG. Instruments du néo-libéralisme ou alternatives populaires ?, 1998, pp. 175-184.
BERTHOME (J.) : « Les associations villageoises de développement en Afrique de l'ouest », Economie et Humanisme, 1990, pp. 15-27.
BLUDO (Giorgio) : « La brique, la terre et le puits : administration locale, fonctionnalisme et auto-promotion au Sénégal », in Kwan Kai Hong (éd.), 1991, pp. 103-134.

BOUTROS GHALI (Boutros) : « Le rôle des ONG dans la vie internationale », Afrique 2000, n° 19, octobre-novembre-décembre, 1994, pp. 5-10.

BROWN (D.) : « Rhetoric or reality ? Assessing the role of NGOs as agencies of grassroots development », Bulletin of University of reading agricultural extension and rural development department, 1990, pp. 3-10.

CHAUVEAU (J.-P.) : « Enquête sur la récurrence du thème de la participation paysanne dans le discours et les pratiques de développement rural depuis la colonisation (Afrique de l'Ouest) », Chronique du Sud, 6, ORSTOM, Département Sud, 1991.

CHAUVEAU (J.-P.) : « Le "modèle participatif" de développement rural est-il "alternatif" ? Eléments pour une anthropologie de la culture des "développeurs" », Bulletin de l'APAD, 3, 1992, pp. 20-30.

CLERC (D.) : « De la production des richesses à la production des exclus », in Le Monde Diplomatique, juillet 1992.

COHEN (J.M.), UPHOFF (N.T.) : « Participation's place in rural development. Seeking clarity through specificity », World Development, 1980, pp. 213-235.

COURADE (G.), ELOUNDOU (P.), GRANGERET I. : « L'Union centrale des coopératives agricoles de l'ouest du Cameroun (UCCAO) : de l'entreprise commerciale à l'organisation paysanne », Revue Tiers Monde, 1991, XXXII, 128, pp. 887-899.

COUSSY (J.) : « Economie et politiques de développement », in C. Coulon, D.-C Martin (dir.) : Les Afriques politiques, Paris, La Découverte, 1991, pp. 123-139.

DARBON (D.) : « L'Etat prédateur », in Politique africaine, n° 39, septembre 1990, pp. 37-45.

DIDIERLAURENT (M.) : « Les ONG dans le développement rural. Quelles alternatives ? », in P. Boiral et al., (éd.) : Paysans, experts, et chercheurs en Afrique Noire. Sciences sociales et développement rural, Paris, Ciface-Karthala, 1985.

DROY (I.) : « La réhabilitation des petits périmètres irrigués à Madagascar, une réponse aux importations du riz ? » Cahier des Sciences humaines, 27 (1-2), 1991, pp. 117-127.

ELA (Jean-Marc) : « Les enjeux de la conférence du Caire : Les femmes africaines sous contrôle des marchands ? », in Afrique 2000, n° 19, oct.-déc. 1994, pp. 11-20.

« Développement et "diversion" démographique », in Le Monde Diplomatique, septembre 1994.

ELSENHANS (Hartmut) : « Egalité et développement. L'expérience européenne et le monde sous-développé d'aujourd'hui », in Cultures et développement, 15, 2,1983, pp. 187-216.

« Développement indépendant, rôle des petites et moyennes entreprises et du secteur informel, distribution des revenus », in Tiers Monde, 29, 15,1988, pp. 601-616.

« Economie sous-développée et société civile : Surcharge du système politique et possibilités de pluralisme politique », in CERES (éd.) : Actes du colloque : Pluralisme social, pluralisme politique et démocratie. Cahier du CERES, Série Sociologie, N° 19 (Tunis : Centre d'études et de recherches économiques et sociales, 1991) ; pp. 23-52.

« La menace persistante d'une économie mondiale à deux vitesses : Alignements vers le bas ou chances de croissance solidaire », in Lemmers, Jos/Sid Ahmed, Abdelkader (éds.) : Emploi et interdépendance nord-sud (Paris, Publisud, 1991) ; pp. 123-142.

« La transition à l'économie de marché à partir d'économies sous-développées », in Naqd (Revue d'études et de critique sociale),1,3,1992, pp.23-34.

FAO : « Participation en pratique. Leçons tirées d'un programme FAO », Développement Rural, 1990, Janv., 12 p.

GALBRAITH (John Kenneth) et MONGA (Célestin) : « Où en est l'économie de développement aujourd'hui ? », Afrique 2000, n° 18, juillet-août-septembre 1994, pp. 67-75.

GESHIERE (Peter), JOS VAN DER KLEI : « La relation Etat-paysans et ses ambivalences : modes populaires d'actions politiques chez les Maka (Cameroun) et les Diola (Casamance) », in Emmanuel Terray (éd.), 1987, pp. 297-340.

GLASGOW (Manfred) : « The role of NGOs in development aid », in Léonce Bekemens, Manfred Glasgow, Jeremy Moon : Beyond market and state. Alternative approaches to meeting societal demands, Working paper, n° 89/410, San Domenico, European University Institute, 1989, pp. 33-69.

HUSSON (Bernard) : « Les ONG : une légitimité en question », in J.-P. Deler, al. (éd.) : ONG et développement. Société, économie, politique, Paris, Karthala, 1998, pp. 545-558.

HYDEN (G.) : « La crise africaine et la paysannerie non capturée », Politique africaine, 1985, pp. 93-113.

JACOB (J.-P.) : « Entre décentralisation et désengagement. Principes et problèmes de l'auto-organisation paysanne en Afrique », in Kwan Kai Hong (éd.), 1991, pp 41-48.

JACOB (J.-P.) : « Gouvernance, imputation, redondance. Réflexions sur la multiplicité des intervenants et la multiplication des organisations paysannes », in J.-P. Jacob et Ph. Lavigne Delville (éd.), 1994, pp. 255-270.

KAMTO (Maurice) : « Les rapports Etat-société civile en Afrique », Afrique 2000, n° 19, octobre-novembre-décembre 1994, pp. 47-52.

KWAN KAI HONG : « Concilier la coopération avec le développement : les perspectives offertes par l'auto-promotion », in Kwan Kai Hong (éd.), 1991, pp. 13-40.

LECOMTE (B.) : « Processus d'auto-promotion et formes d'appui adaptées », in Kwan Kai Hong (éd.), 1991, pp. 49-72.

MATHIEU (P.) : « Participation paysanne ou transfert des coûts aux organisations locales ? L'agriculture irriguée et le désengagement de l'Etat au Sénégal et à

Madagascar », Etat et société dans le tiers-monde, M. Haubert (éd.), Paris, IEDES, 1992, pp. 64-71.
MBEMBE (Achille) : « Etat, violence et accumulation. Leçons d'Afrique noire », Foi et développement, n° 164/165, 1988, pp. 1-8.
« Pouvoir et économie politique en Afrique contemporaine : Une réflexion », Afrique 2000, n° 8, janvier-février-mars 1992, pp. 51-72.
MERCOIRET (M.-R.) : « L'émergence des dynamiques sociales. Une réponse au désengagement de l'Etat », in L'avenir de l'agriculture dans les pays du Sahel, Montpellier, CIRAD, 1990, pp. 49-58.
MONGBO (R. L.) : « Le rôle de l'Etat, des ONG et des communautés de base dans le développement participatif », Communication au « Séminaire sur le rôle des ONG dans le développement du Zou », Dassa-Zoumè, 1991, 26-29/11/91.
« Dynamique des organisations paysannes et la négociation quotidienne du "développement rural" à la base. Une étude de cas au Bénin, in J.-P. Jacob et Ph. Lavigne Delville (éd.), 1991, pp. 135-153.
MUIR (A.) : « Evaluating the impact of NGO in rural poverty alleviation », ODI working paper, n° 52, 1992.
OLIVIER DE SARDAN (Jean-Pierre) : « Peasant logics and development project logics », Sociologica ruralis, vol. 28, n° 2/3, 1988, pp. 216-226.
RAHMATO DESSALEGN : « Peasant organizations in Africa : constraints and potentials », Working paper, n°1, 1991, Dakar, Codesria.
TANDON (Yash) : « Un point de vue africain sur les ONG étrangères en Afrique : leurres et succès », in Centre Tricontinental : Les ONG. Instruments du néo-libéralisme ou alternatives populaires ?, 1998, pp. 61-75.
WAARTS (Ton) : « L'éducation au développement. Le rôle des ONG », in Le Courrier, n° 104, juillet-août 1987.

## IV – SUR LE DÉVELOPPEMENT AU CAMEROUN

### A – OUVRAGES SUR LE DÉVELOPPEMENT AU CAMEROUN

BARBIER (J.) (éd.) : Femmes du Cameroun : mères pacifiques, femmes rebelles, Paris, ORSTOM/Karthala, Collection Hommes et Sociétés, 1985.
BAYART (Jean-François) : L'Etat au Cameroun, Paris, Fayard, L'Espace du politique, 1979.
BEAUVILAIN (A.) : Nord-Cameroun : crises et peuplement, Coutances, Beauvilain éd., 2 vol., 1989.
COURADE (Georges) (éd.) : Le village camerounais à l'heure de l'ajustement, Paris, Karthala, 1994.
Le désarroi camerounais. L'épreuve de l'économie-monde, Paris, Karthala, 2000.
FODOUOP (K.) : Les petits métiers de rue. Le cas de Yaoundé, Yaoundé, Sopecam, 1991.

GENTIL (D.) et FOURNIER (Y.) : Les paysans peuvent-ils devenir banquiers ? Epargne et crédits en Afrique, Paris, Syros, 1993.
GESHIERE (Peter) et Konings (P.) (éd.) : Colloque sur l'économie politique du Cameroun – perspectives historiques (Leyde, juin 1988), Leyde, Centre d'études africaines, Research Reports, n° 35, 2 tomes, 1989.
GESHIERE (Peter) et Konings (P.) (éd.) : Itinéraires d'accumulation au Cameroun, Paris, Karthala/Leyde, Centre d'études africaines, Collection Hommes et Sociétés, 1993.
GUBRY (P.) (éd.) : Le retour au village. Une solution à la crise économique au Cameroun ? Paris, L'Harmattan, MINREST, IFORD, CEPED, 1996.
HENRY (A.), TCHUENTE (G. H.), GUILLERME-DIEUMEGARD (P.) : Tontines et banques au Cameroun : Les principes de la société des amis, Paris, Karthala, Collection Economie et Développement, 1991.
JANIN (Pierre) : L'avenir des planteurs camerounais. Résister ou se soumettre au marché, Paris, Karthala, 1999.
MONGA (C.) : L'argent des autres. Banques et petites entreprises publiques en Afrique. Le cas du Cameroun, Paris, LGDJ, 1997.
MONGO (Beti) : La France contre l'Afrique. Retour au Cameroun, Paris, La Découverte, 1993.
NGANDJEU (J.) : Le Cameroun et la crise : renaissance ou blocage ?, Paris, L'Harmattan, 1988.
POLITIQUE AFRICAINE : Le réveil du Cameroun, Paris, Karthala, Politique africaine, n° 22, 1986.
SIMO (David) (éd.) : La politique de développement à la croisée des chemins. Le facteur culturel, Colloque organisé à Yaoundé les 13 et 14 juin 1996, Yaoundé, CLE, 1998.
WARNIER (J.P.) : L'esprit d'entreprise au Cameroun, Paris, Karthala, Collection Les Afriques, 1993.

## B – ARTICLES SUR LE DÉVELOPPEMENT AU CAMEROUN

COURADE (G.) : « Organisations paysannes, sociétés rurales, Etat et développement au Cameroun (1960-1980) », in P. Geschiere, P. Konings (éd.) : Colloque sur l'économie politique du Cameroun, Leyden, 1988, pp. 57-89.
COURADE (G.), GRANGERET-OWONA (I.), JANIN (P.) : « La liquidation des joyaux du prince : les enjeux de la libéralisation des filières café/cacao au Cameroun », Politique Africaine, n°44, 1991, pp. 121-128.
COURADE (G.) et SINDJOUN (Luc) : « Le Cameroun dans l'entre-deux », in Le Cameroun dans l'entre-deux, Politique Africaine, pp.3-14, n° 62, 1996, 163p.
ELOUNDOU-ENYEGUE (Martial) : « La recomposition des solidarités ville/campagne avec la crise : rétrécissement du cercle et réciprocité », in Georges Courade, Le village camerounais à l'heure de l'ajustement, Paris, Karthala, 1994, 221-235.

MOTAZE AKAM : « Crise, ajustement et organisations paysannes (nord Cameroun) », in Georges Courade, Le village camerounais à l'heure de l'ajustement, Paris, Karthala, 1994, 285-292.

SERAPHIN (G.) : « Au Cameroun, la crise qui tue », Le Monde Diplomatique, juillet 1999, p. 21.

SIMEU KAMDEM (Michel) : « Les activités non agricoles en milieu rural, forme d'ajustement à la crise ? La vannerie dans la province de l'Extrême-Nord du Cameroun », in Georges Courade, Le village camerounais à l'heure de l'ajustement, Paris, Karthala, 1994, pp. 334-343.

SINDJOUN (Luc) : « Le champ social camerounais : désordre inventif, mythes simplificateurs et stabilité hégémonique de l'Etat », pp. 57-67, in Georges Courade (éd.) : Le Cameroun dans l'entre-deux, Politique africaine, n° 62, 1996, 163 p.

TIMNOU (Joseph-Pierre) : « Le programme "dimension sociale de l'ajustement" au Cameroun : l'exclusion du monde rural », in Georges Courade, Le village camerounais à l'heure de l'ajustement, Paris, Karthala, 1994, pp.87-96.

## V – TRAVAUX NON PUBLIÉS : MÉMOIRES, THÈSES

### A – MÉMOIRES

ESSOMBA (Apollinaire) : La contribution de l'Association Française des Volontaires du Progrès au développement du Cameroun. Un bilan de 20 années d'activité, Mémoire de Maîtrise, Yaoundé, IRIC, 1988.

KALIBARA (Benoît) : La coopération avec les organisations non gouvernementales. Le cas du Service d'Appui aux Initiatives Locales de Développement au Cameroun (SAILD/Cameroun), Mémoire de Maîtrise, Yaoundé, IRIC, 1993.

KENMOGNE (Basile) : Les nouveaux champs de la coopération non gouvernementale, Mémoire de DESS, Yaoundé, IRIC, 1997.

SAIDOU (Boubacar) : Contribution d'une ONG au développement du secteur agricole au Niger. Cas de l'AFVP (Association Française des Volontaires du Progrès), Niamey, FSEJ, 1989.

### B – THÈSES DE DOCTORAT

NDEMBOU (S.) : Le développement rural dans la plaine de la Bénoué (Cameroun) : Changements géographiques et permanence sociale, Université de Paris I (Panthéon-Sorbonne), 1998.

NDIMBA (Wenceslas de B.) : L'aide privée américaine au Cameroun : 1960-1990, Yaoundé, IRIC, 1991.

SERAPHIN (G.) : Vivre à Douala (Cameroun). L'imaginaire et l'action dans une ville africaine en crise, Université de Paris I (Panthéon-Sorbonne), 1999.

SHIMINYI E. YENKONG : Non-governmental organizations and rural development : A case study of CARE International from 1984-1994, Yaoundé, IRIC, 1997.

## VI – PUBLICATIONS DES ORGANISMES INTERNATIONAUX

AHMED (V.) et BAMBERGER (M.) : Monitoring and evaluating development projects. The south asian experience, Washington D.C., World bank publication,1990.

AJAGA (Nji) : Cameroon. Participatory poverty assessment. A synthesis report, Washington D.C., World bank publication, 1994.

BANQUE MONDIALE : L'Afrique subsaharienne : de la crise à la croissance durable, Washington DC, 1990.

L'ajustement structurel en Afrique : réformes, résultats et le chemin à parcourir, Washington DC, 1994.

Pour une meilleure santé en Afrique. Les leçons de l'expérience, Washington D.C., 1994.

Social indicator of development, Washington D.C., The World bank publication, 1995.

Cameroun. Diversité, croissance et réduction de la pauvreté, Washington D.C., The World bank publication, 1995.

BAHTNAGAR (B.) et WILLIAM (A.C.) (éd.) : Participatory development and the World bank : Potential direction for change, Washington D.C., World bank publication, 1992.

BERG ELLIOT (J.) : Repenser la coopération technique. Réformes pour renforcer les capacités en Afrique, Paris, Economica, PNUD, 1993.

CERNEA (Michael M.) : Nongovernmental organizations and local development, World Bank discussion papers, 1988, n° 40, Washington DC.

COMMISSION EUROPÉENNE : Indicateurs de développement durable. Une étude pilote selon la méthodologie de la Commission du développement durable des Nations Unies, Luxembourg, Office des publications officielles des Communautés européennes, 1997.

ISREAL (Paul) : Non-governmental organizations and World bank, Washington D.C., World bank publication, 1991.

PAUL (Samuel) : Community participation in development projects. World bank experience, Washington D.C., World bank publication, 1992.

PNUD : Manuel des programmes et projets, PNUD, 1989.

Cameroun. Rapport sur le développement humain 1998, Yaoundé, PNUD, 1999.

Rapport sur le développement humain au Cameroun. 1993, Yaoundé, PNUD, 1993.

WARREN C. BAUM : Le cycle des projets, Washington DC, Publications de la Banque mondiale, 1990.

## VII – PUBLICATIONS DES SERVICES OFFICIELS AU CAMEROUN

MINISTERE DE LA FONCTION PUBLIQUE ET DE LA REFORME ADMINISTRATIVE : Accord-cadre entre le Gouvernement de la République du Cameroun et l'Association Française des Volontaires du Progrès, 30 juillet 1992 (non publié).

MINISTERE DE L'AGRICULTURE : Bilan-diagnostic du secteur agricole de 1960 à 1980, Yaoundé, MINAGRI, 1980, multigr.

MINISTERE DE L'ECONOMIE ET DES FINANCES : Plans quinquennaux de développement économique, social et culturel du Cameroun, Yaoundé, 1995 (non publié).

## VIII – PUBLICATIONS DE L'AFVP

### A – DOCUMENTS PUBLIÉS

AFVP : Spécial : Cameroun, Bulletin de l'AFVP, n° 35, avril 1983.

Spécial : XXe anniversaire, Bulletin de l'AFVP, n° 38, décembre 1983.

Etre volontaire aujourd'hui, 1984.

Avoir vingt ans sur les chemins du développement, Bulletin de l'AFVP, n° 39, mars 1984.

Le Cameroun : Un partenaire prometteur, revue de l'AFVP, n° 13, 1er trimestre 1992.

Volontaires, n° 1, décembre 1987.

Volontaires, n° 7, 3ème trimestre 1989.

Volontaires, n° 16, 1er semestre 1993.

Panorama des activités 1990, Publication de l'AFVP, déc. 1990.

Panorama des activités 1991, Publication de l'AFVP, déc. 1991.

Panorama des activités 1992, Publication de l'AFVP, déc. 1992.

Panorama des activités 1993, Publication de l'AFVP, déc. 1993.

Panorama des activités 1994, Publication de l'AFVP, déc. 1994.

Panorama des activités 1995, Publication de l'AFVP, déc. 1995.

Panorama des activités 1996, Publication de l'AFVP, déc. 1996.

AFVP/UNIVERSITE DE PARIS I – SORBONNE : Volontaires et développement : Une coopération en mouvement, Actes du colloque 24 mars 1994, Paris, 1994.

BENARD (Dominique) : « Des Hommes », in Volontaires, n°1, déc. 1987, pp. 12-18.

BOUCHER (Dominique) : « Des moyens », in Volontaires, n°1, déc. 1987, pp. 19-21.

Bruckmann (Jérôme) : Volontaire "sans projet". Rapport semestriel d'activités, Yaoundé, Ed. AFVP-Cameroun, 1996.

HARDY (Hyves) : L'odyssée des volontaires. Eléments d'enquête sur l'histoire de l'AFVP, Montlhéry cedex, Ed. Association Française des Volontaires du Progrès, 1994.

« Des actions », in Volontaires, n° 1, déc.1987, pp. 5-9.

NGWAMBE (Marc-François) (éd.) : Etude préliminaire sur le mouvement associatif au Cameroun, Yaoundé, Ed. AFVP, 1997.

VIVIEN (Alain) : Plan stratégique 2000-2002, Montlhéry cedex, Ed. AFVP, 1999.

## B – DOCUMENTS NON PUBLIÉS

AFVP : L'AFVP en République Fédérale du Cameroun. Rapport annuel 1967, Yaoundé, 1968, Ronéo.

L'AFVP en République Fédérale du Cameroun. Rapport annuel 1968, Yaoundé, 1969, Ronéo.

L'AFVP en République Fédérale du Cameroun. Rapport annuel 1969, Yaoundé, 1970, Ronéo.

L'AFVP en République Fédérale du Cameroun. Rapport annuel 1970, Yaoundé, 1971, Ronéo.

L'AFVP en République Fédérale du Cameroun. Rapport annuel 1971, Yaoundé, 1972, Ronéo.

L'AFVP en République Fédérale du Cameroun. Rapport annuel 1972, Yaoundé, 1973, Ronéo.

L'AFVP en République Unie du Cameroun. Rapport annuel 1973, Yaoundé, Ronéo, 1974.

L'AFVP en République Unie du Cameroun. Rapport annuel 1974, Yaoundé, Ronéo, 1975.

L'AFVP en République Unie du Cameroun. Rapport annuel 1975, Yaoundé, Ronéo, 1976.

L'AFVP en République Unie du Cameroun. Rapport annuel 1976, Yaoundé, Ronéo, 1977.

AFVP, DELEGATION DU CAMEROUN : Rapport d'activités 1977, Yaoundé, Ronéo, 1978.

Rapport d'activités 1978, Yaoundé, Ronéo, 1979.

Rapport d'activités 1979, Yaoundé, Ronéo, 1980.

Rapport d'activités 1980, Yaoundé, Ronéo, 1981.

Rapport d'activités 1982, Yaoundé, Ronéo, 1983.

Rapport d'activités 1983, Yaoundé, Ronéo, 1984.

Rapport d'activités 1984, Yaoundé, Ronéo, 1985.

Rapport d'activités 1985, Yaoundé, Ronéo, 1986.

Rapport d'activités 1986, Yaoundé, Ronéo, 1987.

Rapport d'activités 1987, Yaoundé, Ronéo, 1988.

Rapport d'activités 1988, Yaoundé, Ronéo, 1989.

Rapport d'activités 1989, Yaoundé, Ronéo, 1990.

Rapport d'activités 1990, Yaoundé, Ronéo, 1991.
Rapport d'activités 1991, Yaoundé, Ronéo, 1992.
Rapport annuel d'activités 1992, Yaoundé, Ronéo, 1993.
Rapport annuel d'activités 1993, Yaoundé, Ronéo, 1994.
Rapport annuel d'activités 1994, Yaoundé, Ronéo, 1995.
Rapport annuel d'activités 1995, Yaoundé, Ed. AFVP, 1996.
Rapport annuel d'activités 1996, Yaoundé, Ed. AFVP, 1997.

## LISTE DES TABLEAUX

# TABLE DES MATIÈRES

www.ingramcontent.com/pod-product-compliance
Lightning Source LLC
LaVergne TN
LVHW050626051026
849532LV00002B/291
* 9 7 8 2 7 4 7 5 5 1 9 6 0 *